Walter Gehres
Das zweite Zuhause

Reihe: Focus Soziale Arbeit

Herausgegeben von Nando Belardi

Materialien – Band 2

Walter Gehres

Das zweite Zuhause

Institutionelle Einflüsse, Lebensgeschichte
und Persönlichkeitsentwicklung
von dreißig ehemaligen Heimkindern

Springer Fachmedien Wiesbaden GmbH 1997

Gedruckt auf säurefreiem und altersbeständigem Papier.

Die Deutsche Bibliothek – CIP-Einheitsaufnahme
Gehres, Walter
Das zweite Zuhause : Institutionelle Einflüsse, Lebensgeschichte und Persönlichkeitsentwicklung von dreißig ehemaligen Heimkindern. - Gehres, Walter.

ISBN 978-3-8100-1779-6   ISBN 978-3-663-09565-1 (eBook)
DOI 10.1007/978-3-663-09565-1

(Reihe Focus Soziale Arbeit - Materialien 2)

© 1997 Springer Fachmedien Wiesbaden
Ursprünglich erschienen bei Leske + Budrich, Opladen 1997

Das Werk einschließlich aller seiner Teile ist urheberrechtlich geschützt. Jede Verwertung außerhalb der engen Grenzen des Urheberrechtsgesetzes ist ohne Zustimmung des Verlages unzulässig und strafbar. Das gilt insbesondere für Vervielfältigungen, Übersetzungen, Mikroverfilmungen und die Einspeicherung und Verarbeitung in elektronischen Systemen.

Inhalt

Vorwort von Prof. Dr. Reinhart Wolff 8

Vorbemerkungen 10

Einleitung 13
Reformbemühungen in der Heimerziehung und die Notwendigkeit
neuer Entwicklungen 13

Kapitel I:
Zu einer Theorie der Wirkungen von Heimsozialisation 29
Ausgangslage 29
Der konzeptionelle Ansatz dieser Studie 30
Die Brennpunkte der Entwicklungsgeschichte 33

Kapitel II:
Methodisches Design 34
Das untersuchte Kinderheim 36
Die Vorlaufstudie 39
Ein Fragebogen für die Erzieherinnen und Erzieher
des untersuchten Heimes zu ihrem Selbstverständnis
und zu ihren Berufserfahrungen 40
Die Auswertungsperspektive -
Operationalisierungen des Auswertungsprozesses 44
Der Interviewleitfaden 50
Die Leitfragen in den Intensivinterviews 52
Das Sample (die Stichprobe) 56
Die Intensivinterviews 60
Ein Beispiel für eine lebensgeschichtliche Rekonstruktion
(Interview Nr. 11) 63

Kapitel III:
Ergebnisse der Studie 74

Die Polaritätsprofile 74
Die Vorgeschichte: Das Gewicht brüchiger Familienstrukturen 81
Der Unterbringungsprozeß 94
Die Annahme des Hilfeangebotes-
Der Stellenwert sozialer Orientierungen 103
Die Bedeutung des Gruppenlebens und der Clique 118
Die Beziehung zu den Erziehern und Erzieherinnen im Heim 123
Kritische Ausführungen einiger Befragter zum Verhältnis
zwischen Erzieherinnen, Erziehern und den Kindern 128
Die Macht und Ohnmacht der Erzieher und Erzieherinnen 128
Abschiebung im untersuchten Heim 133
*Kritik an Lebenseinstellungen und sexuellen Verhaltensweisen
einiger Erzieher und Erzieherinnen* 134
Der Faktor Heimgröße - Welcher Einfluß ging von ihm aus? 137
Wichtige außerheimische Bezugspersonen 138
Der schwierige Kontakt - Erzieher und Erzieherinnen im Heim
und die Eltern der Heimkinder 140

Kapitel IV:
Der weitere Lebensweg der ehemaligen Heimkinder 155

Die schulische und berufliche Bewährung 155
Die Aufenthaltsdauer, die Entlassung, die Entlassungsgründe
und die weitere Entwicklung 161
Die legale Bewährung 169
Heutige Kontakte zum untersuchten Heim 171
Das gegenwärtige Verhältnis zur Herkunftsfamilie 174

Kapitel V:
Das Selbstbild und das Selbstverständnis der Befragten 178

Kapitel VI:
Schlußbemerkungen - Ansatzpunkte für die Sozialarbeit 196

Anhang: Methoden und Material 204

Quantitativer Auswertungsplan 204
Qualitativer Auswertungsplan 205
Der Fragebogen für die Erzieherinnen und Erzieher zum
Verständnis und zu Erfahrungen im Beruf 212

Literaturverzeichnis 225
Bibliographie zu Wirkungen, Folgen, Erfolg, Ergebnissen,
Entwicklungen der Kinder und Jugendlichen und zur
Evaluation von Heimunterbringung 225
Weitere verwendete Literatur 270

Vorwort

„Was ist erfolgreiche Heimerziehungsarbeit? Wann kann man überhaupt von erfolgreicher Heimunterbringung sprechen? Woran kann man Erfolg messen?" Es sind diese Fragen, denen sich Walter Gehres in seiner Arbeit über Wirkungen von Heimerziehung zuwendet, die in konzeptueller und empirisch-methodischer Hinsicht einen neuen Ansatz in der Evaluation von Fremderziehungsprozessen entwickelt und die die konkreten Erfahrungen von Heimkindern mit ihren oft traumatischen Erlebnissen in den Herkunftsfamilien, der Bewältigung von Trennungen, von Enttäuschungen und Erwartungen, dem allmählichen Aufbau von Vertrauen und Selbstbewußtsein in der Heimzeit bis hin zu gegenwärtigen Versuchen der Lebensführung rekonstruiert.

Dabei entsteht ein differenziertes Bild über die Vorgeschichte, den Unterbringungsprozeß, das Entwicklungsfeld Heim. Im Dialog mit 30 früheren Heimkindern (18 Frauen und 12 Männern, die zum Zeitpunkt der Untersuchung 14 - 31 Jahre alt waren) wird herausgearbeitet, wie diese selbst ihre Lebensgeschichte berichten und sehen und inwieweit sie ihr einen positiven Sinn abgewinnen konnten, nicht zuletzt, welche Bedeutung für ihre Entwicklung sie dabei den Erfahrungen im Feld der Heimerziehung zumessen.

Auf diese Weise werden die Erfahrungsfelder „Herkunftsmilieu - Unterbringungsprozeß - Heim und pädagogische Beziehung" zu einer Theorie über die Wirkungen von Heimerziehung verknüpft, wird „Beziehung" im Kontext der verschiedenen relevanten Felder zum Kristallisationspunkt für die wesentlichen Faktoren, die im Prozeß der Fremdunterbringung eine Rolle spielen.

Die Untersuchung belegt bei der Gruppe der Befragten ein eher positives Ergebnis der Heimunterbringung, was in Anbetracht der scharfen Kritik an dieser (im übrigen teuersten) Jugendhilfemaßnahme eine willkommene Nachricht ist.

Die Ergebnisse der vorliegenden Evaluationsstudie gehen jedoch noch viel weiter. Sie ermöglichen ein durch empirische Daten gesichertes Verständnis der Faktoren, die den Erfolg von außerfamilialer Erziehungshilfe bedingen. Dazu gehören: (1) die gelungene Thematisierung der Gründe für die Heimunterbringung, (2) die positive Einstellung zum Unterbringungsprozeß, (3) die Möglichkeit der Beziehungsaufnahme mit den Erzieherinnen und Erziehern und nicht zuletzt ein offenes und interessiertes Verhältnis der Erzieherinnen und Erzieher an den Eltern. Wenn dies gegeben ist, sind Kinder und Jugendliche in der Lage, ihrer Lebensgeschichte einen Sinn abzugewinnen; dies erst ermöglicht die Herausbildung eines konturierten Selbstkonzeptes und eines sicheren Selbstwertgefühls.

Erfolgreiche Heimerziehung ist also möglich, wenn die sozialen und pädagogischen Fachkräfte lernen, in Zusammenhängen zu denken, wenn sie alle Beteiligten am sozialen Herkunftsort der Kinder und Jugendlichen ebenso wie im Hilfesystem einbeziehen, wenn sie schließlich „einen Ort zum Leben" (M. Mannoni) schaffen, der die Erfahrung zuverlässiger und entwicklungsfördernder Beziehungen ermöglicht.

Die Arbeit von Walter Gehres, die im Rahmen des Forschungsschwerpunktes „*Hilfesystemforschung und Soziales Qualitätsmanagement*" der Alice-Salomon-Fachhochschule Berlin entstanden ist und die als Dissertation an der Freien Universität Berlin 1995 angenommen wurde, ist ein wichtiger Beitrag zur Förderung von Qualitätsmanagement und Qualitätssicherung im Praxisfeld der Erziehungshilfe, an den wir bei den weiteren Bemühungen um erfolgreiche Heimerziehung werden anknüpfen können.

Berlin, den 15. 12. 1996   Reinhart Wolff

Vorbemerkungen

Was ist erfolgreiche Heimerziehungsarbeit? Wann kann man überhaupt von erfolgreicher Heimunterbringung sprechen? Woran kann man Erfolg messen?
   Diese auf den ersten Blick scheinbar leicht zu beantwortenden Fragen erweisen sich bei näherer Betrachtung als schwierig und keineswegs eindeutig. Sie berühren den komplexen lebensgeschichtlichen und sozialen Lebenszusammenhang der von Heimerziehung Betroffenen. Und es ist fraglich, ob ein solcher Kontext mit einer traditionellen Betrachtung der schulischen, beruflichen und partnerschaftlichen „Bewährung" der ehemaligen Heimkinder wirklich zu erfassen ist.
   Wie können die gefühlsmäßigen Erfahrungen der Heimkinder, die oft von traumatischen Erlebnissen in ihrer Herkunftsfamilie über die Bewältigung von Trennungen, von Enttäuschungen und Erwartungen, dem allmählichen Aufbau von Vertrauen und Selbstbewußtsein in der Heimzeit bis hin zu gegenwärtigen Versuchen der Lebensführung reichen können - eingeschätzt werden? Welchen Stellenwert will man bei einer solchen Beurteilung der Persönlichkeitsentwicklung im allgemeinen und dem Einfluß der Heimerfahrung im besonderen zuschreiben?
   Was ist Erfolg in Erziehungsprozessen überhaupt und wie kann er bestimmt werden? Besteht nicht immer die Gefahr, daß subjektive Wertmaßstäbe, Einstellungen und Bedürfnisse des Forschers den Heimkindern oder auch den Erzieherinnen und Erziehern zugeschrieben werden?
   Die Liste der möglichen Fragen ließe sich fortsetzen; eine Antwort wirft sogleich neue Fragen auf; es entsteht leicht das Gefühl, sich im Kreis zu drehen, und dennoch ist es unerläßlich, sofern man den Bedürfnissen und Lebensschicksalen von Heimkindern gerecht werden will, Antworten auf die Frage nach dem konstruktiven Beitrag der Fremdsozialisation zu finden.

Ich danke der Alice-Salomon-Fachhochschule für Sozialarbeit und Sozialpädagogik in Berlin-Schöneberg und der Abteilung Heimaufsicht der Senatsverwaltung für Jugend und Familie in Berlin, insbesondere Frau Christa Möhler, als Träger der Studie für die Ermöglichung dieses Pilot-Projektes.

Besonderen Dank schulde ich der untersuchten Einrichtung, dem Heimleiter, dem für das Projekt zuständigen Heimpsychologen und den Erzieherinnen und Erziehern des Kinderheimes für ihr Einverständnis, ehemalige Absolventinnen und Absolventen im Rahmen dieser Untersuchung befragen zu lassen und für ihre Mühen, die Adressen ihrer „Ehemaligen" zu beschaffen und sie anzuschreiben.

Herrn Prof. Dr. Reinhart Wolff danke ich für die intensive Unterstützung und wissenschaftliche Begleitung der Studie; der Fachhochschule für die Hilfe bei der Transkription des Interviewmaterials.

Danken möchte ich auch Prof. Dr. Johannes Korporal, der mich bei der Konzipierung des Fragebogens für die Heimerzieherinnen und Heimerzieher durch seine Anregungen unterstützt hat, zugleich Herrn Dr. Jens Beiderwieden für seine Bereitschaft, an den Expertengesprächen im Januar und Februar 1991 teilzunehmen. Cathrin Sindler und Ellen Wenk gilt mein Dank für die engagierte Transkription der Interviews.

Meiner Frau danke ich schließlich für ihre Unterstützung und ihre kritischen Anmerkungen zu den Textentwürfen.

Mein größter Dank gilt aber den 30 ehemaligen Heimkindern für ihre Teilnahme an den Tiefeninterviews über ihre Entwicklungsgeschichte. Ihre Offenheit und Ausführlichkeit, mit der sie über ihre Erfahrungen im Zusammenhang mit ihrer Unterbringung im Heim berichtet haben (2328 Seiten Transkription), ermöglichten erst die aspektenreiche und gründliche Rekonstruktion ihrer Sozialisationsgeschichte und bilden die Grundlage für die qualitative Einschätzung der Wirksamkeit der Hilfemaßnahmen.

Obwohl bei einigen Befragten, bedingt durch Informationslücken, keine zuverlässig rekonstruierbaren Wirkungslinien erkennbar waren, ist es in den meisten Fällen gelungen, aufschlußreiches Material von den Interviewpartnerinnen und Interviewpartnern zu erhalten.

Vor dem Hintergrund der angespannten öffentlichen Haushaltssituation gibt es in den letzten Jahren eine heftige Diskussion über den Stellenwert und den Nutzen von Heimunterbringungen. Dabei bestimmen nach meinem Eindruck eher haushaltspolitische Gesichtspunkte und weniger inhaltlich-konzeptionelle Aspekte die öffentlichen Debatten.

Ich hoffe, daß der hier eingeschlagene Weg, der Widersprüche und Ambivalenzen bei der Analyse der Entwicklungsprozesse berücksichtigt, geeignet ist, neue konzeptionelle Orientierungen über die Bedeutung stationärer Erziehungshilfen anzuregen.

Die Arbeit ist im Juni 1995 als Dissertation vom Fachbereich Philosophie und Sozialwissenschaften I der Freien Universität Berlin angenommen worden.

Für die vorliegende Veröffentlichung mußten im Anhang Kürzungen vorgenommen werden, insbesondere konnten ein exemplarisches Interview und die lebensgeschichtlichen Rekonstruktionen der 30 ehemaligen Heimkinder nicht aufgenommen werden, weil sonst die Buchfassung zu umfangreich geworden wäre.

Leserinnen und Leser, die sich auch für diese Teile der Studie interessieren, können aber gerne von mir gegen einen Unkostenbeitrag das Interview mit der Gesprächspartnerin Nr. 11, deren Rekonstruktion hier abgedruckt ist, und die lebensgeschichtlichen Rekonstruktionen von weiteren Interviewteilnehmerinnen und -teilnehmern erhalten.

Berlin im Oktober 1996   Walter Gehres

Einleitung

Reformbemühungen in der Heimerziehung und die Notwendigkeit neuer Entwicklungen

In den letzten 20 Jahren ist es zu einer ganzen Reihe von Entwicklungen und Neuorientierungen in der Heimerziehung gekommen.
Die Reformansätze sind gekennzeichnet durch konzeptionelle Neuorientierungen und die Öffnung der Heime mit dem Ziel, den anstaltsmäßigen Charakter stationärer Einrichtungen der Jugendhilfe zu überwinden. Nur in geschlossenen Anstalten ist diese Organisationsstruktur mit ihrer „Insassenorganisation" (Graf) in Reinkultur noch heute zu finden. Die Veränderungen in der Heimerziehung in den letzten beiden Jahrzehnten in der alten Bundesrepublik sind im wesentlichen durch folgende Reformansätze und Entwicklungen gekennzeichnet:

Dezentralisierung

Die Bemühungen zur Reduzierung hierarchischer Strukturen verfolgen das Ziel, „Gestaltungsmöglichkeiten für Kinder und Pädagogen" (K. Wolf, 1993, S. 95) in zweifacher Hinsicht zu schaffen:
Zum einen durch die Veränderung äußerer Rahmenbedingungen wie der Schaffung von Kleinsteinrichtungen, der Auslagerung von Gruppen in Wohnungen außerhalb des zentralen Heimgeländes, dem Aufbau von betreutem Einzelwohnen, der Auflösung zentraler Versorgungseinrichtungen.
Zum anderen spielen auch fachliche Erwägungen eine Rolle, insbesondere die Verlagerung von Kompetenzen auf die Mitarbeiterinnen und Mitarbeiter der kleineren Einheiten.
Mit Hilfe dieser Stärkung der Bedeutung des pädagogischen Personals soll versucht werden, die Ausbildung von heimspezifischen Subkulturen zu verhindern und gleichzeitig eine lebensweltorientiertere Heimerziehungspraxis zu fördern.

Entinstitutionalisierung

In engem Zusammenhang mit der Dezentralisierung steht die Entinstitutionalisierung, insbesondere die Lockerung der Trennung zwischen hauswirtschaftlichen, therapeutischen und pädagogischen Funktionen innerhalb einer Einrichtung, die Aushandlung von Regeln (Heimordnungen) im Diskurs zwischen Pädagogen und Kindern/Jugendlichen und die flexible Nutzung von Ressourcen. Das bedeutet, daß das jeweilige Heim die Fähigkeit entwickeln soll, einzelfallbezogen Unterstützungsangebote zu machen. In diesem Zusammenhang weisen einige Autoren wie K. Wolf und E. O. Graf (1993) darauf hin, daß viele Organisationskrisen in der Praxis nicht als Folge von starrer Regelanwendung bzw. als Schismogenese[1] einer institutionellen Subkultur wahrgenommen werden, sondern die Ursachen für die Krisen in problematischen Verhaltensweisen der Jugendlichen gesehen werden.

„Ein sicherer Hinweis auf einen solchen Zusammenhang von mangelnder Flexibilität der Einrichtung und Eskalationen sind (sich oft regelmäßig wiederholende) Beschlüsse, einzelne Jugendliche zu verlegen, die als Rädelsführer definiert werden und nach deren Ausschluß die Ruhe zunächst wiederhergestellt ist. So wechseln sich Phasen rigider Regelanwendung und Phasen der Anomie ab" (K. Wolf, 1993, S. 27).

Entspezialisierung

Unter Entspezialisierung werden sowohl heiminterne Reformen als auch Veränderungen auf der Ebene zwischen den Heimen verstanden.

Heimintern sind damit die Reduzierung und günstigenfalls die Abschaffung gruppenergänzender Dienste (der Arbeitsteilung zwischen Therapeuten, Psychologen und Erziehungspersonal) und die Aufhebung des Trends gemeint, pädagogische Arbeit nur auf die „Grundversorgung" zu beschränken.

Bezogen auf das Verhältnis der Heime untereinander ist es das Ziel, spezialisierte Zuweisungskriterien und unterschiedliche Ausstattungsstandards der Heime, die psychologische Diagnostik mit ihrer an den medizini-

---

1 Unter Schismogenese versteht Graf in Anlehnung an Gregory Bateson ein fortschreitendes Aufsplitten der Ideenstruktur eines kulturellen Systems (Vgl. S. 147ff), was zum Zusammenbruch des Systems führen kann. Je starrer und damit komplexitätsreduzierter und strafender Institutionen wie z. B. geschlossene Einrichtungen organisiert sind, desto größer ist die Gefahr, daß durch die dadurch geförderte und intensivierte „Subkultur der Insassen" nicht intendierte Effekte hervorgebracht werden.

schen Bereich angelehnten Logik erheblich einzuschränken und die Zulassung von mehr Komplexität im Alltag zu fördern.

Regionalisierung

Die Verfechter der milieunahen Unterbringung in der Nähe des Herkunftskontextes sehen darin den Vorteil, daß die bisherigen sozialen Beziehungen des Kindes bzw. des Jugendlichen weiter bestehen können und damit die Gefahr von Identitätsverlusten durch die Heimeinweisung gebannt werden kann.

Das alltägliche Zusammentreffen von Kindern und Eltern ist möglich und könne beiden Seiten helfen, nicht so leicht idealisierende Vorstellungen vom Leben des jeweils anderen zu entwickeln.

Aus der Praxis wird von guten Erfahrungen berichtet, daß Kontakte von Heimkindern zu Gleichaltrigen, von denen man einen negativen Einfluß befürchtete, zwar weiter bestanden, aber die Beziehungen eine andere Bedeutung bzw. einen anderen Stellenwert bekommen hätten (Lernen von Abgrenzung, Widerstand gegen ungerecht empfundenes Handeln von Peer-Group-Mitgliedern).

Professionalisierung

Mit der Aufwertung „dezentraler Betreuungsarrangements mit einer umfassenden Zuständigkeit der Pädagogen für die Lebenserfahrungen der Kinder" (K. Wolf, ebenda, S. 41) im Zuge der Dezentralisierung und Entspezialisierung stiegen auch die fachlichen Anforderungen an die Berufstätigkeit der Erzieherinnen und Erzieher im Heim in mehrfacher Hinsicht. So wird nun betont:

Neben Fortbildungsangeboten und der Möglichkeit für berufstätige Erzieherinnen und Erzieher an Supervision teilzunehmen, sind bei der Ausbildung und Qualifizierung umfassende theoretische Kenntnisse in Pädagogik, Psychologie und Kommunikationswissenschaft notwendig. Im pädagogischen Alltag sind Rollendistanz, Empathiefähigkeit und Ambiguitätstoleranz (das ist die Fähigkeit, unterschiedliche Erwartungen und widerstrebende Motivationsstrukturen gleichzeitig zu ertragen) wichtige Grundhaltungen bei der Beziehungsgestaltung, sofern eine gute klientenorientierte Erziehungsarbeit geleistet werden soll.

Professionalisierung wird dabei nicht in der „Spezialisierung auf einzelne Typen von Störungen, sondern in der Beschaffung und Anwendung des für den Einzelfall wichtigen Wissens, des Arrangierens geeigneter Lebens- und

Sozialisationsbedingungen, der Fähigkeit zur Interaktion mit Menschen, die belastende Lebenserfahrungen gemacht haben und damit letztlich zur Erziehung der Kinder, für die sie zuständig sind" (K. Wolf, ebenda, S. 50).

Individualisierung

Letztlich kulminieren die Reformbestrebungen in der Absicht, die vom Heim organisierten Lebensbedingungen und Erziehungskonzeptionen an den individuellen Voraussetzungen, Bedürfnissen und Interessen der Heimkinder auszurichten. Das Kind soll maßgeblich an der Gestaltung seiner Sozialisation beteiligt und einbezogen werden. Nur so sei eine ständige Neuorientierung der Klienten möglich, was angesichts der gesamtgesellschaftlichen Rahmenbedingungen (der Individualisierung von Lebenslagen bei gleichzeitig erhöhter Abhängigkeit von institutionalisierten Lebenslaufmustern unter Bedingungen sozialer Unterprivilegierung) unabdingbar sei.

„Letztlich muß sich die Heimerziehung daran messen lassen, inwieweit es ihr gelingt, objektiv und subjektiv die Lebensbedingungen der betreuten Kinder zu verbessern, die Lebenserfahrungen aufzugreifen und nicht zu negieren und die Kinder auf ihr Leben als Erwachsene, durch die Lebensbedingungen im Heim und die Inhalte und Ziele der Erziehung, angemessen vorzubereiten"(K. Wolf, ebenda, S. 13).

Deshalb ist die Entwicklung von *„Individuellen Betreuungsarrangements"* für eine klientenorientierte Heimerziehungspraxis notwendig, was wiederum dezentrale, entinstitutionalisierte und eine entspezialisierte Struktur der stationären Jugendhilfe voraussetzt.

Die Möglichkeiten der Gruppenerziehung werden dabei eher skeptisch eingeschätzt. Es werden die Befürchtungen geäußert, daß vor dem Hintergrund der geringen Stabilität der Lebensverhältnisse der betreuten Kinder und Jugendlichen Privatheit und Intimität kaum gewährleistet und ein individueller Umgang wegen der Gruppengrößen kaum möglich sei.

Die neuen Ansätze und Reformbestrebungen zielen in ihrer Tendenz vor allem auf die Veränderung äußerer Faktoren wie z. B. Dezentralisierung und die Verkleinerung von Gruppen. Solche Bestrebungen sind möglicherweise notwendige, aber nicht hinreichende Bedingungen einer klientenorientierten Heimerziehung, der es um die Qualitätssicherung und -verbesserung geht; umso mehr fällt dies auf, seitdem in den 90er Jahren die Diskussion um die Rolle der Heimerziehung nun verstärkt vor dem Hintergrund der angespannten öffentlichen Haushalte geführt wird. Das heißt, allein um die bestehenden äußeren Rahmenbedingungen für Heimerziehung zwischen z. B. der Sicherung der Pflegesatzhöhe, des Personalbestandes und der Ausstattungsstandards zu erhalten, sind qualitative Veränderungen notwendig.

Für die Weiterentwicklung der Heimerziehung im Kontext des gegenwärtigen Reform-Umbaues ist vor allem eine konzeptionelle und methodische Neuorientierung geboten, nicht zuletzt ein empirischer Bezug mit Hilfe einer verläßlichen Datendokumentation, um Qualitätsmanagement zu ermöglichen. Hier ist empirische Forschung gefragt.

Zwar gibt es bisher eine Reihe von Arbeiten, die sich mit den Wirkungen und Erfolgen von Heimsozialisation befassen. Sie werfen allerdings eine Reihe konzeptioneller und methodischer Fragen auf.

Bei den Studien zum Erfolg und zur Lebensbewährung überwiegen einfache quantitative Fragestellungen, die an objektiven Faktoren wie schulischer, beruflicher sowie legaler Bewährung und allgemeinem Bindungs- und Sozialverhalten gemessen werden. Verschiedene Bewährungsgrade dienen ihnen dabei als Bewertungsmaßstäbe. Bei der legalen Bewährung wird die Einstufung der Untersuchten von der Häufigkeit und Schwere der Vergehen abhängig gemacht. Im beruflichen Bereich entscheidet die Stetigkeit und Leistungsbereitschaft über die Zuordnung. Grundlage für die Einstufung im sozialen Bereich ist der Grad der sozialen Integration oder vielmehr Nichtintegration (z. B. Fuchs-Kamp 1929; mit Einschränkung auch Pongratz/Hübner 1959; Korte 1973; Raithel/Wollensack 1980, 1983;).

Der neuere Beitrag von Huebner (1985), der sich auszeichnet durch eine größere Differenzierung der Fragestellungen und eine Mischung von quantitativer Analyse und auf objektive Faktoren bezogene Interviews zu mehreren Erhebungszeitpunkten, bleibt im Kern dieser Tradition verhaftet.

Auch die Versuche, die Wirkungen von Heimunterbringung an der Messung von "kompetenten und inkompetenten Verhaltensweisen" (z. B. Bach 1978; Scheuber 1983) festzumachen, beschränken sich auf die Analyse von äußeren Faktoren, ohne die Bedeutung und den Stellenwert dieser Symptome im Zusammenhang mit der Sozialisationsgeschichte der Betroffenen erfassen zu können.

Eine methodische Erweiterung Ende der 70er Jahre stellt die Längsschnittuntersuchung von Schüpp 1978 dar. In dieser Studie wird das Selbstbild und das Selbstverständnis zur psycho-sozialen Kompetenz aller 246 ehemaliger Heimkinder untersucht, die von Februar 1962 bis Dezember 1973 in der psychoanalytisch orientierten Einrichtung „Haus Sommerberg" untergebracht waren. Erhebungszeitpunkte sind die Aufnahme und die Entlassung aus dem Heim. Darüber hinaus werden in einer dritten Erhebung durchschnittlich 6 Jahre nach der Entlassung (Vgl. Schüpp 1978, S. 178ff) 50 Betroffene der ersten beiden Erhebungen mit Hilfe des Gießen-Testes über die „Beständigkeit ihrer induzierten psycho-sozialen Kompetenz" untersucht. Ergänzt wird diese Katamnese durch die objektiven Daten der beruflichen und legalen Bewährung.

Auf der anderen Seite verlagert sich der Fokus der Studien seit Ende der 70er Jahre von den Sekundäranalysen und Fragebogenerhebungen weg zu

Methoden qualitativer Sozialforschung, insbesondere nehmen narrative, problemzentrierte Interviews und biographisch-anamnestische Verfahren zu (z. B. Kieper 1980; Baas 1986; Freigang 1986). Einerseits erlaubt diese interpretative Herangehensweise eine differenziertere Wahrnehmung und Einschätzung der jeweiligen Entwicklungsgänge der Betroffenen; andererseits kommt es aber zu einer enormen Materialfülle und Detailfixiertheit, die es erschwert, gerade den Zusammenhang der Sozialisationsphasen in Familie und Heim mit der weiteren Entwicklung der Betroffenen herzustellen.

Dieser Mangel resultiert auch aus dem Umstand, daß bisher eine hinreichende komplexe Theorie zur Messung der vielfältigen Wirkungen von Sozialisationsprozessen nicht verfügbar ist. So geschieht es leider, daß die Analysen entweder, wie im Falle Ziethen, nur noch affirmativ die eigene Praxis reflektieren oder der Blick auf die Herkunftsfamilien (z. B. Baas 1986) und die Heimsozialisation (z. B. Freigang 1986) verloren zu gehen droht.[2]

Kindorientierte Theoriekonzepte sehen den Beitrag der Heimunterbringung bis zu Anfang der 70er Jahre überwiegend in der sozialen Anpassung der als delinquent oder als gestört eingeschätzten Heimkinder[3] und rücken

---

2   Die praxis-legitimatorischen Beiträge erfassen in der Regel nur diejenigen „Ehemaligen", die noch Kontakte zum Heim haben. Diese Gruppe ist dem Heim gegenüber eher positiv eingestellt bzw. spielen ungeklärte Übertragungen eine Rolle, da auch die Forscher in der Regel in einem Arbeitszusammenhang mit dem Heim stehen. Hinsichtlich ihres methodischen Designs arbeiten diese Arbeiten fast ausschließlich mit wenig differenzierten Fragebögen, Sekundärauswertungen von Aktenmaterial und zuweilen einfacher Befragung von Erzieherinnen und Erziehern der Ehemaligen.
    Man kann sich deshalb des Eindrucks nicht erwehren, daß es diesen Autoren und Autorinnen bzw. ihren Auftraggebern primär darum geht, die Arbeit und damit auch das Ansehen der von den Untersuchungen betroffenen Heime in der Öffentlichkeit zu verbessern oder positiv herauszustellen (z. B. Laubsch 1971; Korte 1978; Scherpner 1980; Ollinger 1980; Kruse 1988).
3   Es gibt eine Reihe von Beiträgen, und dazu zählen auch fast alle Studien zur Lebensbewährung (eine Ausnahme ist der Beitrag von Zillken/Weingarten 1953) und zum Erfolg von Heimerziehung, die bis Ende der 60er Jahre erstellt wurden, die das Kind als „Objekt" der Heimerziehung betrachten (z. B. Fuchs-Kamp 1928; Späth 1939; Piecha 1959; mit Einschränkungen auch Pongratz/Hübner 1959; Burchard 1961; Lietz/Nagengast 1989). In einer autoritativ-distanzierten Haltung in der Tradition der Stigmatisierung von Delinquenz, gepaart mit Mißtrauen, zuweilen auch Verachtung, begegnen die Forscherinnen und Forscher ihren „Probanden" bzw. die Erzieherinnen und Erzieher in den meisten autobiographischen Beiträgen ehemaliger Heimkinder (z. B. Loosli 1924; Homes 1982; 1984) ihren „Zöglingen". Das Kind wird als delinquent und als gestört charakterisiert. Die Gründe für die Heimunterbringung werden primär im Kind selbst festgemacht bzw. in seiner erblichen Konstitution, an charakterlichen Zügen bis hin zu krankhaften Anlagen, wie z. B. bei Fuchs-Kamp 1928 gesehen. In diesem Zusammenhang erscheint das Erziehungsheim in erster Linie als eine verwahrende, die problematische Entwicklung des Kindes eingrenzende Institution.

seitdem die Notwendigkeit einer fürsorglich-anleitenden Haltung der erwachsenen Bezugspersonen gegenüber den Bedürfnissen und Interessen der Kinder und Jugendlichen in den Vordergrund.[4]

Eher berufsfeldorientierten Ansätzen geht es dagegen mehr um die Einflüsse des institutionellen Umfeldes auf die kindliche Entwicklung. Den Kern der Arbeiten bilden daher Analysen zu strukturell-insitutionellen Bedingungen des Heimes (z. B. Kiehn 1978; Degner 1984; Freigang 1986; Landenberger/Trost 1988; IGfH Forschungsgruppe Petra 1988), die Rolle und das Selbstverständnis der Erzieherinnen und Erzieher (z. B. Baier 1973; Schmidt-Traub 1975; Baßiere/Weber 1978; Furter 1988; Birtsch 1989), Kommunikations- und Abstimmungsprozesse heimintern sowie nach außen, zu verschiedenen Trägern der Jugendhilfe (z. B. Hold 1986; Freigang 1986; Frischenschläger 1984; Freigang 1986).

Am Rande wird der Stellenwert von familialen Vorerfahrungen der Heimkinder (z. B. Richert 1987), von Elternarbeit (z. B. Reiff 1987), geschlechtsspezifische Besonderheiten (z. B. Freigang/Frommann u.a. 1986; Birtsch 1984; Preissung 1985; AFET 1988) und Fragen der Nachbetreuung (z. B. Bieback-Diel 1983; Bullens 1989) thematisiert.

Die pointiert pädagogischen Ansätze innerhalb dieser Konzeptionen betonen in erster Linie die Rolle und den Einfluß der Erzieherinnen und Erzieher auf die Kinder. Auf die Qualität der Erziehung wird immer wieder hingewiesen. Auffällig dabei ist die statische Sichtweise dieser Beziehung, ganz zu Schweigen von einer bemerkenswerten Überschätzung intentionaler erzieherischer Möglichkeiten[5].

---

4   Zum Beispiel Gerber 1974; Mehringer 1980; Jeske 1980; Kemser 1983; Maltusch 1983; K. Späth 1988; Merchel 1989; Hebborn-Brass 1989; Kluge 1990. Heimerziehung soll nicht länger die bis zu den 70er Jahren in den meisten Heimen vorwiegend betriebene soziale Anpassung fördern, sondern die Persönlichkeitsentwicklung der Kinder in den Vordergrund rücken.

5   Zum Beispiel Boll 1980; Landenberger/Trost 1989; Heiduk 1989. Es dominiert die Vorstellung, die Heimerzieherinnen und Heimerzieher könnten in relativ kurzer Zeit die bisherige Sozialisationsgeschichte und ihre Auswirkungen auf die Entwicklung der Kinder zumindest neutralisieren bzw. in eine andere Richtung lenken. Tendenziell ist das Erzieherinnen- und Erzieherbild dieser Autoren und Autorinnen geprägt von einem intentionalen Erziehungsverständnis; die Erzieherinnen und Erzieher treten als „fertige", fordernde und fördernde Bezugsperson den Kindern gegenüber. Sie sind in dieser Interaktion die Vordenker, Lenker und Wegbereiter der weiteren kindlichen Entwicklung (z. B. Heiduk 1989). Jedenfalls werden die Erzieherinnen und Erzieher in einer zentralen Rolle gesehen, die sie vor schwierige Aufgaben und Probleme stellt, die in der Regel eine schwer zu bewältigende Aufgabe ist.
Hier setzt z. B. der Beitrag von Schwarz/Ahrens 1983 an. Die beiden Sozialpädagogen konzentrieren sich auf die Probleme, Gefühle und Entwicklungen in einer Jugendwohngemeinschaft. Sie entwickeln dabei ein Gespür für die Bedeutung von Übertragungs- und Gegenübertragungsprozessen. Beide Autoren beschreiben eine typische Verlagerung im Umgang mit Gefühlen im Erziehungsprozeß: „Ich hatte gelernt, das Problem

Weiter greifen dynamische und kontextuelle Ansätze. So sehen tiefenpsychologisch-systemische bzw. kontextorientierte Konzepte die entscheidenden Veränderungspotentiale der Heimerziehung in der Berücksichtigung des Beziehungszusammenhanges zwischen Kind, Familie, Jugendamt und Heim. Während die tiefenpsychologisch orientierten Konzepte eher die Schaffung eines „therapeutischen Milieus" als die wirkungsvollste Grundlage für erfolgreiche Heimerziehungsarbeit ansehen, fokussieren die systemischen Ansätze auf funktionale Aspekte[6] und sehen Ursache-Wirkungszusammenhänge im Kontext der gesamten Familien-und Institutionsdynamik.

Beide Sichtweisen basieren auf einem dynamischen Beziehungsverständnis, das sowohl bewußte wie unbewußte Anteile auf Seiten der Heimkinder, bei den erwachsenen Bezugspersonen im Heim und in anderen sozialen Bezügen in ihre Betrachtungen einbezieht. In diesem Zusammenhang wird auf die große Bedeutung von Übertragungs- und Gegenübertragungsprozessen im pädagogischen Alltag verwiesen.

Wedekind 1986 thematisiert die Beziehungsarbeit im Heim auch unter dem Blickwinkel gesamtgesellschaftlicher Entwicklungen der letzten Jahrhunderte und verweist auf die strukturelle Ausgangsbasis für sozialpädagogisches Handeln. Demnach ziehe die sich historisch herausgebildete Trennung von Produktions- und Reproduktionssphäre zugleich die Bildung von öffentlichen und privaten Lebensbereichen mit unterschiedlichen Orientierungs-, Handlungs- und Integrationsmustern nach sich. Weil beide Lebensbereiche Teil einer „differentiellen Einheit" seien, bestehe für jeden einzelnen Menschen die Notwendigkeit einer sinnhaften Integration der eigenen Lebensbereiche (Identitätsbildung), die sowohl gelingen als auch scheitern könne.

Er weist in diesem Kontext auf ein „strukturelles Dilemma" öffentlicher Erziehung hin, nämlich auf die enge Verbindung von intensiven Beziehungsansprüchen aus den privaten Lebensbereichen und den berufsbezogenen Anforderungen und Distanzierungsnotwendigkeiten gegenüber den

---

bei meinem Gegenüber zu suchen und nicht bei mir".(Schwarz/Ahrens 1983, S. 89) In aggressiven Erziehungsszenen zeigten sich bei ihnen ein Konfliktlösungsmuster, eigene Aggressionen auf erzieherisch begründbare Art und Weise voll zu Lasten der Jugendlichen auszutragen. „Das Verhalten der Jugendlichen, das in mir Konflikte und Verunsicherung auslöst, mit Strafen zu unterbinden, ist der gängige Mechanismus. Er wird nach außen allerdings als notwendige Verhaltensregulierung für die betroffenen Kinder verkauft" (Schwarz/Ahrens 1983, S. 91).

6   Das heißt, sie betrachten die Verhaltensauffälligkeit oder Devianz des Kindes bzw. Jugendlichen als ein Symptom, das im Rahmen des familialen Kontextes eine in der Regel sinnvolle, den familialen Zusammenhalt stabilisierende Aufgabe darstellt.

betreuten Heimkindern. Denn einerseits würden diese Regelungen die Erzieher und Erzieherinnen vor zuviel Nähe in der pädagogischen Beziehung schützen und sie damit vor einer übermäßigen Verausgabung ihres Arbeitsvermögens bewahren; andererseits entstehe durch zu große Distanz, bedingt durch die institutionellen Strukturen, ein nicht zu unterschätzendes destruktives Element, das ebenfalls die physischen und psychischen Kräfte der Pädagogen leicht übersteigen könne.

Im Trend zur Spezialisierung, der Entwicklung von Anpassungsmechanismen (dem Ensemble von emotional bewerteten und verinnerlichten Vorstellungen und Haltungen zur Berufsrolle, die von Institutionen vordefiniert werden und selber die gesellschaftlichen Widersprüche enthalten) und den institutionellen Mythen als zumeist unbewußten gemeinsamen institutionellen Sichtweisen[7] sieht er „Pseudolösungen" dieses bei Trennung der Lebensbereiche nicht auflösbaren Widerspruches.

Wichtige Impulse zur Weiterentwicklung der Wirkungsforschung leisten die Beiträge der Schweizer Längsschnittstudie aus den 80er Jahren (E. O. Graf, 1993) über die Effekte von stationärer Erziehung auf die Entwicklung von erziehungsschwierigen Jugendlichen. Zumal der ursprüngliche Projektauftrag darin bestand, „ein Instrument zur Evaluation von Wirkungen der Heimerziehung zu entwickeln und zu erproben, das im Sinne der Auftraggeber schließlich von den Heimen selbst für die Durchführung von Begleit- und Evaluationsuntersuchungen sollte verwendet werden können" (H. Tanner, 1993, S. 45). Die Ergebnisse verdienen hier ausführlicher referiert zu werden.

Die Studie gliederte sich in 4 Phasen mit verschiedenen Erhebungsinstrumenten, Datengruppen und Datenquellen. Für die anamnestischen Daten und die Informationen für die Zeit zwischen Heimeintritt und Entlassung erfolgte die Erhebung mit Fragebögen an die zuständigen Erzieher/Erzieherinnen bzw. Betreuungspersonen und der Analyse der Aktenaufzeichnungen.

Für die beiden Nacherhebungen, 1 Jahr und 5 Jahre nach der Entlassung, wurden ergänzende Interviews mit den Jugendlichen und Nachbetreuern sowie Strafregisterauszüge zur Beurteilung der Legal- und Arbeitsbewährung herangezogen.

Das Sample bezieht sich auf ca. 200 Jugendliche eines Eintrittjahrganges von ca. 12 Schweizer Kinderheimen. Von diesen Jugendlichen wurde nach der Voruntersuchung noch eine Stichprobe von ca. 30 Untersuchungspersonen gezogen.

---

7   Bieniussa 1986 spricht von „Leitideen" mit dem Ziel der Komplexitätsreduzierung.

In der Nachuntersuchung (K. Wolf, ebenda, S. 72ff)[8] konnte das Forschungsteam Interviews mit 135 von ursprünglich 274 Untersuchungspersonen führen. Das sind 52,4% der ursprünglichen Grundgesamtheit, eine recht hohe Erfassungsquote.

Die Analysen zeichnen sich durch eine Erweiterung der Forschungsperspektiven sowohl inhaltlich-konzeptionell als auch in methodischer Hinsicht aus. Es wird der Versuch unternommen, bewußte und unbewußte Wirkungslinien zwischen institutionellen Aspekten, biographischen Besonderheiten des Erziehungspersonals und der Heimkinder sowie gruppendynamischen Prozessen bedingt durch die „Insassenorganisation" überwiegend geschlossener Einrichtungen nachzuzeichnen.

Differenziert verweisen die Autoren auf grundsätzliche Probleme bei der Erfassung „sozialisationsrelevanter Umweltaspekte" und kommen zu dem vorläufigen Ergebnis, daß bei der Analyse zwischen einer potentiellen und rezipierten Umwelt unterschieden werden muß. Unter potentieller Umwelterfassung werden Gegebenheiten unabhängig von der Wahrnehmung der Sozialisanden verstanden, während die rezipierte Umwelt das von ihnen erlebte und wahrgenomme soziale Umfeld meint.

Beide Umwelterfassungsformen, die objektivistische und die subjektivistische Perspektive seien sowohl als Realbild (als Wiederspiegelung aktueller und realer Gegebenheiten) als auch als Idealbild (als angestrebte und wünschenswerte soziale Umwelt) möglich. Aus diesem Grunde begründen die Autoren ihr methodisches Vorgehen, Datenmaterial sowohl bei den Bezugspersonen der untersuchten Heimkinder als auch bei den betroffenen Kinder und Jugendlichen selbst zu erheben, um dadurch ein differenziertes Bild über die Erziehungsprozesse im Kinderheim zu erlangen.

Den Forschungsprozeß (Vgl. auch E. O. Graf 1990) versteht Graf als „Teil einer Hermeneutik des Sozialen" (ebenda, 1993b, S. 176). Im Zentrum sieht er die „sozialen Beziehungen, die den Forschungsprozeß ausmachen" (ebenda, S. 176).

Er unterteilt den gesamten Erkenntnisprozeß in zwei interaktive Teile, den „Forschungskontext" (womit er die Forschungsobjekte im klassischen Sinne meint) und den „Kontext der Forschung". Darunter versteht er sowohl die institutionellen Rahmenbedingungen der Forschung als auch die Person des Forschers mit seiner persönlichen Lebensgeschichte einschließlich seines innerpsychischen Entwicklungsverlaufs.

Er kommt zu dem Ergebnis, daß bei der sozialwissenschaftlichen Forschung die Einflüsse des „Kontextes der Forschung" nicht auszuschalten sind, weil es sich bei den „Untersuchungsgegenständen" um „lebendige Systeme" handle.

---

8 Aus dem Text wird allerdings nicht deutlich, ob sich die angegebenen Daten auf die erste Nachuntersuchung beziehen.

Den Ausweg aus diesem Dilemma sieht er in der Reflexion dieser Einflußfaktoren, zumal darüber hinaus der Forscher sich den Interaktionsangeboten des „Forschungskontextes" nicht entziehen könne, „weil man sich innerhalb eines Kontextes nicht 'nichtverhalten' kann" (ebenda, S. 176). Insofern erfülle die Reflexion im wissenschaftlichen Prozeß die Funktion einer Kontrolle des Bewußtseins.

In konzeptioneller Hinsicht zeigen die einzelnen Analysen zur Wirkungsweise stationärer Unterbringung die Vielschichtigkeit institutioneller Erziehungsprozesse und den tendenziell hohen Stellenwert des personalen Faktors für die Effektivität der Hilfeleistungen. „Auch ich bin zum Schluß gekommen, daß für die in Erziehungsheimen geleistete Arbeit fast alles vom Personal abhängt" (ebenda, 1993c, S. 152).

Graf schließt weiter, daß effektive Heimerziehungsarbeit auf die Persönlichkeitsentwicklung der betreuten Kinder und Jugendlichen ausgerichtet sein müsse. Von erfolgreicher Heimerziehungsarbeit könne dann gesprochen werden, wenn es gelingt, den betreuten Kindern und Jugendlichen während der Unterbringungszeit, ein anderes Erfahrungsfeld als vor der Unterbringung zu vermitteln.

Darüber hinaus weist er in seinem Beitrag über institutionelle Wirkfaktoren kritisch darauf hin, daß erfolgreiche Heimerziehungsarbeit nur negativ bestimmt werden könne, weil es die Heimerziehung immer mit „nicht gelingender Sozialisation" (ebenda, S. 136) zu tun habe und nur über die Abweichung von der Norm eine Verständigung über das „Normale" geführt werden könne.

Im weiteren Fortgang seiner Betrachtung gibt er zu bedenken, daß insbesondere geschlossene Einrichtungen wegen ihrer komplexitätsreduzierten Umwelt und den Disziplinierungsmaßnahmen in der Gefahr stehen, eine abweichende bzw. eine Subkultur der „Insassen" zu fördern und zu erhalten und damit ständig nicht intendierte Effekte hervorzurufen. Aus den Analysen in den Heimen ließe sich eine „lineare Segmentierung der Insassenrolle während der Zeit des Heimaufenthaltes" (ebenda, 1993d, S. 159) feststellen. Das heißt, der Grad der Anpassung der Jugendlichen an das Normensystem des Erziehungsheimes sei für die Heime das Maß für ihre Lernfortschritte.

Die wesentliche Ursache für diese Einschätzung erblickt er in der institutionellen Interventionslogik, die Heimkinder als „defiziente Menschen" charakterisiere.

Die Jugendlichen in den untersuchten Heimen hätten auf diese organisatorisch-konzeptionellen Bedingungen mit der Bildung der Überlebensstrategie „Identifikation mit dem Aggressor" reagiert. Das heißt, sie übernehmen nicht die geltenden Werte des Heimes an, sondern mit dieser Einstellung versuchen sie ihre „Subjektivität gegenüber dem Zugriff der Einrichtung zu bewahren" (ebenda, S. 162).

Institutionsanalytisch gesehen bestehe das Dilemma geschlossener Heimerziehung in der Aufsplittung der Wahrnehmung des Anderen in zu korrigierende Abweichung und zu behebenden Mangel. Dahinter drücke sich die Angst der Erziehenden aus, „die Kontrolle über einen Prozeß der Subjektwerdung zu verlieren, eine Kontrolle, die letztlich nicht auszuüben ist, deren Phantasma aber hilft die Angst vor dem Anderen, dem Fremden, der ist wie ich, aber anders, zu bannen" (ebenda, S. 164).

Die Handlungsmöglichkeiten der Insassen werden nach Graf durch drei unterschiedliche „Manifestationen des Unbewußten" („Spannungsübertragungen" genannt) bestimmt und durch ihre eigenen Übertragungen noch ergänzt. Diese Spannungsübertragungen sind:

- Spannungen, die aus den institutionell vorgegebenen Handlungsspielräumen resultieren
- Spannungen aus früheren Sozialisationsphasen und der gegenwärtigen privaten Lebensgestaltung der Erzieherinnen und Erzieher und
- Spannungen, die sich aus der individuellen Entwicklung der Mitarbeiterinnen und Mitarbeiter während ihrer Berufstätigkeit im Heim entwickeln.

Deshalb müsse die Analyse des Erziehungsgeschehens im Heim bei der Perspektive der betroffenen Kinder und Jugendlichen ansetzen, denn die „Art und Weise, wie Insassen in Organisationen ihren Alltag leben, läßt sich als eine Codierung dieses Realkonzeptes lesen. Mit realem Konzept ist jene Art des erzieherischen Handelns gemeint, die ein Beobachter etwa beobachten kann, im Gegensatz zu einem idealen Konzept, das viel über die Selbstinterpretationen des Personals ausdrückt, also die Vorstellungen darüber, wie man zu handeln glaubt, wiedergibt" (ebenda, S. 159).

Ein Hinweis scheint mir im Zusammenhang der Schweizer Wirkungsforschungsstudie zentral zu sein. Die Autoren berichten bereits in der Vorlaufstudie von großen Problemen bei dem Versuch, anamnestische Daten von den untersuchten Heimen zu erhalten. Tanner berichtet von fehlenden oder für die Studie zusammengestellten wenig zuverlässigen Daten. Dieser nachlässige Umgang mit wichtigen Informationen zur Vorgeschichte und zum Entwicklungsverlauf von Heimkindern macht deutlich, daß zumindest in den beschriebenen Kinderheimen das Ausmaß der Bedeutung von regelmäßig erhobenen empirischen Prozeßdaten für die Einschätzung von Erziehungsprozessen noch nicht erkannt wurde.[9]

9　Wenn es um die Analyse von Interaktionsprozessen im Kinderheim geht, könnte die Heimerziehung und die Sozialarbeit insgesamt auch von der neueren Psychotherapieforschung lernen, die zwar selber erst in vieler Hinsicht am Anfang steht, aber dennoch (vor allem methodisch) eine Reihe von Ergebnissen erbracht hat, insbesondere was

Abgesehen von den kontextuell angelegten Forschungsansätzen bzw. der hier ausführlich referierten Schweizer Studie, zeigt der Überblick über die Forschungslage zu den Wirkungen von Heimunterbringung häufig eine Zusammenhanglosigkeit von Orten, Menschen und Erfahrungen. Es werden zentrale Aspekte der Sozialisation eher nebeneinander thematisiert und analysiert.

Eine kritische Sichtung der Ergebnisse kann allerdings Überschneidungen erkennen; als zentral für die Einschätzung der Wirkungen stationärer Erziehung zeigt sich dann, daß der Erfolg des Fremdunterbringungsprozesses und damit auch eine produktive Persönlichkeitsentwicklung der Heimkinder im wesentlichen von sechs Einflußkomplexen abhängig gesehen wird, die aber bisher nicht miteinander verknüpft wurden. Es sind dies:

- die Bedeutung der Vorgeschichte,
- die Schwere der traumatischen Erfahrungen und die damit bewirkte Entwicklungsschädigung des Kindes,
- das Alter des Kindes beim Eintritt ins Heim,
- der Prozeß der Unterbringung selbst,
- die Qualität der pädagogischen Beziehungserfahrungen im Heim, einschließlich der Bedeutung struktureller und institutioneller Faktoren,
- schließlich die Erfahrungen nach dem Heimaufenthalt.

Die Beiträge zu den Erfolgen von Heimerziehung unterscheiden sich bezogen auf ihr konzeptionell-methodisches Vorgehen durch zwei grundsätzlich verschiedene Herangehensweisen.

Forschungen über die Wirkungen von Therapieverfahren betrifft. Eine ganze Reihe von interessanten empirischen Feldstudien in Deutschland (wie z. B. die Berliner Psychotherapiestudie von G. Rudolf u.a. 1988 und die Heidelberger Psychotherapiestudie von W. Bräutigam u.a. 1990) versuchen, das komplexe interaktionelle Geschehen in therapeutischen Settings zu analysieren. Die dabei entwickelten differenzierten methodischen Herangehensweisen zeichnen sich durch das Bemühen aus, möglichst aspektreiche Aufschlüsse über die Wirkungsweise von Psychotherapie zu erhalten. Dazu gehören clusteranalytisch gebildete Patient-Therapeut-Dyaden zur Beurteilung der Arbeitsbeziehung und des Therapieergebnisses, schriftliche und mündliche Befragungen von Klienten und Therapeuten zur Analyse der Übertragungs- und Gegenübertragungsbereitschaften, Evaluationsverfahren bezogen auf Klienten und Therapeuten, nicht zuletzt computergestützte multivariate Auswertungsverfahren.
Die Ergebnisse dieser Studien belegen die große Bedeutung der therapeutischen Arbeitsbeziehung (des „Matchings" zwischen Therapeut und Klient), der Prozeßphantasien, der motivationalen Lagen und der habituell-gefühlsmäßigen Einstellung des Klienten gegenüber dem therapeutischen Setting (vgl. auch die Arbeiten von Luborky, Strupp in den USA). Diese Faktoren seien bereits in den ersten Therapiesitzungen ein guter Prädiktor für den Verlauf und den Erfolg der Therapie.

Zum einen gibt es die eher „traditionelle Variante", die den Erfolg einer stationären Unterbringung in der beruflichen, allgemein sozialen und legalen Bewährung der ehemaligen Heimkinder sieht.[10]

Zum anderen, die neuere Variante, die ihre Erkenntnisse durch den biographischen Rekurs auf die Entwicklungsverläufe der Ehemaligen oder Fallstudien zu gewinnen versucht.

Allen Forschungsansätzen fehlt bisher eine konsistente konzeptionelle Verknüpfung der vielschichtigen Erfahrungsfelder von Heimkindern. Der Zusammenhang zwischen Herkunftsmilieu- Unterbringungsprozeß, dem Heimleben mit seinen pädagogischen Beziehungen und der weiteren biographischen Entwicklung wird nur am Rande andeutungsweise bei einer kritischen Sichtung der vorliegenden Forschungsergebnisse deutlich. Tendenziell werden zentrale Aspekte der Sozialisation eher nebeneinander thematisiert und analysiert.

Obwohl bei den meisten Untersuchungen zum Erfolg und zur Lebensbewährung so getan wird, als ob es feste Kontexte (unabhängige Variablen) geben würde, die man aufeinander beziehen könne, ist das Feld Heimerziehung gekennzeichnet durch die Komplexität des individuellen und institutionellen Lebens. Die zentrale Frage, auf die es in den bisherigen Forschungsansätzen nur vorläufige Antworten gibt, lautet: Wie will bzw. kann man die komplexen und inhomogenen Prozesse der Sozialisation in Familie und Heim aufeinander beziehen? Denn Erkenntnisse über pädagogische Beziehungen, institutionelle Prozesse und lebensgeschichtliche Entwicklungen sind nicht durch Zugriffe auf objektives Material (wie z. B. Alter, soziodemographische Daten) allein zu ermitteln; sie sind nur in Abhängigkeit vom Interviewmaterial und den darin enthaltenen Prozessen der Wahrnehmung, Interaktion und Bedeutungsbildung durch die Interviewpartnerinnen und Interviewpartner dialogisch zu erschließen.

Im Sozialisationsprozeß geht es einerseits um die Ausbildung der eigenen Wahrnehmungsmuster, Gefühle und Wertmaßstäbe; andererseits ist der Einzelne eingebettet in den Kontext seiner Beziehungen, d. h. in die Entwicklung von Wahrnehmungs- und Deutungsmustern sowie emotionalen Bezügen gegenüber der sozialen Umwelt; sie spielen insbesondere während der Beziehung zu wichtigen Bezugspersonen in der frühen Kindheit eine wesentliche Rolle.[11]

---

10 Auch die Bewährungsskala der Schweizer Wirkungsforschung von Erich Otto Graf (Hg.) bleibt dieser Tradition verhaftet (vgl. S. 14).
11 Familientherapeutische Autoren betonen darüber hinaus die „Bedeutung von Verpflichtungen und innerer Bindung als Steuerungsfaktoren" (Boszormenyi-Nagy, 1981, S. 52) menschlicher Beziehungen. Daß zum Beispiel ein Familienmitglied aus Loyalität gegenüber der Familie durch Symptombildungen die Sündenbockrolle einnimmt und somit den Zusammenhalt der restlichen Familienmitglieder stärkt. Diese den Beteilig-

Der Aufbau und die Entwicklung beider Prozesse; der individuellen und der sozialen Komponenten, vollzieht sich im Zusammenspiel mit körperlichen Faktoren. Das bedeutet, daß alle bewußten und unbewußten im Laufe der Biographie erworbenen Reaktionen, typischen und besonderen Handlungsweisen, Mechanismen, Zuschreibungsformen, Rollen und „unsichtbaren Bindungen" (Boszormenyi-Nagy, 1981) sich in der Kindheit entwikkeln. Dabei spielen konstitutionelle Dispositionen nur eine Rolle im Zusammenhang mit Einflüssen des sozialen Kontextes bzw. Milieus, in dem der betreffende Mensch aufwächst.

Für die Weiterentwicklung der gegenwärtigen Heimerziehung ist es notwendig, die Vielschichtigkeit der Entwicklung mit hinreichend komplexen Konzepten wirkungsvoller stationärer Erziehungsarbeit zu erfassen.

In dieser Arbeit wird daher ein neuer Weg zumindest angedeutet, nämlich die klientenorientierte Erfassung von Heimsozialisation als ein Beitrag zur Qualitätssicherung stationärer Unterbringung. Das heißt, es wird ein neuer konzeptioneller Ansatz entwickelt, der es erlaubt, die Wirkungen der Hilfemaßnahme auf die Entwicklungsgeschichte ehemaliger Heimkinder qualitativ zu bestimmen.

Die Arbeit stützt sich auf Tiefeninterviews mit 30 ehemaligen Mädchen und Jungen eines Berliner Heilpädagogischen Kinderheimes. Die Gesprächspartnerinnen und Gesprächspartner (18 Frauen und 12 Männer) sind zum Zeitpunkt der Befragung im Herbst 1991 zwischen 14 und 31 Jahre alt. Das Durchschnittsalter liegt bei 23 Jahren. Der Untersuchungszeitraum bezieht sich auf die Entlassungsjahre 1978 bis 1989.

Auf Grund des teilstrukturierten Interviewleitfadens mit überwiegend offenen Fragestellungen streut die Gesprächsdauer zwischen 2 und 6 Stunden je Gespräch. Ergänzt wird dieses Rekonstruktionsmaterial durch einen Fragebogen zu sozio-demographischen Daten der Interviewpartnerinnen und Interviewpartner, durch lebensgeschichtliche Rekonstruktionen und die Auswertung von Genogrammen.

Aktenmaterial des Heimes oder anderer Einrichtungen der Jugendhilfe, ärztliche und psychologische Gutachten, therapeutische Entwicklungsberichte usw. konnten nicht berücksichtigt werden, nicht zuletzt wegen datenschutzrechtlicher Bestimmungen.

---

ten nicht bewußten, „unsichtbaren" Verpflichtungen sind oft über mehrere Generationen hinweg wirksam. Vgl. hierzu z. B. Boszormenyi-Nagy u.a. 1981.

Die Analyse zeigt, daß die Lebensschicksale und Entwicklungsprozesse der ehemaligen Heimkinder trotz ähnlicher Ausgangslagen in der Kindheit in der konkreten Biographie doch verschieden und vielschichtig verlaufen sind.

Es ist mein Ziel, mit dieser Arbeit auch einen Beitrag zu leisten für eine differenzierende und verstehende Herangehensweise an Erziehungsprozesse, die statt vordergründiger Stereotypen und Wertungen die Komplexität von menschlichen Beziehungen in den Mittelpunkt rückt.

Auch die Frage nach den Beiträgen der Heimerziehung für eine erfolgreiche Persönlichkeitsentwicklung der von ihr betreuten Kinder und Jugendlichen war erst am Ende und nach gründlicher Analyse der Lebensgeschichten beantwortbar.

Kapitel I:
Zu einer Theorie der Wirkungen von Heimsozialisation

Ausgangslage

Neue Konzepte institutioneller Erziehung pointieren die Aufgabe der Heime als professionelle Dienstleistung. Eine solche Sicht wird aber der Vielschichtigkeit der Beziehungsprozesse in Heimen nicht gerecht. Viele Dimensionen der Heimerziehung bleiben dabei unverstanden, nicht zuletzt die der lebensgeschichtlichen Entwicklung und der Wirkungen sozialer Hilfesysteme.

Beziehung wird in dieser Arbeit als der Kristallisationspunkt verstanden, in dem die wesentlichen Dimensionen von Fremdunterbringung sowohl auf Seiten der Heimkinder als auch auf der Seite der Erzieherinnen und Erziehern sich konzentrieren. In der Begegnung mit den Erzieherinnen und Erziehern erfährt das Heimkind die institutionell-strukturellen Bedingungen der Heimerziehung und erlebt die jeweiligen Übertragungsprozesse auf der Folie sozialer und lebensgeschichtlicher Erfahrung. Die institutionelle Dynamik, die Logik bürokratischer Strukturen (wie z. B. der Belegungszwang, die Arbeitszeitordnung usw.) werden über die Person der Erzieherin und des Erziehers und deren Umgang mit den problematischen und widersprüchlichen Aspekten im Heim als Feld, als umfassenden Lebens- und Erfahrungsraum mit seinem szenischem Geschehen vermittelt.

Die relevanten Beziehungen, die auf die Minderjährigen einwirken und auf die sie stets reagieren, beinhalten mehrere Dimensionen:

- die Dimension der Übertragungen und Gegenübertragungen;
- die Dimension eigener nicht bewältigter Beziehungsszenen aus der eigenen Herkunftsfamilie;
- die Dimension des Umgangs mit den institutionellen Ressourcen, d. h. den Rahmenbedingungen des Heimes in materieller, konzeptioneller, personeller und regionaler Hinsicht;
- die Dimension der institutionell vorherrschenden Beziehungs- und Konfliktlösungsmuster;
- die Dimension privater Beziehungsansprüche und Verstrickungen (vgl. z. B. Wedekind 1986, S. 80ff).

Heimerfahrung bedeutet daher, worauf Wedekind mit Recht hinweist, mehr als eine „Art psychologisch versiertes Identitätsmanagement" zu betreiben (Wedekind 1986, S. 11), sondern seine eigene Stellung im komplexen gesellschaftlichen und psycho-sozialen Kontext mit Hilfe von regelmäßigen Reflexionsanstrengungen zu gewinnen. Das macht die Vielschichtigkeit und Widerspüchlichkeit institutioneller Sozialisationsprozesse aus. Darin ist zugleich das wesentliche Dilemma der Heimerziehung begründet: Wie nämlich Identitätsbildungen in Gang gebracht werden können in einem institutionellen Kontext, in dem nach Lohnarbeitsprinzipien (formale Zeiteinteilung, Inhaltsabstraktion) gearbeitet wird und in dem gleichzeitig im pädagogischen Feld konkrete Beziehungsansprüche und -aufgaben bestehen, eben mit Kindern mit Verstand und Gefühl umgehen zu müssen.

Der konzeptionelle Ansatz dieser Studie

Wer den Zusammenhang der familialen Vorgeschichte mit den Wirkungen der sozialen Hilfesysteme verstehen will, muß sich klar machen, daß es darauf ankommt, die vielfältigen komplexen Erfahrungen und Perspektiven, individuellen und kollektiven Sichtweisen im Zusammenhang mit Fremdunterbringung zu verstehen.

Es gilt vor allem, die Sinnzusammenhänge und die wechselseitige Bedeutung, welche die Erziehungsarbeit sowohl für die Betroffenen als auch für die Erzieherinnen und Erzieher hat, in den Blick zu nehmen.

Der Erfolg von Heimunterbringung, d.h. eine geglückte Sozialisation im Heim hängt davon ab, wie und ob überhaupt es den ehemaligen Heimkindern gelingt, die disparaten Erfahrungsfelder ihres Lebens selbst in Beziehung zueinander zu setzen. Je eher sie in der Lage sind, ihre bisherigen Erfahrungen zu einem Zusammenhang zu verknüpfen, ihrer eigenen Lebensgeschichte einen Sinn abzugewinnen, sich selbst zu verorten, desto wirksamer war der Fremdunterbringungsprozeß.

Dann ist es mit Hilfe der Heimerziehung gelungen, der Ich-Entwicklung der Kinder und Jugendlichen Anstöße zu geben und an der Bildung ihrer Persönlichkeit mitzuwirken. In diesem Fall kann man von einem Erfolg der Heimunterbringung sprechen.

Können Kinder und Jugendliche, die im Heim lebten, dagegen in der Unterbringung keinen positiven Sinn sehen und sind die vorliegenden Daten der bisherigen Lebensbewährung eher negativ, dann ist eine Fremdunterbringungs-Maßnahme eher als gescheitert anzusehen, und dann ist es dem

Sozialisationsfeld Heim nicht gelungen, die Sozialisationsgeschichte in eine andere als die durch die Herkunftsfamilie vorgezeichnete Richtung zu lenken. Zufriedenheit, Reflexivität und Differenziertheit hinsichtlich der eigenen Lebensgeschichte sind die wesentlichen Gradmesser für den Erfolg von Heimunterbringung: Je besser die ehemaligen Heimkinder ihre Lebensgeschichte verstehen, desto erfolgreicher war die Heimsozialisation.

Durch einzelne Faktoren wie z. B. die Vorgeschichte, den Unterbringungsprozeß, die Arbeitszeitregelungen, die Symptome bzw. Verhaltensdispositionen, die Beziehungsqualität, das Alter beim Eintritt ins Heim, die Heimgröße, den Finanzierungsmodus, die Organisationsstruktur des Heimes usw. ist der Erfolg von Heimunterbringung nicht erklärbar, geschweige denn operationalisierbar. Er ergibt sich aus einem Bündel vieler zusammenhängender, in sich oft widersprüchlicher Faktoren, deren Entflechtung nur dialogisch mit den Betroffenen selbst möglich ist.

Die disparaten Erfahrungsfelder der Heimkinder - Herkunftsmilieu, Unterbringungsprozeß, Heim, pädagogische Beziehungen, Nach-Heim-Zeit - haben ihren Kristallisationspunkt im bedeutungsbildenden Entwicklungsprozeß bei jedem einzelnen Betroffenen. Erst die Analyse der individuell rekonstruierten Sozialisationserfahrungen kann Licht in die vielschichtigen Zusammenhänge und Prozessse der Fremdunterbringung bringen.

Dabei wird Entwicklung in Anlehnung an Kegan's (R. Keagan, 1986) Konstruktions- und Entwicklungstheorie als eine „Abfolge von Gleichgewichtsstufen ..., oder von biologischen Strukturen, auf denen der Mensch seine Erfahrungen qualitativ unterschiedlich verarbeitet" (Kegan, 1986, S. 118) gesehen. Das Wesen des Lebens ist Entwicklung und Sinnstiftung. Das heißt, der Mensch entwickelt sich von einer Gleichgewichtsstufe zur nächsten, aber das Wesen seines Daseins ist ein Prozeß und lebenslanges Bemühen, die Grenze zwischen sich und den ihn jeweils einbindenden Kulturen immer wieder zu ziehen. Es gibt keine absoluten und beständigen Subjekt/Objekt-Verhältnissse. Der Mensch ist in ständigem Werden.

Kegan geht davon aus, daß persönliche Entwicklungen und Veränderungen stufenweise stattfinden. Auf jeder Entwicklungsstufe komme es zu Veränderungen in der kognitiven Wahrnehmung, im emotionalen Empfinden und zu einem qualitativ anderen Beziehungsverhältnis. Das ganze Leben sei ein spriralförmiger Entwicklungsprozeß und ambivalent. Jeder Mensch sei gezwungen, immer wieder eine Balance zwischen den beiden grundlegenden Bedürfnissen: Zugehörigkeit und Unabhängigkeit, Beteiligung und Selbständigkeit[12] zu finden. Die gesunde Entwicklung glücke dann, wenn es gelingt, bei lebensgeschichtlich wichtigen Veränderungen und schweren Krisen neue Perspektiven zu entwickeln und damit die Erlangung eines neuen Gleichgewichts auf einer anderen Entwicklungsstufe zu fördern. Das Alte, Bedrohliche, bisher Prägende werde dann neu bewertet und unter einem neuen Blickwinkel gesehen.

Dabei spielt das soziale Umfeld eine zentrale Rolle. Die Herkunftsfamilie und die pädagogisch relevanten Bezugspersonen im Heim haben als „einbindende Kulturen" auf jeder Entwicklungsstufe des Kindes die Aufgabe des Festhaltens, Loslassens (in der Übergangsphase) und des „in der Nähe Bleibens". Denn auf jeder Entwicklungsstufe komme es zu einer Reintegration alter Subjektstrukuren auf objektivem Niveau. Was bisher Subjekt war, wird auf der neuen Gleichgewichtsstufe zum Objekt des Selbst.[13]

Die Bedeutung des Sozialisationsfeldes Heim und insbesondere der pädagogischen Beziehung liegt demnach darin, wie gut es gelingt, das Kind und den Jugendlichen in Übergangsphasen zu neuen Entwicklungsstufen zu fördern und zu unterstützen.

Wenn man im Rückblick über einen großen Zeitraum die Sozialisation von Heimkindern betrachtet, ergeben sich Brenn- oder Knotenpunkte, die zu den wichtigsten Entwicklungsabschnitten ihrer bisherigen Lebensgeschichte gehören und deren Wirkungen auf ihre Persönlichkeitsentwicklung rekonstruiert und qualitativ eingeschätzt werden müssen, um eine zuverlässige Bewertung ihrer Entwicklungszeit im Heim vornehmen zu können.

---

12 In der Literatur findet man auch die Beschreibungen Nähe - Distanz; Bindung - Differenzierung. Gemeint sind immer die beiden Pole der menschlichen Existenz, die aus seiner besonderen Situation als sozialem Wesen herrühren, das Bedürfnis von anderen gehalten, aufgenommen und begleitet zu werden und das Verlangen, verschieden zu sein, eine eigene Identität zu entwickeln und zu wahren.
13 Kegan unterscheidet 5 Stufen der Persönlichkeitsentwicklung.

Die Brennpunkte der Entwicklungsgeschichte

1. Die Vorgeschichte:
Die Situation in der Herkunftsfamilie.
Der Verlauf, das Ausmaß und die Chronizität der Schädigung.
Der Anlaß und die Gründe für die Heimunterbringung.
2. Der Unterbringungsprozeß:
Die Nachvollziehbarkeit für die Betroffenen.
Die Beteiligung/Nichtbeteiligung der Betroffenen und deren Familien.
Das Alter der Betroffenen zu Beginn der Unterbringung.
Die Billigung und Zustimmung zu der Maßnahme durch die Betroffenen und ihre Angehörigen.
3. Die Annahme des alternativen Erziehungsangebotes Heim durch die Betroffenen:
Das Gefühl des Angenommen- und Verstandenseins.
Das Ausmaß von Loyalitäts- und Zugehörigkeitskonflikten bei den Betroffenen.
4. Die Qualität der pädagogischen Beziehung im Heim:
Der Grad der Reflexivität im Verhältnis von Erzieherinnen/Erziehern und Kindern/Jugendlichen und im Verhältnis der Erzieherinnen/Erziehern untereinander.
5. Das Verhältnis der stationären Einrichtung zu den Eltern oder Elternteilen und zum Herkunftsmilieu der Heimkinder.
6. Das Vorhandensein von anderen wichtigen Bezugspersonen außerhalb des Heimes.
7. Die schulische und berufliche Förderung.
8. Der weitere Lebensweg der ehemaligen Heimkinder nach ihrer Heimzeit.
9. Das Verhältnis zu der Herkunftsfamilie und zum Herkunftskontext heute; zum Zeitpunkt der Befragung.
10. Das Selbstbild und Selbstverständnis der ehemaligen Betroffenen zum Zeitpunkt der Befragung und ihre Fähigkeit, über sich selbst zu reflektieren.

Es kommt bei der Analyse der Wirkungen von Heimunterbringung darauf an, in einem ersten Schritt die Erfahrungen und die Einschätzungen der ehemaligen Heimkinder zu den Brennpunkten ihres bisherigen Lebens zu ermitteln, um dann in einem zweiten Schritt die Darstellungsweise bzw. Präsentationsformen dieser Inhalte zu bewerten. Aus diesen Präsentationsformen läßt sich der Grad der Reflexion, Differenzierung und Zufriedenheit bezogen auf die Verarbeitung wichtiger Etappen der Sozialisationsgeschichte erschließen.

Kapitel II:
Methodisches Design

Es wird in dieser Pilot-Studie der Vesuch unternommen, die Wirkungen von Heimunterbringung vor dem Hintergrund einer konsistenten Verknüpfung der disparaten Erfahrungsfelder ehemaliger Heimkinder zu messen. Die Betroffenen als authentische Zeugen für Wirkungen von Jugendhilfe ernst zu nehmen, ist ein zentrales Anliegen dieser Studie.

Im methodischen Design gibt es in den Forschungen bisher 2 Trends: Es stehen Methoden zur Datenerfassung der Lebensbewährung im Vordergrund, die im wesentlichen die Lebensgeschichten der ehemaligen Heimkinder auf ihre schulischen, beruflichen, legalen und formal beziehungsmäßigen Entwicklungen beschränken. Damit wird zwar die Vergleichbarkeit und Eindeutigkeit der erhobenen Daten gesichert, aber die Informationen bleiben allgemein; die spezifischen Sozialisationserfahrungen der Betroffenen werden nicht analysiert.

Auf der anderen Seite drohen vor allem die meisten der neueren Studien (von Huebner 1985; Baas 1986; Bieniussa 1986; Freigang 1986) in der Vielschichtigkeit verschiedener konkreter Sozialisationsgeschichten zu versinken. Der Zusammenhang der Lebensgeschichte kann so nicht konsistent rekonstruiert werden.

Hier zeigt sich das typische Dilemma der Forschung in diesem Feld, einerseits der Vielschichtigkeit, den Widersprüchen und den individuellen Lebensverläufen mit ihren spezifischen Erfahrungen und Besonderheiten gerecht werden zu wollen, andererseits aber zugleich Strukturmerkmale, Zusammenhänge, Gemeinsamkeiten und gemeinsame Erfahrungen in den individuellen Lebensschicksalen herauszufiltern und zu verdeutlichen.

In der vorliegenden Studie geht es um die Erfahrungen der ehemaligen Heimkinder im brüchigen Herkunftskontext in der Verschränkung mit den Heimerfahrungen, wie sie sich in der spezifischen lebensgeschichtlichen Rekonstruktion darstellen. Es sind also beide Dimensionen der Entwicklungsgeschichte der Befragten - das gemeinsame Leben im Heim und die spezifisch-biographischen Besonderheiten - miteinander verknüpft. Die Arbeit gliedert sich deshalb zunächst in 2 Teile. In einem *ersten Schritt* geht es um das Verständnis der Sozialisationsgeschichten und die biographischen Besonderheiten der Interviewpartner und Interviewpartnerinnen mit Hilfe von lebensgeschichtlichen Rekonstruktionen. Ein Beispiel für diese Profile ist an anderer Stelle dieses Kapitels abgedruckt.

Der *zweite Analysebereich* bildet das Zentrum dieser empirischen Arbeit. Er handelt von den Zusammenhängen - der Herausarbeitung von gemeinsamen Prägungen und Wirkungen, denen Heimkinder ausgesetzt sind. Auf dieser Grundlage können dann Aspekte erfolgreicher Heimerziehungsarbeit erfaßt werden.

Im Schlußkapitel schließlich geht es darum, die Synthese zwischen den beiden Analysebereichen herzustellen und Hypothesen für zukünftige betroffenenorientierte Heimerziehungsarbeit zu formulieren.

In beiden Analysefeldern ist die Rekonstruktionsfähigkeit und das Verständnis der Befragten bezogen auf ihre eigene Lebensgeschichte der Gradmesser für den Erfolg der Hilfemaßnahme. Die empirischen Selbst-Interpretationen erschließen die Zusammenhänge und disparaten Brennpunkte der Entwicklungsverläufe von Heimkindern und lassen Hauptwirkungslinien von Fremdsozialisation erkennen.

Die Grundgesamtheit dieser Studie bilden alle ehemaligen Heimkinder, die zwischen 1978 und 1989 aus einem heilpädagogischen Berliner Kinderheim entlassen worden sind. Sie wurden vom Heimleiter mit der Bitte angeschrieben, an einem Intensivinterview über ihre Sozialisationsgeschichte teilzunehmen. In diesem Zeitraum von 11 Jahren wurden im ganzen *187* betreute Kinder und Jugendliche entlassen.

Geplant war zunächst, die subjektiven Einschätzungen der Betroffenen zu ihrer Kindheit für die Bereiche Vorgeschichte, Unterbringungsprozeß, Annahme des alternativen Erziehungsangebotes und die Angaben zur Qualität der Beziehung zu den Erzieherinnen und Erziehern zusätzlich durch die Auswertung der Akten des Heimes zu ergänzen. Darüber hinaus war vorgesehen, die Akten derjenigen ehemaligen Heimkinder, die sich nicht an den Intensivinterviews beteiligen wollten oder die aus verschiedenen Gründen (z. B. unbekannt verzogen, Tod) nicht erreichbar waren, nach einem bestimmten Raster auszuwerten.

Das Problem bisheriger Studien und auch dieser Studie ist, daß relativ wenig ehemalige Heimkinder erfaßt werden können. Deshalb war es auch vorgesehen, zumindest an Hand der Akten, Informationen zu zentralen Sozialisationsphasen während des Untersuchungszeitraumes zu erhalten. Um die Untersuchung in dieser beschriebenen Form durchführen zu können, hätten ein oder zwei Mitarbeiter des Kinderheimes die Akten aus zweierlei Gründen nach einem vorgegebenen Raster durcharbeiten müssen:

1. Der Verfasser der Studie konnte aus datenschutzrechtlichen Gründen die Akten nicht selbst einsehen.
2. Die Studie sollte innerhalb eines kurzen Zeitraumes von ca. 3 Jahren abgeschlossen sein, so daß keine Zeit für ergänzende Aktenanamnesen blieb.

Keiner der Mitarbeiterinnen und Mitarbeiter des Kinderheimes fand sich indes bereit, zusätzlich zur Erziehungsarbeit im Heim in Form eines Werkvertrages die Akten der Ehemaligen durchzusehen.

Damit bilden die Rekonstruktion der Lebensgeschichte durch die Betroffenen, ein Fragebogen zu sozio-demographischen Daten, die Analyse der Genogramme und die lebensgeschichtlichen Profile die Materialgrundlage für die Bewertung der Hilfemaßnahme.

Das untersuchte Kinderheim

Das Kinderheim liegt in einem Außenbezirk von „West-Berlin" in einer ruhigen Siedlung direkt am Wald, früher nicht weit von der Berliner Mauer entfernt.

Es wurde zwischen 1966 und 1969 neu gebaut und nimmt seit 1970 Kinder und Jugendliche auf. 1986 wechselte die Trägerschaft vom Senat zum Bezirk[14]. Es besteht aus 2 Wohnhäusern mit 3 Etagen und insgesamt 6 Gruppen mit jeweils 11 Kindern und Jugendlichen. Dazu kommt noch ein Schul- und Verwaltungsgebäude mit einer Mehrzweckhalle.

Bei der Schule handelt es sich um eine „Sonderschule für Behinderte", in die bis 1979 jedes Heimkind zunächst eingewiesen wurde. Seit Beginn der 80er Jahre besuchen die Heimkinder bis auf wenige Ausnahmen Regelschulen.

Gegenüber dem Verwaltungstrakt befindet sich ein kleines Gebäude mit 2 Etagen und 4 Dienstwohnungen. Seit 1982 gibt es dort 2 Einzelappart-

---

14 Mittlerweile hat sich die Trägerschaft erneut geändert, das Heim gehört jetzt zum Jugendaufbauwerk Berlin.

ments und ein „erweitertes Wohnraumangebot zur Verselbständigung Jugendlicher"[15].

Eingebettet sind die Gebäude in ein Freizeitgelände mit einer Gesamtfläche von „8.520 qm". In einem der beiden Wohnhäuser gibt es darüber hinaus einen „Fitnessraum" und große Aufenthaltsräume für Veranstaltungen und Freizeitaktivitäten.

Die Gruppen selbst sind koedukativ und familienanalog gegliedert. Das Alter der Bewohner und Bewohnerinnen liegt zwischen 7 und 18 Jahren. Für diejenigen, die sich noch in einer Ausbildung befinden, ist auch eine längere Unterbringung möglich.

Nach Auskunft des für Gutachten zuständigen Psychologen habe der Altersschwerpunkt der im Heim betreuten Kinder und Jugendlichen bis Mitte der 80er Jahre zwischen dem 14. und 18. Lebensjahr gelegen. Seitdem sei er gesenkt worden und die betreuten Heimkinder seien heute in der Mehrzahl zwischen 8 und 12 Jahre alt.[16]

Von den zusammen 6 Wohngruppen verfügen 5 jeweils über 3 Doppelzimmer und 5 Einzelzimmer. Hinzu treten ein Gemeinschaftsraum für Essen, Schularbeiten und Freizeitaktivitäten sowie eine Spieldiele.

Die sanitären Anlagen umfassen auch Bad und Dusche. Neben einem Erzieherinnen/Erzieherzimmer (Dienstzimmer), in dem die Erzieherin bzw. der Erzieher, der Bereitschaftsdienst hat, übernachtet, existiert noch eine Küche, die Ende 1990 umgebaut und auch neu eingerichtet wurde (Geschirrspüler, Mikrowelle, Durchreiche).

„Diese baulichen Erscheinungen des Prinzips der Familienanalogie werden ergänzt durch einen Schichtdienst, der auf Nachtwachen verzichtet; der Gruppenerzieher, der um 12.00 Uhr seinen wegen der Schularbeiten in der Regel noch bis etwa 14.00 bzw. 16.00 Uhr anwesenden Kollegen ablöst, bleibt über Nacht und am Vormittag in seiner Gruppe" (Konzeption, ebenda, S. 4).

In den 6 Wohngruppen sind jeweils 4 oder 5, zusammen 27 Gruppenerzieher und Gruppenerzieherinnen und je 1 Reinigungskraft tätig. Außerdem gibt es gruppenübergreifend 2 Sozialarbeiter, 2 Kinder- und Jugendlichenpsychotherapeutinnen, 1 Krankenschwester, 1 Kunstpädagoge, 2 Psychologen (davon ein Heimleiter).

---

15 Nähere Informationen sind in der „Konzeption" des Kinderheimes (Stand 1990/91) enthalten. Auch die im Text folgenden Informationen beziehen sich auf die Angaben in dieser „Konzeption".

16 „Aufgenommen werden derart Kinder im Altersbereich von 7 bis 16 Jahren, die nicht geistig oder körperlich behindert sind; die keine schwer dissozialen Verhaltensmerkmale aufweisen; die nicht drogen- oder alkoholabhängig sind." (Konzeption, Stand 1990/91, S. 7)

„Im Wirtschaftsbereich arbeiten 1 Wirtschaftsvorsteherin, 3 Köchinnen, 1 Küchenwirtschaftsarbeiterin, 1 Wäscherin, 1 Näherin und 4 Reinigungskräfte für Verwaltung und Schule, wovon einige im Rahmen einer Teilzeitbeschäftigung tätig sind; weiterhin verfügt das Haus über 1 Kassiererin, 1 Sekretärin, 1 Auskunftsassistentin, 1 Hausmeister sowie 1 Hofarbeiter" (Konzeption, ebenda, S. 3).

Hinzukommen zeitweise neben maximal 6 Erzieher/Erzieherinnen-Jahrespraktikanten und -praktikantinnen noch mehrere Honorarkräfte, in der Regel 2 Schularbeitshelfer oder -helferinnen und auch 1 bis 2 ABM-Kräfte für Nachhilfe und sportlich-musische Belange.

Bezogen auf die materiell-finanziellen Rahmenbedingungen verfügt das Heim über einen eigenen Haushalt; die Sachmittel des Bezirks werden „eigenverantwortlich verwaltet".

Die Organisationsstruktur des Hauses billigt den Erzieherinnen- und Erziehergruppen „ein vergleichsweise hohes Maß an relativer Autonomie" in pädagogischen Fragen; Beteiligung bei personellen Veränderungen; Aufnahmen von Kindern sowie bei der Aufstellung von Dienst- und Urlaubsplänen zu.

Hinzu kommen eine ganz Reihe von Gremien, wovon das „Planungs- und Leitungsteam" das wichtigste sei. Die Treffen finden 14tägig mit Vertretern und Vertreterinnen aller 6 Erziehungsgruppen, dem Heimleiter, der Wirtschaftsvorsteherin, dem Hausmeister sowie 2 bis 3 Mitgliedern des Fachpersonals für ca. 2 Stunden vormittags statt. Als Hauptaufgaben des Gremiums werden genannt:

- Austausch „allseits interessierender Fragen"
- Hinweis auf „Mängel"
- Erörterung von finanziellen und „wirtschaftlichen Aspekten von Gruppenprojekten"
- „Probleme der Dienstplangestaltung bei personellen Engpässen"
- Klärung von Personal- und pädagogischen Fragen
- Einberufung von „Arbeitsgruppen"
- Einladung von „Experten (Drogen, Jugendbanden)"

Organe der Mitbestimmung der Bewohner und Bewohnerinnen werden in der offiziellen Konzeption nicht genannt.

Für die Elternarbeit ist der für das Kind zuständige Gruppenerzieher oder die Gruppenerzieherin verantwortlich. Es gibt somit kein gemeinsames Gremium für die Aufarbeitung der Vorgeschichte, den Kontakt zum Herkunftsmilieu der Heimkinder und die Sammlung, Dokumentation und Auswertung der Erfahrungen im Umgang mit den Eltern oder Elternteilen.

Die Vorlaufstudie

Vor Beginn der Erhebungsphase ist es zu einer Begegnung mit dem Heimleiter und einem Heimpsychologen im Heim[17] gekommen, um einerseits einen Überblick über die bisherigen empirischen Untersuchungen zu geben, den damaligen Stand der Auswertungsarbeiten darzulegen und die eigenen Fragestellungen und Hypothesen der geplanten Studie vorzustellen. Andererseits wiesen der Autor und der Betreuer der Arbeit darauf hin, daß wir großes Interesse daran hätten, die Erfahrungen und Vorschläge der Erzieherinnen und Erzieher aus der alltäglichen pädagogischen Arbeit im Heim als Anregungen bei der Planung der Untersuchung zu berücksichtigen.

In der anschließenden Diskussion der Skizze ging es neben dem Komplex der Selbstzufriedenheit der Erzieherinnen und Erzieher mit ihrer Arbeit[18] um den Hinweis, daß die Studie nicht unterschlagen sollte, daß der Erfolg des pädagogischen Angebots auch davon abhänge, ob Erzieherinnen/Erzieher und Kinder zusammen „passen", ob es zu einem „matching" komme.[19]

Im Anschluß an eine Vereinbarung über die Aufstellung der Abgängerlisten durch das Heim und die Verschickung der Briefe[20] regten der Heimleiter und der für Gutachten zuständige Heimpsychologe an, einen Fragebo-

---

17 Nachdem im letzten Quartal 1990 die Bibliographie erstellt, und der Forschungsstand zum Großteil ausgewertet war, kam es zu diesem ersten Gespräch nach der Genehmigung des Projekts mit dem Heimleiter und dem Heimpsychologen am 29. 1. 1991.
18 Wir wurden vor allem auf den Zusammenhang von Selbstzufriedenheit und Kollegialität bzw. von Selbstzufriedenheit und Autonomie aufmerksam gemacht. Eigenverantwortliche Spielräume könnten allerdings auch zu einer problematischen Form der Verselbständigung führen bzw. zu Formen problematischer Selbstbedienung. Jedenfalls scheint wichtig, daß es den Erziehern und Erzieherinnen besser geht in ihrer Arbeit, wenn sie sich vom Kreis der Kollegen und Kolleginnen getragen fühlen. Abstimmungsmöglichkeiten, im breiten Sinne Kollegialität oder Akzeptanz und Gegenseitigkeit, sind hier die wesentlichen Stichworte.
19 Insofern stellt sich die Frage, mit welcher „Sorte" von Kindern bestimmte Erzieherinnen und Erzieher eher zurechtkommen und mit welchen nicht. Möglicherweise gibt es in diesem Zusammenhang auch einen konzeptuellen Trend der gesamten Einrichtung.
20 Im einzelnen wurde vereinbart:
Es wird überlegt, wie wir zu einer Aufstellung der Abgängerlisten für die Jahre 1978-1989 kommen; zunächst will das Heim versuchen, möglichst viele Adressen der Ehemaligen über Erzieherinnen, Erzieher, die noch Kontakt zu ihnen haben, herauszubekommen.
Was die Versendung der Briefe betrifft, so wird die Fachhochschule für Sozialarbeit und Sozialpädagogik die entsprechenden Portoaufkleber dem Heim aus Forschungsmitteln zur Verfügung stellen.
Am 7. März 1991 findet um 10.00 Uhr im Kreis des Planungs- und Leitungsteam ein Gespräch zur Vorstellung des Projektes statt.

gen für die Erzieherinnen und Erzieher des Heimes zu entwickeln, um damit ihr Verständnis und ihre Überlegungen hinsichtlich der Erfolgsfaktoren von Heimerziehung besser ermitteln zu können. Darüber hinaus ergebe sich damit auch eine Ergänzung der „Betroffenenperspektive" der ehemaligen Heimkinder.

Wir griffen diesen Vorschlag auf und versprachen, bei der Vorstellung des Projektes im Kreis des Planungs- und Leitungsteams des Heimes einen ersten Rohentwurf vorzulegen.

Ein Fragebogen für die Erzieherinnen und Erzieher des untersuchten Heimes zu ihrem Selbstverständnis und zu ihren Berufserfahrungen

Der Fragebogen[21] verbindet offene Fragen mit geschlossenen, d.h. er versucht sowohl auf die einzelne Erzieherin/Erzieher zugeschnittene Erfahrungen zu erfassen, als auch durch die Vorgabe von Statements und Einschätzungen das Ausfüllen und die Auswertung zu erleichtern.

Weil es um eine differenzierte Informationsgewinnung geht, waren auch die vorgegebenen Antwortmöglichkeiten überwiegend nicht bipolar zu be-

---

21 Die endgültige Fassung des Fragebogens ist im Anhang unter dem Titel: „*Fragebogen für Erzieherinnen und Erzieher zum Verständnis und zu Erfahrungen im Beruf*" vollständig abgedruckt.
Weil es in bisherigen Studien von der Thematik her keine ähnlich gelagerten Fragebögen gab, mußten die meisten Fragen neu entwickelt werden. Lediglich bei Fragen zur Arbeitszufriedenheit und zur Arbeitsorganisation konnten Elemente des Fragebogens von Schoch 1989 in abgewandelter Form übernommen werden.
Bei der Vorstellung der Arbeitsinhalte im Kreis des Planungs- und Leitungsteams am 7. März 1991 legte ich dann einen ersten Entwurf eines Fragebogens als Pretest vor.
Eine Woche später kam es zu einem Treffen zwischen interessierten Erzieherinnen und Erziehern, Herrn Wolff und mir, um die Anregungen und die Kritik des Erziehungspersonals zum Fragebogenentwurf zu sammeln.
Im Anschluß daran wurde der Bogen gründlich überarbeitet; Fragestellungen differenziert; zum Teil Fragebereiche neu aufgenommen; das Layout professionell gestaltet, so daß die gültige Fassung statt ursprünglich 10, 20 Seiten umfaßte.
Anfang Juni 1991 wurde er an alle 27 Gruppenerzieher und Gruppenerzieherinnen des Kinderheimes, den Heimleiter, den Heimpsychologen, die zuständige Mitarbeiterin der Heimaufsicht des Senats und die Datenschutzbeauftragte der Senatsverwaltung für Jugend und Familie verschickt. Er war bereits in der Planungsphase auf seine datenschutzrechtliche Unbedenklichkeit hin geprüft und gebilligt worden.

antworten, sondern es mußten Rangfolgen gebildet oder Übereinstimmungsgrade angekreuzt werden. Dabei wurde zwischen Jungen und Mädchen unterschieden.

Im einzelnen sollten mit Hilfe des Fragebogens Aufschlüsse gewonnen werden zu folgenden Aspekten der Erziehungsarbeit:

1. Berufsmotivation (Fragen Seite 2)
2. Arbeitszufriedenheit (Fragen Seite 2)
3. Situation älterer Erzieher/Erzieherinnen (Anregung des Kollegiums; Fragen Seite 2-3)
4. Erfolgs/Mißerfolgseinschätzung (Fragen Seite 4-5)
5. Häufigste Symptome für das Scheitern von Heimunterbringung (Fragen Seite 6-7)
6. Gewichtung von Arbeitsinhalten und zentralen Aspekten der Arbeit (Fragen Seite 8)
7. Erziehungsziele (Fragen Seite 9)
8. Vorherrschende Lob- und Strafformen (Fragen Seite 10-11)
9. Arbeitsorganisation, Arbeitsklima und Organisationsstruktur (Fragen Seite 11-13)
10. Umgang mit Gefühlen der Ohnmacht und den eigenen Aggressionen (Fragen Seite 13)
11. Unterbringungsprozeß (Fragen Seite 14- 15)
12. Fragen zum „matching" (Anregung des Heimleiters und Heimpsychologen; Fragen Seite 14)
13. Vorerfahrungen der Heimkinder; Beteiligung bei der Entscheidung über die Fremdunterbringung (Fragen Seite 15)
14. Elternarbeit (Fragen Seite 15-17)
15. Zusammenarbeit mit den therapeutischen Mitarbeitern/Mitarbeiterinnen des Heimes, zur Supervision und zur Fortbildung (Fragen Seite 17-18)
16. Kontakt zu ehemaligen Heimkindern (Fragen Seite 19)
17. Persönliche Daten (Fragen Seite 20)

Die Erzieherinnen und Erzieher hatten 2 Wochen bis Ende Juni 1991 Zeit, den Fragebogen auszufüllen. Bis zu diesem Stichtag waren von den 27 Fragebögen lediglich 4 (14,8%)[22] zum Teil unvollständig bzw. falsch ausgefüllte Bögen zurückgekommen.[23] Daraufhin baten wir den Heimpsy-

---

22 Ausgefüllt wurde der Bogen von 3 Erziehern und einer Erzieherin, die allesamt seit vielen Jahren im untersuchten Heim arbeiten.
23 Zum Beispiel ist die *Frage nach der Gewichtung von Arbeitsinhalten* (Seite 8) von einem Erzieher abgesehen, nicht so verstanden worden, wie es beabsichtigt war. Gedacht war, daß der Befragte/die Befragte eine Rangfolge von 1 (am wichtigsten) bis 12 (am wenigsten wichtig) bilden sollte. In die Kästen hätten die Zahlen 1 bis 12 eingetragen werden sollen. Die Erzieherin und ein Erzieher dachten sich die Rangfolge offensichtlich als Bedeutungsspektrum; also im Sinne einer Notenskala und trugen

chologen noch einmal daran zu erinnern und die Fragen doch noch zu beantworten. *Es blieb aber bei den 4 Rückmeldungen. Daraus läßt sich schließen, daß Heimerzieherinnen und Heimerzieher auf diese Weise nicht befragt werden können.*

Einige Erzieherinnen und Erzieher äußerten dem Heimpsychologen gegenüber, daß der Bogen zu kompliziert sei; „schwieriger als eine Steuererklärung".

Bei zukünftigen Versuchen dieser Art muß zumindest der Forscher oder die Forscherin selbst oder ein Mitarbeiter bzw. eine Mitarbeiterin des Projekts den Bogen im persönlichen Gespräch mit jeder Heimerzieherin oder jedem Heimerzieher ausfüllen.

Die beste Lösung wäre gewesen, Intensivinterviews auch mit dem Erziehungspersonal zu führen. Das war auf Grund der engen zeitlichen Rahmenvorgaben dieser Studie leider nicht möglich.

Auf eine systematische Auswertung der beantworteten Fragebögen habe ich verzichtet, weil sie auf Grund der niedrigen Rücklaufquote kein verläßliches Bild der vorhandenen Erzieherinnen- und Erziehereinstellungen vermitteln können.

Von den Fragebereichen sollen nur die herausgegriffen werden, die mit den Hauptfragestellungen dieser Arbeit zusammenhängen: *Die Berufsmotivation, die Arbeitszufriedenheit, die Erfolgs/Mißerfolgseinschätzung, die Erziehungsziele, das „matching" und die Elternarbeit.*

Bei der *Berufsmotivation* sind das „relativ selbstbestimmte und selbständige Arbeiten; die persönliche Herausforderung und das Zusammensein mit Kindern und Jugendlichen" die häufigsten Antworten bei den vorgegebenen

---

dann folgerichtig bestimmte Zahlen häufiger in die Kästchen ein. So vergab z. B. die Erzieherin folgende Bewertungszahlen:
Die Eins: Zweimal; die Zwei Einmal; die Drei: Dreimal; die Fünf: Dreimal; die Sechs: Zweimal; die Sieben: Einmal.
Übertragen auf Noten würde das sinngemäß bedeuten, daß bis auf die „Beteiligung der Eltern am Erziehungsprozeß im Heim"(Zahl 7) alle anderen Themen und Aspekte mindestens die Note 3 erhielten und damit für die Befragte doch eher wichtig als unwichtig sind.
Der 3. Erzieher dagegen setzte in die ersten 4 Kästchen die Rangzahlen 1 und 2 im Wechsel ein und anschließend kreuzte er die restlichen Kästchen samt den Unterkästchen zur weiteren Differenzierung an. Dieser Erzieher kam mit der Systematik des Fragebogens auch im weiteren Verlauf seiner Ausfüllversuche nicht klar und kreuzte ab Seite 12 immer die Kästchen an, die volle Zustimmung mit den Statements ausdrückten bzw. die Aussagen, die überwiegend positive Einschätzungen über das Heim vermitteln. Zum Teil kommt es auch zu logischen Widersprüchen, wenn bei bipolar zu beantwortenden Fragen beide Möglichkeiten genannt werden.

Motiven (Fragebogen, S. 2); sie decken sich im wesentlichen auch mit den spontan geäußerten Motiven auf der gleichen Fragebogenseite.

Bei der *Arbeitszufriedenheit* äußern sich 2 Erzieher mit „sehr zufrieden"; 1 Erzieher und die Erzieherin mit „zufrieden". Die Gründe hierfür sind bei allen Vieren die gleichen: Selbstbestimmtes, eigenverantwortliches Arbeiten; „gute Zusammenarbeit im Team".[24]

Eine *erfolgreiche Heimerziehungsarbeit* sehen die Befragten in einer gelungenen Persönlichkeitsentwicklung der Betroffenen; „Zufriedenheit; Selbständigkeit; Lebenssinn" sind hier die wichtigsten genannten Stichworte. Bis auf die Erzieherin glaubt keiner, daß die Eltern diese Einschätzung teilen. Die Begründungen für diese Einschätzung ist uneinheitlich; für einen Erzieher ist es die „Unfähigkeit" der Eltern; für den anderen die „andere Lebensvorstellung" und für den dritten sind es „eigene Schwierigkeiten der Eltern in der Entwicklung". Auf jeden Fall werden die Ursachen im Herkunftsmilieu der Betroffenen gesehen; die Rolle der eigenen Person und die strukturelle Ambivalenz von Fremderziehung zwischen der Hilfe für die Minderjährigen und dem Kontakt wie der Abwehr zu den Eltern oder Elternteilen werden weniger thematisiert.

Bei den *Erziehungszielen* werden fünf Antwortvorgaben zur Auswahl vorgeschlagen. Nur eine Antwort darf angekreuzt werden. Für die Erzieherin ist die Entwicklung einer „tragfähigen Beziehung zu den Betroffenen" das wichtigste Ziel ihrer Arbeit. Ein anderer Erzieher sieht in der „Selbstverständigung über die eigene Rolle und Bedeutung im komplexen Zusammenhang der Fremdunterbringung" das zentrale Ziel seiner Arbeit. Der 3. Erzieher knüpft an die Tradition der Verhaltenstherapie an und sieht in der „Veränderung der Symptome und des Sozial- und Bindungsverhaltens" die wichtigste Erziehungsaufgabe. Der 4. Erzieher schließlich kreuzte drei Lösungen an und kann somit nicht gewertet werden.

Das „matching" spielt auf jeden Fall eine wichtige Rolle. Auf Grund der sehr verschiedenen Antworten und der geringen Rücklaufquote kann aber nichts Näheres dazu gesagt werden.

Zum Schluß bleibt noch der Fragenbereich zur *„Elternarbeit"*. Das ist deshalb besonders wichtig, weil diese Thematik auch in den Intensivinterviews mit den ehemaligen Heimkindern eine zentrale Rolle spielt.

Besonders auffällig ist, daß 3 der Befragten die Elternarbeit als „unbedingt notwendig" einstufen. Für den 4. Erzieher ist sie „notwendig". Die Begründungen für diesen Aspekt der Erziehungsarbeit im Heim sind allesamt sehr reflektiert und zeigen eine aufgeschlossene Haltung: Einbeziehung der

---

24 Diese Einschätzung deckt sich mit der Position, die der Heimleiter und der als für das Forschungsprojekt zuständige Heimpsychologe im ersten Gespräch mit uns am 29. Januar 1991 geäußert hatten.

Probleme der Eltern; Förderung des Kontaktes der Kinder zu den Eltern; Treffen gemeinsamer Entscheidungen. Mit anderen Worten: Kooperation, aber mit dem Ziel, wie es ein Erzieher formulierte „sie für unsere Erziehungsvorstellungen zu gewinnen".

Weniger präzise wird die wechselseitige Beziehungsdynamik im pädagogischen Feld erfaßt, das Verhältnis zwischen den Erzieherinnen/Erziehern, dem Kind und seinen Eltern oder Elternteil, das als ein komplexes und widersprüchliches Beziehungsgeschehen betrachtet werden kann, in dem alle Beteiligten verwoben sind. In diesem Zusammenhang entfalten sich stationäre Sozialisationsprozesse, um deren Evaluation es gerade geht.

Die Auswertungsperspektive - Operationalisierungen des Auswertungsprozesses

Es geht in dieser Pilot-Studie um die Messung der Wirkungen von Heimunterbringung am Beispiel ehemaliger Heimkinder eines Berliner Heilpädagogischen Kinderheimes.

Ziel ist es, den Erfolg der stationären Hilfe einzuschätzen. Materialgrundlage bilden 30 Intensivinterviews[25] zu zentralen Aspekten bzw. Brennpunkten der Sozialisationsgeschichte der Betroffenen und ein kurzer Fragebogen über objektive Daten.

Der Erfolg von Heimerziehung läßt sich an verschiedenen subjektiven Aspekten der Entwicklungsgeschichte der ehemaligen Heimkinder messen. Eine qualitative Einschätzung wird durch die Bildung von Polaritätsprofilen ermöglicht. Die Indikatorenliste zu den wesentlichen subjektiven Aspekten aus der Entwicklungsgeschichte ist im Anhang aufgeführt. Zu diesen subjektiven Aspekten zählen:

1) ASPEKTE ZUM ENTWICKLUNGSABSCHNITT VORGESCHICHTE:

DER GRAD DER REFLEXIVITÄT GEGENÜBER DER VORGESCHICHTE.

Leitfrage: *Wie sprechen Interviewpartner bzw. -partnerinnen über ihre Zeit in der Herkunftsfamilie, die Gründe und Anlässe der Unterbringung?*

---

25 In der Literatur findet man auch die Bezeichnungen Tiefeninterview, qualitatives Interview, wenig strukturiertes Interview, lebensgeschichtlich orientiertes Interview.

Zwei Pole:
Differenziertes, auf die eigene Person und die Herkunftsfamilie bezogenes Verständnis	Kaum oder gar kein Verständnis für die familiäre Situation und Problematik vor der Fremdunterbringung.

2) ASPEKTE ZUM UNTERBRINGUNGSPROZESS:

DIE EINSTELLUNG GEGENÜBER DEM ENTSCHEIDUNGSPROZESS UND DEM PROZEß DER UNTERBRINGUNG: FORM DER TRENNUNG, BETEILIGUNG, OFFENHEIT.
Leitfrage: *Wie stehen die Gesprächspartner oder -partnerinnen zur Entscheidung der Unterbringung und wie stehen sie zur Trennung von der Herkunftsfamilie?*
Zwei Pole:
Zustimmung bzw. Einsicht in die Notwendigkeit der Fremdunterbringung. Hinweise, daß es ihnen nach der Entscheidung besser ging und sie bessere Entwicklungsaussichten gehabt hätten.	Ablehnung; heftige affektive Reaktionen: Trauer, Unverständnis, fortbestehende Aggressionen im Zusammenhang ihrer eigenen Unterbringung außerhalb der Familie. Familien unbeteiligt.

3) ASPEKTE ZUR ANNAHME DES ALTERNATIVEN ERZIEHUNGSANGEBOTES HEIM:

DAS VERHÄLTNIS ZU DEN ANDEREN KINDERN UND JUGENDLICHEN IN DER GRUPPE.
Leitfrage: *Wie erlebten die ehemaligen Heimkinder das Zusammenleben in der Gruppe - mit den anderen Heimbewohnern?*
Zwei Pole:
Wohlfühlen, d. h. das Gefühl des Dazugehörens, einen Platz in der Gruppe zu haben, geachtet zu werden.	Unwohlsein, d. h. das Gefühl des Zukurzkommens; möglicherweise mißachtet zu werden.

4) ASPEKTE ZUR QUALITÄT DER PÄDAGOGISCHEN BEZIEHUNG IM HEIM:

DAS VERHÄLTNIS ZU DEN ERZIEHERINNEN UND ERZIEHER.
Leitfrage: *Welche Bedeutung und welchen Stellenwert für die Entwicklung werden den erwachsenen Bezugspersonen im Heim von den Befragten zugeschrieben?*

Zwei Pole:

Ein gutes Verhältnis, d. h. angenommen, verstanden und mit positiven Folgen für die Persönlichkeitsentwicklung der Betreuten.	Ein schlechtes Verhältnis, d. h. wenig oder gar keine Impulse bzw. negative Folgen für die Entwicklung der Betroffenen.

5) ASPEKTE ZUM VERHÄLTNIS ZWISCHEN ERZIEHERINNEN/ERZIEHERN UND ELTERN:

DER GRAD BZW. DAS AUSMASS DES KONTAKTES DER HERKUNFTSFAMILIE ZUM HEIM UND DER GEGENSEITIGEN AKZEPTANZ.
Leitfrage: *Wie wurde das Verhältnis zwischen den Erzieherinnen und Erziehern im Heim und den Eltern oder Elternteilen von den Interviewpartnerinnen und Interviewpartnern erlebt?*
Zwei Pole:

Die Herkunftsfamilie ist während der Unterbringung beteiligt, hat weiterhin Kontakt oder ist zumindest mit der Unterbringung einverstanden. Es gibt Kontakte und einen Austausch.	Keine Beteiligung und Zustimmung der Herkunftsfamilie: Beim Befragten bestehen ungeklärte Loyalitäten. Kein bzw. weniger Kontakt und Austausch mit den Eltern.

6) ASPEKTE ZUM VORHANDENSEIN ANDERER BEZUGSPERSONEN:

DIE BEDEUTUNG VON BEZIEHUNGEN ZU DRITTEN PERSONEN, DIE NICHT ZUM HEIM GEHÖREN.
Leitfrage: *Unterhielten Befragte Beziehungen zu erwachsenen Bezugspersonen, die nicht im Zusammenhang mit dem Heim oder der Herkunftsfamilie standen?*
Zwei Pole:

Es gab außerheimische Kontakte, die für die Entwicklung wichtige Orientierungsfunktionen hatten (z. B. Klassenlehrer, Klassenlehrerin, Eltern von Schulfreunden oder -freundinnen).	Es gab keine Kontakte außerhalb des Heimes.

7) ASPEKTE ZUR SCHULISCHEN UND BERUFLICHEN UNTERSTÜTZUNG DURCH DAS HEIM:

DAS AUSMASS DER FÖRDERUNG UND UNTERSTÜTZUNG DURCH DIE ERZIEHERINNEN UND ERZIEHER IM HEIM:
Leitfrage: *Gab es Hilfen zur schulischen und beruflichen Orientierung?*

Zwei Pole:
Hilfestellungen und Bemühungen
durch die Erzieherinnen und Erzieher;
schulische und berufliche Angelegenheiten hatten einen hohen Stellenwert
für die Erzieherinnen und Erzieher.

Kaum Unterstützung; schulische
Belange wurden wenig beachtet.
Hilfestellungen bei der beruflichen Orientierung gab es nicht.

8) ASPEKTE ZUM WEITEREN LEBENSWEG:

DIE WEITERE ENTWICKLUNG BIS HEUTE. POSITIVE BZW. NEGATIVE ERFAHRUNGEN (ARBEIT, BEZIEHUNGEN, LEGALE BEWÄHRUNG).
Leitfrage: *Wie wird die Nach-Heim-Zeit beurteilt bzw. wie erleben sie diese Zeit? (Bewährung)*
Zwei Pole:
Es gibt eine überwiegende Lebensbewährung in beziehungsmäßiger, legaler und beruflicher Hinsicht.
Die Befragten berichten sowohl von positiven als auch negativen Aspekten. Das Positive überwiegt.

Die Lebensbewährung ist überwiegend nicht gelungen. Das Negative überwiegt.

9) ASPEKTE ZUM VERHÄLTNIS ZUR HERKUNFTSFAMILIE HEUTE:

DIE ART UND WEISE DER BEZIEHUNG ZU DEN ELTERN UND GESCHWISTERN ZUM ZEITPUNKT DER BEFRAGUNG.
Leitfrage: *Wie wird die Beziehung zum Herkunftskontext (Eltern und Geschwister) im Interview geschildert?*
Zwei Pole:
Ein reflektiertes Verhältnis zu den Eltern/Geschwistern, d. h. eine Auseinandersetzung mit der eigenen Kindheit hat stattgefunden. Der Befragte/die Befragte kann konkret sowohl über positive als auch negative Aspekte seiner/ihrer Beziehung zu seinen/ihren Eltern/Geschwistern sprechen.

Ein schlechtes Verhältnis zu den Eltern/Geschwistern, d. h. die Beziehung ist nach wie vor hochgradig affektiv besetzt. Der Befragte/die Befragte ist irritiert. Ablehnung und Konflikthaftigkeit stehen im Vordergrund.

10) ASPEKTE ZUM SELBSTVERSTÄNDNIS DER BEFRAGTEN ZUM ERHEBUNGSZEITPUNKT:

a) DER GRAD DER SELBSTREFLEKTION.
Leitfrage: *Wie rekonstruieren sie selbst ihre Lebensgeschichte.*

Zwei Pole:
Differenzierte Erfahrungen. Ablehnung.

b) DER GRAD DER DISKUSSIONSBEREITSCHAFT.
Leitfrage: *Wie groß ist die Bereitschaft, sich auf die Auseinandersetzung mit dem eigenen Leben einzulassen und die Probleme der eigenen Lebensgeschichte anzunehmen?*
Zwei Pole:
Differenziertheit der Darstellung mit positiven und negativen Aspekten.
Pauschalisierungen und Ablehnung.

c) DAS VORHANDENSEIN VON SINNSTRUKTUREN.
Leitfrage: *Werden die Erfahrungen im Heim explizit beurteilt und sehen Interviewpartnerinnen und Interviewpartner in ihrer Unterbringung insgesamt positive Aspekte?*
Zwei Pole:
Zufriedenheit und positive Einschätzung.
Unzufriedenheit und negative Einschätzung.

d) DIE ENTWICKLUNG DES SELBSTKONZEPTES UND DES SELBSTWERTGEFÜHLS.
Leitfrage: *Wie hat sich das Selbstkonzept und Selbstwertgefühl entwickelt?*
Zwei Pole:
Es gibt eine historische Dimension bezogen auf die eigenen Entwickspektiven vor und nach der Heimunterbringung. Es existieren konstruktive Veränderungen.
Es bestehen keine Entwicklungsperspektiven; es fehlt eine Vorher/Nachher-Differenzierung. Weniger oder kaum Beiträge zur Entwicklung.

Wenn Diskussionsstrukturen, ein Selbstkonzept, positive Sinnstrukturen, ein geklärtes Verhältnis zu Eltern, Geschwistern, Erzieherinnen/Erziehern, Gruppenmitgliedern, Außenstehenden, eine selbstkonstruktive Sinnstruktur und Zufriedenheit bei den ehemals Betroffenen vorhanden sind, kann Heimerziehung als erfolgreich bezeichnet werden, zumal wenn die Einschätzung der gegenwärtigen Lebenssituation (feste Partnerschaft, berufliche und legale Bewährung) insgesamt günstiger ausfällt. Eine positive und differenzierte Rekonstruktion der Heimerfahrung und eine günstige bzw. zufriedenstellende Jetztsituation machen den Gesamterfolg einer stationären Erziehungshilfe aus.

Nach jedem Gespräch wurde ein ausführliches Protokoll verfaßt, das die wichtigsten Aspekte des Interviews festhielt und eine erste vorsichtige Bewertung hinsichtlich des Erfolgs der Erziehungshilfe beinhaltete.

Nach Abschluß der Erhebung wurden die Cassettenaufnahmen abgehört und dabei die zentralen Angaben der Befragten in 7facher Weise aufbereitet:
- Eintragung der zentralen Aussagen zu den Fragekomplexen zum Teil wörtlich in den Leitfragenbogen (1. Komprimierung des Materials)
- Komprimierung und Strukturierung des sehr umfangreichen und komplexen Materials durch die Bildung von Leitkonzepten, deren Bedeutungsinhalte für alle Interviews gelten und damit die Vergleichbarkeit der Angaben erst ermöglichen.
- Eintragung von Interviewinhalten in den quantitative Daten erfassenden Einschätzungsbogen
- Bipolare Zuordnung der Angaben zu den Indikatoren[26] für die qualitative Bewertung der Daten
- Bildung der Polaritätsprofile zu den 10 Knotenpunkten der Entwicklungsgeschichte und Eintrag der Ergebnisse in die Polaritätsskala, wobei die Aspekte zum Unterbringungsprozeß, zur Annahme des alternativen Hilfeangebotes, zur Qualität der pädagogischen Beziehung und die Aspekte zum Selbstverständnis und Selbstkonzept doppelt gewichtet werden, weil diese Aspekte eine größere Bedeutung in der Sozialisationsgeschichte der davon Betroffenen haben als die anderen Knotenpunkte ihrer Entwicklung
- Erstellen der Genogramme der Befragten
- Zum Schluß Erstellung eines Gesamteindruckes, einer lebensgeschichtlichen Rekonstruktion von jeder Gesprächspartnerin und jedem Gesprächspartner, der zentrale Aspekte ihrer oder vielmehr seiner Sozialisationsgeschichte komprimiert und thesenhaft auflistet. Gerade dieser Gesamteindruck spiegelt die vielschichtigen und zum Teil auch widersprüchlichen Entwicklungen der Betroffenen und die Schwierigkeit menschlicher Beziehungen wieder. Er schärft den Blick für das Verständnis der komplexen Lebensgeschichten und der Bewertung von Heimerziehungsprozessen.

---

26 Wenn es bei der Zuordnung zu den Indikatoren zu einer Pattsituation innerhalb eines Knotenpunktes zur Entwicklungsgeschichte kommt, dann wird die Entscheidung über die dominierende Polseite auf Grund des Gesamteindruckes über den Interviewpartner bzw. die Interviewpartnerin gefällt. Diese Pattsituationen sind sehr selten vorgekommen, insofern ist diese Verfahrensweise gerechtfertigt. Bei den Knotenpunkten, die doppelt gewertet werden, gibt es in diesem Fall nur einen Punkt auf der Polaritätsskala. Im Kapitel über die Polaritätsprofile wird genau aufgelistet, welche ehemaligen Heimkinder davon betroffen sind.

Der Interviewleitfaden

Der Interviewleitfaden soll ermöglichen, einerseits Informationen, Einschätzungen und Bewertungen der ehemaligen Heimkinder zu den zentralen Knotenpunkten ihrer Sozialisationsgeschichte zu erhalten und andererseits eine Vergleichbarkeit der gewonnenen Daten zu fördern.

Es handelt sich um 36 Fragenkomplexe, wobei die Mehrzahl der Fragen offen sind, d.h. es gibt keine vorgegebenen Antwortkategorien.

Nach 4 Einstiegsfragen zur Auflockerung und Schaffung einer angenehmen Gesprächsatmosphäre ist die Reihenfolge der Themen chronologisch, d. h. das Interview beginnt mit Fragen zur Vorgeschichte und zum Unterbringungsprozeß, führt über die Zeit im Heim bis hin zur gegenwärtigen Lebenssituation der ehemaligen Heimkinder. Der Schwerpunkt liegt allerdings bei der Vorgeschichte, dem Unterbringungsprozeß und der Zeit im Heim. Im Einzelnen spielen folgende Überlegungen bei der Konzeption der Leitfragen eine wichtige Rolle:

Fragebereich: Vorerfahrungen

- Die Situation in der Herkunftsfamilie. Wie wurden die Eltern erlebt? (z. B. kühl, abweisend, zuwendend usw.). Die Bedeutung der Geschwister; werden sie als Rivalen oder als Stütze erlebt?
- Das „Symptom" bzw. der Grund/Anlaß für die Fremdunterbringung. Wie kam es zur Heimeinweisung? Was war passiert? Wie erging es dem Kind dabei? Was bedeutet das Symptom für das ehemalige Kind?
- Das Alter bei der Aufnahme.

Fragebereich: Aufnahme ins Heim

- Die Beteiligung/Nichtbeteiligung der ehemals Betroffenen und ihrer Eltern beim Entschluß für Heimerziehung. Wessen Interessen und Bedürfnisse wurden berücksichtigt? Und wer hat darauf geachtet, das Kind und seine Familie zu beteiligen?
- Die Zustimmung/Ablehnung des alternativen Erziehungsangebotes. Wer war am ehesten für Heimeinweisung: Das Kind selbst, die Eltern, die Sozialarbeiter, das Gericht? Sind die Entscheidungen, die das Kind betreffen, für das Kind und seine Eltern nachvollziehbar gewesen? Ist die Heimeinweisung als „Erlösung" oder als „Strafe" empfunden worden?

- Die Verarbeitung der Trennung von der Herkunftsfamilie. Sind die Eltern mit der Heimeinweisung einverstanden? Fühlen sie sich zurückgesetzt, als Versager, oder war ihnen die Entwicklung ihres Kindes gleichgültig? Sahen sie in den Erzieherinnen und Erziehern Rivalen?

Fragebereich: Zentrale Erfahrungen, Erlebnisse und Impulse im Heim

- Der erste Tag im Heim. Können sich die Befragten daran noch erinnern? Ist der erste Tag im Heim auch die erste Begegnung mit den Erzieherinnen/ Erziehern, dem Heimleiter, dem Psychologen gewesen?
- Das Verhältnis zu den Erzieherinnen und Erziehern. Gelang es dem Kind, ein Vertrauensverhältnis aufzubauen? Durch welche Eigenschaften, Verhaltensweisen und Einstellungen der Erzieherinnen und Erzieher konnte das Kind Vertrauen finden? War den Erzieherinnen und Erziehern die Persönlichkeit des Kindes wichtig? Konnten sie dem Kind das Gefühl vermitteln, daß es ein Mensch ist, „um den es sich lohnt, der einen wichtigen Platz im Leben einnimmt und für andere von Bedeutung ist" (B. Bettelheim, 1978, S. 55)? Hatte das Kind das Gefühl, daß die Erzieherinnen und Erzieher sich um die Wiedergewinnung seiner Selbstachtung bemühten? Bewunderte das Kind seine Erzieherinnen und Erzieher? Wenn ja, was beeindruckte es am meisten? War Offenheit oder Mißtrauen die Grundstimmung gegenüber den Erzieherinnen und Erziehern? Gab es Konkurrenz zwischen den Gruppenmitgliedern um die Zuneigung der Erzieherinnen und Erzieher?
- Das Verhältnis zu den Eltern. Welche Eindrücke/Gefühle hinsichtlich der eigenen Eltern während der Heimzeit herrschten vor? Gab es ungewöhnliche Reaktionen der Eltern? Hat sich das Verhältnis zu ihnen während der Heimzeit verändert und wie hat es sich verändert?
- Das Verhältnis zu anderen Gruppenmitgliedern. War es überwiegend geprägt durch Vertrauen, gegenseitige Hilfe und Unterstützung oder eher durch Mißtrauen und Konkurrenz um die Zuneigung der Erwachsenen?
- Das Verhältnis zwischen Eltern und Erzieherinnen/Erziehern. Gab es überhaupt so etwas wie eine gemeinsame Gesprächs- und bestenfalls eine Vertrauensbasis?
- Litt das ehemalige Heimkind unter Zugehörigkeits- und Loyalitätskonflikten? Gab es ein Gefühl von Verlassensein, Ausgeliefertsein, zwischen den Stühlen zermalmt zu werden?
- Die Gesamteinschätzung des Heimaufenthaltes.
- Hatte die Unterbringung einen Sinn für die Entwicklung und das Leben des Befragten?

- Konnten die Interviewpartnerinnen und Interviewpartner der außerfamiliären Erziehungshilfe einen eigenen Sinn abgewinnen?

Fragebereich: Die Zeit nach dem Heimaufenthalt

- Zentrale Erfahrungen in der „Nach-Heim-Zeit".
- Das Verhältnis zu den Eltern heute.
- Beziehungserfahrungen. Wie geht das ehemalige „Heimkind" mit den eigenen Kindern um? Werden die Erfahrungen, die sie selbst als Kinder mit ihren Eltern gemacht haben, umgesetzt in einer anderen Einstellung ihren eigenen Kindern gegenüber?
- Kurzfragebogen zu objektiven Daten mit Genogrammeinlage; Daten zur Arbeits- und Legalbewährung; intergenerationale Muster und Wiederholungen.

Die Leitfragen in den Intensivinterviews

Die Leitfragen versuchen sowohl Aspekte der individuellen biographischen Entwicklung aufzugreifen als auch die Vergleichbarkeit der erhobenen Daten zu gewährleisten. Deshalb gilt es beide Extreme in der bisherigen Forschung zu vermeiden - einmal die Orientierung an äußeren leicht vergleichbaren, aber wenig aussagekräftigen Daten der Lebensbewährung und zum anderen die zu starke Fokussierung auf individuelle, nicht mehr komparable Lebenslagen.

Der Leitfragenkatalog ist so gestaltet, daß es 36 festgelegte Fragen und Ergänzungsfragen zu den Hauptfragen gibt, die an alle Interviewpartnerinnen und Interviewpartner in der gleichen Reihenfolge gerichtet werden. Um der Komplexität der Sozialisationsprozesse gerecht zu werden, sind diese Fragen zumeist offen gestellt, d. h. es gibt weder Antwortvorgaben noch zeitliche Begrenzungen hinsichtlich der Beantwortung der Fragen.

Da es sich um intensive Gespräche handelt, beschränkt sich das Interview nicht auf diese Leitfragen, sondern bezieht weitere Aspekte und je nach Interviewpartnerin/Interviewpartner verschieden gelagerte Zusammenhänge aus der Entwicklungsgeschichte mit ein.

Ein Fragebogen zu objektiven Daten und die Erstellung von Genogrammen ergänzen das Interviewmaterial und bilden die Grundlage für die Zuordnung zu den Polaritätsprofilen.

Somit ist die Vergleichbarkeit der erhobenen Daten gewährleistet, ohne daß die Vieldimensionalität der Sozialistionsprozesse aus dem Blick verloren geht.

Der Leitfragenkatalog selber ist so konzipiert, daß in den 4 Einstiegsfragen der Versuch unternommen wird, einen emotionalen Bezug herzustellen, indem an Gefühle, Erinnerungen und persönliche Erlebnisse der Gesprächspartnerinnen und Gesprächspartner angeknüpft wird. Dann wird zu den chronologisch strukturierten Fragebereichen aus der Entwicklungsgeschichte übergeleitet mit dem Schwerpunkt auf die Zeit vor, in und nach der Heimunterbringung. Zwischen den einzelnen Themenblöcken sind manchmal Fragen eingestreut, die in erster Linie zur Auflockerung der Gesprächsatmosphäre beitragen sollen.

Die Frage 35 ist neben der Ermittlung von Wünschen und Sehnsüchten zusammen mit der Frage 24 ein weiterer Indikator für das Selbstverständnis der Befragten zum Erhebungszeitpunkt.

Die Abschlußfrage 36 hingegen soll die Erstellung der Genogramme erleichtern.

Im einzelnen lauten die Leitfragen folgendermaßen:

1) Wenn Sie das Wort „…………"[27] hören, was fällt Ihnen zuerst dazu ein?
2) An was haben Sie gedacht, als Sie meinen Brief bekamen? Wie ging es Ihnen dabei? An was haben Sie vorwiegend denken müssen?
3) Denken Sie überhaupt manchmal an den Heimaufenthalt? Und wissen Sie noch, wann das (der Heimaufenthalt) war? Haben Sie sogar die genauen Daten?
4) Wenn Sie einmal zurückdenken, erinnern Sie sich noch an den ersten Tag im Heim? (Wenn nicht, dann die Frage: was ist Ihnen noch im Gedächtnis?)
5) Nun ist es in der Regel so, daß man nicht im Heim geboren wird; was hat eine Rolle gespielt oder was ist passiert, daß Sie ins Heim kamen, in ………… aufgenommen wurden?
6) Wie alt waren Sie damals?
7) Hatten Sie Geschwister?
8) Wer kam auf die Idee, Sie in ………… unterzubringen?
9) Wie reagierten Sie damals darauf?

---

27 An dieser Stelle wird der Name des Kinderheimes genannt. Um die Einrichtung und die Interviewpartnerinnen und Interviewpartner zu schützen, wird der Name des Heimes in dieser Untersuchung nicht genannt. *Der Name des Heimes wird im Leitfragenkatalog durch Pünktchen wiedergegeben.*

10) Können Sie sich erinnern, wann Sie zum ersten Mal in .... waren? Wie ging es Ihnen damit? Haben Sie das Heim vorher angesehen? Waren Sie bereits woanders untergebracht? Wenn ja, wo und wie lange?
11) Wie erlebten Sie die Erzieher, Erzieherinnen und die anderen Mitarbeiter an dem Tag, als Sie zum ersten Mal in .... waren?
12) Wie erlebten Sie die Erzieher und Erzieherinnen am Aufnahmetag?
13) Manchmal sind es die Eltern, die eine Heimeinweisung wollen; manchmal geht die Initiative vom Jugendamt aus; manchmal möchten die Kinder und Jugendlichen selbst außerhalb der Familie leben. Wie war das damals bei Ihnen? Wie reagierten Ihre Eltern auf die Heimeinweisung? Stimmten Ihre Eltern der Heimunterbringung zu?
14) Wir haben bereits ein wenig über Ihren ersten Tag in .... gesprochen. Ich will hier noch einmal ein wenig weiter nachfragen: Können Sie sich noch erinnern an den ersten Abend in ...., als sie im Bett lagen. Ich kenne es von mir selbst, oft gehen einem ja Gedanken durch den Kopf. Mit welchen Gedanken und Gefühlen sind Sie damals eingeschlafen?
15) Im Heim kamen Sie in eine Gruppe mit anderen Kindern und Jugendlichen. Wie erging es Ihnen dabei? Hätten Sie sich weniger Mitbewohner und ein kleineres Heim gewünscht? Wie lange sind Sie dann in .... insgesamt gewesen?
16) Sie sind dann mehr oder weniger in .... heimisch geworden. Wie war das mit näheren Freundschaften im Heim? Hatten Sie die Möglichkeit, mit Ihrem Freund/Freundin zusammen zu sein? Durften Sie ihn/sie einladen? Gab es die Erlaubnis, zusammen zu schlafen?
17) Einerseits spielen im Heim Kinder und Jugendliche eine Rolle. Andererseits gibt es eine Menge Erwachsene. In diesem Zusammenhang möchte ich Sie fragen: Welche Bedeutung hatten die Erzieher und Erzieherinnen für Sie? War Ihnen der gute Kontakt zu den Erziehern und Erzieherinnen wichtig und wenn ja, warum? Wie empfanden Sie die Erzieher und Erzieherinnen (z.B. annehmend; zugewandt; ablehnend; desinteressiert; vertrauenswürdig; wichtig)? Gab es einen Erzieher/in, der bzw. die besonders wichtig für Sie war? Was spielte dabei eine Rolle? Gab es noch andere Personen, die Ihnen wichtig waren?
18) Wie war Ihre schulische Situation während des Heimaufenthaltes? Wurden Sie von den Erziehern in .... in schulischen Belangen bzw. in ihrer Berufsausbildung unterstützt und gefördert?
19) Wie war der Kontakt zu Ihren Eltern während der Zeit in ....? Kennen Sie Ihre Eltern überhaupt? Wollten/Wünschten Sie den Kontakt zu den Eltern? Was war Ihr schönstes Erlebnis mit Ihren Eltern während der Heimzeit? Hatten Sie das Gefühl, daß sich das Verhältnis zu Ihren Eltern während der Heimzeit veränderte? Wenn ja, in welche Richtung?

20) Wie war der Kontakt zu Ihren Geschwistern während der Heimzeit? Kennen Sie Ihre Geschwister überhaupt? Wollten/Wünschten Sie den Kontakt zu den Geschwistern? Was war Ihr schönstes Erlebnis mit ihren Geschwistern während der Heimzeit? Hatten Sie das Gefühl, daß sich das Verhältnis zu Ihren Geschwistern während der Heimzeit veränderte? Wenn ja, in welche Richtung?
21) Nun noch einmal eine ganz andere Frage. Hatten Sie den Eindruck, daß Ihre Erzieher und Erzieherinnen in .... Ihre Eltern mochten? Und umgekehrt: Wie standen Ihre Eltern zu den Erziehern und Erzieherinnen? Konnten die sich gut leiden? Hatten die einen guten Kontakt? Wie würden Sie das Verhältnis Ihrer Eltern zu den Erziehern beschreiben? Gab es gemeinsame Unternehmungen? Wie war das mit Ihnen: Wünschten Sie sich mehr gemeinsame Unternehmungen während Ihres Aufenthaltes in ....? Was waren Ihre Gründe?
22) Gibt es noch irgend etwas anderes in bezug auf Ihren Aufenthalt in ...., was Ihnen sehr wichtig war und Ihnen noch im Gedächtnis ist?
23) Im Leben ist das Klima sehr wechselhaft; 'mal scheint die Sonne; 'mal gibt es Regen. Wenn Sie zurückdenken: Wie würden Sie das Wetter in den Beziehungen, die sie erlebt haben, charakterisieren? Was war Ihr schönstes Erlebnis in ....?
24) Wenn Sie die Zeit in .... heute insgesamt einschätzen, was würden Sie sagen: Fühlten Sie sich wohl, angenommen und verstanden? Woran lag das? Glauben Sie, daß Sie vom Aufenthalt in .... für Ihr Leben etwas gewonnen haben? Und wenn Sie es zusammenfassend formulieren würden, was bedeuten die Erfahrungen in .... für Ihr Leben? War die Heimunterbringung hilfreich für Ihr Leben? (War sie sinnvoll?)
25) Können Sie sich noch erinnern, was sie am Tag der Entlassung als erstes gemacht haben?
26) Wo wohnten Sie nach der Entlassung?
27) Hatten Sie damals eine Arbeit?
28) Was war dann in der weiteren Entwicklung (Wohnung, Beziehung, Arbeit, Gesundheit) bis heute? Können Sie dazu etwas sagen?
29) Worin bestand für Sie der größte Unterschied zur Heimzeit?
30) Wenn Sie an Ihren Alltag jetzt denken, gibt es da Momente, wo belastende Erfahrungen aus der Heimzeit bedeutsam sind? (Beziehungen)
31) Haben Sie noch Kontakte zu ....? Und wie sieht dieser Kontakt aus? Haben Sie nach meinem Brief mit .... Kontakt aufgenommen?
32) Und wie ist das mit Ihren Eltern und Geschwistern? Wann haben Sie Ihre Eltern zuletzt gesehen? Und wie beurteilen Sie Ihr Verhältnis zu den Eltern heute? Und wie ist das mit Ihren Geschwistern? Wann haben Sie Ihre Geschwister zuletzt gesehen? Und wie beurteilen Sie Ihr Verhältnis zu den Geschwistern?

33) Leben Sie heute mit Ihrem Freund/Ihrer Freundin zusammen? Wenn Sie diese Beziehung heute beurteilen - Wie geht es Ihnen mit Ihrem Partner?/Ihrer Partnerin? Würden Sie sagen, daß Ihr Aufenthalt in .... beeinflußt, wie Sie Ihre Partnerschaft heute leben?
34) Haben Sie heute eigene Kinder und leben sie mit ihnen zusammen? Und wenn Sie das Verhältnis Kinder zu Eltern vergleichen, was ist jetzt in Ihrem Verhältnis zu Ihrem Kind anderes als in Ihrer Herkunftsfamilie?
35) Und nun noch eine zusammenfassende Frage. Wenn Sie 3 Wünsche hätten, was würden Sie sich im Rückblick wünschen? Für sich selbst? Für Ihre Eltern? Für ....?[28]
36) Ich habe viel von Ihrer Familie gehört; ich möchte das ein wenig ordnen, damit ich nichts verwechsle: Wer hatte am meisten Einfluß damals in Ihrer Herkunftsfamilie (Können Sie eine Rangfolge bilden?)? Wem standen Sie besonders nahe? Wer war mit wem verbunden?

Das Sample (die Stichprobe)

Im Mai 1991 richtete der Heimleiter eine Anfrage an das Einwohnermeldeamt wegen den Adressen der 187 ehemaligen Heimkinder des Untersuchungszeitraumes. Nach Rücksprache mit dem für Datenschutz zuständigen Mitarbeiter des Bezirksamtes als Träger des Kinderheimes erhielt die Heimleitung im Laufe der folgenden 6 Wochen die dem Einwohnermeldeamt bekannten Adressen.

Weil der Verfasser der Studie aus datenschutzrechtlichen Gründen die Adressen nicht einsehen darf, wurde mit dem Heimleiter vereinbart, daß das Anschreiben des Interviewers zusammen mit einem Rückmeldebogen und einem frankierten Rückumschlag in einem verschlossenem Umschlag dem Begleitschreiben des Heimleiters beigelegt wird.

Die beiden Briefrunden fanden am 5. 8. 1991 und am 12. 9. 1991 statt. Dabei kam es zu folgenden Ergebnissen:

Insgesamt Entlassene im Zeitraum zwischen 1978-1989: 11 Jahre

Frauen und Männer	187	100%	= Grundgesamtheit
Männer insgesamt	114	60,9%	der Grundgesamtheit
Frauen insgesamt	73	39,1%	der Grundgesamtheit

---

28 Hier wird wieder der Name des Heimes genannt.

Von diesen 187 Entlassenen konnten 39 nicht angeschrieben werden, weil 2 Männer und 1 Frau verstorben und von 36 Ehemaligen dem Einwohnermeldeamt die Adressen nicht bekannt sind.

In der 1. Briefrunde konnten demzufolge *148* ehemalige Heimkinder des Untersuchungszeitraumes vom Heim angeschrieben werden.

Männer in Berlin	80	=	54,1%
Frauen in Berlin	52	=	35,1%
Männer außerhalb Berlins	9	=	6,1%
Frauen außerhalb Berlins	7	=	4,7%
Zunächst erreichte Grundgesamtheit	148	=	100%
Männer und Frauen in Berlin	132	=	89,2%
Männer und Frauen außerhalb Berlins	16	=	10,8%

Zunächst erreichte Männer insgesamt	89	=	60,2%
Zunächst erreichte Frauen ingsgeamt	59	=	39,8%

Von der ursprünglichen Grundgesamtheit: Der Zahl der insgesamt im Untersuchungszeitraum Entlassenen sind

$$87 - 39 = 148 \text{ Personen} = 79,1\%$$

angeschrieben worden. Es kamen 6 Briefe zurück, wo die Empfänger nicht erreicht wurden oder unbekannt verzogen waren. Das betraf 3 Männer im übrigen Bundesgebiet, 2 Männer in Berlin und 1 Frau im übrigen Bundesgebiet.

Das heißt, es wurden in der ersten Briefrunde definitiv 142 = 75,9% der Entlassenen aus dem Untersuchungszeitraum brieflich erreicht. Von diesen 142 haben sich 39 (*27,5%* = Rücklaufquote) zum Interview gemeldet:

Männer in Berlin	17	=	43,6%
Frauen in Berlin	17	=	43,6%
Männer außerhalb Berlins	1	=	2,6%
Frauen außerhalb Berlins	4	=	10,2%
Männer insgesamt	*18*	=	*46,2%*
Frauen insgesamt	*21*	=	*53,8%*

Obwohl der Anteil der Frauen an der Grundgesamtheit von 187 Entlassenen des Untersuchungszeitraumes nur knapp 40% beträgt, ist die Bereitschaft zu einen Gespräch über die eigene Kindheit bedeutend größer als bei den Männern.

In der 2. Briefrunde am 12. 9. 1991 wurden zunächst *107* Ehemalige angeschrieben:

Männer in Berlin	60	=	56,1%
Frauen in Berlin	38	=	35,5%
Männer außerhalb Berlins	5	=	4,7%
Frauen außerhalb Berlins	4	=	3,7%
Männer und Frauen in Berlin	98	=	91,6%
Männer und Frauen außerhalb Berlins	9	=	8,4%
Angeschriebene insgesamt	107	=	100%

4 Briefe an Männer in Berlin kamen mit dem Vermerk „unbekannt verzogen" oder „unbekannt" zurück.

Es wurden in der 2. Briefrunde definitiv *103* Briefe verschickt, die die Empfänger auch erreicht haben müssen.

Von diesen 103 Angeschriebenen haben sich 13 (*12,6%* = Rücklaufquote) zum Interview gemeldet:

Männer in Berlin	7	=	53,8%
Frauen in Berlin	5	=	38,4%
Männer außerhalb Berlins	0	=	0%
Frauen außerhalb Berlins	1	=	7,7%

Mit allen Frauen aus der 2. Briefrunde kommt ein Gespräch zustande, während dies nur bei 4 Männern der Fall sein wird.

Aus beiden Briefrunden zusammen haben sich gemeldet: 25 Männer, das sind 17,5% der erreichten Grundgesamtheit von 143 ehemaligen Heimkindern und 26 Frauen, das sind 18,2% der erreichten Grundgesamtheit von 143 ehemaligen Heimkindern.

In beiden Briefrunden haben sich somit zusammen 51 Ehemalige gemeldet, das ergibt eine Rücklaufquote von 35,7% bezogen auf die erreichte Grundgesamtheit.

TATSÄCHLICH ERFAßT, D.H. ES FINDET EIN INTENSIVINTERVIEW STATT, WERDEN VON DEN 187 ENTLASSENEN DES UNTERSUCHUNGSZEITRAUMES 30 EHEMALIGE = 16,04%. BEZOGEN AUF DIE TATSÄCHLICH ANGESCHRIEBENEN VON 142 ERGIBT SICH EINE ERFASSUNGSQUOTE VON 21,13%.

Die Interviewteilnehmerinnen und -teilnehmer

Männer aus Berlin	11	=	36,7%	=	14,3% von	77 Erreichten
Frauen aus Berlin	15	=	50%	=	28,8% von	52 Erreichten
Männer aus BRD	1	=	3,3%	=	14,3% von	7 Erreichten
Frauen aus BRD	3	=	10%	=	50,0% von	6 Erreichten
Männer insgesamt	12	=	40%	=	14,3% von	84 Erreichten
Frauen insgesamt	18	=	60%	=	31,0% von	58 Erreichten
Gesamt	30	=	100%	=	21,3% von	142 Erreichten[29]

Ein Gespräch kommt mit im ganzen 21 Männern und Frauen nicht zustande. Das sind 41,17% der ursprünglich zum Gespräch Bereiten. Die Abspringquote beträgt somit: 41,17%.

Männer aus Berlin	13	= 25,5% der Gesprächsbereiten
Frauen aus Berlin	6	= 11,8% der Gesprächsbereiten
Männer in BRD	0	= 0% der Gesprächsbereiten
Frauen in BRD	2	= 3,9% der Gesprächsbereiten
Männer insgesamt	13	= 25,5% der Gesprächsbereiten
Frauen insgesamt	8	= 15,7% der Gesprächsbereiten
Zusammen	21	= 41.2 % der Geprächsbereiten[30]

Von Ende September 1991 bis Dezember 1991 finden die Intensivinterviews mit den 30 ehemaligen Heimkindern statt. Bis auf eine Ausnahme werden alle Gespräche mit dem Einverständnis der Befragten auf Cassetten aufgenommen.

---

29 Die Zahlen in den letzten drei Spalten beziehen sich auf die tatsächlich angeschriebenen 142 ehemaligen Heimkinder der 1. Briefrunde.
30 Die Prozentangaben in der letzten Spalte beziehen sich auf die 51 zunächst zum Gespräch bereiten ehemaligen Heimkinder.

Die Intensivinterviews

Im ganzen finden 30 Interviews zwischen Ende September 1991 und Mitte Dezember 1991 statt. Treffpunkte sind folgende Orte:

16	Gespräche in der Wohnung der Befragten in Berlin
4	Gespräche im Büro des Interviewers an der Fachhochschule für Sozialarbeit und Sozialpädagogik in Berlin
1	Gespräch im eigenen Zimmer der WG in Berlin
1	Gespräch im Aufenthaltsraum des Heimes zum Zeitpunkt des Interviews in Berlin
1	Gespräch im Wohnzimmer des Hauses vom Lebenspartner in Berlin
1	Gespräch im eigenen Zimmer in einem Obdachlosenwohnheim in Berlin
1	Gespräch im eigenen Zimmer in der Wohnung der Mutter und des Stiefvaters in Berlin
1	Gespräch in einem Cafe in Berlin-Neukölln
3	Gespräche in der eigenen Wohnung im Bundesgebiet
1	Gespräch in einem Heim für Erwachsene im Bundesgebiet

Ein Interview dauert im Durchschnitt *3,7 Stunden*. Die kürzesten Interviews dauern 2 Stunden; das längste 6 Stunden und 10 Minuten.

Interviewdauer in Stunden	Anzahl der Interviews
2,0 Stunden	4 Gespräche
2-3 Stunden	7 Gespräche
3,0 Stunden	2 Gespräche
3-4 Stunden	5 Gespräche
4,0 Stunden	2 Gespräche
4-5 Stunden	2 Gespräche
5,0 Stunden	2 Gespräche
5-6 Stunden	4 Gespräche
6,0 Stunden	1 Gespräch
6,1 Stunden	1 Gespräch

Das *Durchschnittsalter der Frauen* zum Zeitpunkt der Interviews, also im Herbst 1991, beträgt *23,6 Jahre*; bei den *Männern 22,5 Jahre* und bei Frauen und Männern *zusammen 23,2 Jahre*.

Alter zum Erhebungszeitpunkt
Männer (Durchschnitt: 22,5 Jahre)

17 Jahre	1 Befragter
18 Jahre	2 Befragte
21 Jahre	3 Befragte
22 Jahre	2 Befragte
24 Jahre	1 Befragter
25 Jahre	1 Befragter
30 Jahre	1 Befragter
31 Jahre	1 Befragter

Alter zum Erhebungszeitpunkt
Frauen (Durchschnitt: 23,6 Jahre)

14 Jahre	1 Befragte
20 Jahre	3 Befragte
21 Jahre	2 Befragte
22 Jahre	1 Befragte
23 Jahre	1 Befragte
24 Jahre	2 Befragte
25 Jahre	1 Befragte
26 Jahre	3 Befragte
27 Jahre	1 Befragte
28 Jahre	2 Befragte
31 Jahre	1 Befragte

Der *Altersschwerpunkt* liegt bei den *Männern* zwischen dem *18. und 22. Lebensjahr* (7 von 12 Gesprächspartnern). Entgegen den Erwartungen sind jüngere ehemalige Heimkinder eher zu einem lebensgeschichtlich orientierten Interview bereit. Vermutlich ist der Bezug zum Sozialisationsfeld Heim in dieser Altersklasse noch größer als in einem höheren Lebensalter.

Bei den *Frauen* gibt es dagegen *zwei Altersschwerpunkte*. Einmal zwischen dem *20. und 21.* Lebensjahr (5 von 18 Gesprächspartnerinnen) und zwischen dem *26. und 28. Lebensjahr* (5 von 18 Gesprächspartnerinnen); ansonsten ist jedes Lebensjahr von 20 bis 28 Jahre vertreten. Die älteste Gesprächsteilnehmerin ist 31 Jahre alt.

Grundsätzlich lassen sich jedoch vom Lebensalter der Befragten keine Rückschlüsse auf den Erfolg der Hilfemaßnahme ableiten. Auch der Grad der Rekonstruktionsfähigkeit der Befragten bezogen auf die eigene Lebensgeschichte ist bis auf eine Ausnahme nicht vom Lebensalter abhängig. Allerdings setzt die ganze Konzeption der Studie und der offenen Leitfragen erwachsene Interviewpartnerinnen und Interviewpartner voraus, die über eine gewisse Lebenserfahrung und eine zeitliche Distanz zur Unterbringung im untersuchten Heim verfügen. So werden von der erst 14jährigen Gesprächsteilnehmerin die Fragebereiche zur Vorgeschichte (Frage 5), zur expliziten Gesamteinschätzung der Heimunterbringung und deren Stellenwert in der Lebensgeschichte (Frage 24), die Frage nach belastenden Momenten im Alltag (Frage 30), die Frage nach der Partnerschaft (Frage 33) und zur Einflußhierarchie in der Herkunftsfamilie (Frage 36) bedingt durch ihr Lebensalter nur zum Teil beantwortet.

Auffällig an den Gesprächen ist zunächst, daß bis auf 3 Interviewpartnerinnen und Interviewpartner alle bereit sind, sehr offen und ausführlich über ihre Lebensgeschichte zu berichten. Der Umstand, daß der Interviewer in keinerlei Arbeits- oder Beziehungszusammenhang mit den Befragten oder dem Kinderheim steht, und seine dadurch bedingte neutrale Person und Haltung tragen zu einer offenen und angeregten Gesprächsatmosphäre bei.

Weiterhin stellt sich bald heraus, daß die Einstiegsfrage 1, die Frage nach den ersten Assoziationen, wenn der Name des Kinderheimes genannt wird, Leitcharakter für das ganze Gespräch hat. Es gibt in allen Interviews im wesentlichen 3 Antwortvarianten[31], die mit der Einschätzung der Heimunterbringung in Beziehung stehen, d.h. bereits nach Beantwortung der ersten Frage kann man erahnen, ob der oder die Befragte zu einer eher positiven oder eher negativen Gesamteinschätzung der Hilfemaßnahme kommen wird.

Erwähnenswert ist darüber hinaus die Tatsache, daß in 27 von 30 Fällen der erste vereinbarte Gesprächstermin von den Befragten auch eingehalten wird. Lediglich bei einem Interview sind 3 Anläufe notwendig, bis das Gespräch stattfinden kann.[32]

Bei den meisten der 21 nicht zustandegekommenen Interviews dagegen sind die potentiellen Gesprächspartnerinnen und Gesprächspartner zur ver-

---

31 Angenehme Erinnerungen („schöne Zeit"); unangenehme Erinnerungen („nicht gut") und ambivalente Antworten („teils gut, teils schlecht").

32 Eine Interviewpartnerin sagt die beiden ersten vereinbarten Termine allerdings freundlicherweise vorher telefonisch ab, während die andere Befragte zur vereinbarten Zeit nicht im Büro erscheint. Daraufhin rufe ich sie an. Sie erzählt mir, daß sie den Termin vergessen habe, ist aber damit einverstanden, das Gespräch bei ihr zu Hause stattfinden zu lassen, was dann auch ca. eine Stunde später passiert.

einbarten Zeit nicht zu Hause oder kommen nicht - wie abgesprochen - ins Büro. Daraufhin gibt es von seiten des Interviewers in der Regel noch einen (erfolglosen) Versuch, ein Gespräch zu ermöglichen.

Ein Beispiel für eine lebensgeschichtliche Rekonstruktion (Interview Nr. 11)

Interview Nr. 11: „Spaß am Leben kriegen" - Wege aus dem Labyrinth. (weiblich, 26 Jahre alt, Polaritätsgruppe 1)

Das Gespräch mit dieser Interviewpartnerin findet in der Wohnung der Befragten statt. Sie wohnt dort zusammen mit ihrem 2. Mann und ihren 3 Kindern. Als ich ankomme, begrüßen mich die Gesprächspartnerin und ihr Mann sehr freundlich. Es ist ruhig in der Wohnung, die 3 Kinder hat sie bereits ins Bett gebracht. Nach einer kurzen Einleitung von mir beginnt das Gespräch.

Die Befragte berichtet offen, ausführlich und reflektiert über ihre Erfahrungen. Die Darstellung ihrer Sozialisationsgeschichte bis hin zu ihrem gegenwärtigem Leben ist differenziert, insbesondere ihre Fähigkeit, immer wieder auftretende Ambivalenzen in ihrem Gefühlsbereich zu beschreiben. Sie gibt sehr ausführliche Antworten auf die Fragen und spricht schon nach der ersten Frage ihre Probleme mit ihrem ältesten Sohn (6 Jahre alt) an.

Erinnerungslücken finden sich in ihrer bisherigen Lebensgeschichte fast nur bei ihren Erinnerungen an die Zeit zwischen ihrem 5. und 7. Lebensjahr. Damals habe sie für 2 Jahre in einem katholischen Kinderheim gelebt.

Die Gesprächspartnerin, im Oktober 1991 26 Jahre alt, ist das 3. Kind aus den jeweils 1. Ehen ihrer Eltern. Ihre Eltern hätten sich kurz nach ihrer Geburt scheiden lassen, weil ihr Vater u.a. mehrere Freundinnen neben seiner Ehefrau gehabt habe. Trotz der Scheidung hätten die Eltern in der gleichen Wohnung gelebt, „bloß jeder hat sein eigenes Leben geführt" (Transkription Interview Nr. 11, S. 23). Ihre Mutter sei Hausfrau und ihr Vater ein selbständiger Handwerker. Nach der Scheidung habe ihre Mutter ein weiteres Mal viele Jahre später geheiratet, während ihr Vater noch zweimal eine Ehe eingegangen sei. Heute lebe er mit seiner 3. Frau zusammen und habe noch eine 5jährige Tochter mit ihr.

Die Befragte hat eine 29jährige ältere Schwester, die heute verheiratet sei. Diese Schwester arbeite heute in ihren erlernten sozialen Beruf und habe zwischen ihrem 16. und 19. Lebensjahr zusammen mit der Interviewpartnerin in einem Kinderheim im Bundesgebiet gelebt.

Die zweitälteste Schwester hätten die Eltern im Alter von 3 Jahren zur Adoption freigegeben.

Die Familiengeschichte ist geprägt durch Spaltungen und Brüche im Elternpaar und durch Probleme bei der Kontrolle von Aggression und Affekten, vor allem in der Erziehung der Kinder. Die Interviewpartnerin berichtet von Ablehnungen und körperlichen Mißhandlungen über drei Generationen hinweg. Der Großvater habe ihre Mutter abgelehnt und körperlich mißhandelt. Ihre Mutter wiederum habe dieses Muster bei der Befragten fortgesetzt; die Gesprächspartnerin zunächst auch während der ersten Lebensjahre ihres ältesten Sohnes. „Und da habe ich gesagt, es muß ja irgendeinen geben, der das unter Kontrolle kriegt. Und daß ich das nicht an meine Kinder weitergeben will. Da habe ich gesagt, ich tue etwas dafür" (ebenda, S. 6).

Ihre Mutter habe in ihrem Fall mehrere Abtreibungsversuche unternommen, und bei einem im 6. Monat ihrer Schwangerschaft sei sie als Frühgeburt geboren worden. Die Mutter habe sich nur ein Kind gewünscht und habe auch nach der Geburt aus der Ablehnung, geringen Beachtung, Vernachlässigung und massiven körperlichen Mißhandlung der Interviewpartnerin keinen Hehl gemacht. Auch dem Jugendamt gegenüber habe sie „auch wirklich gesagt ... daß sie nie zu mir eine Beziehung aufbauen kann" (ebenda, S. 25). Ihr Vater habe sich damals gegen die Freigabe zur Adoption ausgesprochen, „ja, und da hatte sie natürlich keine Möglichkeit, mich anderweitig loszuwerden, und hat sie es natürlich so probiert" (ebenda, S. 23).

Sie beschreibt ihre Empfindungen so: „Ich weiß halt nur, daß alles, was ich zu Hause gemacht habe, wurde nicht anerkannt. Also ich war zwar da, aber im Grunde genommen, war ich eigentlich nur im Weg... ich war praktisch wie so ein undurchsichtiger Mensch. An mir kann man zwar seine Wut auslassen, aber ... daß ich halt ein menschliches Wesen bin, mit Gefühlen und ja, das war halt nie da" (ebenda, S. 20). Sie selbst habe angefangen, im Kindergarten andere Kinder zu verprügeln und sei „ein total verwahrlostes Kind" gewesen.

Die älteste Schwester stattdessen hätte die auch von der Befragten bis heute ersehnte Zuwendung, Annahme und Bestätigung von der Mutter erhalten. „Ja also, die große Schwester, die älteste, die wollte sie immer haben. Das war eigentlich mehr oder weniger ein Wunschkind. Ja, und das hat man auch gemerkt. Also sie war immer der Mittelpunkt, ne. Sie hat alles gekriegt, was sie haben wollte. Ja, sie hat auch nie Schläge gekriegt" (ebenda, S. 24).

Von ihrer 2. Schwester wisse sie, daß sie in einer Pflegefamilie untergebracht worden sei, weil ihre Mutter kein zweites Kind haben wollte und ihr Vater finanziell nicht in der Lage gewesen wäre, ein weiteres Kind zu ernähren. „Und mein Vater wußte, daß es ihr da sehr, sehr gut geht" (ebenda, S. 24).

Probleme mit Krankheiten, Alkohol oder Drogen gab es den Angaben der Befragten zufolge in der Familiengeschichte nicht.

Einen Beziehungsabbruch habe es in der Großelterngeneration mütterlicherseits gegeben. Ihre Großmutter sei zweimal verheiratet gewesen. Die Großeltern väterlicherseits würde sie nicht kennen.

Die seit ihrer Geburt bestehende massive Ablehnung, Vernachlässigung und körperliche Mißhandlung der Befragten durch ihre Mutter ist der Hauptgrund für ihre 1. von insgesamt 3 Heimunterbringungen im Alter von 5 Jahren. Sie berichtet, daß der Jugendgesundheitsdienst und das Jugendamt in den ersten Jahren ihres Lebens immer wieder versucht hätten, mit ihrer Mutter ins Gespräch zu kommen, nachdem auch ihre Verletzungen diagnostiziert worden seien. Sie erwähnt als Mißhandlungen „Wand geknallt"; „Zähne ausgeschlagen"; „nichts zu essen gegeben"; „Keller eingesperrt". Auf die Frage, bei welchen Anlässen ihre Mutter zu den aggressiven Ausbrüchen neigte, antwortet sie: „Wegen irgendeiner Nichtigkeit. Also auch, um ihre Aggressionen loszuwerden. Alles, was schief gelaufen ist zu Hause, sei es mit meinem Vater oder sonst irgendwas, also ich war immer der Sündenbock. Meine Schwester ging schon zur Schule und die hat es nie so richtig mitgekriegt. Die war nicht da, also konnte sie sie nicht verprügeln, da hat sie mich halt genommen, ne" (ebenda, S. 25).

Bei Anfragen des Jugendamtes hätte ihre Mutter dagegen angegeben, von der Befragten „tyrannisiert" worden zu sein, und daß die Gesprächspartnerin „alles kaputt" machen würde. „Und dann war es einmal so schlimm, daß sie halt mit mir zum Jugendamt gegangen ist und hat mich da dann auf den Tisch gesetzt und hat gesagt, entweder holt ihr sie raus oder ich bringe sie um" (ebenda, S. 35). Daraufhin hätten die Vertreter und Vertreterinnen des Jugendamtes die Initiative ergriffen, und ihre erste Heimeinweisung sei erfolgt.

Sie selber sei nicht an der Entscheidung beteiligt gewesen und habe auf die Unterbringung ambivalent reagiert. „Ich fand es, also auf einer Art war ich froh und auf der anderen Art war ich traurig, daß ich von meiner Mutter weg mußte, ne. Weil, ich habe sie ja nun lieb gehabt. Sie mich aber nicht. Aber für mich war es blöd, ne. Weil ich auch bei meiner Schwester bleiben wollte" (ebenda, S. 27).

Ihre Mutter habe der Unterbringung zugestimmt und sei damit einverstanden gewesen. An die Reaktionen ihres Vater könne sie sich nicht erinnern, weil er in dieser Zeit sehr selten zu Hause gewesen sei, aber sie glaube, daß er letztendlich doch auch zugestimmt habe, „weil, auf eine Art war es ja auch für ihn eine Belastung weniger... ich nehme an, daß er es auch so eingesehen hat, daß es für mich besser war, ne. Denn er hat ja, soweit ich das mitgekriegt habe, meine Mutter ja doch ziemlich oft entnervt vorgefunden; und daß sie wohl auch erzählt hat, daß sie mich verprügelt hat und solche Sachen" (ebenda, S. 30). Ihr Vater habe sie noch nie „verprügelt" oder ihr „eine gescheuert".

Die folgenden ersten 2 Jahre in einem katholischen Kinderheim beschreibt sie als „grausam". Ihre einzig gebliebenen Erinnerungen an diese Zeit kreisen um Themen wie Strenge, starre Regeln, große Schlafsäle, kaum Freiräume für die eigene Entwicklung und als verständnislos empfundene Erzieherinnen. Im Alter von 7 Jahren sei ihre Verlegung in das untersuchte Heim erfolgt, weil die Verantwortlichen ein heilpädagogisches Heim auf Grund ihrer im ersten Heim entwickelten Autoaggressionen für adäquater hielten. Sie habe sich damals „selbst zerstört", „Wunden zugefügt", „selbst aufgegeben"; „selber gebissen" (ebenda, S. 19-20).

Den Aufenthalt im untersuchten Heim, der 7 Jahre dauerte, charakterisiert sie als sehr hilfreich und positiv für ihre weitere Entwicklung. Sie habe intensive Beziehungen zu ihrer Lieblingserzieherin und allen anderen Gruppenerziehern und -erzieherinnen unterhalten. Darüber hinaus sei sie zweimal in der Woche zu einer Therapeutin im Heim gegangen. Diese erste Therapie habe ihr geholfen, das Verhältnis zu ihren Eltern besser zu verstehen.

An mehreren Stellen des Interviews betont sie das Einfühlungsvermögen, die Offenheit, das Verständnis der Erzieher und Erzieherinnen und daß bei Problemlagen oder introvertiertem Verhalten von Heimkindern „immer einer gekommen ist und hat gefragt ... man stand nie alleine da; es hat immer einer gemerkt - halt mit dir stimmt was nicht ... man hat immer einen Ansprechpartner gehabt" (ebenda, S. 38-39). Sie empfand die Beziehungsqualität zu ihren „Ersatzvätern und -müttern" als sehr konstruktiv, was auch in ihrer Einschätzung bei der Frage nach den Gewinnen für ihr Leben hervortritt: „Viel, viel Selbstvertrauen mir gegenüber; daß ich ja doch ein Mensch bin, den man akzeptieren kann und nicht einfach nur als Fußabtreter benutzt zu werden - daß ich einfach ein selbständiger Mensch bin" (ebenda, S. 56-57) und angefangen habe, an sich selbst zu glauben. Neben dem Gewinn von Selbstvertrauen und Selbstständigkeit nennt sie die Aufarbeitung des Verhältnisses zu ihrer Herkunftsfamilie durch das Therapieangebot des Heimes und das Verantwortungsbewußtsein gegenüber den eigenen Kindern als weitere konstruktive Bausteine ihrer Unterbringung.

Zu diesem gelungenen Aufbau von Selbstannahme und Selbstvertrauen habe darüber hinaus eine weitere, für sie wichtige Beziehungserfahrung beigetragen. Nämlich neben den Erziehern und Erzieherinnen und der Therapeutin im Heim die Nähe zu einer Schulfreundin und deren Eltern, die sie sogar im Alter von 14 Jahren adoptieren wollten. Ihre Mutter habe aber dieses Vorhaben blockiert.

Die Annahme der Kinder, das Engagement und die Offenheit der Erzieher und Erzieherinnen, die Geselligkeit und die Freiräume für die eigenständige Entwicklung sind für sie die Gründe, warum sie sich im Heim angenommen, verstanden und wohl gefühlt habe.

Der Freitod ihrer Lieblingserzieherin zu Beginn ihrer Pubertät habe ihr neu gewonnenes Selbstvertrauen erschüttert, konnte aber im nachhinein betrachtet ihre konstruktive Persönlichkeitsentwicklung nicht gefährden. „Es war, als wenn mir einer den Boden unter den Füßen wegzieht; das konnte ich nun nicht begreifen" (ebenda, S. 40). Sie sei sehr sensibel und es habe ihr besonders weh getan. Daraufhin sei sie auf ihr Zimmer gegangen, wütend und traurig zugleich, denn sie habe in dieser Lieblingserzieherin eine Person verloren, „die ich unheimlich gerne hatte, die mich auch gerne hatte"(ebenda, S. 40).

Unter Zugehörigkeits- und Loyalitätskonflikten litt sie offenbar weniger; sie habe sich gewünscht, wieder bei der Mutter zu leben, aber durch die vielen Verletzungen und Enttäuschungen, sowohl durch die Mutter als auch durch den Vater während ihres Heimaufenthaltes, sei es ihr leichter gefallen, das Vertrauen und die Nähe der Lieblingserzieher und -erzieherinnen anzunehmen.

Obwohl sie den Wunsch nach einem Kleinheim äußert, weil „zu viele Kinder" in den Gruppen gewesen wären, habe sie sich in der Gruppe wohl gefühlt und eine enge Freundschaft zu einer Mitbewohnerin gehabt.

In den ersten Jahren ihrer Unterbringung im untersuchten Heim seien 14tägige Besuche jeweils im Wechsel sowohl bei der Mutter als auch beim Vater geplant gewesen. Die Hoffnung, doch noch zu einem ihrer Elternteile zurückkehren zu können, habe bei ihr lange Zeit bestanden, aber oft habe sie stundenlang im Heim auf die Abholung durch ihre Eltern gewartet, doch keiner sei gekommen. Sie berichtet, daß sie sich selbst körperliche Verletzungen zugefügt habe, um die Aufmerksamkeit und die Anerkennung durch ihre Eltern zu erlangen. Der Vater zumindest hätte sich gefreut und ihr gegenüber auch Gefühle gezeigt. Dennoch sei es im Laufe der Jahre kaum noch zu persönlichen Begegnungen gekommen.

Kontakte zwischen ihren Lieblingserziehern bzw. Lieblingserzieherinnen und ihren beiden Elternteilen wären selten gewesen, außerdem hätten die Erzieher und Erzieherinnen vornehmlich ihre Mutter wegen ihrer „Kaltherzigkeit" nicht gemocht.

Mit ihrer älteren Schwester habe sie während des Heimaufenthaltes eine enge Beziehung mit vielen persönlichen Begegnungen unterhalten, was zu einer Verbesserung ihres Verhältnisses beigetragen habe.

Ihre schulische Situation bis zu ihrem Wechsel in das 3. Kinderheim im Alter von 14 Jahren beschreibt sie als normal. In den Jahren danach im Bundesgebiet habe sich ihre schulische Situation wegen Problemen mit dem Klassenlehrer (er sei durch massive Vorurteile gegenüber Heimkindern geprägt gewesen) verschlechtert. Woraufhin sie im Alter von 18 Jahren die 9. Klasse der Hauptschule nach zweimaliger Wiederholung einer Klasse ohne Abschluß verlassen habe. Ein späterer Versuch, den Hauptschulabschluß zu erlangen, sei ihr mißlungen.

Mit 14 Jahren habe sie sich auf eigenen Wunsch hin verlegen lassen, weil sie zusammen mit ihrer 16 Jahre alten Schwester gemeinsam in einem Heim leben wollte. Ihre Schwester habe nach sexuellen Belästigungen durch ihren Stiefvater den Wunsch geäußert, in ein Heim außerhalb Berlins aufgenommen zu werden, so daß das untersuchte Heim nicht in Betracht gezogen wurde.

Dieser Wechsel in ein Heim nach Westdeutschland hätte ihr im nachhinein mehr Nachteile als Vorteile gebracht. Sie beklagt die mangelnde schulische Förderung und das geringere Interesse der dortigen Erzieher und Erzieherinnen an ihrer Entwicklung. „Es wurde nicht so viel Wert auf ein Kind gelegt wie in ...."[33].

Nach 5jährigem Aufenthalt in diesem Heim habe sie im Alter von 19 Jahren geheiratet und dann zusammen mit ihrem damaligen Mann eine gemeinsame Wohnung bezogen.

In der Folgezeit berichtet sie von vielen Wohnungs- und Wohnortwechseln über einen Zeitraum von 5 Jahren in den ersten Jahren nach ihrer Heimentlassung. Seit 1988 bewohne sie die Wohnung im Norden Berlins, in der auch das Interview stattfindet. Seit 1989 lebe sie zusammen mit ihrem 2. Mann. Beide Eheleute würden aber demnächst eine neue gemeinsame Wohnung beziehen.

Eine Berufsausbildung habe sie nicht. Zeitweise habe sie nach der Scheidung von ihrem 1. Mann von Sozialhilfe gelebt. Seit ihrer Wiederverheiratung mit ihrem gegenwärtigen Mann 1989 würde er den Lebensunterhalt der Familie verdienen.

Die Verarbeitung des Verhältnisses zu ihrem ersten Mann, dem Vater ihrer beiden ersten Kinder, die Therapie ihres ältesten Sohnes und von ihr selbst sowie die Beziehung zu ihrem gegenwärtigen Mann, dem Vater ihres

---

[33] An dieser Stelle nennt sie den Namen des untersuchten Heimes, der mit Pünktchen wiedergegeben wird.

jüngsten Kindes, sind die 3 zentralen Themen ihrer nachheimischen Entwicklung. Kennengelernt habe sie ihren 1. Mann bereits 1982, als sie noch im westdeutschen Heim gelebt habe. „Irgendwie hat er mir gefallen und irgendwie auch nicht ... Und irgendwie aber war es nicht so eine richtige Beziehung. Also man hat irgendwie schon gemerkt, daß da ein Wurm schon drinnen war, aber keiner hat irgendwie den Schritt geschafft, sich von dem anderen zu lösen... irgendwie war es doch schon eine Art Abhängigkeit - ich wollte nicht alleine sein; er hat immer gesagt, er braucht mich; er liebt mich und solche Sachen - das hat mich irgendwie fasziniert, daß jemand zu mir sagt, ich armes, dummes Heimkind, praktisch - wie kann man mich nur lieben (sie lächelt verlegen, Anm. d. V.)- ja, auch nie gekannt hab, daß mich jemand gerne hat. Meine Mutter mochte mich nicht; meine Schwester hat teilweise auch auf mir rumgetrampelt ... ja, da nun war doch jemand, der sagt, er liebt mich - dann muß es doch auch stimmen und da mußt du ihn auch lieben" (ebenda, S. 9-10).

Bald darauf habe sich eine totale Abhängigkeit von diesem Mann entwickelt. Er habe sie auch in dieser frühen Zeit ihrer gemeinsamen Beziehung schon geschlagen. Sie selbst habe das hingenommen, „nicht gemerkt, daß es nicht richtig ist, was er da macht" (ebenda, S. 10).

In den folgenden Jahren lebte diese Beziehung von einem ständigen Wechsel von Nähe und Distanz: Zusammenleben - Trennung; Zusammenleben -Trennung. Sehr deutlich kann man an den Beschreibungen der Befragten ihr Dilemma nachvollziehen: einerseits der Wunsch nach Annahme, Nähe, „nicht allein sein zu müssen" und andererseits aber auch ihr Bedürfnis, sich zu lösen, der Versuch, eine eigene Identität aufzubauen mit einer Beziehung, wo sie auch ihre Wünsche artikulieren kann und der Partner diese Anliegen auch berücksichtigt. Zunächst kam es zu einer Wiederholung ihrer frühkindlichen Sozialisationserfahrungen: Zuwendung durch Schläge. Auch diese Form der Gestaltung sozialer Beziehungen stellt Nähe zwischen den beiden ungleichen Interaktionspartnern her und beinhaltet auf beiden Seiten tiefgreifende gefühlsmäßige Ambivalenzen. Sie werden von der Befragten im Laufe der Schilderung über die Entwicklung dieser Beziehung noch sehr häufig angesprochen.

1984, kurz nach ihrem Auszug aus dem Heim, habe sie diesen Partner zum ersten Mal im Alter von 19 Jahren geheiratet. 3 Wochen später habe sie von ihrer Schwangerschaft erfahren, woraufhin die Hoffnung bei ihr entstanden sei, „durch das Kind schaffst du es doch noch mal, die Beziehung ein bißchen zu verbessern ... er bleibt öfter zu Hause; hört mit der Trinkerei auf ... daß er derjenige ist (gemeint ist ihr ältestes Kind, Anm. d. V.), das die Beziehung wieder zusammenkittet; es war halt im Endeffekt genau das Gegenteil" (ebenda, S. 12).

Die 1. Trennung sei erfolgt, als ihr 1. Sohn ein halbes Jahr alt gewesen sei. Durch die Hilfe der Eltern einer Freundin sei sie zurück nach Berlin gezogen und habe nach einer kurzen Übergangszeit eine Wohnung in einer gemeinnützigen Einrichtung erhalten. Ihr Mann habe damals bei einer bundesdeutschen hoheitlichen Dienststelle gearbeitet und aus diesem Grunde nicht nach Berlin kommen können.

Obwohl sie die Scheidung eingereicht habe, sei sie weiterhin sehr ambivalent gewesen. Seine Stimme 2 Minuten lang am Telefon habe gereicht, um sie „umzukrempeln".

Für ihren 1. Mann sei das Schlagen eine Form des Abreagierens von Frustrationen gewesen. Er habe sie wahllos mit der Faust geschlagen; an den Haaren gezogen; die Zigaretten im Gesicht ausgedrückt; auch einen Rippenbruch habe sie sich, ohne daß sie es bemerkt habe, einmal zugezogen. Nach der Mißhandlung habe er „ihre Wunden geleckt; hab dich nicht so, bist ja selber schuld, ja dann kamen halt so'ne Sprüche - Heimkinder brauchen das ... Heimkinder sind ja doof - na ja, das war dann für ihn erledigt" (ebenda, S. 12).

Die Scheidung von ihm habe 1986 stattgefunden. Auch danach hätten bei ihr Gefühle der Ambivalenz überwogen; sie wollte weg, aber zugleich auch nicht. Auf die Frage, was sie gehalten habe, antwortet sie: „das Nicht-Alleinsein-Müssen".

Eineinhalb Jahre nach ihrer Scheidung und dem „Alleinsein" habe sie ihren geschiedenen Mann noch einmal geheiratet. Hauptsächlich nennt sie 2 Motive, die sie zu diesem Schritt bewogen hätten. Zum einen, ihm eine Chance und ihrem Sohn einen Vater zu geben; zum anderen „nicht mehr allein sein zu müssen" und der Auszug aus der damaligen kleinen Wohnung. Zu dieser Zeit habe ihr Mann gearbeitet. Kurz nach der zweiten Heirat sei er aber wieder in sein altes Muster zurückgefallen: Trinken und Schlagen. „An dem Tag, wo er Klaus (3 Jahre alt)[34] verprügelt" habe, daß er einen „traumatischen" Schock erlitten und anschließend sie im Beisein ihres Sohnes mißhandelt habe, hätten Gefühle des Hasses ihm gegenüber zum ersten Mal bei ihr bestanden. Da sei der „innere Prozeß (der Ablösung, Anm. d. V.) abgeschlossen gewesen".

Seit dieser Zeit 1988 unterhalte sie keinerlei Kontakt mehr mit ihm; auch nicht ihr Sohn; er selbst sei wieder nach Westdeutschland gezogen. Die 2. Scheidung von ihm sei vollzogen. Ihre 3jährige Tochter, das 2. Kind, sei noch von ihm.

1990 habe sie ihren gegenwärtigen 2. Mann kennengelernt. Wenige Monate später, Mitte 1990, sei es zur Heirat gekommen. Die Beziehung zu ihm wird von ihr als sehr verständnisvoll beschrieben; er kenne ihre Soziali-

---

34 Klaus ist der geänderte Name ihres ältesten Sohnes.

sationsgeschichte, habe mit ihr zusammen ihre Akte gelesen und sei auch über ihre Erfahrungen mit dem ersten mißhandelnden Mann informiert.

Sie berichtet weiter über ihre aus der früheren Beziehung herrührenden Ängste und Unsicherheiten, deren allmähliche Überwindung ihr Partner verständnisvoll unterstütze.

Gleich zu Beginn des Gespräches erwähnt sie ihre Probleme mit ihrem ältesten Sohn. Sie sei damals 20 Jahre alt gewesen und schildert daraufhin den Anfang eines Umorientierungsprozesses hinsichtlich des Umganges mit dem intergenerationalen Muster der körperlichen Mißhandlung. „Ich wußte eigentlich gar nicht, was man mit so einem Kind alles macht" - da habe sie gedacht, es sei besser, ihn gleich ins Heim zu geben, „aber nein ...du machst es lieber doch nicht, du weißt doch, wie es dir ergangen ist - wie oft ich alleine gesessen hab, am Wochenende, wenn meine Eltern gesagt haben, sie holen mich ab und haben es nicht getan ... er hat ja eine Familie, wo er reingehört, wo ich mir einfach gesagt - du kannst das Problem einfach bei ihm suchen und schiebst ihn ab und hinterher ist das gleiche noch genauso. Man muß halt mit ihm zusammen arbeiten und das Problem mit ihm zusammen lösen. Und zwar seit zwei Jahren machen wir das halt. Er geht in eine Therapie und ich halt auch" (ebenda, S. 14).

So wie sie mit ihrer Mutter und ihre Mutter wiederum mit ihrem Vater nie eine Beziehung aufbauen konnte, und „abgestoßen" worden wäre, so ähnlich sei es ihr auch mit ihrem ältesten Sohn ergangen: „Er wollte immer mich in Arm nehmen und kam halt an, und ich hab ihn also immer weggeschoben und habe gesagt, nee, ich will jetzt nicht. Und hab ihn auch viel für die Sachen, die mit meinem Exmann damals abgelaufen sind, auch verantwortlich gemacht, obwohl er dafür eigentlich nichts konnte, sondern ich hab halt die Wut, die ich auf alles hatte, auch teilweise an ihm ausgelassen" (ebenda, S. 5).

Sie schildert eine Mißbrauchssituation, wie sie sie oft erlebt habe: „Ich habe immer gesagt, du machst das nicht, wenn du wütend bist, verprügelst du deinen Sohn nicht mehr oder so. Aber es ist dann in dem Moment, wenn dann die Jalousie runtergeht, und man sieht und hört nichts mehr. Man haut praktisch nur noch drauf los. Und hinterher, wenn es dann weg ist, sieht man wirklich erst, was man angerichtet hat. Und das wollte ich einfach nicht mehr" (ebenda, S. 6).

Die Unterbrechung des intergenerationellen Musters: Ablehnung und Mißhandlung, das bereits seit 3 Generationen in ihrer Herkunftsfamilie mütterlicherseits bestehe, sei ihr durch die Hilfe der therapeutischen Aufarbeitung in den letzten 2 Jahren gelungen.

Zum Schluß des Gespräches berichtet sie von ihren Veränderungen: „Ja, das ganze Umfeld hat sich verändert. Ich bin wesentlich selbstbewußter geworden, offener, nicht mehr so leicht aus der Fassung zu bringen wie früher. Ich laß mehr bei den Kindern durchgehen, was ich früher nicht gemacht hätte, nehme viel selber auch in den Angriff - für mich selber. Ich bin gerade dabei, meinen Führerschein zu machen - Na, es ist einfach das ganze Verhältnis anders" (ebenda, S. 81).

Die wichtigsten Anstöße für die Entwicklung ihres Selbstvertrauens heute kämen von der Therapeutin, die sie ermutige, und durch die Unterstützung und das Verständnis ihres 2. Ehemannes.

Die Beziehung zu ihrem 2. Mann, der wie ihr Vater einen handwerklichen Beruf erlernt habe und ausübe, beschreibt sie offen und benennt auch Probleme und Schwierigkeiten. Das würde oft mit ihren Ängsten, auch sexueller Art, zusammenhängen. „Weil mein 1. Mann mich ja auch oft vergewaltigt hat und ich als Kind auch mal sexuell belästigt worden bin und solche Sachen" (ebenda, S. 76). Ihr 2. Mann sei sehr verständnisvoll und würde liebevoll mit ihr umgehen.

Ihren 3 Kindern gegenüber (im Herbst 1991 sechs, drei und ein Jahr alt) bemühe sie sich, mit Liebe, Vertrauen und Verständnis zu begegnen. Sehr hilfreich für sie sei dabei die therapeutische Unterstützung. Außer zu ihrem ersten Sohn habe sie mit den beiden anderen Kindern nicht diese Schwierigkeiten gehabt, und seit Beginn der Therapie 1989 hätte sich ihre Beziehung zu ihrem ältesten Sohn deutlich verbessert.

An der Einstellung ihrer Mutter ihr gegenüber habe sich im Laufe der Jahre bis heute nichts Wesentliches geändert, so daß sie 1987 beschlossen habe, den Kontakt zu ihr ganz abzubrechen. Vorausgegangen seien mehrere Versuche ihrerseits, mit der Mutter über ihre Kindheit und das beiderseitige Verhältnis ins Gespräch zu kommen. An den nonverbalen Botschaften der Mutter habe sie gespürt, daß das Interesse an ihr und ihrer Familie nicht vorhanden gewesen sei und deshalb habe sie sich zu diesem Schritt entschlossen. Für ihre Mutter wünscht sie sich, „daß sie die Einsicht kriegt, daß sie was falsch gemacht hat in ihrem Leben. Und mit mir, daß sie darüber sprechen kann. Weil, sie spricht ja heute noch nicht darüber" (ebenda, S. 79).

Zu ihrem Vater habe sie heute ein distanziertes Verhältnis mit Verschlechterungstendenz und seltenen persönlichen Begegnungen.

Als konstruktiv beschreibt sie dagegen ihre Beziehung zur ältesten Schwester, zwischenzeitlich während ihres gemeinsamen Heimaufenthaltes in Westdeutschland wäre ihre Beziehung aber konfliktreich gewesen.

Zum untersuchten Heim habe sie keine Kontakte. Nach meinem Brief habe sie aber mit einer ehemaligen Erzieherin Kontakt aufgenommen und ihre Akte studiert.

Die Befragte kommt aus sehr schwierigen Familienverhältnissen, in der die Kontrolle von Aggressionen und Affekten, insbesondere der Eltern, gegenüber Kindern über 3 Generationen hinweg nicht gelungen ist. Die Interviewpartnerin wird von ihrer Mutter abgelehnt und körperlich mißhandelt, und es gelingt ihr nicht, die von ihr ersehnte Annahme durch ihre Mutter zu erlangen. Obwohl die Probleme der Familie den sozialen Diensten sehr früh bekannt waren, ist die Herausnahme der Befragten erst relativ spät in ihrem 5. Lebensjahr erfolgt. Zwischen ihrem 5. und 19. Lebensjahr wächst sie in 3 verschiedenen Kinderheimen auf. Ihr Aufenthalt im untersuchten Heim war für ihre Entwicklung sehr hilfreich und förderlich. Sie fühlte sich in der Heimgruppe aber vor allem in den Beziehungen zu den erwachsenen Bezugspersonen wohl, angenommen und verstanden.

Ihre nachheimische Entwicklung ist wie ihre frühe Kindheit geprägt durch massive Gewalterfahrungen in der Beziehung zu ihrem 1. Mann und einer Fortsetzung des familialen Mißhandlungsmusters, diesmal von ihr gegenüber ihrem ältesten Sohn. Sie hat daraufhin therapeutische Hilfe in Anspruch genommen, um ihren Sohn nicht weiter zu mißhandeln.

Heute ist sie mit ihrem Leben im ganzen zufrieden, was in erster Linie an ihrem verständnisvollen 2. Mann, der erfolgreich verlaufenden Therapie von ihr und ihrem ältesten Sohn, dem verbesserten Verhältnis zu ihren Kindern und der Entwicklung ihres Selbstvertrauens und Selbstbewußtseins liegen würde. Ihr würde heute ein gewaltarmer Umgang in Erziehungsprozessen gelingen.

Weniger zufrieden ist sie mit ihrem Verhältnis zu ihren Eltern. Die Mutter verweigere die Auseinandersetzung über das Verhältnis zur Befragten und ihren Vater empfindet sie als zu distanziert und desinteressiert an ihr und ihren Kinder.

Auch hinsichtlich ihrer schulischen und beruflichen Situation ist sie nicht ganz zufrieden und äußert Kritik an der von ihr als nicht ausreichend empfundenen schulischen Förderung durch das untersuchte Heim, vor allem aber an den Vorurteilen der Lehrer bzw. Lehrerinnen in der westdeutschen Hauptschule.

Ihre bisherige Lebensgeschichte ist ein Beispiel für den schwierigen Prozeß des Aufbaus von Selbstannahme und Selbstvertrauen, zu dessen Gelingen auch die Heimerziehungsarbeit einen wichtigen Beitrag leisten konnte. „Na ja, daß ich einfach wieder Spaß am Leben kriege" (ebenda, S. 82).

Kapitel III:
Ergebnisse der Studie

Die Polaritätsprofile

Sozialisationsprozesse werden durch Beziehungen vermittelt. Jeder Mensch wird immer wieder vor die Aufgabe gestellt, seine Wahrnehmungen, sein Denken, Fühlen und Handeln im Austausch mit seinem sozialen Umfeld neu zu strukturieren. Subjektive Einschätzungen, Maßstäbe, Entscheidungen und Urteile bedürfen der Überprüfung durch Selbstverständigungsprozesse. Heimerziehung präsentiert sich für die davon Betroffenen in Beziehungskontexten zu den Eltern, Vertreterinnen und Vertretern des Jugendamtes, den Erzieherinnen, Erziehern, Therapeutinnen und Therapeuten des Heimes, den Mitbewohnern, den Mitbewohnerinnen, Lehrern bzw. Lehrerinnen usw.

Ich habe bereits an einer früheren Stelle dieser Studie darauf hingewiesen,[35] daß in den für die Gesprächspartnerinnen und Gesprächspartner relevanten Beziehungen im Laufe ihrer Entwicklungsgeschichte die meisten zentralen Dimensionen von Fremdunterbringung ihren Kristallisationspunkt haben. Deshalb ist die Auseinandersetzung der ehemaligen Heimkinder mit diesen Beziehungskontexten auch immer zugleich ein Maßstab für die Bedeutung bzw. die Wirkungen stationärer Hilfemaßnahmen. Veränderungen kindlichen Handelns und Erlebens, eine neue Entwicklungsstufe zu erreichen, gelingt nur, wenn sich die Interviewpartnerinnen und Interviewpartner mit ihrer eigenen Lebensgeschichte auseinandersetzen, ihre eigene wie auch immer problematische Geschichte sich aneignen.

Wesentliche Maßstäbe, die auf eine konstruktive Auseinandersetzung mit der eigenen Lebensgeschichte hinweisen, sind:

- Die Problemannahme
- Das Eingeständnis der eigenen Beteiligung am Sozialisationsprozeß und den Konflikten in der Herkunftsfamilie sowie im Heim
- Die fortgesetzte Neustrukturierung des eigenen Lebens und ein neues Selbstverständnis im Anschluß an die stationäre Unterbringung

---

35 Vgl. Kapitel 2 (Theorie der Wirkungen von Heimunterbringung).

Um das Ausmaß der erfolgten Selbstverständigungsprozesse, bezogen auf die Brennpunkte von Heimsozialisation,[36] bei den Interviewpartnerinnen und Interviewpartnern ermitteln zu können, ist der Rekurs auf ihre Beziehungserfahrungen erforderlich.

Das Ausmaß und die Komplexität der subjektiven Rekonstruktionen bilden den Maßstab für die Beantwortung der Frage, ob das Entwicklungsfeld Heim im Gegensatz zu den sehr unterschiedlichen, aber insgesamt gesehen doch eher schädigenden Herkunftskontexten der Heimkinder günstigere Rahmenbedingungen für ihre Persönlichkeitsentwicklungen bieten konnte.

Je intensiver die ehemaligen Heimkinder in der Lage sind, sich mit ihrer Entwicklungsgeschichte auseinanderzusetzen, desto mehr konnte das Heim als „einbindende Kultur" den Betroffenen geben.

Im Anschluß an die quantitative und qualitative Aufbereitung des Materials werden die erhobenen Daten Polaritäten zugeordnet. Polaritäten werden als extreme Einstellungen, Verhaltensweisen, Haltungen, Einschätzungen u.ä. eines Spektrums verstanden.

Als Bewertungsgrundlage dienen die subjektiven Rekonstruktionen, die für die Wirksamkeit der stationären Hilfemaßnahme von Bedeutung sind. Das vorhandene Material wird dabei einer Seite des Spektrums zugeordnet, je nachdem welcher Polseite die Daten eher zusprechen.

Es ergeben sich für jeden Gesprächspartner bzw. Gesprächspartnerin entsprechend den Brennpunkten seiner /ihrer Sozialisationsgeschichte[37] 10 Pole, die in eine Polaritätsskala eingetragen werden.

Die Skala beginnt bei -7 und endet bei +7. Dabei ergibt jede linke Polseite einen Pluspunkt oder zwei Pluspunkte bei den doppelt gewerteten Aspekten der Entwicklungsgeschichte auf der Polaritätsskala; jede rechte Polseite dagegen keinen Punkt. Die Zählung der Punkte beginnt bei -7.

Doppelt gewertet werden die Aspekte zum Unterbringungsprozeß, zur Annahme des alternativen Erziehungsangebotes Heim, der Qualität der pädagogischen Beziehungen im Heim und die Aspekte zum Selbstverständnis der Befragten zum Erhebungszeitpunkt. Denn diese 4 Brennpunkte der Entwicklungsgeschichte spielen in der Sozialisation von Heimkindern eine größere Rolle als die anderen 6 Aspekte der Sozialisationsgeschichte, weil durch die Herauslösung aus der Herkunftsfamilie grundlegend andere existentielle Rahmenbedingungen für die weitere Entwicklung geschaffen werden, die auch die Selbstkonzeptbildung nachhaltig beeinflußen. Deshalb

---

36 ebenda.
37 Vgl. das Kapitel über das methodisches Design.

sind diese 4 Aspekte für die Einschätzung des Erfolges von Heimerziehung gewichtiger.

Werte auf der Polaritätsskala, die kleiner als Null sind, bedeuten, daß die Hilfemaßnahme Heimerziehung weniger oder gar keine kontruktiven Beiträge zur Persönlichkeitsentwicklung der Betroffenen leisten konnte.

Werte, die dagegen größer als Null sind, zeigen an, daß die betreffenden ehemaligen Heimkinder von der Heimerziehung für ihre Entwicklung profitiert haben; man kann hier von einer erfolgreichen Heimerziehungsarbeit sprechen.

Die Ergebnisse der Auswertung nach Polaritäten sind in der folgenden Übersicht zusammengestellt:

Interview 1	*+4*	Interview 16	*+4*
Interview 2	*+4*	Interview 17	*- 4*
Interview 3	*+2*	Interview 18	*+7*
Interview 4	*- 1*	Interview 19	*+6*
Interview 5	*+5*	Interview 20	*+5*
Interview 6	*- 1*	Interview 21	*+6*
Interview 7	*+2*	Interview 22	*+7*
Interview 8	*+5*	Interview 23	*+1,5*
Interview 9	*+1*	Interview 24	*+6*
Interview 10	*+5*	Interview 25	*+3*
Interview 11	*+7*	Interview 26	*+3,5*
Interview 12	*- 3*	Interview 27	*+2*
Interview 13	*+2*	Interview 28	*+5*
Interview 14	*+7*	Interview 29	*+6*
Interview 15	*+4*	Interview 30	*+4*

Wie aus der Tabelle ersichtlich wird, ergibt sich folgendes Ergebnis:[38]

---

38 Bei der Zuordnung zu den Polen ist es bei einigen Befragten auf Grund der vorliegenden Informationen nicht möglich, eine eindeutige Polseite zu bestimmen. Statt zwei Punkten oder gar keinen Punkten beim Überwiegen der rechten Polseite wird ein Punkt bzw. bei den nicht doppelt gewerteten Aspekten der Entwicklungsgeschichte ein halber Punkt gegeben. Diese Fälle treten bei folgenden Befragten auf:
Der *Interviewpartner Nr. 3* erhält einen Punkt bei den Aspekten zum Selbstverständnis, weil er in der Heimunterbringung einen Sinn sieht, Diskussionsbe-

reitschaft zeigt, aber sich nicht über seine Entwicklungsperspektiven im klaren ist und nicht so gut mit der Multidimensionalität seines Lebens umgehen kann.
Die *Befragte Nr. 4* erhält bei den Aspekten zum Selbstverständnis einen Punkt, weil die Heimunterbringung ihrer Entwicklung konstruktive Anstöße geben konnte und ihr Selbstwertgefühl heute gefestigt ist, während sie Probleme hat, mit der Multidimensionalität ihres bisherigen Lebens zurecht zu kommen und sich weniger diskussionsbereit zeigt.
Die *Interviewpartnerin Nr. 6* erhält einen Punkt bei den Aspekten zum Unterbringungsprozeß, weil ihre Mutter an der Entscheidung beteiligt gewesen ist und der Hilfemaßnahme zugestimmt hat. Sie selbst stand der Unterbringung ablehnend gegenüber. Einen Punkt erhält sie bei den Aspekten zur Beziehungsqualität im Heim, weil ihre Lieblingserzieherin ihre „Ersatzmutter" in dieser Zeit verkörperte, für sie aber ansonsten die Erzieherinnen und Erzieher weniger wichtige Bezugspersonen gewesen seien. Bei den Aspekten zum Selbstverständnis gibt es einen Punkt, weil sie diskussionsbereit ist, ihr Selbstwertgefühl so weit gefestigt ist, daß sie ihre eigenen Bedürfnisse benennen kann und differenziert von ihrer bisherigen Lebensgeschichte berichtet.
Die Gesprächspartnerin Nr. 7 erhält einen Punkt bei den Aspekten zur Annahme des alternativen Erziehungsangebotes, weil ihre Ausführungen über die Beziehungen zu den anderen Heimkindern neben negativen Erinnerungen und Bewertungen auch positive Erlebnisse und Einschätzungen enthalten. Ihre Angaben zu den Aspekten zum Verhältnis zwischen den Erzieherinnen/Erziehern und ihrer Mutter werden nicht gewertet, weil die Befragte zu diesem Sachverhalt nur sehr vage Erinnerungen hat. Einen Punkt erhält sie dagegen bei den Aspekten zum Selbstverständnis, weil sie sich im Gespräch diskussionsbereit zeigt und ihren Aufenthalt im untersuchten Heim insgesamt positiv einschätzt, damit zufrieden ist. Zu einer Vorher/Nachher-Differenzierung und einer reflexiven Rekonstruktion ihrer Lebensgeschichte ist sie dagegen nicht in der Lage.
Die *Befragte Nr. 8* erhält einen Punkt bei den Aspekten zum Unterbringungsprozeß, weil sie zwar mit heftiger Ablehnung und Trauer auf den Unterbringungsbeschluß reagierte, aber die Einsicht äußert, mit der Heimunterbringung insgesamt bessere Entwicklungsmöglichkeiten gehabt zu haben.
Bei der *Interviewpartnerin Nr. 9* ist bei den Aspekten zur Vorgeschichte keine Wertung möglich, weil sie bereits im Säuglingsalter in einem Kinderheim untergebracht worden ist und über keine Erinnerungen an diese Zeit verfügt. Ebenso können die Angaben zum Erzieherinnen/Erzieher- Eltern- Verhältnis nicht gewertet werden, weil sich diese beiden Bezugsgruppen nicht gekannt haben und damit auch kein Austausch zustande kommen konnte. Bei den Aspekten zur Annahme des alternativen Hilfeangebotes erhält sie einen Punkt, weil sie nichts Negatives über ihr Zusammenleben mit den anderen Heimkindern berichtet und ein Treffen mit „Ehemaligen" wünscht. Bei den Aspekten zum Selbstverständnis gibt es einen Punkt, weil sie mit der Heimunterbringung sehr zufrieden ist und sich ihr Selbstwertgefühl positiv entwickelt hat, während sie in Bezug auf die Auseinandersetzung mit ihrer Lebensgeschichte eher zu Pauschalisierungen und Ablehnung neigt.
Die *Gesprächspartnerin Nr. 13* erhält bei den Aspekten zum Selbstverständnis einen Punkt, weil sie mit ihrer Heimunterbringung zufrieden ist, sie positiv einschätzt und über eine historische Dimension bezogen auf die eigenen Entwicklungsmöglichkeiten vor und nach der Heimunterbringung verfügt. Nichtsdestoweniger hat sie den Hang,

Von 4 ehemaligen Heimkindern sind die Polaritätswerte kleiner als Null, d. h. die Hilfemaßnahme war weniger erfolgreich, denn je näher sich der Wert der Zahl -7 nähert, desto weniger effektiv war die Heimunterbringung.

---

bei der Rekonstruktion ihrer Lebensgeschichte eher mit Ablehnung zu reagieren, und ist wenig bereit, sich auf eine Auseinandersetzung mit der eigenen Entwicklungsgeschichte einzulassen.
Der Befragte Nr. 16 bekommt bei den Aspekten zur Annahme des alternativen Hilfeangebotes einen Punkt. Obwohl er als Einzelgänger wenig Kontakt zu seinen Mitbewohnerinnen und Mitbewohnern gehabt habe, wird das beiderseitige Verhältnis von ihm als distanziert, aber von gegenseitiger Achtung geprägt beschrieben.
Die *Interviewpartnerin Nr. 17* erhält einen Punkt bei den Aspekten zum Unterbringungsprozeß, weil sie mit der Unterbringung einverstanden war, aber ihr sorgeberechtigter Vater während ihrer langjährigen Unterbringung immer den Heimaufenthalt abgelehnt hat und damit heftige Ambivalenzkonflikte bei der Befragten verstärkt hat. Bei den Aspekten zur Qualität der pädagogischen Beziehung im Heim gibt es einen Punkt, weil die Erzieherinnen und Erzieher für sie sehr wichtige Bezugspersonen gewesen sind, aber sie das Gefühl hatte, zu wenig Zuwendung von ihnen zu bekommen.
Bei der *Gesprächspartnerin Nr. 20* kann die Polseite zu den Aspekten zum Unterbringungsprozeß nicht gewertet werden, weil sie darüber über keinerlei Erinnerungen verfügt.
Bei der *Interviewpartnerin Nr. 23* können die Aspekte zum Unterbringungsprozeß nicht gewertet werden, weil sie bereits im Kleinkindalter zum ersten Mal in einem Heim untergebracht worden ist und sich an diese Zeit nicht erinnern kann. Bei den Aspekten zur schulischen und beruflichen Unterstützung durch das Heim erhält sie einen halben Punkt, weil es nur eine Bezugsperson gegeben habe, die sich intensiv um ihre schulischen Belange gekümmert habe.
Die *Befragte Nr. 25* erhält bei den Aspekten zur Qualität der pädagogischen Beziehung einen Punkt, weil sie zu allen Erzieherinnen und Erziehern des untersuchten Heimes zeitweise ein gutes Verhältnis unterhalten habe, aber insgesamt die Beziehungen zu den erwachsenen Bezugspersonen ambivalent einschätzt.
Die *Gesprächspartnerin Nr. 26* bekommt einen halben Punkt bei den Aspekten zum Verhältnis zwischen Erzieherinnen/Erziehern und den Eltern, weil ihr Vater an der Entscheidung beteiligt gewesen sei und nichts gegen ihre Unterbringung gehabt habe, aber es zu keinen Kontakten zwischen den beiden Bezugsgruppen gekommen sei.
Der *Befragte Nr. 27* erhält einen Punkt bei den Aspekten zum Selbstverständnis, weil er seine Erfahrungen im Heim explizit eher positiv einschätzt, in Bezug auf seine Entwicklungsperspektiven über eine Vorher/Nachher-Differenzierung verfügt, während der Grad seiner Selbstreflexion und seiner Diskussionsbereitschaft nicht sehr ausgeprägt ist.
Der *Interviewpartner Nr. 28* erhält bei den Aspekten zur Qualität der pädagogischen Beziehung im Heim einen Punkt, wegen der großen Bedeutung seines Lieblingserziehers für seine Persönlichkeitsentwicklung.
Bei der *Gesprächspartnerin Nr. 29* gibt es einen Punkt bei den Aspekten zum Unterbringungsprozeß, weil ihre Herkunftsfamilie an der Entscheidung beteiligt gewesen ist und der Heimeinweisung zustimmte, sie selber aber mit Ablehnung reagierte und keine Einsicht in die Notwendigkeit der Unterbringung sieht.

Bei 26 Gesprächspartnern und Gesprächspartnerinnen sind die Werte größer als Null, d.h. je näher der Wert bei +7 liegt, desto größer oder erfolgreicher war der Beitrag der Heimerziehung zu einer Persönlichkeitsentwicklung, die sich durch Reflexivität, Differenziertheit und Zufriedenheit mit der eigenen Sozialisationsgeschichte zum Zeitpunkt des Interviews auszeichnet. Im Überblick ergibt sich folgendes Bild:

| Werte kleiner als Null | 4 Befragte | 13,3% weniger erfolgreich |
| Werte größer als Null | 26 Befragte | 86,7% Erfolge |

Diese hohe Erfolgsquote muß vor dem Hintergrund der Ausgangsdaten interpretiert werden. Die 26 erfolgreichen ehemaligen Heimkinder repräsentieren allerdings lediglich 13,9% der Grundgesamtheit bzw. 18,3% der erreichten Grundgesamtheit von 142 angeschriebenen ehemaligen Absolventinnen und Absolventen des Untersuchungszeitraumes. Es ist nicht anzunehmen, daß die große Mehrheit von nicht erreichten ehemaligen Heimkindern nur schlechte Erfahrungen mit der Heimunterbringung und darüber hinaus eine für sie unbefriedigende weitere Entwicklung hinter sich haben.

Man kann nur feststellen, daß über den Verbleib und die Wirkung der Hilfemaßnahme von 159 (84,1%) ehemaligen Betroffenen von Heimunterbringung des Untersuchungszeitraumes nichts analytisch Gesichertes ausgesagt werden kann.

Wahrscheinlich ist jedoch, daß die Erfolgsquote in dieser Gruppe niedriger sein wird. Berichte von Interviewpartnerinnen und Interviewpartnern über ehemalige Mitbewohner und Mitbewohnerinnen, die nicht zum Interview bereit waren, deuten darauf hin.

Dennoch ist das vorhandene Material von den 30 Interviews ausreichend, um zuverlässige Profile und Prognosen zu den Brennpunkten der Entwicklungsgeschichte zu gewinnen, die typologisch mit hoher Wahrscheinlichkeit auch die Lebenssituationen vieler ehemaliger Heimkinder repräsentieren.

Im weiteren Verlauf der Darstellung von zentralen Ergebnissen der Studie wird ensprechend den Polaritätswerten zwischen 2 Gruppen[39] von ehemaligen Heimkindern unterschieden:

In der *ersten Gruppe* sind diejenigen Gesprächspartner enthalten, die eine erfolgreiche Heimsozialisation hinter sich haben.

In der *zweiten Gruppe* sind die erfolglos bewerteten ehemaligen Heimkinder.

---

39 In der Literatur findet man auch die Bezeichnungen Cluster oder Klumpen.

In der Übersicht nach Gruppen ergibt sich folgendes Bild:

Polaritätsgruppe 1 (PG1)

Interview Nr. 1	Interview Nr. 13	Interview Nr. 23
Interview Nr. 2	Interview Nr. 14	Interview Nr. 24
Interview Nr. 3	Interview Nr. 15	Interview Nr. 25
Interview Nr. 5	Interview Nr. 16	Interview Nr. 26
Interview Nr. 7	Interview Nr. 18	Interview Nr. 27
Interview Nr. 8	Interview Nr. 19	Interview Nr. 28
Interview Nr. 9	Interview Nr. 20	Interview Nr. 29
Interview Nr. 10	Interview Nr. 21	Interview Nr. 30
Interview Nr. 11	Interview Nr. 22	

Polaritätsgruppe 2 (PG2)

Interview Nr. 4	Interview Nr. 12
Interview Nr. 6	Interview Nr. 17

Die Vorgeschichte: Das Gewicht brüchiger Familienstrukturen

Es zeigen sich bei der Analyse der Vorgeschichte, daß es in den meisten Herkunftsfamilien der Befragten zu einem Zusammentreffen von Faktoren kam, die einen familiendynamischen Prozeß in Gang setzten, an dessen Ende die schwere Krise, der Zusammenbruch der Familien stand.

Umgekehrt kann man auch sagen, daß die Wahrscheinlichkeit einer Fremdunterbringung der jüngeren Familienmitglieder proportional mit der Intensität dieser familialen Krisenkonstellationen ansteigt. Die Eckpfeiler dieser Konstellationen sind in beiden Polaritätsgruppen:

- Beziehungsabbrüche, Einelternfamilien (Ausfall der Väter)
- Frühe Verlusterfahrungen
- Mangelhafte materielle und psycho-soziale Versorgung (Vernachlässigung)
- Mißhandlungserfahrungen in der Familie
- Folgen von Alkoholismus
- Hohe durchschnittliche Kinderzahl

Es gab vor der Heimunterbringung nur eine vollständige Familie eines Befragten aus der Gruppe 1 die sich aber zu diesem Zeitpunkt bereits im Auflösungsprozeß befand.[40]

Bei Interview Nr. 9 aus der Gruppe 1 verfügt die Befragte über keine Erinnerung an die Art der Beziehung ihrer Eltern.

In 2 Fällen[41] waren die Mütter in der Zeit vor der Heimunterbringung der Befragten alleinstehend; in weiteren 4 Fällen[42] aus der Gruppe 1 entstand die unvollständige Familie durch den Tod eines Elternteiles.

Bei mindestens 23 Befragten (76,6%[43]) kam es zu Trennungen der Eltern und Stiefelternteile durch Scheidungen oder Aufgabe von Beziehungen. In der Gruppe der „Erfolgreichen" war das neunzehnmal der Fall und in der Gruppe 2, bei den „Erfolglosen", bei allen 4 Befragten.

Die Gesprächspartner und -partnerinnen aus Interview Nr. 19, 20, 23 und Nr. 28 aus der Gruppe 1 hatten den Tod eines Elternteiles in der frühen Kindheit zu verkraften.

---

40 Es handelt sich um Interview Nr. 1. Dieser Gesprächspartner wird deshalb auch zu den Interviewpartnerinnen und Interviewpartnern mit Trennungserfahrungen gezählt.
41 Das betrifft Interview Nr. 22 und Nr. 28 aus der Gruppe 1.
42 Interview Nr. 19, Nr. 20, Nr. 23 und Nr. 28 aus der Gruppe 1.
43 Bezogen auf die 29 Befragten, von denen Informationen zur Herkunftsfamiliensituation vorliegen. Nicht berücksichtigt ist die Gesprächspartnerin Nr. 9.

Somit erlebten zusammen 27 Befragte (90%) vor ihrer Heimunterbringung mindestens einen Beziehungsabbruch durch Trennungen oder den Tod eines Elternteiles.

Der Befragte aus Interview Nr. 1 lebte bis zu seiner Heimunterbringung in einer vollständigen Familie. Paradoxerweise war der Streit um das Sorgerecht bei ihm der Grund der Heimunterbringung.

Bei dem Interviewpartner Nr. 5 aus der Gruppe 1 habe die Trennung der Eltern bereits vor der Geburt stattgefunden; die Befragte aus Interview Nr. 9 aus der Gruppe 1 kennt ihre Eltern nicht und kann über ihre Herkunftsfamiliensituation keine Angaben machen.

Der Gesprächspartner aus Interview Nr. 22, Gruppe 1, berichtet, daß seine Mutter vor seiner Geburt einmal verheiratet gewesen sei, er sie aber nur alleinstehend mit zeitweise festen Partnerschaften erlebt habe. Ebenso wie die Interviewpartnerin Nr. 24 aus derselben Gruppe, die erwähnt, daß ihre Mutter immer allein mit ihren Kindern gelebt habe.

Von den Befragten können sich 24 „Ehemalige" an die Gründe für die Trennungen ihrer Eltern erinnern. Als die häufigsten Gründe werden dabei Alkoholprobleme der Väter[44] (9 Fälle) und 6 Fälle von Mißhandlungen durch die Väter genannt. Dabei handelt es sich in 2 Fällen um Gewalttätigkeit vom Vater gegenüber den Geschwistern und den Befragten; in 4 Fällen gegenüber der Mutter. Bei 3 Befragten ereigneten sich die Mißhandlungen nach Alkoholkonsum ihrer Väter.

Durch den Alkohol wird die Gewaltbereitschaft offensichtlich verstärkt, was auch durch den Umstand belegt wird, daß in 2 von 3 Fällen, wo ehelicher Streit als Trennungsgrund angegeben werden, ebenfalls Alkoholprobleme des Vaters in der einen Familie und von beiden Eltern in der anderen Familie eine wichtige Rolle gespielt haben.

Gruppenspezifische Besonderheiten lassen sich bei den Trennungsgründen nicht finden. In 15 Herkunftsfamilien, das sind 62,5% der bekannten Trennungsgründe, sind die Folgen des Alkoholismus und die Gewalttätigkeit der Väter die Hauptgründe für das Scheitern der Beziehungen.

Das durchschnittliche Alter der Befragten bei der äußerlichen Trennung der Eltern lag bei Gruppe 1 bei 4,5 Jahren; in Gruppe 2 bei 7,3 Jahren; in beiden Gruppen zusammen (23 Befragte) bei 5 Jahren und 9 Monaten.

8 ehemalige Heimkinder waren 3 Jahre und jünger, als ihre Eltern sich trennten (7 aus Gruppe 1 und 1 Gesprächspartnerin aus Gruppe 2).

Kinder in diesem Entwicklungsabschnitt verfügen nur über geringe Fähigkeiten, mit Verlusten von Bezugspersonen umzugehen. Häufig kommt es bei diesen Kindern zu Symptombildungen (Entwicklungsverzögerungen,

---

44 In 2 Familien waren beide Elternteile den Befragten zufolge alkoholabhängig.

Einnässen, Verschlossenheit, Ängstlichkeit, Aggressionen). Kinder zwischen dem 3,5. - 5. Lebensjahr reagieren ähnlich. Von den 23 ehemaligen Heimkindern, deren Eltern sich trennten, waren 14 (60,8%) 5 Jahre und jünger zum Zeitpunkt der äußeren Trennung (13 aus Gruppe 1 und die Befragte Nr. 4 aus Gruppe 2).

Ob es sich bei der Neigung der meisten Eltern zu häufigen Beziehungsabbrüchen um ein intergenerationales Muster handelt, ist wegen der unvollständigen und oft nicht vorhandenen Informationen über die Großelterngeneration nicht zu entscheiden. Es gab bei den meisten Befragten keine, bei einigen wenigen sporadische Kontakte zu den Großeltern während ihrer Kindheit; man kann hier schon von einem generationalen Bruch sprechen.

Weiterhin gibt es quer durch alle Gruppen in den meisten Herkunftsfamilien einen *Ausfall der Väter*. Die Väter erscheinen in den Erinnerungen der Befragten von wenigen Ausnahmen abgesehen in dreierlei Weise:

- Die Interviewpartner bzw. Interviewpartnerinnen haben ihren Vater noch nie gesehen (das betrifft die Befragten Nr. 7, 12, 24, 27 und Nr. 29 aus der PG1); die Gesprächspartnerin Nr. 4 kennt ihre Mutter nicht und die beiden Befragten Nr. 9 (PG1) und Nr. 17 (PG2) haben ihre beiden Eltern noch nicht gesehen.
- Die Väter leben nicht mehr mit den Müttern zusammen oder die Befragten kennen ihre Mütter nur alleinstehend.
- Am häufigsten kommt es vor, daß die Väter sich nicht um die Familie kümmerten und selten zu Hause waren. In den seltenen Fällen, wo Väter im häuslichen Umfeld häufiger erlebt wurden, werden sie von den Befragten als unter Alkoholeinfluß stehend oder gewalttätig beschrieben.

Alkoholismus[45] spielte ebenfalls in beiden Gruppen eine wichtige Rolle als destabilisierender Faktor der Beziehungen.

In der Gruppe 1 gab es in den Herkunftsfamilien von 15 Befragten Probleme mit Alkoholkonsum. In 7 Fällen tranken die Väter; in weiteren 9 Fällen tranken die Mütter in einem Fall zusammen mit den beiden Stief-

---

45 Über die Situation in der Herkunftsfamilie der Interviewpartnerin Nr. 9 liegen keine Informationen vor. Sie kann deshalb nicht berücksichtigt werden. Der Befragte Nr. 10 aus der Gruppe 1 berichtet von Alkoholproblemen seines Großvaters mütterlicherseits und seines älteren Bruders heute. Der Gesprächspartner Nr. 27 aus derselben Gruppe und der Interviewpartner Nr. 12 aus der zweiten Gruppe erwähnen ihren ihnen jeweils unbekannten Vater als mit Alkoholproblemen belastet. Diese drei Befragten werden nicht zu den ehemaligen Heimkindern gezählt, die in ihren Herkunftsfamilien mit Alkoholproblemen ihrer Eltern belastet wurden, weil die betreffenden Personen nicht im Haushalt lebten.

vätern[46]; sechsmal alleine; in einem weiteren Fall handelt es sich um ein intergenerationelles Muster: Sowohl die Mutter als auch ihr Bruder und der Vater der Mutter waren Alkoholiker. Bei der Interviewpartnerin Nr. 20 trank zuerst der Vater und nach dessen frühem Tod ihre Mutter. Der Gesprächspartner Nr. 30 berichtet von Alkoholproblemen beider Eltern bis zu seinem 4. Lebensjahr.

Die Mütter der beiden Befragten Nr. 1 und Nr. 19 sind an den Folgen ihres Alkoholkonsums verstorben (Leberzirrhose). Desgleichen die Väter der ehemaligen Heimkinder aus Interview Nr. 3, 6 und Nr. 20.[47]

Bei den leiblichen Vätern ist die familiale Tradition deutlicher als bei den Müttern: Vater und Schwester des Vaters; Vater und älterer Bruder; Vater und dessen Vater.

Zusammengenommen gilt für die Gruppe der erfolgreich eingestuften ehemaligen Heimkinder, daß den 17 Herkunftsfamilien, in denen es Alkoholprobleme gegeben hat, 8 Familien gegenüberstehen, die keine Probleme mit dem Alkoholkonsum hatten.[48] Über die Herkunftsfamilie der Gesprächspartnerin Nr. 9 liegen keine Informationen vor.

In der Gruppe 2 der weniger erfolgreich eingestuften ehemaligen Heimkinder stehen 2 Herkunftsfamilien mit Alkoholproblemen 2 Familien ohne diese Problematik gegenüber. Bei der Interviewpartnerin Nr. 6 trank der Vater, bei der Gesprächspartnerin Nr. 17 beide Eltern, während die Befragten Nr. 4 und Nr. 12 keine Probleme im Zusammenhang mit Alkoholkonsum in ihren Herkunftsfamilien erwähnen.

Alkoholismus wirkte in allen Herkunftsfamilien destruktiv; es gibt Verbindungslinien zu den anderen zentralen Rahmenbedingungen dieser Familien, vor allem zu ihrer psycho-sozialen Versorgung insgesamt, die natürlich wiederum mit gesamtgesellschaftlichen Reproduktionsbedingungen im Zusammenhang steht. Es ist, bedingt durch die oft fehlenden Hintergrundinformationen der Befragten, nicht möglich, Ursachen und Wirkungen zuverlässig auseinanderzuhalten. Es läßt sich aber feststellen, daß Alkoholab-

---

46 Gemeint ist die Mutter der Interviewpartnerin Nr. 7, die nach der Trennung von ihrem 2. Partner (1. Stiefvater der Befragten) erneut heiratete und zusammen mit dem 3. Partner Alkoholprobleme gehabt habe.

47 Eine tabellarische Übersicht ist im Kapitel „das gegenwärtige Verhältnis zur Herkunftsfamilie" enthalten.

48 Interessanterweise handelt es sich dabei hauptsächlich um die Herkunftsfamilien von Befragten, die auf der Polaritätsskala sehr gute Bewertungen erhalten haben: Nr. 5 (+5); Nr. 10 (+5); Nr. 11 (+7); Nr. 14 (+7); Nr. 21 (+6); Nr. 22 (+7); Nr. 29 (+6). Ausnahme hiervon ist nur der Interviewpartner Nr. 27 (+1).

hängigkeit den Zusammenbruch der Familien beschleunigt hat. In allen 30 Herkunftsfamilien ergibt sich folgendes Bild in der Übersicht:

Väter	8
Mütter	6
Beide leiblichen Eltern	2
Mutter und Stiefvater	1
Erst Vater; nach seinem Tod, Mutter	1
Mutter und deren Vater	1
Keine Erinnerung	1
Alkoholprobleme insgesamt	19 Herkunftsfamilien

In lediglich 10 Herkunftsfamilien (8 aus Gruppe 1; 2 aus Gruppe 2) gab es den Befragen zufolge keine Alkoholprobleme; von der Familie der Interviewpartnerin Nr. 9 ist nichts bekannt.

In 63,3%[49] aller Familien war nach den Angaben der ehemaligen Heimkinder der Alkoholmißbrauch ein wichtiger Fakor im Beziehungsgeflecht.

Interessant ist, daß lediglich zweimal Stiefväter (es handelt sich um die beiden Stiefväter der Interviewpartnerin Nr. 7) mit Alkoholproblemen und Stiefmütter überhaupt nicht erwähnt wurden.

Stiefelternteile (3 Frauen, 5 Männer), die es im ganzen in 9 Herkunftsfamilien zeitweise gegeben hat, werden von den Befragten als ihnen gegenüber ablehnend beschrieben; in 2 Fällen kam es zusätzlich zu Mißhandlungen der Befragten (jeweils durch die Stiefmutter und einen Stiefvater); in einem 3. Fall mißhandelte der Stiefvater neben der Befragten auch die Mutter.

Man kann sagen, daß die Stiefelternteile eher als abweisend und gewalttätig und die leiblichen Elternteile eher als abwesend und alkoholisiert von den Befragten erlebt wurden.

In beiden Fällen fehlen Bezugspersonen, die zu einer gesunden Persönlichkeitsentwicklung der Befragten hätten beitragen können. Annahme, Verständnis, Einfühlungsvermögen, Unterstützung, Orientierung, Sicherheit im Sinne von Geborgenheit und ausreichender materieller Versorgung der Befragten gab es vor der Heimunterbringung in Ansätzen lediglich in der Familie des Interviewpartners Nr. 1, die sich aber in Auflösung befand.

---

49 Bezogen auf alle 30 Herkunftsfamilien.

Die *materielle Situation* der Herkunftsfamilien vor der Heimunterbringung war in beiden Gruppen überwiegend geprägt durch 3 Faktoren:

- Die große Anzahl von unvollständigen, sogenannten Einelternfamilien
- Die Unterschichtzugehörigkeit der meisten Familien und dadurch bedingten knappen materiellen Ressourcen (Geld, Wohnraum und berufliche Perspektiven) und psycho-soziale Versorgung
- Die bereits angesprochenen Stiefverhältnisse mit der Folge psycho-sozialer Instabilität

In der Gruppe 1 gibt es *19 Familien mit geringen materiellen Ressourcen;* in 14 dieser Haushalte sind die Mütter ohne Berufsausbildungen. Die meisten von ihnen arbeiteten in Anlernberufen.

Ergänzt wird diese Gruppe durch 4 Mittelschichtfamilien, wobei die Berufe, die Ausbildungen der Männer (1 damaliger Oberkellner, 2 Ingenieure und 1 technischer Leiter) sowie die materielle Situation in den Familien den Ausschlag für diese Einteilung geben.

Weiterhin gibt es noch 1 Einelternfamilie, deren Vater zur „Halbwelt"[50] gezählt werden muß und 1 alleinstehende Mutter, die über wenig Geld verfügte und während der frühen Kindheit des Befragten sich fortbildete, um das Abitur über den Zweiten Bildungsweg zu erlangen.

Über die Situation der Befragten aus Interview Nr. 9 liegen keine Informationen vor.

In 11 Fällen sind die Mütter alleinstehend mit ihren Kindern; 8 von ihnen verfügen über keine Berufsausbildungen.

---

50 Die Befragte gibt an, daß sie glaube, daß ihr Vater an illegalen Geschäften beteiligt sei. Er verfüge jedenfalls über viel Geld.

Die *Familienformen* sind in allen Gruppen verhältnismäßig gleich verteilt: Es überwiegen Eineltern- und Stieffamilien. Im Überblick ergibt sich folgendes Bild:

Gruppe 1

1	vollständige Familie, die sich in Auflösung befand
13	Einelternfamilien (10 Mütter und 3 Väter als Familienkerne)
6	Stieffamilien (3 Stiefmütter und 3 Stiefväter)
1	geschiedenes Ehepaar, das zusammen wohnt
1	leiblicher Vater und seine damalige feste Freundin als Kern
1	leibliche Mutter und ihr damaliger fester Freund als Kern
1	alleinstehende Mutter bis zum 5. Lebensjahr der Befragten, dann Wiederheirat
1	mütterliche Großmutter als Kern
1	nicht bekannte Familienform (Interview Nr. 9)

Gruppe 2

2	Einelternfamilien (jeweils eine Mutter und ein Vater als Kern)
2	Stieffamilien (jeweils eine Stiefmutter und ein Stiefvater)

Zusammengenommen lebten vor der Heimunterbringung *15 Befragte* (50%) in Einelternfamilien und *8 Befragte* (26,7%) in Stieffamilien.

Die *durchschnittliche Kinderzahl*[51] in dieser Gruppe liegt bei *3,2 Kindern pro Haushalt.*

Die durchschnittliche Stellung der Befragten in der *Geschwisterreihe ist bei 2,4.* In 10 Fällen sind die Befragten das 1. Kind in ihren Herkunftsfamilien. Der Gesprächspartner Nr. 1 und die Interviewpartnerin Nr. 14 sind Einzelkinder.

---

51 Die Befragte Nr. 23 erwähnt, daß sie wahrscheinlich noch 5 bis 7 ihr unbekannte Halbgeschwister aus späteren Beziehungen ihres Vaters mit vielen verschiedenen Frauen habe. Da es sich bei diesen Angaben um sehr vage Zahlen handelt, gehe ich in ihrem Fall von den 4 Kindern in ihrer Herkunftsfamilie aus, über deren Existenz sie sich hundertprozentig sicher ist.

In der Gruppe 2 befinden sich 3 Familien mit geringen materiellen Ressourcen, im einen Fall verfügt der Vater über eine Berufsausbildung und arbeitete in einem einfachen Beruf, im zweiten Fall ist der Vater ein Ladenbesitzer mit geringen Einkünften und im dritten Fall ist die Mutter ohne Berufsausbildung auf die Unterstützung ihres geschiedenen Mannes angewiesen. Komplettiert wird die Gruppe durch 1 Mittelschichtfamilie, in der der Stiefvater als selbständiger Meister im technischen Bereich über genügend materielle Spielräume verfügt, aber die Mutter keinen Beruf erlernt hat.

Die *durchschnittliche Kinderzahl*[52] ist in dieser Gruppe bedeutend höher, sie beträgt 5 Kinder pro Haushalt; im Durchschnitt sind die Befragten in der Geschwisterreihe an 4. Stelle.

Aus diesen Zahlen kann kein Zusammenhang zwischen dem Erfolg von Heimunterbringung, der Stellung in der Geschwisterreihe und der Anzahl von Geschwistern in der Herkunftsfamilie abgelesen werden. Es gibt allerdings einen leichten Trend, wenn man die Ergebnisse der beiden Gruppen vergleicht, der darauf hindeutet, daß bei Heimkindern, die weniger Geschwister in ihrer Herkunftsfamilie haben und die in der Geschwisterreihe weiter oben sind, die Einflußmöglichkeiten auf ihre Persönlichkeitsentwicklung durch Heimerziehung tendenziell größer sind als bei Kindern, die sehr viele Geschwister haben und eher am Ende der Geschwisterreihe stehen.

Innerhalb der Gruppe 1 ist dieser Trend allerdings nicht zu erkennen, denn die weit unten in der Geschwisterreihe stehenden Befragten[53] erreichen ebenso gute Wertungen und zum Teil auch noch höhere Werte auf der Polaritätsskala wie die Gesprächspartner und Gesprächspartnerinnen, die in ihren Herkunftsfamilien an 1. Stelle der Geschwisterreihe stehen.[54]

Man kann somit insgesamt festhalten, daß der Erfolg von Heimunterbringung nicht mit der Größe der Herkunftsfamilien und der Stellung der Befragten in der Geschwisterreihe zusammenhängt.

In Gruppe 1 haben 4 der zusammen 7 Befragten, die an 1. Stelle der Geschwisterreihe in ihren Herkunftsfamilien stehen, nur noch ein Geschwisterteil; 3 haben noch 2 Geschwister.

In der anderen Gruppe hat das einzige ehemalige Heimkind, das an 1. Stelle der Geschwisterreihe steht, noch 2 Geschwister.

---

52 Der Gesprächspartner Nr. 12 berichtet, daß er die 3 älteren Halbgeschwister nicht kenne, weil sie als Säuglinge adoptiert worden seien.
53 Hiervon betroffen sind die Interviewpartnerinnen und Interviewpartner Nr. 2, 8, 11, 15, 28, 29.
54 Es handelt sich um die Befragten Nr. 7, 9, 13, 16, 18, 21, 22, 24, 26, 30.

Krankheiten spielen in den Familien nach den Informationen der Befragten kaum eine Rolle. Es gibt 2 Mütter, die seit 1977 an Multipler Sklerose leiden, eine der beiden Mütter habe zusätzlich auch eine Anfälligkeit für „Schizophrenie" gehabt.

Eine weitere, schon immer alleinstehende Mutter habe seit 1968 Epilepsie und leide mittlerweile auch an Lungenkrebs und Asthma. Alle 3 Mütter wären in der Vergangenheit bereits häufiger stationär behandelt worden.

Eine alleinstehende Mutter habe bis zum 4. Lebensjahr des Interviewpartners an einer Psychotherapie teilgenommen.

Von Tablettenabhängigkeit wird in 2 Fällen berichtet, einmal bei einer Mutter, die nach der Scheidung zeitweise übermäßig Tabletten eingenommen habe sowie bei einem Vater, der als Folge einer entstandenen Behinderung sowohl alkoholische Getränke als auch Tabletten im Übermaß konsumiert habe.

2 Befragte leiden seit ihrer frühen Kindheit an Epilepsie. Sowohl diese Krankheit als auch Multiple Sklerose gehören zu den neurologischen Krankheiten, für die auch psycho-somatische Zusammenhänge eine Rolle spielen. Leider gelang es nicht, im Verlauf der Gespräche Licht in die Hintergründe der Entstehung dieser Krankheiten bei den Gesprächspartnern und Geprächspartnerinnen zu bringen.

Die *Gründe*, die letztlich zur *Unterbringung der Befragen im Heim* geführt haben, ergeben sich aus den bereits beschriebenen Konstellationen, die in fast allen 30 Herkunftsfamilien vorhanden waren. Die bewußten und unbewußten Reaktionen der Befragten auf diese frühen Lebensbedingungen und die Anlässe für die Unterbringung waren ähnlich:

- Konflikthafte Beziehungen zu Elternteilen
- Überforderung der Mütter
- Ablehnung durch Stiefelternteile
- Mißhandlung durch Mütter, Väter, Stiefväter und Stiefmütter
- Tod eines Elternteiles
- Schulprobleme
- Vernachlässigungen und in einem Fall der Streit der Eltern um das Sorgerecht

Das *durchschnittliche Aufnahmealter*[55] beim Eintritt in das untersuchte Heim liegt in allen Gruppen zusammen bei *9,8 Jahren*. In der Gruppe 1 bei *10,1 Jahren*; in der Gruppe 2 bei *8,1 Jahren*.

---

55 Bei der Festlegung des Aufnahmealters und der Aufenthaltsdauer habe ich bei den Befragten Nr. 13, 26 und Nr. 17 die Mittelwerte zwischen den Zeiträumen, die sie

Das ist ein entwicklungspsychologisch gesehen günstiges Lebensalter, weil die Kinder in dieser Altersstufe bereits soweit gefestigt sind, daß sie in der Lage sind, Themen ihrer Vorgeschichte zum Teil zu verstehen. Damit ist ein Ansatzpunkt für die vorsichtige Aufarbeitung der Vorgeschichte gegeben. Die Empfänglichkeit für von Erwachsenen ausgehende neue Orientierungen und Lernprozesse ist höher als im Jugendlichenalter.

Ein weiterer günstiger Faktor ist die relativ lange *durchschnittliche Aufenthaltsdauer von über 6 Jahren im untersuchten Heim.*[56] In der Gruppe 2 liegt sie sogar bei 7,8 Jahren. In der Gruppe 1 ist sie dagegen mit 6,1 Jahre etwas kürzer, aber insgesamt zeigen die Zahlen, daß die 30 Befragten nicht abgeschoben wurden und einen Großteil ihrer Kindheit oder Jugend im Heim verbrachten.

Das Heim war darüber hinaus für über die Hälfte (18 Befragte, alle aus der Gruppe 1) der 30 Interviewpartner und -partnerinnen ihre einzige Erfahrung mit Fremdunterbringung.

Relevante gruppenspezifische Unterschiede bezogen auf das Aufnahmealter und die Aufenthaltsdauer gibt es nicht. Es fällt aber auf, daß für alle ehemaligen Heimkinder der Gruppe 2 der Aufenthalt in der untersuchten Einrichtung die 2. Heimunterbringung darstellte. Beim Befragten Nr. 12 folgte im Anschluß noch eine Verlegung in ein Heim im Bundesgebiet.

Für 18 ehemalige Heimkinder (alle aus der Gruppe 1) stellt die Unterbringung im untersuchten Heim zugleich die erste Begegnung und für 16 von ihnen auch die einzige Erfahrung mit dem Sozialisationsfeld Kinderheim dar.

2 Befragte aus der Gruppe 1[57] waren für kurze Zeit in Übergangseinrichtungen untergebracht; die Gesprächspartnerin Nr. 20 gibt an, in 2 verschiedenen Kriseneinrichtungen für ca. ein halbes Jahr betreut worden zu sein.

In der Gruppe 2 gibt es eine Interviewpartnerin, die 6 Monate in einem Kinderschutzzentrum verbracht habe, bevor ihre Verlegung in das untersuchte Heim erfolgt sei.

---

genannt haben, errechnet und diesen Wert als jeweiliges Aufnahmealter bzw. als Aufenthaltsdauer angegeben.

56 Der genaue Wert für die durchschnittliche Aufenthaltsdauer beträgt für beide Gruppen zusammen 6,28 Jahre ; 6,05 Jahre für Gruppe 1 und 7,75 Jahre für Gruppe 2. Mit jeweils einem Jahr Aufenthaltsdauer im untersuchten Heim waren der Befragte Nr. 27 aus der Gruppe 1 und die Gesprächspartnerin Nr. 6 aus der Gruppe 2 die am kürzesten untergebrachten befragten ehemaligen Heimkinder. Die Interviewpartnerin Nr. 17 aus der Gruppe 2 lebte von den Befragten mit insgesamt 15 Jahren Aufenthaltsdauer am längsten im untersuchten Heim.

57 Interviewpartnerin Nr. 2 und Gesprächspartner Nr. 27.

Darüber hinaus gibt es 3 bis 4 gescheiterte Pflegefamilienunterbringungen bei den Befragten Nr. 18, 21, 26 (Gruppe 1) und höchstwahrscheinlich bei der Interviewpartnerin Nr. 17 aus der Gruppe 2.[58]

Die Gesprächspartnerinnen Nr. 6 aus der Gruppe 2 und Nr. 23 aus der Gruppe 1 wurden nach kurzem Aufenthalt im untersuchten Heim von Pflegefamilien aufgenommen, im Fall der Interviewpartnerin Nr. 23 von einem damals im untersuchten Heim beschäftigten Erzieherehepaar.

Für 8 Befragte (jeweils 4 aus Gruppe 1 und 2) ist die Unterbringung im untersuchten Heim die 2. Erfahrung mit Heimerziehung. Für weitere 2 ehemalige Heimkinder der Gruppe 1 die 3. Unterbringung; für den Gesprächspartner Nr. 5 der 4. Aufenthalt in einem Kinderheim im Laufe seiner Sozialisationsgeschichte.

3 Befragte (2 aus Gruppe 1 und 1 Interviewpartner aus Gruppe 2) sind im Anschluß an ihre Unterbringung im untersuchten Heim in anderen Einrichtungen der Jugendhilfe weiterbetreut worden.

---

58 Die Befragte Nr. 17 kann sich nicht genau erinnern, erwähnt aber, daß sie vor ihrem Aufenthalt im untersuchten Heim von einer Familie betreut worden sei.

In der Übersicht ergibt sich folgendes Bild:

	Gruppe 1			Gruppe 2	
Inter. Nr.	Aufnahme-alter	Aufenthalts-dauer	Inter. Nr.	Aufnahme-alter	Aufenthalts-dauer
1	10 Jahre	1,5 Jahre	4	9 Jahre	10 Jahre
2	8 Jahre	8 Jahre	6	10 Jahre	1 Jahr
3	14 Jahre	5 Jahre	12	7 Jahre	5 Jahre
5	9 Jahre	9 Jahre	17	5,5 Jahre	15 Jahre
7	9 Jahre	8 Jahre	G2	7,9 Jahre	7,6 Jahre
8	9 Jahre	7 Jahre			
9	6 Jahre	12 Jahre			
10	14 Jahre	7 Jahre			
11	7 Jahre	7 Jahre			
13	10 Jahre	9 Jahre			
14	11 Jahre	1,5 Jahre			
15	11 Jahre	5 Jahre			
16	14 Jahre	4 Jahre			
18	11 Jahre	6 Jahre			
19	12 Jahre	4 Jahre			
20	9 Jahre	7 Jahre			
21	8,5 Jahre	8 Jahre			
22	11 Jahre	1,5 Jahre			
23	4,5 Jahre	5,5 Jahre			
24	12 Jahre	6 Jahre			
25	7 Jahre	9 Jahre			
26	8 Jahre	11,5 Jahre			
27	10 Jahre	1 Jahr			
28	12 Jahre	4 Jahre			
29	10 Jahre	6 Jahre			
30	15 Jahre	4 Jahre			
G1	10,1 Jahre	6,1 Jahre			
G1+G2	9,8 Jahre	6,3 Jahre			

Hinsichtlich des Reflexivitätsgrades gegenüber der Vorgeschichte gibt es zwischen den beiden Polaritätsgruppen keine Unterschiede. Fast alle Befragten haben ein differenziertes, auf die eigene Person und die Herkunftsfamilie bezogenes Verständnis ihrer vorheimischen Entwicklungsgeschichte.[59] Sie kennen die Probleme in ihren Herkunftsfamilien und oft auch die offiziellen Gründe und Anlässe für die Heimunterbringung; die wenigsten können aber detaillierte Angaben zu ihrer Familie und Geschwistern bzw. Halbgeschwistern machen.

Etwa die Hälfte der Befragten versteht, warum es zur Heimaufnahme kam. Verständnis für die Situation der Eltern oder Elternteile zeigen die wenigsten.

Im ganzen gesehen bestätigt sich aber die These, daß zu einer erfolgreichen Sozialisationsgeschichte auch ein differenziertes und persönlich rekonstruiertes Verständnis der Vorgeschichte gehört.

24 (80%) Gesprächspartnerinnen und Gesprächspartner (21 aus der Gruppe 1 und 3 aus der Gruppe 2) berichten über ihre Vorheimzeit trotz der oft fehlenden Details so, daß die Zusammenhänge auch für einen Außenstehenden wie den Interviewer verständlich und nachvollziehbar sind. Sie können sowohl über positive Aspekte als auch über negative Erfahrungen in ihren Herkunftsfamilien berichten.

Die meisten von ihnen sind in der Lage, auch selbstkritisch ihre eigene Rolle in der Familie zu reflektieren. Die eigenen oft schmerzlichen Gefühle in der Zeit vor der Heimunterbringung werden von der Mehrheit offen angesprochen.

4 der Befragten geben an, ihre Symptome (wie z. B. Verhaltensauffälligkeiten, Klauen, Schule Schwänzen) bewußt eingesetzt zu haben, um ihre Interessen gegenüber den Eltern und in 2 Fällen zusätzlich auch gegenüber Vertreterinnen/Vertretern der Jugendhilfe durchzusetzen.

Einige Befragte sind darüber hinaus in der Lage, familiendynamische Zusammenhänge im nachhinein zu erahnen und damit auch ihren Anteil am Auseinanderbrechen der Herkunftsfamilie einzusehen. So z. B. der Befragte aus Interview Nr. 21 zu der Frage nach den Gründen für die Schläge durch die Pflegemutter: „Ja, wenn ich das jetzt heute ... so sehe, muß ich sagen, daß ich mit Sicherheit auch nicht ganz unbeteiligt war" (I. 21, PG1, S. 6). Er sei sehr „kompliziert" gewesen, „hab nur halt gemacht, was ich wollte"

---

59 Das betrifft 21 „Ehemalige" aus der Gruppe 1 und 3 Befragte aus der Gruppe 2. Lediglich die Befragten Nr. 1, 13, 26 und Nr. 27 aus der Gruppe 1 und die Gesprächspartnerin Nr. 17 aus der Gruppe 2 bringen kaum oder gar kein Verständnis für die Unterbringung im untersuchten Heim auf. Über die Interviewpartnerin Nr. 9 aus der Gruppe 1 kann nichts ausgesagt werden, weil sie sich nicht an ihre Herkunftsfamilie erinnern kann.

(ebenda, S.6). Es beruhe auf Gegenseitigkeit. Bezogen auf alle 30 Gespräche ist dieser Fall allerdings die Ausnahme.

Der Unterbringungsprozeß

So unterschiedlich wie die Anzahl der Symptome, die zur Unterbringung geführt haben, so verschieden wurde auch der konkrete Unterbringungsprozeß von den Befragten erlebt. Er reicht von völliger Unkenntnis und vollkommenem Unverständnis bis hin zu Einsicht und Vertrauen in die Bezugspersonen, die sich für Heimunterbringung als bessere Alternative eingesetzt haben.

Wenn man dennoch versucht, das Material zu strukturieren, dann ergeben sich im wesentlichen 3 Varianten:

- Die unvorbereitete Heimunterbringung; die Hilfemaßnahme wurde von den Befragten nicht verstanden.
- Die teilweise vorbereitete Unterbringung; die Betroffenen können einige Aspekte ihrer Unterbringungsgeschichte nachvollziehen.
- Die vorbereitete Heimunterbringung mit Beteiligung und Zustimmung der Interviewpartner und Interviewpartnerinnen.

Die meisten Befragten in allen Gruppen können sich nicht an die Abläufe erinnern, die mit ihrer Unterbringung im Heim endeten. Zwar hat der eine oder die andere vage Vorstellungen, zum Teil auch Vermutungen, aber nur die wenigsten wissen genau, wie es zum Kontakt mit der stationären Einrichtung kam. So ist die teilweise vorbereitete Unterbringung die am häufigsten vorgekommene Unterbringungsvariante. Die Mehrheit der ehemaligen Heimkinder kennen die Anlässe der Unterbringung und erinnern sich, wie es zu ersten Kontakten zu Einrichtungen der Jugendhilfe gekommen ist. Konkrete, von diesen Vertretern und Vertreterinnen eingeleitete Schritte sind ihnen dagegen nicht oder nicht mehr nachvollziehbar. Die entsprechende Frage 8 des Interviewleitfadens ergibt demzufolge in den wenigsten Fällen Aufschlüsse über den Prozeß der Unterbringung. Deshalb stützen sich die Ergebnisse zur Frage der Unterbringung im wesentlichen auf die Angaben der Befragten zu den Fragenbereichen 4 (Erinnerung an den ersten Tag); 9 (Reaktion der Befragten auf die Unterbringung); 10 (Ersteindruck; vorherige Besichtigung) und 13 (Initiator der Unterbringung und Elternreaktionen).

Beispielhaft für eine unvorbereitete Heimunterbringung sind die Angaben der Befragten im Interview Nr. 26 aus der Gruppe 1. Die Befragte sei weder über den Sinn und den Zweck der ihr bis dahin unbekannten Institution Heim informiert, noch über die existentiellen Folgen der Unterbringung für ihre weitere Entwicklung aufgeklärt worden. Verschärft wird dieser Umstand noch durch die Tatsache, daß auch ihr alleinstehender Vater bis heute nicht verstanden habe, warum seine Tochter im Kinderheim untergebracht wurde.

Man könnte in Abwandlung eines Zitates von Hannah Arendt diese Variante der Unterbringung auch als die „Banalität des Unterbringungsprozesses" bezeichnen: „kam dann irgendwie von meinem Vater, das weiß ich noch. Irgendwie im Bad, 'willst du mal ins Kinderheim?' oder irgend so eine dumme Frage. Und ich wußte überhaupt nicht, was ein Kinderheim ist, natürlich. Und dann sind wir irgendwann dahin. Haben diesen einen Tag verlebt, und danach, ich weiß nicht, wie lange - eine Woche später bin ich auch hingekommen. So war das ... das ging halt sehr schnell. Und wie ich eben sagte, für mich war Kinderheim - ich wußte gar nicht, was es ist; ich wußte nur, da sind Kinder, und das war für mich der positive Aspekt, ja. Und ansonsten ... ging ja dann rucki-zucki, und dann war nicht mehr viel Zeit zum Nachdenken und worüber auch, worüber soll man sich Gedanken machen, wenn man gar nicht weiß, auf was man da, als Kind - wo man dahin kommt. Also jedenfalls komisch und mit gemischten Gefühlen natürlich. Aber auch Erleichterung, weil weg vom Vater" (I. 26, PG1, S.13-14).

Ein Beispiel für Unaufrichtigkeit im Umgang mit Heimunterbringung ist der Fall des Interviewpartners Nr. 12 aus der Gruppe 2. Sowohl die Mutter, der Stiefvater als auch Vertreter und Vertreterinnen der Jugendhilfe bis hin zu den Verantwortlichen aus dem aufnehmenden Kinderheim[60] haben ihn aus seiner Sicht „belogen und betrogen". Nachdem er 4 Wochen lang geglaubt habe, sich in einem Ferienlager zu befinden, hätte er bemerkt, daß es sich um ein Kinderheim handelte und er für eine unbestimmte Zeit dort bleiben müsse.

Die Gründe für die Unterbringung und der oft schwierige Prozeß der Entscheidungsfindung müssen - und darauf deuten auch die Ergebnisse dieser Studie hin - auch dem Kind als dem Hauptbetroffenen offen und ehrlich dargelegt werden, damit die Nachvollziehbarkeit für das Kind möglich wird und das Gefühl entstehen kann, daß die verantwortlichen Erwachsenen den Betroffenen und die Betroffene akzeptieren und sich um seine bzw. ihre Ent-

---

60 Es handelt sich in diesem Fall nicht um das untersuchte Heim, sondern um die Erstunterbringung des Befragten, ein Berliner Heim, in das er im Alter von 5 Jahren aufgenommen wurde.

wicklung ernsthaft bemühen. In den beiden beschriebenen Fällen berichten die Interviewpartnerin und der Interviewpartner sehr ausführlich über die als sehr schmerzlich erlebten ersten Wochen ihrer Unterbringung. Die Annahme und das Engagement für eine konstruktive Entwicklung der Betroffenen ist bei diesen beiden Befragten auf der Seite der Vertreter und Vertreterinnen der Jugendhilfe nicht vorhanden. Gleichgültigkeit und möglicherweise eigene Hilflosigkeit professioneller Mitarbeiterinnen und Mitarbeiter von Jugendhilfeeinrichtungen sind aber in dem anderen Interviewmaterial eher die Ausnahme.

Neben der häufigsten Variante, der teilweisen Nachvollziehbarkeit, ist vor allem die vollständige Beteiligung und Zustimmung der Betroffenen die wichtigste Unterbringungsform. Denn die Beteiligung am Prozeß der Unterbringung ist eine der 9 Säulen, die nach dem vorliegenden Material den Erfolg oder Mißerfolg von Heimerziehung bewirken.

Insgesamt gibt es 6 Befragte, alle aus der Gruppe 1[61], die sowohl am Unterbringungsprozeß beteiligt waren, als auch der Unterbringung zustimmten. 4 von ihnen wollten von sich aus im Kinderheim weiterleben[62].

Wenn man bei diesen 6 zusätzlich ihre Aussagen zur Gesamteinschätzung der Heimunterbringung (Frage 24) und der Beziehungsqualität zu den Erzieherinnen bzw. Erziehern (Frage 17, 23) vergleicht, so fällt auf, daß 4 von ihnen zufrieden sind; die Befragte Nr. 18 sich sehr zufrieden äußert. Der Interviewpartner Nr. 5 kommt zu einer ambivalenten Gesamteinschätzung.

Die Erzieherinnen und Erzieher empfanden diese Befragten als wichtig und hilfreich für ihre weitere Entwicklung. Von den vorgegebenen Kriterien der Frage 17 (Erzieherinnen/Erzieherempfinden) werden am häufigsten genannt: Vertrauenswürdig, interessiert, annehmend, zugewandt, freundschaftlich, hilfsbereit, ansprechbar, verständnisvoll, „überwiegend positiv", „interessiert, aber manchmal schlichtweg überfordert", zuweilen mit „eigenen Problemen und Bindungsfähigkeit" beschäftigt.

Der Wunsch nach mehr Zuwendung und persönlicher Nähe wird auch von Interviewpartnerinnen und Interviewpartnern aus den anderen Gruppen häufiger genannt. Auch in diesen Fällen beklagen sich die ehemaligen Heimkinder über die als sehr unangenehm empfundene zeitliche Beanspruchung der Erzieherinnen und Erzieher im Heimalltag. Dennoch werden die Beziehungen zu den Erziehern und Erzieherinnen von allen 6 vollständig am Unterbringungsprozeß beteiligten Gesprächspartnern und Gesprächspartnerinnen als eng und vertrauensvoll beschrieben, geprägt von Verständnis, Einfühlungsvermögen; für einige waren die Erzieher und Erzie-

---

61 Es handelt sich um die Befragten Nr. 5, 10, 18, 19 und Nr. 30.
62 Die Gesprächspartner Nr. 10, 16, 30 und die Interviewpartnerin Nr. 19.

herinnen „fast Elternersatz". Alle können viele „Gewinne für ihr Leben" durch den Heimaufenthalt nennen; die Bedeutung der Unterbringung für ihre Entwicklung wird alles in allem hoch eingeschätzt. Sie fühlten sich bis auf eine Ausnahme[63] wohl, angenommen und verstanden, wozu die Beziehungsqualität zu den Erzieherinnen und Erziehern und der Gruppe, der Freiraum für die eigene Entwicklung und die Annahme und soziale Anerkennung der Befragten den Ausschlag gaben.

Das durchschnittliche Aufnahmealter dieser 6 vollständig Beteiligten ist mit 12,5 Jahren überdurchschnittlich hoch.[64] Nur der Befragte Nr. 5 war jünger als 10 Jahre (9 Jahre), als er ins untersuchte Heim kam. Zum Vergleich: Das durchschnittliche Aufnahmealter in dieser Gruppe 1 der erfolgreich eingestuften ehemaligen Heimkinder liegt bei 10,1 Jahren, bezogen auf alle Befragten bei 9,8 Jahren.

Weitere 7 Interviewpartnerinnen und -partner der Gruppe 1 geben an, weder am Unterbringungsprozeß beteiligt noch der Unterbringung zugestimmt zu haben. Trotzdem sind sie alle mit ihrer Fremdsozialisation insgesamt zufrieden. 5 von den 7 Befragten geben an, heute froh darüber zu sein, daß sie im Heim aufgewachsen sind und dadurch bessere Entwicklungschancen gehabt hätten. Im Gegensatz zu den beteiligten Interviewpartnerinnen und Interviewpartnern stehen alle der Unterbringung zu Beginn ablehnend und verwirrt gegenüber. Trotz dieser anfänglichen Nichtbeteiligung und Ablehnung der Hilfemaßnahme kommen die Befragten zu einer positiven Gesamteinschätzung der Heimunterbringung.

Bei den anderen Gesprächspartnerinnen und Gesprächspartnern zeigt sich folgendes Bild: Die Interviewpartnerin Nr. 29 gibt an, am Unterbringungsprozeß beteiligt gewesen zu sein, stimmte der Hilfemaßnahme aber nicht zu. Die Befragten Nr. 2, 9, 15 und Nr. 23 können sich nicht an ihre Reaktionen und Haltungen im Zusammenhang mit dem Unterbringungsgeschehen erinnern. Bei 4 Interviewpartnern und Interviewpartnerinnen[65] ist

---

63 Der Gesprächspartner Nr. 5 gibt an, sich während seines Heimaufenthaltes im untersuchten Heim zwar wohl und angenommen gefühlt zu haben, aber nicht verstanden. Das habe in erster Linie an der mangelnden Anregung und Förderung seiner Talente und Begabungen durch die Erzieherinnen und Erzieher gelegen.
64 Interview Nr. 5 (9 Jahre), Nr. 10 (14 Jahre), Nr. 16 (14 Jahre), Nr. 18 (11 Jahre), Nr. 19 (12 Jahre) und Nr. 30 (15 Jahre).
65 Davon betroffen sind die Befragten Nr. 7, 21, 25 und Nr. 27. Die Interviewpartnerin Nr. 7 gibt an, der Maßnahme zugestimmt zu haben, ob sie beteiligt gewesen ist, bleibt unklar. Bei den anderen 3 Befragten ist die Beteiligungslage ungeklärt, Während der Gesprächspartner Nr. 21 angibt, mit Ablehnung auf den Unterbringungsbeschluß reagiert zu haben, geben die Interviewpartnerin Nr. 25 und Gesprächspartner Nr. 27 an, mit ambivalenten Gefühlen reagiert zu haben. Bei der Frau überwog eher die Ablehnung, während bei ihm aus seinen Äußerungen eher Zustimmung ersichtlich wird. Der Fall der Interviewpartnerin Nr. 25 erweist sich als kompliziert, weil sie an

auf Grund fehlender Informationen, widersprüchlicher oder ungeklärter Sachlage, die Frage nach der Beteiligung und Zustimmung zur Heimunterbringung nicht zuverlässig beantwortbar.

Der Interviewpartner Nr. 3 sei an der Entscheidung beteiligt gewesen, habe aber mit einer ambivalenten Haltung auf die Heimeinweisung reagiert.

Die Befragte Nr. 11 berichtet ebenfalls von ambivalenten Gefühlen im Zusammenhang mit dem Unterbringungsbeschluß, wobei sie am Unterbringungsprozeß nicht beteiligt gewesen sei.

Unklar bleibt die Haltung der Interviewpartnerin Nr. 24; am Entscheidungsfindungsprozeß sei sie aber beteiligt gewesen.

Es muß also außer der Beteiligung und der Zustimmung zum Unterbringungsprozeß noch mehrere Faktoren geben, die für den Erfolg der Hilfemaßnahmen eine Rolle spielten. Ein Blick auf das Verhältnis zu den Erziehern und Erzieherinnen zeigt an, daß die Erzieher und Erzieherinnen fast genauso erlebt wurden, wie es für die Gruppe der Beteiligten zutrifft: Annehmend, vertrauenswürdig, interessiert, zufrieden, „immer ansprechbar". Von einer Ausnahme abgesehen (Interview Nr. 20) nennen die Befragten ähnliche „Gewinne für ihr Leben" wie die beteiligten Heimkinder; sie fühlten sich aus denselben Gründen angenommen, wohl und verstanden, waren in der Gruppe geachtet und anerkannt.

Es gibt also zwischen den am Unterbringungsprozeß beteiligten erfolgreichen ehemaligen Heimkindern und den nichtbeteiligten erfolgreichen ehemaligen Heimkindern außer dem Beteiligungsaspekt keine signifikanten Unterschiede.

Anders sieht es aber aus, wenn man zum Vergleich die Gruppe 2, die erfolglos eingestuften ehemaligen Heimkinder betrachtet. Hier deuten sich wichtige Unterschiede zu Gruppe 1 an. Bei allen herausgestellten Differenzen muß man freilich die geringe Größe der Gruppe berücksichtigen.

Von den 4 Interviewten dieser Gruppe sind die Gesprächspartnerin Nr. 6 und der Gesprächspartner Nr. 12 nicht am Unterbringungsprozeß beteiligt gewesen und standen der Unterbringung ablehnend gegenüber.

Die Befragte Nr. 17 kann sich nicht erinnern, und bei der Gesprächspartnerin Nr. 4 ist die Beteiligungslage unklar, sie habe aber der Unterbringung zugestimmt.

---

mehreren Stellen des Gespräches beteuert, freiwillig aus Solidarität mit ihrem Bruder den Heimaufenthalt gewählt zu haben. An einer anderen Stelle äußert sie aber dann selbst Zweifel an dieser Version. Darüber hinaus kann sie im Gespräch keine Angaben machen, warum es zum Sorgerechtsentzug ihrer Mutter gekommen ist und ob möglicherweise dieser Sachverhalt auch ein Grund für ihre Heimunterbringung gewesen ist.

Die 3 Befragten Nr. 6, Nr. 12 und Nr. 17 sind im ganzen mit ihrer Sozialisationsphase im Heim nicht zufrieden. In allen Punkten (beim Erzieher- oder Erzieherinnenempfinden, den Angaben zum Verhältnis zu den Erziehern und Erzieherinnen und den Fragebereichen zur Gesamteinschätzung des Heimaufenthaltes) gibt es Unterschiede zur Gruppe 1. Das Bild ist uneinheitlicher, die Gesamteinschätzung der Heimerfahrungen nicht so günstig wie bei den erfolgreichen ehemaligen Heimkindern.

Die Erzieher und Erzieherinnen des untersuchten Heimes werden von den 3 Befragten Nr. 6, Nr. 12, und Nr. 17 explizit als weniger wichtige Bezugspersonen eingeschätzt, was in erster Linie mit ihrer loyalen Haltung gegenüber ihren Eltern oder Elternteilen zusammenhängt. Dennoch hatten alle 4 Befragten dieser Gruppe Lieblingserzieher und Lieblingserzieherinnen, auf die das nicht zutraf und die eine große Bedeutung für sie in jener Zeit hatten. Sie wurden als annehmend, interessiert, zugewandt, wichtig und vertrauenswürdig erlebt; hatten den Stellenwert von „Ansprechpartnern", „Identifikationsfiguren", die „gute Gespräche" ermöglicht hätten. Für die Befragte Nr. 6 war die Lieblingserzieherin sogar eine „Ersatzmutter", die private Kontakte zugelassen habe. Die Interviewpartnerin Nr. 4 sieht im gesamten Erziehungspersonal des untersuchten Heimes wichtige Bezugspersonen, „Ansprechpartner für alle Belange", „Vorbilder". Sie berichtet von vielen Lieblingserziehern und Lieblingserzieherinnen im Laufe ihrer Unterbringung.

Alle 4 weniger erfolgreichen ehemaligen Heimkinder beschreiben ihre Lieblingserzieher bzw. Lieblingserzieherinnen wie die Interviewpartner und Interviewpartnerinnen der Gruppe 1 als vertrauenswürdig, interessiert, annehmend und wichtig.

Auch bei der näheren Betrachtung der Antworten auf die Frage 24, der Gesamteinschätzung der Hilfemaßnahme, ergibt sich kein einheitliches Bild: Die Befragte Nr. 17 gibt an, sich nicht wohl, angenommen und verstanden gefühlt zu haben. Als Gründe dafür nennt sie - von der Lieblingserzieherin abgesehen - die Verschlossenheit der anderen Erzieher und Erzieherinnen und ihre ablehnende Haltung ihr gegenüber. Dennoch kann sie der Unterbringung auch positive Seiten abgewinnen.

Die 3 anderen Gesprächspartner und Gesprächspartnerinnen (Nr. 4, Nr. 6 und Nr. 12) neigen alles eingerechnet zu einer positiveren Gesamteinschätzung. Abgesehen von der Befragten Nr. 6 nennen sie „Gewinne für ihr Leben", wobei aber nur die Interviewpartnerin Nr. 4 mit dem Heimaufenthalt rundum sehr zufrieden ist und der Unterbringung einen hohen produktiven Stellenwert (Zeit der Geborgenheit und Orientierung) in ihrer Sozialisationsgeschichte zuschreibt.

Die Befragte Nr. 6 fühlte sich wohl und angenommen, aber nur von der Lieblingserzieherin verstanden, während der Befragte Nr. 12 sich zwar wohlgefühlt habe, aber nicht angenommen und verstanden. Bis auf den Interviewpartner Nr. 12 schätzen alle das Verhältnis zur Gruppe destruktiv oder zumindest ambivalent und problematisch ein.

Aus dem bisher Gesagten wird deutlich, daß es einen Zusammenhang zwischen der Nichtbeteiligung am Unterbringungsprozeß und der Gesamteinschätzung des Heimaufenthaltes gibt. Unverkennbar ist auch, daß in allen 4 Fällen die Beziehungsqualität zu den Erziehern und Erzieherinnen als sehr wichtig und unbefriedigend erlebt wurde bzw. sich die Befragten noch intensivere Beziehungen gewünscht hätten. Um weitere Aufschlüsse über die Gründe für die weniger günstige Wirkung der Heimerziehung in diesen 4 Fällen zu erhalten, ist es notwendig, die Gründe in jedem einzelnen Fall zu analysieren.

Die Befragte aus Interview Nr. 4 kam mit 10 Jahren ins Heim und betont heute, daß sie durch diese Unterbringung bessere Entwicklungschancen gehabt habe, wisse aber nicht, ob sie am Unterbringungsprozeß beteiligt gewesen sei; der Unterbringung habe sie aber zugestimmt. Ihre erste Reaktion auf die Unterbringung sei Erleichterung gewesen. Sie ist mit dieser Phase ihrer Sozialisation zufrieden. Ihre Orientierung habe sie von allen Gruppenerziehern und Gruppenerzieherinnen bezogen, zu denen sie darüber hinaus intensive, auch private und vertrauensvolle Kontakte unterhalten habe. Sie empfand die Entwicklungsphase im Heim als eine Zeit „der Geborgenheit und Orientierung". Zu den Mitbewohnern und Mitbewohnerinnen indessen habe sie sich auf ein distanziertes und unpersönliches Verhältnis beschränkt.

Loyal und zugehörig fühlte sich die Befragte aus Interview Nr. 6 sowohl den Eltern als auch der Lieblingserzieherin gegenüber. In ihrem 10. Lebensjahr sei sie, ohne an der Entscheidung beteiligt gewesen zu sein und ohne ihre Zustimmung, im untersuchten Heim untergebracht worden. Sie vermißte eine noch engere und vertrauensvollere Beziehung zu dieser Erzieherin und den anderen Gruppenerziehern und Gruppenerzieherinnen. Neben diesem Mangel an Zuwendung und Nähe zum Erziehungspersonal gibt es noch einen zweiten Grund, nämlich ihr Unwohlsein in der Gruppe. Sie sei nicht in die Gruppe integriert und sozial anerkannt gewesen. Nach bereits einem knappen Jahr habe sie das Kinderheim verlassen und danach bei einer Pflegefamilie gelebt.

Der 3. Gesprächspartner (Interview Nr. 12), der sich seiner Mutter und seinem ersten Stiefvater verpflichtet empfand, war im Gegensatz zu den beiden genannten Befragten erst 7 Jahre alt, als er in das untersuchte Heim gekommen sei. Er sei bereits in seinem 5. Lebensjahr ein halbes Jahr lang in einem anderen Berliner Kinderheim untergebracht gewesen.

Insgesamt gesehen sind bei ihm die Gründe für das Scheitern der Hilfemaßnahme komplizierter: Einerseits hatte er den Wunsch nach einer offenen, vertrauensvollen Beziehung zu den Erzieherinnen und Erziehern; andererseits veranlaßte ihn die Loyalität zu seiner Mutter, die Distanz gegenüber den Erziehern und Erzieherinnen zu wahren. Er befand sich in einem widersprüchlichen Loyalitäts- und Zugehörigkeitskonflikt. Sowohl die Mutter als auch der Stiefvater hätten der Unterbringung zugestimmt, mochten die Erzieher und Erzieherinnen; die Erzieher und Erzieherinnen wiederum konnten die Mutter und den Stiefvater gut leiden; es habe regelmäßige Kontakte während seiner Unterbringung im Heim gegeben. Dennoch waren diese an sich optimalen Ausgangsbedingungen für die Elternarbeit in diesem Fall problematisch, denn der Befragte fühlte sich durch die regelmäßigen Gespräche der Erzieher und Erzieherinnen mit seiner Mutter übergangen, weil die Mutter nicht ihn, sondern seinen zuständigen Erzieher über seine Entwicklung befragt habe.[66] Sowohl seine Mutter und sein erster Stiefvater als auch die Erzieherinnen bzw. Erzieher im Heim hätten ihn abgelehnt und ihm wenig zugetraut.

Auch seine Erfahrungen in der Gruppe, deren Grundstruktur durch das „Faustrecht" geprägt gewesen sei, drücken wenig gegenseitiges Vertrauen, persönliche Nähe und Gefühle der Geborgenheit aus, wenngleich er sich als „Stärkster" in der Peer-Group doch ganz wohl gefühlt habe.

Die Befragte aus Interview Nr. 17 kam ebenfalls sehr früh, im Alter zwischen ihrem 5. und 6. Lebensjahr, ins untersuchte Heim. Für sie waren die Erzieher und Erzieherinnen wichtige Bezugspersonen, die aber wenig Zeit für Zuwendungen, persönliche Gespräche und für die Hausaufgabenbetreuung gehabt hätten. In der Gruppe fühlte sie sich nicht wohl, war eher eine oft gehänselte Mitbewohnerin mit wenig Durchsetzungsvermögen. Ihre zentrale soziale Orientierung ging nach außen zu einem erwachsenen Mann aus der Nachbarschaft des Heimes, der sie auch als Pflegetochter aufnehmen wollte. Die Vertreter und Vertreterinnen des Heimes hätten dieser Absicht ablehnend gegenübergestanden, weil sie nach Ansicht der Befragten zu unrecht sexuelle Ambitionen des potentiellen Pflegevaters befürchteten. Dennoch habe sie auch weiterhin Kontakte zu ihm unterhalten und darüber hinaus zu einer außerheimischen Peer-Group und in späteren Jahren auch zu einem Freund, der nicht im Heim lebte. Die Befragte fühlte sich nicht wohl, angenommen und verstanden; als Hauptgründe dafür nannte sie

---

66 Der Interviewpartner Nr. 21 (PG1) beklagte ebenfalls „das Schleimen mit den Eltern", weil er selbst in das „kooperative Verhältnis" nicht einbezogen war.

Verschlossenheit und Ablehnung ihrer Person durch die Erzieherinnen und Erzieher. Positiv bewertet sie während ihres fast 15jährigen Heimaufenthaltes im untersuchten Heim die Freizeitaktivitäten, vor allem mit ihrer außerheimischen Peer-Group und den Schutz vor Rauschgift und Obdachlosigkeit durch die Heimunterbringung.

Als *vorläufiges Ergebnis* kann man festhalten, daß die Beteiligung der Betroffenen am Unterbringungsprozeß oder zumindest ihre Zustimmung zur Heimunterbringung die Chancen einer konstruktiven Einwirkung auf ihre weitere Entwicklung im Heim deutlich verbessert.

Zusätzlich gibt es weitere zentrale Faktoren, die eine erfolgreiche Heimerziehungsarbeit bewirken. In den 4 Fallbeispielen, aber auch in den anderen Gesprächen sind 3 weitere Aspekte enthalten, die den erfolgreichen Verlauf der Hilfemaßnahme erheblich beeinflußen: Das Aufnahmealter, die zentrale soziale Orientierung und die daraus entstehenden Loyalitäts- und Zugehörigkeitskonflikte und als 3. Faktor die Beziehungsqualität zu den Erziehern und Erzieherinnen, aber auch zu den Mitbewohnern und Mitbewohnerinnen im Heim. Wichtiger wurde das Verhältnis zu den Erziehern und Erzieherinnen als den für die Befragten zentralen Bezugspersonen im Heim erlebt.

Ein von Heimerziehern und Heimerzieherinnen oft unterschätzter Faktor sind die Eltern der Heimkinder, die Beziehungsmuster und die zentralen Sozialisationserfahrungen aus der Vorheimzeit. Die Eltern bzw. Elternteile sind den Ausführungen der Befragten zufolge in allen Gruppen in ihrer großen Mehrzahl am Unterbringungsprozeß beteiligt gewesen und stimmten der Unterbringung zu. In dieser Hinsicht gibt es keine signifikanten Unterschiede zwischen den Gruppen.

Die Annahme des Hilfeangebotes - Der Stellenwert sozialer Orientierungen

Die Brennpunkte zwei bis sechs in der Lebensgeschichte der ehemaligen Heimkinder: Annahme des Hilfeangebotes; Beziehungsqualität; Erzieherinnen-Erzieher-Eltern-Verhältnis sowie außerheimische Bezugspersonen sind eng miteinander verbunden. Bei einer strengen analytischen Trennung würden die Zusammenhänge und Verbindungslinien zwischen den verschiedenen Aspekten nur unzureichend deutlich werden. Deshalb fasse ich diese Bereiche zusammen und versuche sie, wo es möglich ist, analytisch getrennt darzustellen.

Bereits im letzten Kapitel deutet sich ein Zusammenhang zwischen der Beteiligung der Befragten am Unterbringungsprozeß, ihrer zentralen sozialen Orientierung und der Beziehungsqualität zur Gruppe und zu den Erziehern und Erzieherinnen an. In einem Fall spielte der Außenkontakt der Interviewpartnerin zu einer außerheimischen Peer-Group und einer erwachsenen Bezugsperson eine wichtige Rolle.

Tatsächlich ist in allen 30 Interviews die zentrale soziale Orientierung der Befragten in Verbindung mit der Beziehungsqualität ein ganz wichtiger Faktor für den Wirkungsgrad der Heimerziehungsarbeit. Aus dieser Orientierung heraus entstehen Zugehörigkeitsgefühle und Loyalitäten gegenüber den entsprechenden Bezugspersonen.

Diese Bezugspersonen prägen einerseits die Rahmenbedingungen für die Selbstentwicklung der Befragten, freilich sind sie selbst und ihre Handlungsspielräume eingebettet im gesamtgesellschaftlichen Gefüge. Sie sind - ob es sich um Eltern oder Erzieher/Erzieherin handelt - nicht die souveränen Lenker und Vordenker der Erziehungsprozesse, sondern selbst einbezogen in die Widersprüche und komplizierten Reproduktions- und Entwicklungsbedingungen heutiger westlicher Gesellschaften.[67] Andererseits, bezogen auf die Persönlichkeitsentwicklung, sind sie als relevante Bezugspersonen an den vielfältigen Internalisierungs-, Identifikations- und Sinnstiftungsprozessen, der Ausbildung von Beziehungsmustern und Beziehungsregeln, Gefühlen der Sicherheit und Unsicherheit maßgeblich beteiligt. Je nach Zuwendungsform können bei den Betroffenen ein Grundgefühl der Geborgenheit oder der Ablehnung, des Verlassenseins entstehen. All diese Faktoren hatten auch einen zentralen Einfluß auf den Verlauf und die Entwicklung der Persönlichkeitsbildung der 30 befragten ehemaligen Heimkinder in dieser Untersuchung.

---

67 Vergleiche z. B. die Studie von Wedekind, 1986.

In diesem Zusammenhang ist auch der Ersteindruck vom Heim für die Annahme des alternativen Hilfeangebotes von Bedeutung. Bei 19 Gesprächspartnern und Gesprächspartnerinnen (18 aus der Gruppe 1, ein Interviewpartner aus der Gruppe 2) hinterließ die erste Begegnung mit dem untersuchten Heim einen positiven Eindruck. Sie erlebten die Erzieherinnen und Erzieher als zugewandt, nett und freundlich; die Einrichtung habe eine freundliche Atmosphäre vermittelt.

Nur 2 Befragte (Nr. 1 und Nr. 7) aus der Gruppe 1 fühlten sich „fremd" und sprechen von einer distanzierten Haltung der Erzieherinnen und Erzieher.

Die restlichen 9 Interviewpartner und Interviewpartnerinnen (6 aus Gruppe 1, 3 aus Gruppe 2) können sich nicht mehr an ihren ersten Kontakt mit dem untersuchten Heim erinnern.

Man kann somit festhalten, daß die Vertreterinnen und Vertreter der untersuchten Einrichtung Wert darauf gelegt haben, die zukünftigen Heimkinder interessiert und freundlich zu empfangen, was vor allem denjenigen Befragten zugute kam, die der Unterbringung ambivalent oder ablehnend gegenüberstanden und ihnen die Annahme des alternativen Erziehungsangebotes erleichtert hat.

Bezogen auf die zentralen sozialen Orientierungen der ehemaligen Heimkinder lassen sich quer durch alle Interviews 3 verschiedene Loyalitätsformen unterscheiden:

- Feste Loyalitäten, d. h. es gibt eine zentrale Orientierungsinstanz für die Befragten. Darunter fallen z. B. Eltern, Elternteile, Lieblingserzieher, Lieblingserzieherinnen, Peer-Group, außerheimische Bezugspersonen.
- Kumulative Loyalitäten, d. h. die Befragten beziehen ihre Orientierungen von verschiedenen zentralen Bezugspersonen gleichzeitig.
- Wechselnde Loyalitäten, d. h. es kommt zu einer sukzessiven Ablösung an sich fester Orientierungsinstanzen, z. B. zuerst die Großmutter mehrere Jahre, dann die Lieblingserzieher und Lieblingserzieherinnen für einen größeren Zeitraum.

In der Gruppe der erfolgreich eingestuften ehemaligen Heimkinder befinden sich 9 Befragte mit festen Orientierungspersonen, 14 Interviewpartner und Interviewpartnerinnen mit kumulativen Loyalitäten, bei den Befragten Nr. 24 und Nr. 29 wechselte die Zugehörigkeit bedingt durch den Tod von zentralen Bezugsperson, und im Falle der Gesprächspartnerin Nr. 7 ist die Orientierungslage anhand des vorliegenden Materials nicht entscheidbar.

Während der Erhebungsphase zeigt sich bald, daß ehemalige Heimkinder mit kumulativer sozialer Orientierung mehr von ihrer Unterbringung profitierten bzw. die Einflußmöglichkeiten durch Heimerziehung größer waren als bei den Befragten mit festen Loyalitäten. Sie wurden offenbar beziehungsfähiger!

Die Orientierung an verschiedenen Bezugspersonen ist in der Gruppe 1 die überwiegende Variante; in der Gruppe 2 ist sie gleichgewichtig vertreten mit dem Gesprächspartner und der Gesprächspartnerin, die feste Bezugspersonen hatten. Im Überblick zeigt sich folgendes Bild:

Gruppe 1

Zentrale soziale Orientierung	Anzahl	Bezugspersonen
Feste Bezugspersonen	6 Befragte	LieblingserzieherInnen
Feste Bezugspersonen	3 Befragte	Eltern bzw. Elternteil
Feste Bezugspersonen, ges.	9 Befragte	
Wechselnde Bezugspersonen	1 Befragte	Erst. Urgroßm., dann Erz.
Wechselnde Bezugspersonen	1 Befragte	Erst. Großm., dann Erz.
Unklare Orientierungslage	1 Befragte	
Mehrere Bezugspersonen	14 Befragte	

Gruppe 2

Zentrale soziale Orientierung	Anzahl	Bezugspersonen
Feste Bezugspersonen	1 Befragte	Alle GruppenerzieherInnen
Feste Bezugspersonen	1 Befragte	Mutter und 1. Stiefvater
Feste Bezugspersonen, ges.	2 Befragte	
Wechselnde Bezugspersonen	2 Befragte	

Von allen 30 Interviewpartnern und Interviewpartnerinnen haben sich nur 4 überwiegend an ihren Eltern oder Elternteilen orientiert[68].

Im Fall des Gesprächspartners Nr. 1 waren die Eltern sehr gegen die bis zur Klärung des Sorgerechts gerichtlich angeordneten Heimunterbringung. Nach der Angabe des Befragten richtete der Vater mehrmals Beschwerden an das Jugendamt und sei fast „ausgeflippt". Verschärft wurde die ablehnende Haltung des Vaters und des Befragten selbst noch durch eine von beiden Eltern und dem Gesprächspartner unterlaufene Kontaktsperre während der ersten 3 Monate im Heim.

---

68 Es handelt sich um die Befragten Nr. 1, 10 und Nr. 22 aus der Gruppe 1 und den Gesprächspartner Nr. 12 aus der Gruppe 2.

Der Befragte Nr. 12 aus der Gruppe 2 berichtet von regelmäßigen Kontakten zwischen den Erziehern und Erzieherinnen, der Mutter und dem Stiefvater. Sowohl die Eltern als auch die Erzieher und Erzieherinnen mochten einander, aber der Interviewpartner lehnte die Erzieher und Erzieherinnen als für ihn zuständige zusätzliche Bezugspersonen ab; im Gespräch wird an mehreren Stellen deutlich, daß er die ihm bis heute versagte Anerkennung durch den ersten Stiefvater wollte. Zusammen gesehen gestaltete sich die Heimunterbringung für diesen Gesprächspartner weniger konstrukiv als bei den anderen 3 Befragten mit fester sozialer Orientierung.

Ein ganz anders Bild zeigt sich bezogen auf das Verhältnis zu den Erziehern und Erzieherinnen bei den beiden Interviewpartnern Nr. 10 und Nr. 22 aus der Gruppe 1. Ihnen war die Beziehung zu den Erziehern und Erzieherinnen wichtig; sie wurden als Ansprechpartner und Anlaufstelle akzeptiert; die Befragten nennen „Gewinne für ihr Leben"; sie fühlten sich wohl, angenommen und verstanden. Dieses konstruktive Arrangement mit der Institution Heim hängt im Falle des Befragten aus Interview Nr. 10 damit zusammen, daß über das Leben im Heim die Trennung von seiner Mutter möglich wurde und er damit die Möglichkeit hatte, die Beziehung zum Vater aufzubauen. Die Trennung seiner Eltern habe sich bereits während seiner frühen Kindheit ereignet; er selbst habe gegen seinen Willen bei seiner Mutter leben müssen, während sein Vater das Sorgerecht für seinen Bruder erhalten habe. Während seiner Unterbringung im Heim habe der Vater den regelmäßigen Kontakt zu ihm und zu den Erziehern und Erzieherinnen gesucht und nach 7jähriger Unterbringung nahm der Vater seinen Sohn bei sich auf. Die Beziehung zur Mutter habe sich während dieses Zeitraumes stetig verschlechtert und sei ganz abgebrochen. Die Sozialisationsphase im Heim war für den Befragten die Brücke zum Vater.

Der Interviewpartner aus dem Interview Nr. 22 kam im 11. Lebensjahr in das untersuchte Heim. Seine damals alleinstehende Mutter sei sowohl am Unterbringungsprozeß beteiligt, als auch mit der Unterbringung einverstanden gewesen. Er selbst wollte nicht ins Heim. Am 2. Tag nach der Aufnahme sei er zurück zu seiner Mutter geflüchtet, wo er dann erneut von einem Erzieher aus dem Heim abgeholt worden sei. Seine Loyalität gilt bis heute ausschließlich seiner Mutter.[69] Auch er arrangierte sich sehr schnell mit den Erziehern und Erzieherinnen, um ihnen eine bessere Einschätzung seiner Entwicklung während des Aufenthaltes im Heim zu ermöglichen. Er habe sich zuvor, als er noch bei seiner Mutter lebte, einer Clique von Schulschwänzern im Kiez angeschlossen und hätte darüber hinaus auch

---

69 Dennoch ist er offen gegenüber den Bezugspersonen im Heim und berichtet auch von konstruktiven Beziehungen zu verschiedenen Erzieherinnen und Erziehern des untersuchten Heimes.

große Probleme gehabt, sich auf die kurz vor seiner Unterbringung geborene Stiefschwester einzustellen. Er wollte sich im Heim ändern; besuchte wieder regelmäßig seine ihm vertraute Schule, ein Gymnasium im Zentrum West-Berlins. Sein Kalkül sei es gewesen, durch eine konstruktive Veränderung seiner Lebensgewohnheiten wieder bei der Mutter leben zu können. Im Heim habe ihn vor allem motiviert das „Aufstrebenwollen, also. Dieses Rauswollen aus dem Heim eigentlich" (I. 22, PG1, S. 34). Einige Mitbewohner und Mitbewohnerinnen hätten das nicht so gemacht. „Einige wußten nicht, wann sie rauskommen. Einige wußten nicht mal so genau, warum sie überhaupt drinnen sind. ... Aber wenn man gar nicht weiß, warum man drinnen ist und was man nun erreichen muß, dann verändert man sich auch nicht" (ebenda, S. 34). Er hingegen habe genau gewußt, daß er seine schulische Situation verbessern und sein Verhältnis zur Mutter ändern müsse, um wieder bei der Mutter leben zu können. Konkret gesagt habe man ihm das nicht, „aber das war irgendwie für mich klar, ja. Wenn ich mich endlich mal gebessert habe, daß ich dann auch raus komme" (ebenda, S. 35).

Dieser Versuch gelang und nach 1 Jahr und 7 Monaten stationärer Unterbringung sei er wieder zur Mutter und zu seiner jüngeren Stiefschwester gezogen. Dort lebe er heute noch und habe mittlerweile ein gutes Verhältnis zu seiner Mutter und jüngeren Stiefschwester.

Neben dem Hinweis auf die Bedeutung einer gut vorbereiteten, für die Betroffenen nachvollziehbaren Heimunterbringung, wird in allen 4 beschriebenen Fällen deutlich, daß bei ausschließlich eltern- oder elternteilorientierter Loyalität auch während der Unterbringungszeit im Heim die Chancen einer Veränderung durch Heimerziehung dann steigen, wenn die Eltern mit der Unterbringung einverstanden sind und ein konstruktives Verhältnis zwischen den Eltern bzw. Elternteilen und den Erziehern und Erzieherinnen unter Einbeziehung der Heimkinder gepflegt wird. Dann halten sich auch die Zugehörigkeits- und Loyalitätskonflikte bei den Kindern in Grenzen und die Erzieher und Erzieherinnen werden nicht als Feinde bzw. Gegner der Eltern erlebt. Ist das im vorliegenden Material nicht der Fall, oder wird - wie im Interview Nr. 12 - der Befragte nicht in diese Beziehung zu den Eltern einbezogen, dann ist die Gefahr einer für die Betroffenen destruktiven Heimerziehungsarbeit groß.

Es kann aber auch Fälle geben, wie im Beispiel Nr. 1, wo die Bindung des Befragten an die Eltern so intensiv war, daß die Jugendhilfemaßnahme Heimerziehung von Anfang nur einen bescheidenen Beitrag zur Verbesserung der Lebenssituation der Heimkinder leisten konnte.

Innerhalb der festen Loyalitäten gibt es noch die Orientierung an den Erziehern und Erzieherinnen im Heim; in der Regel waren das die Lieblingserzieher oder vielmehr Lieblingserzieherinnen der Befragten. In Gruppe 1 betrifft das 6 Befragte; in Gruppe 2 die Gesprächspartnerin Nr. 4, die angibt, zu allen Gruppenerziehern und Gruppenerzieherinnen fruchtbare Beziehungen unterhalten zu haben.

Alle 7 ehemaligen Heimkinder (6 Frauen und 1 Mann),[70] für die die Lieblingserzieher und -erzieherinnen bzw. in einem Fall alle Gruppenerzieher und -erzieherinnen die wichtigsten Bezugspersonen während ihrer Heimzeit wurden, berichten über intensive Beziehungen zu ihren Betreuern und Betreuerinnen im Heim und loben, mit Einschränkungen bei der Interviewpartnerin Nr. 23, die vielen positiven Impulse, die sie durch die Unterbringung für ihre weitere Entwicklung erhalten hätten. Sie beschreiben die Erzieher und Erzieherinnen als Identifikationsfiguren: „Ersatzeltern"; „Mutterersatz"; „Vorbilder"; „fast Vater/Mutterersatz"; „meine Ersatzväter und Ersatzmütter".

Die meisten von ihnen erwähnen enge persönliche Beziehungen, zum Teil ergänzt durch privaten Anschluß an die Familie der Erzieher oder der Erzieherinnen. Diese Nähe zu den Erziehern und Erzieherinnen korrespondierte mit Distanz, zuweilen auch Abbruch der Beziehungen zu den Herkunftsfamilien. Es handelt sich dabei aber um einen Trend, denn die Interviewpartnerinnen Nr. 2 und Nr. 4 aus der Gruppe 1[71] erwähnen auch während der Unterbringung sehr häufige, intensive und regelmäßige Kontakte zur alleinstehenden Mutter bzw. dem Vater und der Stiefmutter.

Bei der Gesprächspartnerin Nr. 4 habe sich aber die Kontakthäufigkeit und die Beziehungsqualität im Laufe der Unterbringung verschlechtert, und die persönlichen Begegnungen seien auf ihren Wunsch hin seltener geworden.

Kontakte zu den Eltern oder Elternteilen wünschten sich alle 7 bis auf die Befragte Nr. 9, die bis heute ihre Eltern nie kennengelernt hat.

Die Beziehungsqualität zu den Bezugspersonen aus der Herkunftsfamilie wird bis auf eine Ausnahme[72] als unbefriedigend und distanziert beschrieben. Insofern bedeutet enge Zugehörigkeit und Loyalität gegenüber

---

70 Es handelt sich um die Befragten Nr. 2, 5, 9, 11, 23 und Nr. 26 aus Gruppe 1 und die Gesprächspartnerin Nr. 4 aus der Gruppe 2.
71 Der Interviewpartner Nr. 5 berichtet ebenfalls von sehr intensiven, häufigen und regelmäßigen Kontakten zu seinem Vater, allerdings habe er diese Beziehung nach 4 von insgesamt 8 Jahren Unterbringung im untersuchten Heim abgebrochen. Seine Gründe dafür teilt er im Gespräch nicht mit. Deshalb fällt er unter die Befragten, die ein angespanntes Verhältnis zur ihrer Herkunftsfamilie während ihrer Unterbringung im Heim hatten.
72 Befragte Nr. 2 aus der Gruppe 1.

den Erziehern und Erzieherinnen eine tendenzielle Verschlechterung des Verhältnisses zu den Eltern bzw. Elternteilen, und damit ist die Gefahr für die Betroffenen sehr groß, allmählich aus ihrem Herkunftskontext herauszufallen.

Zum Zeitpunkt der Befragung im Herbst 1991 unterhielten 2 Befragte aus der Gruppe 1 seit mehreren Jahren keine Kontakte mehr zu Elternteilen, im einen Fall zur Mutter und ein distanziertes Verhältnis zum Vater; im anderen Fall keinerlei Bezug mehr zum Vater und zur Mutter seit 1974 bzw. 1987.[73] Das Verhältnis zur Mutter wird ebenso wie zu den Geschwistern als konflikthaft und kaum vorhanden beschrieben.

Die Befragte Nr. 26 hegt zwar eine intensive Beziehung zur Mutter, ist aber dennoch mit der Qualität der Beziehung unzufrieden. Ihren Vater sehe sie selten. Zum Bruder und zur Stiefschwester sei der Bezug schon vor vielen Jahren verlorengegangen.

Bei der Interviewpartnerin Nr. 9 ist der Bruch mit der Herkunftsfamilie noch deutlicher. Sie kennt weder ihre Mutter noch ihren Vater und zu ihrem zusammen mit ihr im untersuchten Heim untergebrachten Bruder unterhalte sie heute ein distanziertes, konflikthaftes Verhältnis.

Die Befragte Nr. 23 hat heute keinen Kontakt zu ihrem Vater (die Mutter ist bereits vor ihrer Heimunterbringung verstorben) und zum leiblichen Bruder. Befriedigend empfindet sie dagegen die Beziehung zum älteren Halbbruder, zu ihrer älteren Schwester und zu ihrer Pflegefamilie. Verstärkt wurde diese Entwicklung hin zum Bruch mit dem Herkunftskontext in diesem Fall durch die nicht stattgefundene Zusammenarbeit zwischen den Erziehern und Erzieherinnen und dem Vater während des Aufenthaltes der Befragten im Heim.

Die während ihrer Unterbringung ebenfalls erzieher- bzw. erzieherinnenorientierte Gesprächspartnerin Nr. 4 aus der Gruppe 2 kennt ihre Mutter nicht; die Beziehung zum Vater und zur Stiefmutter sei distanziert und konfliktbeladen, deshalb plane sie zum Erhebungszeitpunkt einen Kontaktabbruch; sie habe lediglich zu ihren beiden Stiefbrüdern einen guten Kontakt.

Auch der Blick auf das Verhältnis zwischen den Eltern oder Elternteilen und den Erzieherinnen und Erziehern des Heimes bestätigt die Gefahr, den Bezug zur Herkunftsfamilie bei fester sozialer Orientierung an den Erziehern und Erzieherinnen zu gefährden und schlimmstenfalls zu verlieren. Mit Ausnahme der Interviewpartnerin Nr. 2 aus der ersten Gruppe berichten alle anderen 6 Befragten von wenig Kontakten und kaum vorhandenen Bezügen zwischen Erzieherinnen, Erziehern und Elternteilen. Einmal habe der Vater die Erzieher und Erzieherinnen gemocht, aber diese wiederum

---

73 Es handelt sich um die Befragten Nr. 5 und Nr. 11.

hätten beide Elternteile, insbesondere die Mutter, wegen ihrer „Kaltherzigkeit" abgelehnt; ein andermal erwähnt der Interviewpartner Nr. 5 wenig persönliche Treffen (dreimal in 8 Jahren); ein Verhältnis zwischen seinem Vater, seiner Stiefmutter und dem Erziehungspersonal habe es nicht gegeben.

In einem anderen Fall habe der Vater die Bezugspersonen im Heim abgelehnt - wie die Erzieher und Erzieherinnen zu ihm standen, weiß die Befragte nicht; eine Gesprächspartnerin kann sich nicht näher an die Erzieher-Erzieherinnen-Eltern-Beziehung erinnern. Sie wisse nur, daß die „Unehrlichkeit" des Vaters ein entscheidender Faktor gewesen sei, der den Aufbau einer Vertrauensbasis zwischen ihm und Erziehern bzw. Erzieherinnen des untersuchten Heimes verhindert habe. Selten sei es zu persönlichen Zusammenkünften gekommen.

Einmal hätten die Erzieher und Erzieherinnen wie auch die Befragte selbst die Eltern nicht gekannt und im Fall der Interviewpartnerin Nr. 4 aus der Gruppe 2 habe der Vater und die Stiefmutter die Erzieher und Erzieherinnen gut leiden können, aber auf Grund von Verständigungsschwierigkeiten sei keine von Sympathie geprägte Beziehung zustande gekommen.

Wie ich später noch zeigen werde, ist das Verhältnis zwischen den Erziehern und Erzieherinnen auf der einen Seite und den Eltern oder Elternteilen auf der anderen Seite auch in dem untersuchten Heim ein neuralgischer Punkt von Heimerziehungsarbeit. Die Ursachen hierfür sind sehr vielschichtig; wie bei Entwicklungsprozessen im allgemeinen, gibt es auch hier keine einfachen Ursache-Wirkungszusammenhänge. Beziehungen im pädagogischen Feld sind komplex, insbesondere dann, wenn zwei sehr unterschiedliche „Sozialisationsinstanzen" wie die Herkunftsfamilie und Heimerziehung eine gemeinsame Basis finden sollen.

Im Interview Nr. 2 aus der Gruppe 2 scheint diese Beziehung zumindest ansatzweise geglückt zu sein. Die Äußerungen der Befragten zum Verhältnis zwischen ihrer Mutter und den Erziehern und Erzieherinnen deuten das zentrale Problem dieser Interaktion an: Die Erzieher und Erzieherinnen auf der einen Seite als professionelle Erziehungsarbeiter und Erziehungsarbeiterinnen haben Angst, von den Eltern abgelehnt zu werden, es ebenfalls nicht zu schaffen, auf die Entwicklung der betreuten Kinder Einfluß zu gewinnen und die Eltern bzw. Elternteile auf der anderen Seite haben Angst, von den Erziehern und Erzieherinnen wegen ihrer „Unfähigkeit" zurückgewiesen zu werden und damit mit ihren Schuldgefühlen allein zu bleiben. Auch andere Interviewpartner und Interviewpartnerinnen berichten von Schuldgefühlen ihrer Eltern, von Versagensängsten und der Scheu, offen den Erziehern und Erzieherinnen gegenüberzutreten.

Kommt eine Beziehung nicht zustande - das belegen bisherige Forschungsergebnisse - besteht für beide Seiten Eltern/Elternteile wie Erzieher und Erzieherinnen nicht die Möglichkeit, ihre Ängste, Erwartungen, Aggressionen usw. abzubauen, was wiederum für die betroffenen Kinder und Jugendlichen ein Beitrag zur psychischen Entlastung in ihrer schwierigen Situation sein könnte.

Zurück zum Interview Nr. 2. Die Erzieher und Erzieherinnen hätten die Mutter gemocht, weil sie von ihr akzeptiert worden seien und sie ihnen Kompetenz in Erziehungsbelangen zugetraut habe. Die überforderte Mutter wiederum habe die Erzieher und Erzieherinnen gemocht, weil sie Dankbarkeit für die Hilfe und Unterstützung empfunden hätte.

Dieses Beispiel verdeutlicht zugleich, daß selbst dann, wenn beiderseitige Anerkennung im Spiel ist, noch lange nicht eine intensive Zusammenarbeit zwischen den beiden Parteien entstehen muß. Nach den Angaben der Befragten gab es zwar ein „kooperatives Verhältnis", aber seltene persönliche Kontakte während ihres 8jährigen Aufenthaltes im Heim. Die Interviewpartnerin pflegte während dieser Zeit einen intensiven, regelmäßigen und sehr häufigen Kontakt (ca. 170 Wochenenden) zu ihrer Mutter und hat als einzige der erzieherorientierten ehemaligen Heimkinder heute ein gutes Verhältnis zu ihrer Mutter, wozu auch regelmäßige Zusammenkünfte gehören.

Konflikthaft und distanziert sei dagegen ihr Verhältnis zu ihrem früher ebenfalls im untersuchten Heim untergebrachten Bruder (Interview Nr. 3); zum Rest der großen Herkunftsfamilie unterhalte sie keinerlei Kontakt.

Festzuhalten bleibt, daß erzieher- und erzieherinnenorientierte Heimkinder ein hohes Risiko eingehen, den Bezug zu ihrer Herkunftsfamilie mittel- und langfristig zu verlieren, und es damit zu einem von den Betroffenen nicht verarbeiteten intergenerationellen Bruch kommt. Es bestehen der Herkunftsfamilie gegenüber weiterhin ungeklärte Affekte, Verdrängungen, Vorwürfe, Schuldgefühle, Unverständnis usw. Die eigene Rolle und die Bedeutung, die die Betroffenen im Beziehungsgeflecht ihrer Familien spielen, einschließlich des Stellenwertes der unsichtbaren Bindungen, bleiben unverstanden, wirken sich aber nach wie vor auf gegenwärtige Beziehungen der Betroffenen aus, vornehmlich dann, wenn sie eigene Kinder haben. Vielleicht spürten viele Befragte während ihrer Unterbringung diese Gefahr, denn der größte Teil der interviewten ehemaligen Heimkinder orientierte sich an mehreren Bezugspersonen, wobei in der Regel neben den Eltern oder einem Elternteil die Lieblingserzieher und Lieblingserzieherinnen hinzukommen, bei einigen auch zusätzlich noch die Peer-Group oder die Heimgruppe oder weitere außerheimische Bezugspersonen.

Kumulative Loyalitäten gab es bei 14 Befragten aus der Gruppe 1 und 2 Interviewpartnerinnen aus der Gruppe 2, zusammen also bei 16 Befragten. In allen 16 Fällen läßt sich am Material nachweisen, daß diese Form der sozialen Orientierung während der Unterbringung im Heim den Betroffenen am ehesten Optionen zu allen für ihre Entwicklung relevanten Bezugspersonen wie Eltern bzw. Elternteilen, Erziehern, Erzieherinnen, Peer-Group-Mitgliedern, Gruppenmitgliedern, außerheimischen Bezugspersonen offen ließ.

Bei 2 ehemaligen Heimkindern aus der Gruppe 1 (1 Frau und 1 Mann), waren die Orientierungsinstanzen in einem Fall die Heimgruppe, die Heimclique sowie die außerheimische Peer-Group und beim anderen Befragten die Clique und ein Lieblingserzieher. Diese enge Bindung bedeutete ein distanziertes, eher konflikthaftes Verhältnis zu den Erziehern und Erzieherinnen. Denn die soziale Anerkennung in der Gruppe, aber mehr noch in der Clique[74] wird nach den Ausführungen von mehreren Befragten in erster Linie durch die Konfrontation und Standfestigkeit gegenüber den Erziehern und Erzieherinnen erreicht.

Der Gesprächspartner aus dem Interview Nr. 28 aus der 1. Gruppe beschreibt sehr ausführlich seine Machtkämpfe und Profilierungsversuche mit den Erziehern und Erzieherinnen, die ihm eine Führungsrolle in der Clique ermöglicht hätten. Lediglich sein Lieblingserzieher habe Konfliktfähigkeit durch sein Geschick bewiesen, konflikthafte Situationen zu entschärfen, indem er nicht bei den Symptomen (z. B. den Wutausbrüchen, seiner Aktivität, Mobiliar zu zertrümmern), sondern bei den Ursachen für solche Verhaltensweisen angesetzt habe. Er und eine weitere Erzieherin hätten ihn durch ihre konsequenten Haltungen und ihre Menschenkenntnis beeindruckt.

Der Befragte Nr. 27 aus der Gruppe 1 war sehr fixiert auf seine Großmutter mütterlicherseits und seine Lehrerin aus der 1. Klasse, zu der er auch Familienanschluß gehabt habe. Er habe nicht das Bedürfnis verspürt, die Nähe zu den Erziehern und Erzieherinnen zu suchen, habe aber trotzdem den guten Kontakt zu einer Erzieherin gepflegt, die für ihn Gesprächspartnerin in allen seinen persönlichen Belangen, Sorgen und Nöten geworden sei.

Diese leichten Einschränkungen ändern nichts an dem Gesamtergebnis, daß kumulative soziale Orientierungen für Heimkinder Offenheit gegenüber allen relevanten Bezugspersonen ihrer schwierigen Sozialisationsgeschichte am ehesten gewährleisten können. In den meisten Fällen fühlten sich die

---

74 Ich benutze die Begriffe Clique und Peer-Group synomym. In der Heimgruppe befinden sich Kinder und Jugendliche aus allen Altersstufen. In der Clique sind die Mitglieder etwa im gleichen Entwicklungsalter.

befragten ehemaligen Heimkinder mit kumulativer Loyalität in der Heimgruppe wohl (10 von 16 Befragten), hatten einen guten Kontakt zu den Erziehern und Erzieherinnen (12 von 16 Befragten); diese wiederum waren wichtige Instanzen für ihre Entwicklung.

Am auffälligsten ist der Zusammenhang zwischen ihrem Verhältnis zum Herkunftskontext damals während ihrer Unterbringung im Heim und dem Bezug zu ihrer Herkunftsfamilie heute, zum Zeitpunkt der Interviews. Es zeigt sich nämlich, daß in der Hälfte der Fälle[75] (8 von 16 Fällen) die Beziehungsqualität zu den Eltern oder zu einem Elternteil während der Unterbringung auch der heutigen Beziehungsqualität und Intensität entspricht. Das heißt: Gab es eine gute, konstruktive Beziehung zu den Eltern während der Heimzeit, so ist das Verhältnis auch heute, zum Erhebungszeitpunkt noch gut.

War dagegen die Beziehung früher belastet oder kam es gar zu einer Verschlechterung während des Aufenthaltes im untersuchten Heim, so ist die Beziehungsqualität auch heute noch angespannt und distanziert.

Bei 4 Befragten, alle aus der Gruppe 1, ist es zu einer Verbesserung der Beziehungen gekommen. Werden die Verhältnisse zu den Eltern bzw. Elternteilen während der Unterbringung noch als eher distanziert oder gar sehr belastend beschrieben, so geben die Befragten Nr. 15, 18, 19 und Nr. 21 an, heute eine gute Beziehung zu Elternteilen[76] bzw. im Falle der Interviewpartnerin Nr. 19 ein reflektiertes Verhältnis zu ihrem Vater zu unterhalten.

Zu einer Verschlechterung der zu Heimzeiten noch intakten Beziehung zu den Eltern bzw. zu Elternteilen ist es bei den Befragten Nr. 20, 28, 30 aus der Gruppe 1 und der Gesprächspartnerin Nr. 6 aus der Gruppe 2 gekommen.

Bei den Befragten Nr. 6 und Nr. 28 sind die Kontakte seit mehreren Jahren abgebrochen, während der Interviewpartner Nr. 30 noch über gelegentliche Treffen mit seiner Mutter berichtet; zu seinem Vater sei der Bezug dagegen ganz verloren gegangen, obwohl er heute die Beziehung zu seinem

---

75 Bei den Interviewpartnern und Interviewpartnerinnen Nr. 8, 13, 16, 27 aus der Gruppe 1 und Nr. 17 aus der Gruppe 2 ist das Verhältnis unverändert distanziert, konflikthaft, oder im Falle der Befragten Nr. 17 nach wie vor zum Vater abgebrochen, während die Befragten Nr. 3 und Nr. 25 von unverändert guten Beziehungen zu ihren Müttern sprechen. Im Falle der Interviewpartnerin Nr. 14 hält die während ihres Aufenthaltes einsetzende Verbesserung ihrer Beziehung zu ihrer Mutter und zu ihrem Stiefvater unvermindert an; sie spricht heute von einem konstruktiven Verhältnis zu beiden Bezugspersonen.

76 Bei den Befragten Nr. 15, 18 und Nr. 19 sind es die jeweiligen Väter, während der Gesprächspartner Nr. 21 heute sowohl zu seiner Mutter, seinem Stiefvater als auch zu seiner jüngeren Halbschwester eine sehr förderliche Beziehung pflegt.

Vater suche, dieser aber kein Interesse mehr an einem Verhältnis mit ihm zeige. Zwischenzeitlich, während seiner Unterbringung im untersuchten Heim, sei es sogar zu einer Verbesserung der Beziehung gekommen. Die Befragte Nr. 20 beschreibt ihr Verhältnis zur Mutter heute als distanziert, auf gelegentliche Treffen mit ihr beschränkt.

Im Gegensatz zu den erzieher- und erzieherinnenorientierten Heimkindern bedeutet demnach eine Orientierung an mehreren Bezugspersonen für die Betroffenen, daß die Wahrscheinlichkeit, den Kontakt zur Herkunftsfamilie durch die Unterbringung langfristig zu verlieren, sehr gering ist. Im Gegenteil, die Chancen sind gut, daß die Beziehung durch den Aufenthalt im Heim sogar verbessert werden kann.

Die Häufigkeit der Elternkontakte während der Unterbringung hatte kaum Einfluß auf die Verbesserung der Beziehungsqualität. Es gibt auch Befragte, bei denen es durch die unterschiedlichen Bezugspersonen zu einer Entfremdung von den Eltern gekommen ist.[77] Das „Auseinanderleben" in diesen Familien stieg proportional mit dem Alter der Befragten und der Dauer der Unterbringung. Kontaktabbrüche oder nur noch sehr seltene Zusammenkünfte waren dann oft die Folge.

Bei 2 ehemaligen Heimkindern kam es im Laufe ihrer Unterbringung zur Ablösung von zuvor festen sozialen Bezugspersonen. Nach dem 1. Unterbringungsjahr im Heim starb bei der Befragten Nr. 29 aus der Gruppe 1 ihre bis dahin einzige Bezugsperson, ihre Urgroßmutter mütterlicherseits. Der Tod dieser für sie bis heute „einzigen Person, die mich geliebt hatte", habe sie im Alter von 11 Jahren unvorbereitet nach einer Reise mit der Heimgruppe getroffen.

Die zuständigen Erzieher und Erzieherinnen erkannten - den Schilderungen der Befragten zufolge - damals weniger die zentrale Bedeutung dieser Bezugsperson für ihre Entwicklungsgeschichte und hätten auf den mehrwöchigen Rückzug auf ihr Zimmer zur Verarbeitung des Verlustes mit Unverständnis und oberflächlichen Tröstungsversuchen reagiert. Dies verstärkte den Schmerz und das Gefühl des Verlassenseins bzw. Alleingelassenwerdens der Befragten, ein Gemütszustand, der sie an das Verhältnis zu ihren Stiefeltern erinnert haben muß, derentwegen sie gegen ihren Willen im Heim untergebracht worden sei. Wie bei den beiden unvorbereiteten Heimunterbringungen werden in diesem Beispiel die Defizite im Umgang mit schwierigen Lebensphasen deutlich, verknüpfen sich Unkenntnis über die Vorgeschichte und die Bedeutung von relevanten Bezugspersonen in der Entwicklungsgeschichte der Befragten.

---

77 Es handelt sich um die Gesprächspartnerinnen Nr. 8, 13 und die beiden Gesprächspartner Nr. 27, 28, alle aus der Gruppe 1.

Im weiteren Verlauf ihres noch 5jährigen Aufenthaltes im untersuchten Heim gewann die Heimgruppe und die Clique als Bezugspunkt ihrer weiteren Entwicklung eine große Bedeutung. Das Verhältnis zu den Erziehern und Erzieherinnen sei ihr auch wichtig gewesen, und sie schätzte bei einer Lieblingserzieherin das Einfühlungsvermögen. Dennoch sei die Beziehung zum Erziehungspersonal im ganzen eher distanziert geblieben.

Während der Unterbringung habe sie zu ihren Stiefeltern keinen Kontakt gehabt und zur in Westdeutschland lebenden Mutter habe sich ihr Verhältnis konflikthaft gestaltet. Ihren Vater kenne sie bis heute nicht. Mittlerweile sei der Kontakt zur Mutter ganz abgebrochen.

Sie schätzt die Hilfemaßnahme insgesamt positiv ein; das Heim sei „ihr Zuhause" geworden. Als Gründe dafür nennt sie Gefühle der Geborgenheit, Sicherheit und gegenseitige Hilfe und Unterstützung in der Gruppe und Clique.

Dreimal wechselten im Laufe ihrer bisherigen Sozialisation die festen Bezugspersonen bei der zweiten Befragten mit wechselnder Loyalität, der Interviewpartnerin Nr. 24, ebenfalls aus der Gruppe 1. Bis zu ihrer Heimunterbringung im Alter von 11 Jahren wurde sie geprägt durch die Beziehung zu ihrer Großmutter mütterlicherseits. Nach deren Tod sei sie nach einem halb- bis einjährigen Aufenthalt bei ihrer Mutter auf eigenen Wunsch hin im untersuchten Heim aufgenommen worden und orientierte sich in den folgenden 4 Jahren an den Lieblingserziehern und Lieblingserzieherinnen.

Die Verbesserung der Beziehung zu der Mutter in diesem Zeitraum habe dazu geführt, daß sie sich ab dem ca. 16. Lebensjahr von den Erziehern und Erzieherinnen abwandt und die Nähe zur Mutter verstärkt gesucht habe.

Ihre Erfahrungen mit den Erziehern und Erzieherinnen schätzt sie positiv ein; es sei ein Vertrauensverhältnis mit Raum für eigenständige Entwicklungsprozesse entstanden.

In der Gruppe sei sie anerkannt gewesen; sie habe viele Freundschaften im Heim aufbauen können, wenngleich sie sich ein Kleinheim mit wenigen Kindern gewünscht hätte.

Die Mutter habe die Erzieher und Erzieherinnen gemocht; seltene Kontakte zwischen beiden Bezugsgruppen seien aber dennoch die Regel gewesen. Heute sei die Beziehung zu ihrer Mutter distanziert, aber sie pflege häufige Kontakte, bedingt durch die räumliche Nähe zur Mutter (sie wohnt im Nebenhaus) und die chronischen Krankheiten der Mutter (früher: Alkoholismus bis 1980; heute Epilepsie, Asthma und Lungenkrebs).

Zu ihrer ebenfalls im untersuchten Heim untergebrachten Schwester bestehe ein konfliktträchtiges Verhältnis; beide Schwestern würden sich nur sehr selten sehen.

Zum Schluß möchte ich noch auf den Fall der Interviewpartnerin Nr. 8 aus der Gruppe 1 hinweisen. Sie orientierte sich an der Heimgruppe, der Clique im Heim und einer außerheimischen Peer-Group. Am Rande spielte aber auch eine Heimtherapeutin und die Beziehung zu den Pflegeeltern ihrer Schwester eine Rolle.

Diese Form der Zugehörigkeit mit dem Schwerpunkt auf einer heimischen und einer außerheimischen Clique bedeutete für sie ein distanziertes Verhältnis zu den Erziehern und Erzieherinnen und eine Verschlechterung der Beziehung zur Mutter während der Unterbringungszeit. Heftiger Streit sei zwischen der Mutter und den Erziehern und Erzieherinnen um die Haltung eines Haustieres im Heim entbrannt, der u.a. zur Folge gehabt habe, daß die Mutter mit zunehmender Dauer der Unterbringung weniger Interesse am Kontakt mit der Befragten gezeigt hätte. Heute sei die Beziehung zum Herkunftsmilieu fast vollständig abgebrochen; auch das Verhältnis zu den Schwiegereltern wird konfliktträchtig und wenig reflektiert beschrieben.

Es gibt bei ihr einen intergenerationellen Bruch und ein hochgradig affektives Verhältnis zu allen Familienmitgliedern der Herkunftsfamilie. Die noch nicht erfolgte Aufarbeitung ihres familialen Ursprungs und daraus entstandenen „unsichtbaren Bindungen" und Verpflichtungen ist deshalb besonders konfliktträchtig, weil die Befragte selbst 3 eigene Kinder hat und sie an ihrem Wohnort zusammen mit ihrer Familie unter schwierigen sozialen und materiellen Bedingungen leben muß. Die Familie ist nicht in die Dorfgemeinschaft integriert, sondern lebt isoliert in der kleinen Gemeinde im Bundesgebiet.

Alles in allem eröffnet eine offene soziale Orientierung den Betroffenen die besten Chancen für ihre Persönlichkeitsentwicklung im Heim. Kumulative Loyalitäten haben den Vorteil, daß sie einerseits die Beziehung zur Herkunftsfamilie, sofern sie während der Unterbringung trotz aller Mißstände gewünscht wird, nicht gefährden und andererseits die Erzieher und Erzieherinnen im Heim durch den Wunsch der Befragten nach Nähe nicht überfordern.

Fremderziehung hat feste zeitliche Grenzen; die Erzieher und Erzieherinnen sind als Beziehungsarbeiter und Beziehungsarbeiterinnen von den Reproduktionsbedingungen moderner Gesellschaften abhängig. Sie sind damit nicht in dem Maße verantwortlich und beanspruchbar für die Belange und die Entwicklung der von ihnen betreuten Kinder und Jugendlichen, wie das auf die Eltern zutrifft. Freilich zeigt sich bei den beschriebenen Verhältnissen in den Herkunftsfamilien, daß es gerade in dieser „einbindenden Kultur" an Zuwendung, Verständnis und Verantworung den Befragen gegenüber mangelte.[78]

Diejenigen ehemaligen Heimkinder, die nur erzieher- und erzieherinnenorientiert waren, haben eine eher unbefriedigende Sozialisationsgeschichte hinter sich; bei einigen konnte der Wunsch nach Nähe zu den Erziehern und Erzieherinnen aus der Sicht der Betroffenen nicht in ausreichendem Maße erfüllt werden; die meisten aber haben ihre Bindung an ihre Herkunftsfamilie fast verloren bzw. in 2 Fällen (Interview Nr. 5 und Nr. 23 aus der Gruppe 1) ganz verloren.

Damit erhöht sich die Gefahr, daß Probleme, Beziehungsmuster aus früheren Generationen erneut in der Generation der Befragten weiter bestehen und eine mögliche Auseinandersetzung oder gar Bewältigung auf die nachfolgenden Generationen verschoben werden. In einigen Genogrammen der Interviewpartner und Interviewpartnerinnen gibt es seit mehreren Generationen immer wieder die gleichen Probleme, vor allem die häufigen Beziehungsabbrüche und Alkoholismus, die aber durch die immer wiederkehrenden generationellen Brüche nicht aufgearbeitet werden können.

Ein positives Beispiel liefert in dieser Hinsicht die Befragte aus Interview Nr. 11 aus der ersten Gruppe.[79] Als sich die gleichen Beziehungsmuster: Mißhandlung, Ablehnung, häufige Konflikte, eine Atmosphäre des gegenseitigen Aufreibens in Machtkämpfen in der Beziehung zu ihrem ältesten Sohn einstellten, die sie selbst in ihrem Verhältnis zu ihrer Mutter erlebt hatte, habe sie sich entschlossen, therapeutische Hilfe in Anspruch zu nehmen. Es scheint ihr tatsächlich zu gelingen, dieses intergenerationale Muster allmählich abzubauen. Zum Interviewzeitpunkt befindet sie sich zusammen mit ihrem 6jährigen 1. Sohn bereits in 2jähriger erfolgreich verlaufender Therapie.

Wichtig ist in diesem Zusammenhang der Hinweis, daß sie selbst mehrere Jahre durch ihren 1. Mann mißhandelt wurde, ohne Schulabschluß ist und keine Berufsausbildung hat. Die Bereitschaft, therapeutische Hilfe von außen anzunehmen, ist in diesem Fall weder vom Bildungsabschluß noch der Schichtzugehörigkeit abhängig, sondern allein von der Erkenntnis und dem Mut der Befragten, selbstkritisch und reflektiert auch die eigene Familiensituation zu betrachten.

---

78 Prinzipiell ist Wedekind aber zuzustimmen, wenn er darauf hinweist, daß Erzieher und Erzieherinnen ihre Arbeitskraft nicht übermäßig verausgaben dürfen, weil dann ihre berufliche Existenzgrundlage gefährdet werden könnte.
79 Sie erhält auf der Polaritätsskala die höchste Bewertung +7.

Die Bedeutung des Gruppenlebens und der Clique

„Gefühle zeigen ist Schwäche zeigen"?
(Interview Nr. 28, männlich)
„Der Stärkere setzt sich durch"?
(Interview Nr. 20, weiblich)

Das Interviewmaterial zu diesem Sozialisationsbereich im Heim, im Leitfaden vertreten durch die Fragen 15 und 16, ist alles in allem nur in Teilaspekten aufschlußreich. Die meisten Befragten äußern sich zu ihrer Situation in der altersgemischten Heimgruppe und, sofern sie einer Peer-Group angehörten, nicht so ausführlich wie zu den anderen Fragebereichen des Interviews. Diejenigen, die dazu bereit waren, berichten entweder über Streiche, Cliquenaktivitäten und das Hänseln von Mitbewohnern und Mitbewohnerinnen oder über zentrale Aspekte der Gruppenstruktur bzw. der Peer-Group.

Alles in allem sind die Informationen zum Gruppen- und Cliquenleben zu uneinheitlich und bei vielen Befragten zu spärlich, als daß man zuverlässige Aussagen zur Struktur bezogen auf alle 30 ehemaligen Heimkinder machen kann.

Am häufigsten erzählen diejenigen Befragten, die sich zu dieser Thematik ausführlicher äußern (10 Gesprächspartnerinnen und Gesprächspartner sprechen dieses Erfahrungsfeld ihrer Sozialisationsgeschichte im ganzen etwas tiefergehender an, wobei wiederum nur 4 von diesen 10 zu aufschlußreichen Äußerungen kommen), von zwei in diesem Zusammenhang erwähnenswerten Faktoren:

- Einerseits die sozialdarwinistische Struktur und Nichtanpassung, vor allem in den Cliquen und damit die Notwendigkeit einer distanzierten, konfliktfreudigen Haltung gegenüber den Erziehern und Erzieherinnen, um soziale Anerkennung von den Peer-Group-Mitgliedern zu erhalten.
- Andererseits loben einige Befragte die gegenseitige Unterstützung und Hilfe durch die Mitbewohner und Mitbewohnerinnen: „So'n Gefühl von Kameradschaft ... war eben sehr vorherrschend gewesen. Daß man sich toll verstanden hat, auch wenn's da mal Schwierigkeiten gab. Aber, wenn's darauf ankam oder so, hat man eben halt zusammengehalten, man hat sich schon prima ergänzt ... man hat sich gegenseitig getröstet" (I. 25, PG1, S. 26).

Aber diese Einschätzung hängt offenbar eng mit den Phasen der Institutionsentwicklung zusammen, denn die eben zitierte Befragte gehört zu den ersten Kindern, die nach der Eröffnung des untersuchten Heimes 1970 dort untergebracht waren. Als neue Heimkinder hinzukamen, „war denn eben nicht mehr unbedingt so'n Gefühl von Kameradschaft" (ebenda, S. 27). Das hinge vom gemeinsamen Anfang ab.

Zu einer ähnlichen Einschätzung kommt auch ein Befragter, im Herbst 1991 31 Jahre alt (I. 5, PG1), der ebenfalls von Anfang an dabei war und damals im Heim „Chef einer Kinderbande" gewesen sei. Er spricht von „Harmonie" in der Gruppe und zwischen den Gruppen bis ca. 1972, als die bis dahin bestehenden 3 Heimgruppen (ca. 30 Kinder) auf zusammen 6 Gruppen ausgedehnt worden seien. Durch diese Vergrößerung des Heimes nahmen, so der Befragte, die Rivalitäten sowohl zwischen den Gruppen und Cliquen als auch innerhalb des Erzieher- und Erzieherinnenkollegiums zu.

Er beschreibt daraufhin ein Dilemma von Heimkindern: „Je weniger Leute da sind, desto weniger kann ich ihnen aus dem Weg gehen; je größer die Gruppe, desto mehr muß ich den Leuten aus dem Weg gehen".[80]. Er selbst sei diesem Dilemma entgangen, indem er erstens einer der ältesten gewesen sei, zweitens in der Gruppe und Clique als Anführer kaum Rivalitäten zu fürchten gehabt habe und drittens die Funktion eines Ersatzerziehers eingenommen habe.

Auf eine ähnliche Weise, aber bedeutend mühevoller und entbehrungsreicher, ist es ihren Angaben zufolge der Befragten aus dem Interview Nr. 20 gelungen, dieses Dilemma für sich zu lösen: Sie kam erst 1979 in das untersuchte Heim, eine Zeit, in der die Aufbauphase der Institution bereits abgeschlossen war. Sie berichtet von ihrem Weg nach oben: „Ich hab' sie irgendwann, irgendwann später hab' ich sie alle unter meiner Gewalt gehabt, sozusagen (sie lacht). War ich also das Vertrauenskind der Kinder. Ja, nutzt man natürlich aus, alles. Also, da festigt man sich dran" (I. 20, PG1, S. 22). Als die größeren Mitbewohner und Mitbewohnerinnen ausgezogen waren, sei sie als „Oberhaupt" von der Gruppe akzeptiert und „respektiert" worden. Bis zu ihrem 17. Lebensjahr habe sie ihre Vorrangstellung auch durch körperliche Überlegenheit demonstriert (sie habe oft mit Jungs „geboxt").

Die soziale Anerkennung und Wertschätzung in der Gruppe war auch der Grund für die Zufriedenheit mit der Heimgruppe des Gesprächspartners aus Interview Nr. 12 aus der Gruppe 2. Der Weg dahin sei ebenfalls über die Macht des Stärkeren gegangen. Auf die Frage, wie es ihm in der Gruppe ergangen sei, antwortet er: „Da hat' ich eigentlich keine Probleme gehabt. Ich war körperlich immer sehr stark, so. Echt wahr, so. Zum Anfang hatte man gemerkt, so daß im Heim so das Faustrecht ist, so daß, jeder Neue, der kriegt eine auf die Fresse von den Gruppenanführern ... und ich hatte Glück, der mir auf die Fresse hauen wollte, der hat von mir dann gekriegt, ja. Und so

---

80 Mitgeschriebene Antwort auf die Frage 15, Leitfragenkatalog, S. 6.

haben sie mich immer angehimmelt und das war die ganze Zeit so, wo ich da war" (I. 12, PG2, S. 14-15).
Der Befragte, heute 24 Jahre alt, sei damals gerade 7 Jahre alt gewesen. Geschlechtsspezifische Unterschiede bei diesen Machtkämpfen habe es keine gegeben.

Die ausführlichste und reflektierteste Schilderung zum Cliquenbildungsprozeß liefert der Interviewpartner Nr. 28 aus der Gruppe 1. In jeder Gruppe gäbe es Cliquenbildungen immer nach demselben Strickmuster: Die Bildung vollziehe sich nach dem „Stärkegrad" der Mitglieder, d.h. es habe während seiner Unterbringungszeit gegeben

- eine Clique, in der die „Schwächeren" zusammengeschlossen waren, damit sind diejenigen Heimbewohner gemeint, die nicht Alkohol tranken und rauchten;
- eine Clique, in der sich die „Mittleren" befanden und
- eine Clique, wo die „Starken" waren. Das seien die gewesen, die „mehr Scheiße gebaut haben, waren eben die Besseren und sich durchsetzen konnten ... die, die Erzieher dirigieren konnten" (I. 28, PG1, S. 5).

Er räumt ein, was für seine Differenzierungsfähigkeit spricht, daß es auch „Starke" in der „Schwachenclique" gegeben habe.

Als er sich nach einiger Zeit bis zur „Clique der Starken" hochgearbeitet hatte, hätten seine Gruppenerzieher und Gruppenerzieherinnen folgendermaßen reagiert: „Die haben sich gesagt: 'Laß den machen. Bei dem ist Hopfen und Malz verloren'. Und das im sprichwörtlichen Sinne. Weil sie haben wirklich zu mir gesagt: 'Du bist eher ein Ehrenkandidat also für die untere Schicht'. Also abstürzen ... kriminell werden oder eben Alkoholiker werden oder drogensüchtig werden. Also da haben sie mich dann abgestuft" (ebenda, S. 5).

Auch sein einziger Lieblingserzieher, der zusammen mit der Clique für ihn die zentrale soziale Orientierungsinstanz war, habe ihn aufgegeben. „Du schaffst das sowieso nicht. Und gerade bei ihm hab' ich mir gedacht: 'Dir werd ich es zeigen'. Klar, ich hatte zwar meine Anfangsschwierigkeiten, aber man sieht ja, ich bin nicht einer von den Untersten. Und ich bin eigentlich ganz stolz drauf" (ebenda, S. 5-6).

Als ein vornehmlich an der Clique, seinem Lieblingserzieher und an seiner Lieblingserzieherin orientiertes ehemaliges Heimkind fühlte er sich wohl: „Das hat Höhen und Tiefen, aber ich bin stolz drauf, im Heim groß geworden zu sein. Es hat seine Vorteile auf jeden Fall. Weil, ich kann auch stolz darauf sein, ich habe nie ein Familienleben kennengelernt, und daher lebe ich nicht im Zwiespalt, mit Heim und Familie. Daher, ich kenne ja nur eins, meine Familie war immer das Heim" (ebenda, S. 97).

Darüber hinaus gibt es unter den Befragten 6 ehemalige Heimkinder, die Einzelgänger waren.[81] 4 von ihnen ist es gelungen, ein distanziertes, aber kooperatives Verhältnis zur Gruppe und zu den Cliquen einzugehen oder nur zu bestimmten Mitbewohnern und Mitbewohnerinnen eine intensive Beziehung entwickelt zu haben. Als Beipiel dafür steht die Interviewpartnerin Nr. 19 aus der Gruppe 1.[82] „Ich habe zu keiner Zeit das Gefühl gehabt, irgendwie mit ihnen nicht auszukommen" (I. 19, PG1, S. 29). Sie sei „gut integriert" gewesen, „habe auch relativ früh gewußt, was okay ist und was ich nicht mitmache. Und bin dann auch einer ... derjenigen gewesen, die sich dagegen gewehrt hat und Sachen einfach nicht mitgemacht hat" (ebenda, S. 29).

Als Beispiele erwähnt sie Rauchen mit 7 Jahren und Trebegehen. Sie habe sich mit den dazu bereiten Gruppenmitgliedern arrangiert, indem sie sie „nicht verpetzte" bei den Erziehern und Erzieherinnen.

Diese akzeptierten und selbstbewußten Einzelgänger[83] unter den Befragten ebenso wie auch die eben zitierte Interviewpartnerin, die einzige Gesprächspartnerin mit Abitur, besuchten höhere Schulen, hatten ein kooperatives und vertrauensvolles Verhältnis zu den Erziehern und Erzieherinnen und erhielten als Gegenleitung Privilegien wie einen Gruppenschlüssel oder längere Ausgehzeiten. Sie orientierten sich eher nach außen hin zu Schulfreunden und Schulfreundinnen, Eltern von Schulfreunden bzw. Schulfreundinnen oder an ihren Lehrern und Lehrerinnen.

Daneben gibt es auch noch die weniger geachteten Einzelgänger. Das betrifft die Befragten Nr. 1 und Nr. 15, die beide von größeren Problemen mit den anderen Heimkindern berichten, insbesondere der Gesprächspartner Nr. 15, der über keine Außenkontakte verfügt habe.

Eine 3. Palette von ehemaligen Heimkindern gehört dagegen eher zu den „Verlierern" innerhalb des Gruppen- und Cliquenlebens. Ihnen gelang weder die Integration und damit der Erhalt der sozialen Anerkennung noch waren sie in der Lage, ihre Eigenständigkeit in Form gegenseitiger „friedlicher Koexistenz" zu sichern.[84]

Sie berichten von Gängeleien, Unterdrückungen und häufigen Demütigungen durch Mitbewohner und Mitbewohnerinnen, so z. B. der Interviewpartner Nr. 3 aus der Polaritätsgruppe 1 und die Befragte Nr. 17 aus der

---

81 Es handelt sich um die Befragten Nr. 1, 15, 16, 24 und Nr. 26 alle aus der Gruppe 1.
82 Neben ihr betrifft das noch die Gesprächspartnerinnen Nr. 24 und Nr. 26 und den Interviewpartner Nr. 16 aus der Gruppe 1.
83 Interviewpartner und Interviewpartnerinnen Nr. 16, 19, 24, 26 aus der Gruppe 1.
84 Zu diesen nichtintegrierten ehemaligen Heimkindern zählen die Befragten Nr. 3, 4, 7, 23 aus der Gruppe 1 und die Gesprächspartnerinnen Nr. 6 und Nr. 17 aus der Gruppe 2.

Gruppe 2. Die Befragte Nr. 7 aus der Gruppe 1 erwähnt darüber hinaus, daß sie durch Mitbewohner sexuell belästigt und zum Geschlechtsverkehr gezwungen worden sei.

Zusammenfassend kann man auf Grund des vorliegenden Materials den Schluß ziehen, daß im Rahmen einer weiteren Untersuchung dieser Art noch mehr differenzierende Fragen zum Thema Gruppe und Clique im Heim in den Leitfaden aufgenommen werden müßten.

Möglicherweise wäre auch ein zweites Interview notwendig, um darin auf spezielle Themenkomplexe, die im Erstgespräch nicht in befriedigender Weise angesprochen werden konnten, intensiver einzugehen.

Deutlich erkennen kann man im vorliegenden Interviewmaterial zumindest soviel, daß für die meisten Befragten - und das zeigte sich auch bei den vielen knappen Antworten auf die Frage nach der Situation in der Gruppe und Clique - dieser Bereich der Heimsozialisation, besetzt mit überwiegend destruktiven und konkurrenzbetonten Beziehungsmustern zwischen den Bewohnern und Bewohnerinnen, ein neuralgischer Punkt für ihre Persönlichkeitsentwicklung gewesen ist.

Die Mitbewohner oder Mitbewohnerinnen wurden zum einen erlebt als Rivalen/Rivalinnen um die Gunst, sprich Zuwendung der Erzieher und Erzieherinnen. In anderen Fällen als Gegner bzw. Gegnerin im „Kampf" um die soziale Anerkennung in der Gruppe und der Clique; in selteneren Fällen aber auch als Stütze und Halt in einer schwierigen Lebensphase ihrer Sozialisationsgeschichte. Das betrifft im vorliegenden Fall aber nur Ehemalige, die zu den ersten Kindern nach der Gründung des Heimes 1970 gehörten.

Die Gründe für die soziale Anerkennung in der Gruppe und der Clique sind eindeutiger als das spezifische Erleben der Mitbewohner und Mitbewohnerinnen. Ein Befragter gibt an, durch seine sportlichen Leistungen in der Fußballmannschaft des Heimes, hohe soziale Wertschätzung erlangt zu haben. Eine Einzelgängerin erzählt, daß es ihr durch ihre Bereitschaft, bei Problemen von Mitbewohnern und Mitbewohnerinnen zu helfen, indem sie z. B. den Klagen der oder des entsprechenden Mitbewohners stundenlang zuhören konnte, gelungen sei, von der Gruppe akzeptiert zu werden.

Diejenigen Befragten, die höhere Schulen wie die Realschule oder das Gymnasium besuchten, waren in der Lage, ihre Eigenständigkeit gegenüber den Bezugsgruppen im Heim zu wahren.[85] Die Zwänge, die von den Cliquenmustern ausgingen, hatten kaum Einfluß auf ihre Selbstentwicklung. Diese Befragten unterhielten auch allesamt befriedigende Außenkontakte meist zu Schulfreunden/Schulfreundinnen, Lehrern/Lehrerinnen und Eltern

---

85 Das betrifft die Befragten Nr. 16, 19, 24 und Nr. 26 aus der Gruppe 1.

von Schulfreunden/Schulfreundinnen mit der Folge, daß sie erst spät am Abend ins Heim zurückkehrten und damit auch aus diesem Grunde selten die Möglichkeit bestanden habe, eine intensivere Beziehung zu den Mitbewohnern und Mitbewohnerinnen aufzubauen.

Von wenigen Ausnahmen abgesehen hatten diejenigen ehemaligen Heimkinder, die nicht in die Gruppe oder in eine Clique integriert waren, auch wenig Freundschaften im Heim und waren daher gezwungen, Freundschaften außerhalb des Heimes zu suchen. Einem Teil dieser Befragten wie z. B. den Gesprächspartnerinnen Nr. 6, Nr. 9 und Nr. 17 ist es tatsächlich gelungen, diese „heimische" Isolation durch intensive Außenkontakte zu kompensieren.

Die beiden Gesprächspartner Nr. 3 und Nr. 15, die auch schulische Probleme erwähnen, blieben allein oder versuchten, verstärkt die Nähe zu den Erziehern und Erzieherinnen zu erlangen.

Die Beziehung zu den Erziehern und Erzieherinnen im Heim

Der Einfluß der Erzieher und Erzieherinnen als den zentralen erwachsenen Bezugspersonen im Heim auf die Sozialisationsgeschichte der befragten ehemaligen Heimkinder ist sehr groß gewesen. Neben den Informationen zur Vorgeschichte und den Erfahrungen in der Nach-Heim-Zeit sind die Ausführungen zur Beziehungsqualität hinsichtlich ihres Verhältnisses zu den Erziehern und Erzieherinnen sehr aufschlußreich und ausführlich. Die meisten Befragten sind in der Lage, differenziert über ihre Erfahrungen mit den erwachsenen Bezugspersonen im Heim nachzudenken und darüber im Interview zu sprechen.

Alle 30 Gesprächspartnerinnen und Gesprächspartner hatten Lieblingserzieher und Lieblingserzieherinnen, häufig einen Mann und eine Frau. 4 Befragte (3 aus der Gruppe 1 und einer aus der Gruppe 2)[86] wählten alle Gruppenerzieher und Gruppenerzieherinnen zu verschiedenen Zeiten einmal als Vertrauenspersonen.

Diese Lieblingserzieher und -erzieherinnen spielten in der Entwicklung aller 30 ehemaligen Heimkinder eine wichtige Rolle. Selbst bei den 7 Befragten[87], die die Erzieher bzw. Erzieherinnen als weniger wichtige Bezugs-

---

86 Es handelt sich um die Befragten Nr. 3, 22, 25 aus der Gruppe 1 und die Interviewpartnerin Nr. 4 aus der Gruppe 2.
87 Das betrifft die Gesprächspartnerinnen und Gesprächspartner Nr. 16, 20, 25, 27, 28 aus der Gruppe 1 und Nr. 6 und Nr. 12 aus der Gruppe 2.

personen einstufen, trifft diese Einschätzung nicht auf ihre Lieblingserzieher und Lieblingserzieherinnen zu. Die Gründe für diese eindeutig positiven Gesamtbeurteilungen sind in allen Gruppen die gleichen; am häufigsten werden genannt: *Gegenseitiges Verständnis; Einfühlungsvermögen der Erzieher und Erzieherinnen; Erzieher und Erzieherinnen als Identifikationsfiguren; Ansprechpartner für persönliche Belange; Mutter bzw. Vaterersatz; enger persönlicher Kontakt; Aufgeschlossenheit (Ehrlichkeit); befriedigend erlebte Gespräche; Engagement für die Bedürfnisse der Interviewpartner und Interviewpartnerinnen; Interesse am/an der Befragten; privater Kontakt.*

Seltener wird die Vermittlung von Lebensmut; Orientierung; körperlichem Kontakt (im Sinne von Streicheln, Trösten; auf dem Schoß des Erziehers oder der Erzieherin sitzen); persönliche Integrität und Lebenseinstellung der Erzieher/Erzieherin; jederzeitige Ansprechbarkeit; Freizeitaktivitäten und Gruppenintegrationsfähigkeiten als Begründungen für die Wertschätzung der Beziehungsarbeiter und -arbeiterinnen durch die ehemaligen Heimkinder genannt.

Für 3 Gesprächspartnerinnen[88] sind die künstlerischen Begabungen ihrer damaligen Lieblingserzieherinnen der Grund für ihr Vertrauen und ihre Bewunderung diesen Bezugspersonen gegenüber.

Einem Befragten aus der Gruppe 1[89] habe die enge Beziehung zu seinem Lieblingserzieher die Aufarbeitung und Auseinandersetzung mit seiner eigenen Lebensgeschichte ermöglicht. Dazu habe es bei ihm aber des Gefühls des „Verstandenwerdens" gegenüber diesem Erzieher bedurft.

Bei der Frage nach der prinzipiellen Bedeutung aller Erzieher und Erzieherinnen im Heim (Frage 17,1) ergibt sich, daß die große Mehrheit (22 von 30 Befragten)[90] der ehemaligen Heimkinder dieser Beziehung zu den Erziehern und Erzieherinnen den größten Einfluß auf ihre Entwicklung im Heim zuschreiben. Die Motive für diese Einschätzungen sind fast dieselben, die auch bei den Lieblingserziehern und -erzieherinnen angegeben werden: „*fast Elternersatz*"; „*Ansprechpartner*"; „*Übernahme der Elternpflichten*"; „*meine Ersatzväter und Ersatzmütter*"; *Engagement für eine* „*glückliche und zufriedene Kindheit*"; *Ansprechpartner für alle Probleme*;

---

88 Gesprächspartnerinnen Nr. 7, 8 und Nr. 26 aus der Gruppe 1.
89 Gemeint ist der Interviewpartner Nr. 16.
90 Die Angaben der Interviewpartnerin Nr. 20 sind widersprüchlich, weil sie aber explizit bei die Frage 17 dem Erziehungspersonal im Heim eine geringere Bedeutung für ihre Entwicklung zuschreibt, zähle ich sie zu den Befragten, die in den Beziehungsarbeitern und Beziehungsarbeiterinnen weniger wichtige Bezugspersonen sehen. Es handelt sich neben der Befragten Nr. 20 um die Gesprächspartnerinnen und Gesprächspartner Nr. 1, 16, 25, 27 und Nr. 28 aus der Gruppe 1 und die Befragten Nr. 6 und Nr. 12 aus der Gruppe 2.

konstruktiver Beitrag zur Integration der Gruppe; körperliche Nähe; langsam aufgebautes Vertrauensverhältnis; Verständnis; Offenheit; Zuwendung und Ansprechbarkeit.

Diese Aufzählung liest sich wie ein Lobgesang auf die Heimerziehung - das ist sie nicht; sie drückt aber schon die alles in allem positive Einschätzung der damaligen Beziehungsarbeiter und -arbeiterinnen des untersuchten Heimes durch die früheren Beziehungspartner und -partnerinnen aus, wenngleich sie auch offen und trotz ihrer im ganzen günstigen Bewertung auch Mängel ansprechen.

Die Beziehungsqualität, in erster Linie gegenüber den Erziehern und Erzieherinnen, erweist sich als ein ganz wichtiger Wirkungsfaktor im pädagogischen Feld des Kinderheimes. Es zeigt sich aber auch, daß im Gegensatz zu den Thesen der meisten berufsfeldorientierten Forschungsansätze, die Wirkungen nicht von der Erzieher- bzw. Erzieherinnenseite gesteuert werden. Die Erzieher und Erzieherinnen sind mitnichten die souveränen Lenker und Vordenker der Entwicklung der von ihnen betreuten Heimkinder. Sie spielen aber als Teil eines sehr vielschichtigen beziehungsdynamischen Geflechtes eine zentrale Rolle, sind aber selbst den Widersprüchen von Beziehungsprozessen und dem Einfluß ihrer Interaktionspartner und -partnerinnen unterworfen. Nicht genau festgelegte Erziehungsinhalte, sondern die Grundeinstellungen, der Habitus, die Art und Weise der Begegnung und des Umgangs mit den Betroffenen hatten bezogen auf die Bedeutung der Erzieherseite und Erzieherinnenseite den größten Einfluß auf die Entwicklung der Befragten.

Wie wichtig die Beziehungsqualität für die Befragten war, sieht man auch bei einem Blick auf die Gründe für die Zufriedenheit mit dem Heimaufenthalt im untersuchten Heim. 23 Ehemalige fühlten sich im Heim angenommen, wohl und verstanden. Beziehungsaspekte bilden die Hauptgründe für diese positive Einschätzung, in 20 Fällen bezogen auf das Verhältnis zu den Erziehern und Erzieherinnen, in 1 Fall [91] bezogen auf die Situation in der Heimgruppe, im Interview Nr. 30 aus der Gruppe 1 hinsichtlich des Verhältnisses zur Heimgruppe und zu den Erziehern und Erzieherinnen.

Nur die Interviewpartnerin Nr. 8 aus der Gruppe 1 nennt unpersönliche Faktoren als Probiersteine ihrer Zufriedenheit.

Immer wieder werden Zuneigung, Verständnis, Vertrauen, Einfühlungsvermögen, Freiräume für die eigene selbstbestimmte Entwicklung und die Anerkennung durch die Erzieherseite und Erzieherinnenseite als die wichtigsten Gründe für die Zufriedenheit mit ihrer Unterbringung angesprochen.

---

91 Interviewpartnerin Nr. 29, Gruppe 1.

Obwohl das Interviewmaterial insgesamt gesehen die Komplexität, Widersprüchlichkeit und die vielfältigen Wege und Irrwege der Sozialisationsprozesse von Heimkindern umfangreich dokumentiert, ergibt sich bei der Frage nach dem Persönlichkeitsprofil der Erzieher und Erzieherinnen, das am ehesten eine erfolgreiche Persönlichkeitsentwicklung bei den betroffenen Heimkindern befördern kann, eine eindeutige und einheitliche Sachlage. Auch die 5 Befragten (2 aus der Gruppe 1 und 3 aus der Gruppe 2)[92], die ihren Heimaufenthalt als wenig hilfreich einstufen (Frage 24c), begründen ihre Unzufriedenheit in 4 Fällen[93] mit Desinteresse, mangelnder Zuwendung, wenig Verständnis, Vertrauen, Einfühlungsvermögen, Verschlossenheit und Ablehnung durch die Erzieher und Erzieherinnen.

Der Befragte aus dem Interview Nr. 12 aus der Gruppe 2 gibt darüber hinaus die Nichtrespektierung seines Wunsches nach Distanz und die von ihm als unzureichend empfundenen Kenntnisse seiner Erzieher und Erzieherinnen über die Situation in seiner Herkunftsfamilie als Gründe für sein Unwohlsein im Heim an.

Beim Gesprächspartner Nr. 1 hängt die Gesamteinschätzung mit seiner Loyalität gegenüber den Eltern und den Folgen des Sorgerechtstreites seiner Eltern als Grund für seine gerichtlich angeordnete Heimunterbringung zusammen.

Auch bei der Frage nach den „Gewinnen für das Leben" durch den Heimaufenthalt erwähnen die meisten Befragten erneut Faktoren, die sich auf Beziehungskontexte beziehen: „Durchsetzungsvermögen"; „Umgang mit Menschen"; „innere Ruhe"; „Gelassenheit und Verständnis"; Förderung der „Integrationsfähigkeit in Gruppen"; „Selbstsicherheit"; „Selbstvertrauen"; „Selbständigkeit"; „Rücksichtnahme"; die „Fähigkeit zuzuhören"; „Risikobereitschaft"; „Interesse für die Probleme anderer"; „Aufarbeitung des Verhältnisses zur Herkunftsfamilie"; „Abbau von Egoismus"; „Verzichtfähigkeit"; „Offenheit"; „Toleranz gegenüber Mitmenschen"; „gute Freunde"; „Raum für selbstbestimmte Entwicklung"; „Gruppenerlebnisse"; „Nachholen von Entwicklungsdefiziten"; „Anständigkeit"; „Ordentlichkeit"; „guter Kontakt zu Mitbewohnern"; „von Erwachsenen wenig reglementiertes Zusammenleben".

Die Heimerziehung hat bei den meisten befragten ehemaligen Absolventen und Absolventinnen einen konstruktiven Beitrag zur Entwicklung ihrer Persönlichkeit leisten können. Alle soeben von den Befragten im Interview aufgezählten positiven Faktoren kreisen um die von Kegan beschriebenen exi-

---

92 Das sind die Befragten Nr. 1 und Nr. 25 aus der Gruppe 1 und Nr. 6, 12 und Nr. 17 aus der Gruppe 2.
93 Die Ausnahme ist der Gesprächspartner Nr. 1.

stentiellen Pole menschlicher Entwicklung, der Notwendigkeit einer Balance zwischen den beiden grundlegenden Bedürfnissen: Zugehörigkeit und Unabhängigkeit; Beteiligung und Selbständigkeit - oder wie es ein Befragter ausdrückt - die Entwicklung von Bindungsfähigkeit auf der einen Seite und gleichzeitig auch die Bewahrung einer gewissen Eigenständigkeit.

Alle genannten Aspekte kulminieren in dem Bemühen, durch Heimerziehung im Sinne Bettelheims einen Beitrag zur Persönlichkeitsentwicklung der betreuten Kinder und Jugendlichen zu leisten. Somit ergibt sich eine weitere Säule, eine Grundlage für erfolgreiche Heimerziehungsarbeit: In der vorliegenden Analyse wird deutlich, daß Haltungen von Erziehern und Erzieherinnen die Entwicklung der Heimkinder erheblich beeinflußen können. Man kann sagen, der idealtypische Erzieher und die idealtypische Erzieherin sollten, um erfolgreiche Heimerziehungsarbeit leisten zu können, folgendes Profil aufweisen:

- Aufgeschossenheit, Verständnis und Einfühlungsvermögen besitzen;
- Interesse an der Lebensgeschichte und der Entwicklung der von ihm bzw. ihr betreuten Kindern und Jugendlichen haben;
- Bereit sein, sich mit dem Herkunftskontext der Kinder und Jugendlichen auseinanderzusetzen;
- Über die Fähigkeit und den Mut verfügen, in berechtigten Fällen konflikt- und durchsetzungsfähig zu sein („handeln statt labern");
- Eine offene und ehrliche Beziehung zu den von Heimunterbringung Betroffenen aufbauen und auch viel Raum für eigenständige Entwicklungsprozesse der Kinder und Jugendlichen einräumen.

Die Grundlagen für alle diese Profileigenschaften liefern gute Menschenkenntnisse in anthropologischer, psychologischer, soziologischer und pädagogischer Hinsicht, die es dem professionellen Erzieher bzw. der professionellen Erzieherin ermöglichen, hinter den Symptomen der Heimkinder die Ursachen der bestehenden Konflikte zu erkennen und an diesem Punkt die Erziehungsarbeit anzusetzen.

Kritische Ausführungen einiger Befragter zum Verhältnis zwischen Erzieherinnen, Erziehern und den Kindern

Die Macht und Ohnmacht der Erzieher und Erzieherinnen

Trotz der zusammen gesehen überwiegend positiven Bewertung der Beziehungsqualität gibt es auch einige Interviewpartner und Interviewpartnerinnen, die Kritik an ihren ehemaligen Erziehern bzw. Erzieherinnen üben und unangenehm empfundene Faktoren benennen.

Darunter fallen auch Berichte über Macht- und Machtmißbrauch der Erzieher- und Erzieherinnenseite. Ich halte es für sinnvoll, diese Ausführungen näher zu betrachten, weil sie einmal den Blick für die Komplexität der pädagogischen Prozesse im Heim schärfen und damit eine reflexive Erweiterung der Beziehungsprozesse ermöglichen. Zum anderen läßt sich daran zeigen, wie differenziert und reflektiert einige ehemalige Heimkinder beziehungsdynamische Zusammenhänge wahrgenommen haben und in der Lage sind, darüber zu sprechen.

Interessant sind in dieser Hinsicht die Ausführungen des Interviewpartners Nr. 28 aus der Gruppe 1 zum „Konfliktmanagment" einiger damaliger Erzieher und Erzieherinnen. Im Gespräch will er eine Antwort auf die Frage geben, wie Erzieher und Erzieherinnen mit aggressiven Heimkindern umgehen müßten, um sie zu beruhigen.

Zunächst beschreibt er, wie er die meisten Erzieher und Erzieherinnen in seiner Gruppe erlebte. Erzieher und Erzieherinnen hätten diejenigen Mitbewohner und Mitbewohnerinnen gemocht, die immer alles gemacht hätten, was sie von ihnen verlangten. Denn „das sind Leute, um die braucht man sich nicht kümmern, weil die sind einfach zu handhaben" (I. 28, PG1, S. 53).

Er verstehe diese Haltung angesichts der 10 Kinder, um die sich die Erzieher und Erzieherinnen zu kümmern hatten, „nur jeder will immer der Mittelpunkt sein" (ebenda, S. 51).

Erzieher und Erzieherinnen, die kein Einfühlungsvermögen gehabt hätten, hätten immer nur reagieren statt agieren können: Alle Kinder „probierten", die erwachsenen Bezugspersonen auszuspielen, „man probiert immer bei gewissen Leuten, wie weit kann man gehen, bis die platzen. Weil, das kann man irgendwann für sich verwenden ... wenn ich weiß, wie weit ich gehen kann, dann weiß ich, wo ihre Schwächen und ihre Stärken liegen.

Und dann kann ich ihn geschickt ausspielen, wenn ich irgendwas will, ihre Schwächen ausspielen" (ebenda, S. 58-59).

Und er kommt zu dem Schluß: „Die meiste Regel ist immer so, daß die Kinder sich die Erzieher erziehen. (Pause) Nur das läßt sich kein Erzieher anmerken ... jeder Erzieher ist froh, wenn es ein bißchen ruhiger geht, wenn sie einen Vierundzwanzigstundentag oder einen Zwölfstundentag schaffen, ohne groß Ärger zu haben. Weil, indirekt werden die Erzieher von den Kindern erzogen, und die Erzieher lassen sich das auch gefallen, solange das im Rahmen der Hausordnung oder im Rahmen der Erziehungsmaßnahmen geht ... nur, daß die Erzieher sich das nicht anmerken lassen" (ebenda, S. 59). Sein abschließendes Resümee klingt dagegen fast versöhnlich: „Erzieher sind auch nur Menschen, haben auch nur Nerven. Und wenn man geschickt auf ihren Nerven rumtrampelt, kann man alles erreichen. Das muß einfach nur gelernt sein (lacht)" (ebenda, S. 59).

Aber er, cliquenorientiert und dadurch notgedrungen zu Distanz gegenüber den Erziehern und Erzieherinnen verpflichtet, fand auch in seinem Lieblingserzieher eine Bezugsperson, die es verstanden habe, ihn „zu nehmen" und die Empathiefähigkeit besessen habe. Er beschreibt ihn als „auf mich zugeschnitten. Es gibt ja nun sowas zwischen Erziehern und Kind ja meistens auch eine Bande, daß die sich auf Anhieb verstehen" (ebenda, S. 48). Dieser, sein Lieblingserzieher, habe „von Anfang an das Band zu mir ... wußte, wie er mich zu nehmen hatte und zu behandeln hatte" (ebenda, S. 48). Vor allem beeindruckte ihn die Konfliktfähigkeit dieses Lieblingserziehers. Er habe genau gewußt, in welchen kritischen Situationen er mit ihm „ruhig reden muß oder ob er genau mit der Aggressivität, die ich ihm gegenüber zeige, mir genauso, also kontern mußte" (ebenda, S. 48).

Er sei auch derjenige gewesen, der über „gute Menschenkenntnisse" verfügt habe, und dabei seinen Blick auf die hinter dem Symptom Aggressivität schlummernde Ursache richten konnte.

Als vertrauensbildende Faktoren erwähnt er darüber hinaus: Das Zugehen des Erziehers auf ihn von sich aus; auch bei Problemen sei er ohne Aufforderung auf ihn zugekommen, habe sich die Zeit genommen „er war halt immer da". Er habe des weiteren die Möglichkeit gehabt, diesen Erzieher auch zu Hause anzurufen, wenn er sich nicht wohl gefühlt habe. Insgesamt gesehen habe er seine ruhige Grundhaltung sehr geschätzt.

In seiner rückblickenden Wertung der Konfliktstrategien plädiert er für eine flexible Haltung der Erzieher und Erzieherinnen in Konfliktsituationen; striktes Verbieten oder Strafen im Sinne „wenn ich sage nee, dann ist das nee" würden ihr Ziel verfehlen und setzten im Gegenteil eine Aggressionssteigerungsspirale in Gang, bei der letzten Endes vordergründig die Kinder und Jugendlichen die eigentlichen „Gewinner" bleiben würden, aber im Grunde genommen beide Seiten, Erzieher und Erzieherinnen wie Jugendliche, verlören. Die erwachsenen Bezugspersonen deshalb, weil es ihnen nicht gelingen würde, die Ursache des aggressiven Verhaltens zu erkennen und an diesem „wunden" Punkt anzusetzen. Die Kinder und Jugendlichen, weil eine Auseinandersetzung mit ihren eigentlichen Anliegen und Bedürfnissen, die sie nur mit Hilfe der aggressiven Geste ihren erwachsenen Bezugspersonen zeigen konnten, durch den Konflikt überschattet würden.

Dem Befragten ist insofern in diesem Punkt zuzustimmen, daß in Beziehungen funktional gesehen oft über Aggressionen und Streit Nähe zwischen den daran beteiligten Partnern und Partnerinnen hergestellt wird, weil den Beteiligten der Umgang mit anderen „friedlicheren" Interaktionsformen oder der Wechsel in eine Metaebene und damit einer reflexiven Einstellung zum Konflikt nicht gelingt.

Seine Antwort auf die von ihm aufgeworfene Frage lautet: Ansetzen bei den Ursachen der Aggressionen, womit sicher viele Auseinandersetzungen leichter zu bewerkstelligen sind, aber wesentlicher an seinen Ausführungen waren die Hinweise auf die Grundeinstellungen seines Lieblingserziehers. Ohne Einfühlungsvermögen der Erzieher- und Erzieherinnenseite, und das ist die klare Botschaft des Befragten, ist keine vertrauensvolle Beziehung und damit auch keine konstruktive Konfliktbewältigung möglich. „Man muß die Leute, oder die Kinder einfach, wenn sie aggressiv drauf sind, man muß sie dann praktisch mit den gleichen Waffen, ... wodurch sie aggressiv wurden, einfach mit der gleichen Waffe schlagen und schon ist die plötzlich weg. Weil, die haben ja nichts, aber viele Erzieher stacheln die erst noch an, indem sie anfangen zu sagen: 'Komm, jetzt hast Du Stubenarrest, oder zur Strafe machst Du das'! Dadurch wird die Aggressivität gleich mehr gesteigert" (ebenda, S. 50).

Das Beispiel dieses Befragten unterstreicht noch einmal, wie wichtig einerseits die Qualität der pädagogischen Beziehung im Verhältnis zwischen den Kindern und Erziehern/Erzieherinnen ist und andererseits, bezogen auf die Erzieher- und Erzieherinnenseite, die Bedeutung einer Orientierung der pädagogischen Praxis im Heim an den oben beschriebenen Profileigenschaften ist, wenn dauerhaft wirkungsvolle Beziehungsarbeit für die Heimkinder geleistet werden soll.

Nur der vertrauensvollen und intensiven Beziehung zu seinem Lieblingserzieher während seines 4jährigen Aufenthaltes im untersuchten Heim habe es der Befragte aus dem eben zitierten Interview Nr. 28 zu verdanken, daß er nicht auf die schiefe Bahn (Alkoholismus, Drogen, Kriminalität) geraten sei. Als auch dieser Lieblingserzieher resigniert habe und ihm wie bereits die anderen Gruppenerzieher und Gruppenerzieherinnen zu verstehen gegeben habe, daß er nicht mehr auf die Füße kommen würde, habe er sich gesagt, „'Paß auf, Dir werde ich das zeigen. Ich gehe nicht unter'" (ebenda, S. 63). Er habe es trotz zeitweisem Drogenkonsum und Gefängnisaufenthalt geschafft - und „ich bin ganz stolz drauf" (ebenda, S. 97).

Die Lebensgeschichte dieses Befragten, eines der erfolgreichen ehemaligen Heimkinder im untersuchten Heim, widerlegt das vordergründige verhaltensorientierte pädagogische Konzept mit seiner Symptomfixierung, und ist ein Beleg für die Triftigkeit des lebenslauforientierten theoretisch-konzeptionellen Ansatzes dieser Studie. Über das Persönlichkeitsprofil der Erzieher und Erzieherinnen in Verbindung mit den Beziehungserfahrungen der Befragten aus der Herkunftsfamilie, Aspekten der Beteiligung am Unterbringungsprozeß, dem Aufnahmealter, der zentralen sozialen Orientierung und persönlichkeitsspezifischen Komponenten der Betroffenen vermittelt sich in erster Linie die Effektivität pädagogischer Prozesse im Kinderheim.

In den Beiträgen des Interviewpartners Nr. 28 klingt bereits ein weiterer wichtiger Aspekt an, auf den auch einige andere Befragte hinweisen. Nämlich, daß durch Erzieher- und Erzieherinnenhaltungen Konflikte, Probleme und auch Symptome von Betroffenen verstärkt und erweitert wurden, bzw. zum Teil erst dadurch entstanden wären.

Die Befragte aus Interview Nr. 20 aus der Gruppe 1, „Oberhaupt" in ihrer Gruppe, berichtet vom „Machtmißbrauch" einiger Erzieher und Erzieherinnen; von Sticheleien, „die Kälte 'rübergebracht haben"; von „schlechter Laune" und Bevorzugung „ihrer Lieblinge". Sie fühlte sich verständlicherweise ihrer Gruppe und den Peer-Groups gegenüber verantwortlich und empfand die Erzieher und Erzieherinnen zuweilen als unfaire Konkurrenten und Konkurrentinnen: „Die hatten ja die Kinder sozusagen irgendwie in der Hand gehabt, ... und daß sie das auch manchmal ganz schön ausgespielt haben" (I. 20, PG1, S. 26).

Freilich räumt sie auch ein, daß auch die Kinder untereinander um die Gunst der Erzieher und Erzieherinnen „ganz schön gestichelt und gepiekt" (ebenda, S. 3) hätten. Selbstkritisch und bar jeder harmonischen Verklärung fügt sie hinzu, daß es auch Kinder gegeben habe, „die wirklich kaputt waren, sozusagen, ne. Und die also auch irgendwie ... diese Begabung hatten, andere Leute mitzuziehen, ja. Und die die dann auch in die Scheiße geritten haben und irgendwie, daß man dann auch mit solchen Leuten zusammenkommt. Das sind negative Sachen, ganz klar" (ebenda, S. 3). Unter „kaputt" verstehe sie das „Aggressive, Zerstörerische und irgendwie anderen Leuten weh zu tun, auf irgendeine Art und Weise. Also, anderen das wieder zu geben, was er gekriegt hat." (ebenda, S. 4).

Einige Gruppenerzieher und Gruppenerzieherinnen hätten die Fähigkeit besessen, „den wunden Punkt zu treffen", aber nicht, um den Konflikt im Sinne des oben zitierten Interviewpartners zu entschärfen, sondern ihn bewußt anzuheizen. Auch ihr sei es einige Male passiert, daß sie von den erwachsenen Bezugspersonen provoziert worden sei. Sie hätten sich „daran ergötzt, wie du sauer wirst. Hat' ich manchmal das Gefühl, ne. Ja, ich weiß nicht, ob's jetzt, weil ich sauer war, oder so, daß ich das gedacht habe" (ebenda, S. 26).

Von einem sehr ernsten Vorfall erzählt dagegen die Befragte Nr. 25, ebenfalls aus der Gruppe 1, der noch einmal die dialektische Beziehung zwischen Macht und Ohnmacht in pädagogischen Prozessen dokumentiert. Sie schildert den Vorfall, als ein Erzieher aus ihrer Gruppe „mit Händen und Fäusten" auf ein 10jähriges „verhaltensgestörtes Kind" eingeprügelt habe, so daß mehrere Mitbewohner und Mitbewohnerinnen sich dazwischengestellt hätten, um den Mitbewohner vor dem „ausgerasteten" Erzieher zu beschützen. (I. 25, PG1, S. 45ff)

Aber auch sie sieht die Dialektik in der Interaktion zwischen Erziehern/Erzieherinnen und Kindern, als sie hinzufügt: „Ich meine, das Kind war nun auch zwei Jahre schwer verhaltensgestört. Hatte also sehr schlechtes Elternhaus gehabt und der konnte einen oder'n Erzieher wirklich reizen bis zur Weißglut" (ebenda, S. 47).

Nach diesem Vorfall habe der betreffende Erzieher bzw. prinzipiell in solchen Fällen hätten die Erzieherinnen und Erzieher im nachhinein das Gespräch mit den davon betroffenen Heimkindern gesucht und sich entschuldigt. Dennoch habe sie wenig Verständnis für solche Verhaltensweisen der erwachsenen Bezugspersonen im Heim. „Erzieher waren für mich nie Vorbilder. Weil sie eben selber so viel Fehler gemacht haben. Der Meinung waren da bei uns, erziehen zu müssen" (ebenda, S. 48).

Im weiteren Verlauf des Gespräches berichtet sie auch von körperlichen Angriffen der Erzieher und Erzieherinnen durch Mitbewohner und Mitbewohnerinnen, u.a. habe auch der zusammen mit ihr im Heim untergebrachte ältere Bruder Erzieher mehrmals körperlich attackiert.

Sie selbst sei ein „impulsiver Mensch und teilweise auch aufbrausend" (ebenda, S. 46) und habe sich gelegentlich zu kleineren Rempeleien mit dem Erziehungspersonal hinreißen lassen.

Diese „Handgreiflichkeiten" wären nicht immer von den Jugendlichen ausgegangen, sondern auch von einigen Erziehern und Erzieherinnen provoziert worden. Auch habe es Mitbewohner und Mitbewohnerinnen gegeben, die den Erziehern und Erzieherinnen körperlich überlegen gewesen seien.

Erzählungen über körperliche Auseinandersetzungen sind bezogen auf alle 30 Gesprächspartner und Gesprächspartnerinnen die Ausnahme. Lediglich der Befragte aus Interview Nr. 5, ein Cliquenanführer, erwähnt noch, daß er sich einmal mit einem Gruppenerzieher geprügelt habe.
Diese beiden Befragten, Nr. 5 und Nr. 25, gehören zu der ersten Generation von Heimkindern nach der Gründung des Heimes 1970. Möglicherweise hängen ihre eher distanzierten Haltungen gegenüber dem Erziehungspersonal mit dieser Gründungsphase vor dem Hintergrund der Heimkampagnen der 70er Jahre zusammen.

Abschiebung im untersuchten Heim

Lediglich die Interviewpartnerin Nr. 20 aus der Gruppe 1 erwähnt einen Fall, bei dem es zur Abschiebung eines Mitbewohners gekommen sei, weil die zuständigen Gruppenerzieher und Gruppenerzieherinnen nicht mehr in der Lage gewesen wären bzw. auch nicht mehr bereit gewesen wären, dieses Kind weiter zu betreuen.

Dieser männliche Mitbewohner „der war wirklich so kaputt - und die Erzieher haben also gesehen, da kannste nichts mehr dran löten, an dem willst auch nichts zu tun haben, groß. Und das wurde mit dem dann auch wirklich immer schlimmer, ne. Also, daß der dann immer aggressiver wurde und eigentlich auf einer gewissen Art ganz schön auf dem rumgehackt wurde, ja. Also härter 'rangenommen wurde und so. Und gerade so ein Typ, der das wirklich braucht, ja. Also, aber nachher war er dann auch so weit, der hat keinen mehr an sich 'rangelassen. Wurde immer aggressiver und dann wurde der natürlich abgeschoben" (I. 20, PG1, S. 3-4).

Unter „kaputt" verstehe sie seine erheblich beeinträchtigte Persönlichkeitsentwicklung. Sie kenne die Vorgeschichte im konkreten Fall zwar nicht, „aber irgendwie ist es immer dieselbe Story - geschlagen worden und äh, Säuferfamilien" (ebenda, S. 4).

Auch dieses Beispiel zeigt deutlich, daß der Umgang mit aggressiven Heimkindern und mit Konflikten schlechthin doch einigen Erziehern und Erzieherinnen des untersuchten Heimes große Schwierigkeiten bereitete. Konfliktfähigkeit zu erlangen und sie zu praktizieren, ist eines der am schwierigsten einzulösenden Profilelemente. Wenn es aber gelingt, wie beim Interviewpartner Nr. 28, dann ist die Erfolgswahrscheinlichkeit der Hilfemaßnahme sehr groß.

Der Umgang der Erzieher und Erzieherinnen mit den eigenen Konflikten und Aggressionen ist auch in der vorliegenden Literatur zur Heimerziehung weniger behandelt. Selten gibt es Informationen darüber.[94] Wichtiger wäre allerdings, den betroffenen Erziehern und Erzieherinnen Hilfeangebote in Form regelmäßiger Supervision und Fortbildung anzubieten.

Kritik an Lebenseinstellungen und sexuellen Verhaltensweisen einiger Erzieher und Erzieherinnen

Ein weiterer Aspekt in den Gesprächen hat einen eher zeitgeschichtlichen Hintergrund. 2 ehemalige Heimkinder, der bereits erwähnte Interviewpartner Nr.5 und die Gesprächspartnerin Nr. 25 aus der Gruppe 1, gehören zu den ersten aufgenommenen Kindern des 1970 gegründeten Kinderheimes.

Sie verbrachten fast die gesamten 70er Jahre in diesem Heim. Sie störten sich an der „Lebenseinstellung" der Erzieher und Erzieherinnen, die zu Anfang der 70er Jahre auch im untersuchten Heim sehr von der Kritik der APO-Bewegung an der traditionellen Heimerziehungspraxis geprägt war. Unmut äußert der Befragte Nr. 5 über den damaligen Selbstverständigungsprozeß der Erzieher und Erzieherinnen mit den neuen Entscheidungsfindungsmustern. Er habe sich durch die „endlosen Diskussionen" und dem „Dünkel mit Bildung" einiger Erzieher und Erzieherinnen selbst nicht mehr ernstgenommen gefühlt. Diese Erzieher und Erzieherinnen seien zu sehr mit sich selbst beschäftigt und nicht fähig gewesen, Kritik an ihrer Person und ihren Haltungen auszuhalten.

Die Interviewpartnerin Nr. 25 begründet ihre Distanz zu den Erziehern und Erzieherinnen sowohl an „ihrer Art, in die linke Richtung zu gehen" als auch an „ihrer Art zu leben". Damit meint sie die Beziehungsprobleme der Erzieher und Erzieherinnen in ihrer privaten Sphäre.

Auch einige andere, vor allem erzieher- und erzieherinnenorientierte ehemalige Heimkinder störten sich an diesen „Defiziten" ihrer Ersatzeltern.

Anstoß erregten bei einigen Befragten auch die sexuellen Verhaltensweisen einiger Erzieher und Erzieherinnen im Heim. Berichtet wird von Verhältnissen zwischen männlichen Erziehern und Praktikantinnen; die Befragte aus Interview Nr. 25 erwähnt auch ein Verhältnis zwischen einer Heimbewohnerin und einem männlichen Erzieher, das nach kurzer Zeit von dem Erzieher abgebrochen worden wäre, weil er mittlerweile eine Beziehung zu einer Erzieherin eingegangen sei. Das Heimmädchen habe ihren Mitbewohnern und Mitbewohnerinnen zwar diese Beziehung verheimlicht,

---

94 Vergleiche z. B. den Beitrag von Schwarz, Wilfried; Ahrens, Kirstin (genaue Angaben in der Bibliographie).

aber dennoch hätten alle in der Gruppe Bescheid gewußt. Nach der Trennung habe es während der Gruppenaktivitäten des öfteren, so die Befragte weiter, „Wortgefechte und körperliche Auseinandersetzungen" zwischen dem betreffendem Erzieher und der psychisch verletzten Heimbewohnerin gegeben.

Am meisten mißfielen den Befragten, die darüber berichten, die Folgen dieser Verhältnisse. Konflikte in Folge der Eifersucht von Ehepartnern- und Ehepartnerinnen wären oft im Heim ausgetragen worden.

In einem Fall hätte eine erzieher- und erzieherinnenorientierte Bewohnerin sehr an der Trennung eines Erziehers von seiner Frau und seinen bereits erwachsenen Töchtern nach einer sexuellen Eskapade gelitten, denn die Befragte habe jahrelangen Familienanschuß genossen und im Erzieher und seiner Frau ihre Ersatzeltern und in den Töchtern ihre Ersatzgeschwister gesehen.

Das Thema Sexualität im Heim wird von den wenigsten Befragten angesprochen; die Informationen dazu stammen von 4 bis 5 Interviewpartnern und Interviewpartnerinnen.

Der Versuch, über die Frage 16 Aufschlüsse über die Entdeckung und den Umgang mit eigenen sexuellen Bedürfnissen unter den Bedingungen einer Heimunterbringung zu erhalten, ist nicht gelungen. Dieses Thema wird von den meisten wohl als zu persönlich empfunden; die Bereitschaft, auf diese Thematik einzugehen, ist gering. Fairerweise muß aber auch hinzugefügt werden, daß der Schwerpunkt der Intensivinterviews nicht um die Aufarbeitung der sexuellen Erfahrungen im Heim kreist.

Vor allem die Gesprächspartnerin Nr. 25 berichtet etwas ausführlicher über ihre Erfahrungen bezüglich dieses Themas. Die anderen wenigen Angaben beziehen sich auf die Rolle des Erziehungspersonals, auf Berichte über sexuelle Abenteuer einiger Heimerzieher und -erzieherinnen.

Ein Hinweis der Befragten Nr. 25 tangiert dagegen sexualpädagogische Fragestellungen. Sie erwähnt einen Zwang zur sexuellen Freizügigkeit, z. B. die Pflicht zum Nacktbaden in der Anfangszeit des Heimes, also in den 70er Jahren. Sie wirft einem Teil ihrer Gruppenerzieher und Gruppenerzieherinnen vor, kein „Schamgefühl" gehabt zu haben; sie wären in bestimmten Situationen „fast schon schweinisch gewesen".

Im Zusammenhang dieser Arbeit geht es nicht darum, die inhaltlichen Aspekte und Maßstäbe hinsichtlich der Lebenseinstellungen der Erzieher und Erzieherinnen oder der unterschiedlichen sexuellen Normen und Werte von Teilen der Heimbewohner und Heimbewohnerinnen und einigen Erziehern und Erzieherinnen kritisch zu hinterfragen. Festzuhalten bleibt aber, daß sich die Gesprächspartnerin aus der Pionierzeit des Heimes offenbar anderen Orientierungen und Wertmaßstäben verpflichtet fühlte, und Teile des damaligen Erziehungspersonals wenig reflektiert mit den im Zuge der APO-Bewegung entstandenen Versuchen einer reformierten Erziehungspraxis umgegangen sind. Das Ergebnis ihrer Bemühungen war zumindest in einem Fall das Gegenteil: emotionale Abwendung und Ablehnung.

Darüber hinaus höre ich bei einigen Passagen eine Überforderung der Befragten (Nr. 5 und Nr. 25) dergestalt heraus, daß sie, nach einer unruhigen und problematischen frühen Sozialisationsphase in ihren Herkunftsfamilien, „übersättigt" waren mit der „Diskussions- und Problematisierungsfixierung" der mittelschichtorientierten Reformansätze. Bald verstanden sie, u.a. bedingt durch ihre unterschichtsspezifischen Sozialisationsbedingungen, ihre Erzieher und Erzieherinnen nicht mehr. In diesem Zusammenhang macht der Vorwurf des Interviewpartners Nr. 5, die Erzieher und Erzieherinnen würden „dünkelhaft mit Bildung" kokettieren, Sinn.

Zu unterschiedliche Sozialisationsverläufe und Entwicklungsbedingungen erschweren, wenn die Beziehungsarbeiter und Beziehungsarbeiterinnen nicht reflexiv damit umgehen, eine Verständigung; in einigen Fällen kam sie erst gar nicht zustande (z. B. Interview Nr. 12 aus der Gruppe 2).

Ein Hinweis, ebenfalls vom Befragten Nr. 5, halte ich noch für erwähnenswert, obwohl es sich im vorliegenden Material um einen Einzelfall handelt. Er habe heftige, auch körperliche Konflikte mit einem Gruppenerzieher ausgetragen, den er als „stärkste Persönlichkeit" mit sehr „guter Rhetorik" beschreibt.

Neben den bereits angesprochenen prinzipiellen zeitgeschichtlich bedingten Lebenseinstellungen dieses Erziehers entzündet sich seine Kritik daran, daß dieser Erzieher während seiner Arbeitszeit im Heim „rauchte und saufte". Er sei Alkoholiker gewesen und alle anderen Erzieher und Erzieherinnen und die Heimleitung „hätten gekuscht".

Wie bereits im Kapitel über die Vorgeschichte der Befragten deutlich wird, hatten Alkoholismus und dessen Folgen in den Herkunftsfamilien einen großen destruktiven Einfluß auf das Zusammenleben. Es ist erfreulich, daß nach dem vorliegenden Material dieser Erzieher im damaligen Kollegium des untersuchten Heimes eine bedauerliche Ausnahme war.

Der Faktor Heimgröße - Welcher Einfluß ging von ihm aus?

Äußere Faktoren wie Arbeitszeitregelungen, Organisationsstrukturen usw., deren Einflüsse auf den Erfolg der Hilfemaßnahme in Fachbeiträgen immer wieder einmal diskutiert werden, spielen in den vorliegenden Gesprächen für die mittel- und langfristige Entwicklung der Betroffenen kaum eine Rolle.

Ähnlich verhält es sich auch bei der Frage nach der Bedeutung der Heimgröße. Seit den 80er Jahren gibt es einen Trend hin zu dezentralen Klein- und Kleinsteinrichtungen, oft nur von der Größe einer traditionellen Großfamilie mit bis zu 10 „Familienmitgliedern".

In den vorliegenden Interviews äußern sich 20 ehemalige Heimkinder zur Bedeutung der Heimgröße für ihr Leben im untersuchten Heim. Dabei zeigt sich, daß die Heimgröße nur in Verbindung mit der zentralen sozialen Orientierung eine Rolle für einige wenige Betroffene gespielt hat.

2 Trends lassen sich feststellen: Erzieher- und erzieherinnenorientierte ehemalige Heimkinder, die sich zugleich eine enge Beziehung zu diesen Bezugspersonen wünschten, hätten ein Kleinheim dem untersuchten Heim vorgezogen, weil die Chance, mehr Zuwendung vom Erziehungspersonal zu bekommen, bedingt durch die kleinere Anzahl von Mitbewohnern und Mitbewohnerinnen, größer gewesen wäre. Für diese Personengruppe waren die Erzieher und Erzieherinnen in erster Linie Ersatzeltern.

Auf der anderen Seite sprechen sich die meisten eltern- oder elternteilorientierten Befragten für das untersuchte „Großheim" aus, weil sie damit mehr Rückzugsmöglichkeiten gehabt hätten. Sie waren darauf bedacht, eine gewisse Distanz zu den Erziehern und Erzieherinnen zu wahren, denn dadurch konnten sie das Ausmaß ihrer Zugehörigkeits- und Loyalitätskonflikte kleiner halten. Sie empfanden die Erzieher und Erzieherinnen in erster Linie als Aufsichtspersonen.

Etwas schwächer war die Tendenz bei den Gruppen und cliquenorientierten Befragten. Hatten sie intensive Beziehungen zur Peer-Group oder zur Heimgruppe oder beides, fühlten sie sich wohl und waren mit dem Heimaufenthalt im ganzen zufrieden.

Die Einzelgänger, die in der Regel ein distanziertes Verhältnis zur Gruppe pflegten und keiner Clique angehörten, waren mit dem Heim sehr zufrieden, weil ihnen dieses Umfeld ebenso wie den eltern- oder elternteilorientierten ehemaligen Heimkindern mehr Rückzugsmöglichkeiten geboten und darüber hinaus Freiräume für ihre eigene selbstbestimmte Entwicklung zugelassen habe.

Gerade diejenigen Einzelgänger aus der Gruppe 1, die ein Gymnasium besuchten (2 Männer, 1 Frau)[95], halten die Freiräume, zu denen z. B. auch die Möglichkeit gezählt habe, den gesamten Nachmittag bei Schulfreunden oder Schulfreundinnen und deren Eltern zu verbringen, für die wichtigsten Beiträge der Heimunterbringung zu ihrer positiven Entwicklung.

Die Frage nach dem Einfluß der Heimgröße auf die Entwicklung der Heimkinder ist somit nicht allgemeingültig zu beantworten; es kommt vielmehr darauf an, im Einzelfall unter Abwägung und der Beteiligung der Betroffenen selbst, die Entscheidung zu treffen. In jedem Fall aber ist die Heimgröße nur ein zweitrangiger Erfolgsfaktor; er ist nur in Verbindung mit den Säulen wirkungsvoller Heimerziehung von Bedeutung.

Wichtige außerheimische Bezugspersonen

Die meisten Befragten hatten während ihrer Unterbringung auch soziale Kontakte zu Bezugspersonen, die nicht im Zusammenhang mit dem Heim oder der Herkunftsfamilie standen. In der Regel waren das Freunde, Freundinnen, Schulfreunde, Schulfreundinnen, Eltern von Schulfreunden- und freundinnen, Lehrer, Lehrerinnen, bei einigen auch ehemalige Klassenlehrer bzw. Klassenlehrerinnen aus der Grundschulzeit oder Anwohner des Heimes sowie Jugendliche, die nichts mit dem Heim zu tun hatten.

4 Befragte[96], alle aus der Gruppe 1, berichten von guten Beziehungen zu den Großmüttern; dreimal bezogen auf die Mutterseite und einmal hinsichtlich der väterlichen Abstammungslinie. In diesem Fall der Interviewpartnerin Nr. 25 aus der Gruppe 1 war die Großmutter genauso wie beim Interviewpartner Nr. 27 eine wichtige Bezugsperson in der Sozialisationsgeschichte der Befragten. In allen 4 Fällen waren die Großmütter eine von mehreren wichtigen Orientierungspersonen.

Die Interviewpartnerin Nr. 19 erwähnt, daß sie ab ihrem 14. Lebensjahr einen intensiven Kontakt zu ihrer Großmutter mütterlicherseits aufgenommen habe, um ihre „Vergangenheit aufzuarbeiten". Es sei zu regelmäßigen persönlichen Treffen zweimal im Monat gekommen. Ihre Großmutter hätte nichts von ihrer Heimunterbringung gewußt und wäre bereit gewesen, sie sogar bei sich aufzunehmen.

---

95 Es handelt sich um die Befragten Nr. 16 und Nr. 22. Die Gesprächspartnerin Nr. 19 erlangte über die Gesamtschule das Abitur.
96 Es handelt sich um die Befragten Nr. 14, 25, 27 und Nr. 28.

Außenkontakte zu Erwachsenen waren - und das betrifft in den Interviews nur sehr wenige ehemalige Heimkinder - in zweierlei Hinsicht für die Betroffenen von Bedeutung: Einmal als Entlastung der Erzieher und Erzieherinnen für in erster Linie erzieher- oder erzieherinnenorientierte Befragte. Ihnen bot sich eine Möglichkeit, zusätzliche emotionale Nähe zu einer Vertrauensperson zu entwickeln. Darüber hinaus blieb eine Verbindungslinie zum alltäglichen Leben außerhalb des Heimgeländes. Das Heimleben ist auch eine Subkultur und diejenigen Befragten, die ihre Gewohnheiten ganz auf den Heimalltag eingestellt hatten, klagen über große Schwierigkeiten mit alltäglichen Pflichten wie die Haushaltsführung, die materielle Versorgung; den Umgang mit Geld und Banken, Vermietern usw. nach ihrer Entlassung in die „Selbständigkeit".

Der 2. Faktor bezieht sich vor allem auf diejenigen ehemaligen Heimkinder, die höhere Schulen, vor allem das Gymnasium und die Realschule besuchten. Für diese Personengruppe stellten die engen Freundschaften zu Schulfreunden bzw. Schulfreundinnen und der intensive Kontakt zu deren Familien mit häufigen Wochenendbesuchen einen Eckpfeiler ihrer erfolgreichen Heimunterbringung dar.

Außerheimische erwachsene Bezugspersonen spielen in Einzelfällen eine sehr wichtige Rolle, aber nur als hilfreiche Ergänzung der anderen heimbezogenen Komponenten.

Eine gewisse Ausnahme hiervon stellen lediglich die Gesprächspartnerin Nr. 19 und der Interviewpartner Nr. 30 dar. Sie berichtet von einer intensiven Beziehung zu einer Stationsschwester des Kinderkrankenhauses, in dem sie vor ihrer Aufnahme in das untersuchte Heim mehrere Wochen verbracht habe. Diese Bezugsperson habe für sie zeitweise den Stellenwert einer Mutter gehabt; während ihrer gesamten vierjährigen Unterbringung sei es zu regelmäßigen monatlichen Begegnungen mit dieser Stationsschwester gekommen.

Der Befragte Nr. 30 erwähnt den Kontakt zu einer außerheimischen Therapeutin, der sich im Laufe der Jahre zu einer sehr engen und vertrauensvollen Beziehung entwickelt und auch noch in seiner nachheimischen Zeit fortbestanden habe.

Von allen befragten ehemaligen Heimkindern geben 6 (4 aus der Gruppe 1 und 2 aus der Gruppe 2)[97] an, keinerlei Kontakte zu außerheimischen erwachsenen Bezugspersonen unterhalten zu haben.

---

97 Es handelt sich um die Befragten Nr. 2, 3, 13 und Nr. 15 aus der Gruppe 1 und Nr. 4 sowie Nr. 12 aus der Gruppe 2.

Der schwierige Kontakt - Erzieher und Erzieherinnen im Heim und die Eltern der Heimkinder

In den Diskussionen zur Heimerziehung zeichnet sich im Laufe der 80er Jahre eine Aufwertung der „Elternarbeit des Heimes" ab. Auch das untersuchte Heim hat Elternarbeit als ein Mittel von Heimerziehung konzeptionell aufgegriffen.

Die heutige Forderung nach Einbeziehung der Eltern von Heimkindern in die Beziehungsarbeit im Heim ergibt sich vor allem aus der tiefenpsychologisch orientierten und familientherapeutischen Arbeit mit Problemfamilien. Sehr früh wiesen Vertreter und Vertreterinnen dieser kontextorientierten Ansätze in der Heimerziehung auf die Rolle und den Stellenwert von oft über Generationen bestehenden Beziehungsmustern, Loyalitäts- und Zugehörigkeitskonflikten, „unsichtbaren Bindungen", Übertragungs- und Gegenübertragungsprozessen u.ä. hin. Aus der Erkenntnis, daß nur über die Aufarbeitung der entwicklungsgeschichtlichen und familiendynamischen Zusammenhänge sowie der inter- und intragenerationellen Verpflichtungen eine konstruktive Hilfe für die betroffenen Familien möglich sei, entstand die Forderung, auch die Eltern der Heimkinder in die Erziehungsarbeit des Heimes einzubeziehen.

Dem Heimkind könne mittel- und langfristig besser geholfen werden, wenn auch bei den Herkunftsfamilien Impulse für Veränderungen gesetzt würden.

Roth 1990, Linke 1983 u.a. verweisen in ihren Beiträgen sowohl auf die Chance, durch intensive Elternkontakte gegenseitige Ängste, Aggressionen und Vorurteile abzubauen, als auch auf die möglichen Gewinne für die betroffenen Kinder und Jugendlichen.

Insbesondere für die Befragten mit fester sozialer Orientierung wäre eine gelungene Interaktion zwischen den Erziehern und Erzieherinnen auf der einen Seite und den Eltern oder Elternteilen auf der anderen Seite ein hilfreicher Beitrag, um belastende Sozialisationserfahrungen und Orientierungskrisen während ihrer Unterbringungsphase abzubauen bzw. günstigstenfalls zu verhindern.

In der Konzeption des untersuchten Heimes ist die Idee der Notwendigkeit von Elternarbeit aufgegriffen worden, allerdings in einem anderen Sinne: „Hauptziele der Elternarbeit bilden die *Akzeptanz* der Heimunterbringung und die Zusammenarbeit bei pädagogischen Problemen" (Konzeption, ebenda, S. 10).

Es geht um die Zustimmung der Eltern oder Elternteile zu der Erziehungsarbeit im Heim, weniger um die gemeinsame Arbeit. Raum zu schaffen für die Aufarbeitung der elterlichen Anteile an der schwierigen Sozialisationsgeschichte ihrer Kinder, ist von vornherein weniger beabsichtigt.

Heimerziehungsarrangements, die die Eltern und Herkunftsfamilie außen vor lassen, gefährden demgegenüber eine gründliche Anamnese der Vorgeschichte und eine offene Grundhaltung im Umgang mit den Herkunftsfamilien. Die gemeinsame Arbeit ist ein Ansatzpunkt für gegenseitiges Verständnis und Unterstützung. So können Kontakte entstehen, die die Erziehungsarbeit im Heim erleichtern.

Auch in den Gesprächen mit den ehemaligen Heimkindern zeigt sich, daß die „Elternarbeit" zu den schwierigsten Aufgaben der Heimerziehung gehört. Es kommt bei den im Heim untergebrachten Kindern zu einem Aufeinandertreffen von drei in sich sehr vielschichtigen Beziehungskonstellationen; man könnte auch von Beziehungssystemen sprechen: *Die Herkunftsfamiliensituation, die Familiensituation der Erzieherinnen und Erzieher und die Heimsituation, das Leben im Heim zusammen mit den anderen Heimkindern und anderen erwachsenen Bezugspersonen einschließlich des institutionellen Kontextes.*

In diesem Beziehungsdreieck zwischen Herkunftsfamilie, Erzieher- und Erzieherinnenfamilie sowie der „Heimfamilie" befindet sich jedes Heimkind und ist gezwungen, vor diesem Hintergrund seine eigene Position zu finden.

In jeder Beziehungskonstellation gibt es die bereits angesprochenen vielfältigen beziehungsdynamischen Prozesse, Übertragungen und Gegenübertragungen, Loyalitäten und Zugehörigkeitskonflikte, Bindungen, Verpflichtungen usw. Aber auch die Paarkonflikte in den Herkunftsfamilien und den Familien der Erzieherinnen und Erzieher werden von den Heimkindern wahrgenommen; bei einigen Befragten führte dies zu Irritationen und Distanzierungen von ihrem Lieblingserzieher oder ihrer Lieblingserzieherin.

Nur wenige Befragte sprechen sich im vorliegenden Material gegen eine Beziehung zwischen ihren Erziehern/Erzieherinnen und ihren Eltern oder Elternteilen aus. Im Gegenteil: Die meisten Interviewpartner und Interviewpartnerinnen quer durch alle Gruppen unterhielten auch während ihrer Unterbringung viele persönliche Kontakte zu ihren Eltern bzw. einem Elternteil meist über Wochenenden.

6 von den 7 erzieher- und erzieherinnenorientierten Befragten[98] wünschten sich Elternkontakte oder vielmehr die Verbindung zum Herkunftskontext.

---

98 Das betrifft die Befragten Nr. 2, 5, 11, 23, 26 aus Gruppe 1 und Interviewpartnerin Nr. 4 aus der Gruppe 2. Die Gesprächspartnerin Nr. 9 aus der Gruppe 1 kennt ihre Eltern bis heute nicht und gibt im Gespräch an, auch keinen Kontaktwunsch während ihrer Unterbringungszeit gegenüber den Eltern verspürt zu haben.

Die Interviewpartnerin Nr. 11 berichtet von Autoaggressionen - körperlichen Verletzungen, die sie sich zugefügt habe, um die Aufmerksamkeit und persönliche Anerkennung ihrer Eltern, im besonderen von ihrer sie heftig ablehnenden Mutter, zu erlangen.

Trotz der Kontaktwünsche werden die Beziehungen zur Herkunftsfamilie während der Unterbringung im Heim mit Ausnahme der Gesprächspartnerin Nr. 2 und zeitweise des Befragten Nr. 5 als konflikthaft, distanziert und unbefriedigend beschrieben; demgegenüber stehen sehr intensive Beziehungen zu den Erzieherinnen und Erziehern einschließlich privater Kontakte zu den Erzieher-und Erzieherinnenfamilien aller 6 Befragten, die ihre Eltern kennen.[99]

Wenn man jetzt den Blick auf die Angaben der ehemaligen Heimkinder bezogen auf das Verhältnis zwischen den Erzieherinnen und Erziehern und den Eltern oder Elternteilen wirft, so zeigt sich, daß sich auch diese Verhältnisse in ihrer Mehrheit weniger befriedigend darstellen und man den Schluß ziehen muß, daß die meisten erzieher- und erzieherinnenorientierten ehemaligen Heimkinder den Bezug zu ihrer Herkunftsfamile verloren haben oder besser gesagt, es nicht gelungen ist, die Eltern bzw. Elternteile in das Beziehungsdreieck einzubeziehen. Einzig die Befragte Nr. 2 von diesen 6 berichtet von gegenseitiger Sympathie zwischen ihrer Mutter und den Erzieherinnen und Erziehern des Heimes und regelmäßigen Kontakten. Bei der Befragten Nr. 4 aus der Gruppe 2 sei es zwar zu regelmäßigen Begegnungen zwischen dem Vater, der Stiefmutter und den zuständigen Erzieherinnen und Erziehern gekommen, aber das Verhältnis wird von ihr als belastet beschrieben. Trotz der Sympathie des Vaters und der Stiefmutter dem Erziehungspersonal gegenüber, hätte die Erzieher-bzw. Erzieherinnenseite den Vater und die Stiefmutter nicht verstanden und wären ihnen deshalb eher ablehnend gegenübergetreten.

Von wenigen Kontakten berichten die Befragten Nr. 5, Nr. 23 und Nr. 26 aus der Gruppe 1. Der Interviewpartner Nr. 5 erwähnt, daß die Erzieherinnen und Erzieher keinen Kontakt mit seiner Herkunftsfamilie gewünscht hätten; die Gesprächspartnerin Nr. 23 spricht von der Ablehnung ihres Vaters wegen dessen „Unehrlichkeit" durch die zuständigen erwachsenen Bezugspersonen des Heimes, während sich die Interviewpartnerin Nr. 26 nicht mehr an die Haltung der Erzieherinnen und Erzieher ihrem Vater gegenüber erinnern kann. Sie wisse aber, daß ihr Vater ihre zuständigen Beziehungsarbeiter und Beziehungsarbeiterinnen nicht gemocht habe.

Eltern bis heute nicht und gibt im Gespräch an, auch keinen Kontaktwunsch während ihrer Unterbringungszeit gegenüber den Eltern verspürt zu haben.
99 Die Befragten Nr. 2, 4, 5, 11, 23, 26.

Die Gesprächspartnerin Nr. 11 kann sich nicht mehr an das Verhältnis zwischen ihren Eltern und den Erziehern und Erzieherinnen erinnern, wisse aber, daß ihre Eltern, vor allem die Mutter wegen ihrer „Kaltherzigkeit" der Befragten gegenüber nicht gemocht wurden; die Haltung ihrer Eltern sei ihr nicht bekannt.

Bei der Interviewpartnerin Nr. 9 habe es keine Kontakte gegeben, weil sich die beiden Bezugsgruppen nicht gekannt hätten und die Befragte selbst ihre Eltern bis heute nicht kenne.

Im ganzen günstiger sind die Beziehungen zwischen den Eltern oder Elternteilen und dem Erziehungspersonal des Heimes verlaufen bei denjenigen Befragten, die sich an mehreren zentralen Bezugspersonen orientiert haben. Davon betroffen sind insgesamt 14 Gesprächspartnerinnen und Gesprächspartner aus der Gruppe 1 und 2 Interviewpartnerinnen aus der Gruppe 2. Bis auf die beiden Befragten Nr. 19 und Nr. 21 aus der Gruppe 1 wünschten sich und unterhielten alle ehemaligen Heimkinder mit gestreuter sozialer Orientierung Kontakte zu Eltern oder Elternteilen. 4 von ihnen berichten von einer Verbesserung der Beziehungen zu ihren Eltern bzw. Elternteilen während der Heimunterbringung;[100] bei den anderen gestalteten sich die Beziehungen eher distanziert und konflikthaft.

Bezogen auf das Verhältnis zwischen den Eltern oder Elternteilen und den Erziehern/Erzieherinnen zeigt sich bei den Befragten mit kumulativer sozialer Orientierung ein Trend zu regelmäßigen Begegnungen und von gegenseitiger Sympathie geprägten Beziehungen allerdings nur bei 4[101] von 7 ehemaligen Heimkindern[102], die sich neben den Lieblingserziehern oder Lieblingserzieherinnen auch an Eltern oder einem Elternteil orientiert haben. Von der Interviewpartnerin Nr. 13 abgesehen, berichten die anderen 3 Befragten heute von guten Beziehungen zur Mutter beim Gesprächspartner Nr. 3[103], zur Mutter und dem Stiefvater bei der Befragten Nr. 14 und im Fall der Interviewpartnerin Nr. 18 gegenüber dem Vater. Einen Sonderfall stellt die Befragte Nr. 17 dar. Sie erwähnt regelmäßige Kontakte zwischen den Erziehern und Erzieherinnen und ihrem Vater, aber nur bis zum Kontaktabbruch zum Vater in ihrem 12. Lebensjahr. Ihre Schilderungen in diesem Zusammenhang sind etwas undurchsichtig; wahr-

---

100 Es handelt sich um die Befragten Nr. 14, 15, 20, 30 aus der Gruppe 1.
101 Gemeint sind der Interviewpartner Nr. 3 und die Gesprächspartnerinnen Nr. 13, 14, 18 aus der Gruppe 1.
102 Das sind die Befragten Nr. 3, 13, 14, 15, 18, 25, 27 aus der Gruppe 1. Der Interviewpartner Nr. 27 erwähnt darüber hinaus auch seine Großmutter mütterlicherseits als eine für ihn noch wichtigere Bezugsperson seiner Herkunftsfamilie.
103 In diesem Fall handelt es sich um die gleiche Mutter wie bei der Interviewpartnerin Nr. 2, die sich überwiegend an den Erziehern und Erzieherinnen orientiert hatte.

scheinlich haben Vertreter und Vertreterinnen des Heimes ein Kontaktverbot gegenüber dem Vater verhängt, weil er die Befragte und ihren ebenfalls im untersuchten Heim untergebrachten Bruder bei Wochenendbesuchen des öfteren in alkoholisiertem Zustand verprügelt hatte.

Bei den anderen Befragten mit kumulativer sozialer Orientierung, die einen Elternteil oder die Eltern nicht beinhalteten, ergibt sich ein ähnliches Bild wie bei den erzieher- und erzieherinnenorientierten Heimkindern. Wenig Kontakte und gegenseitige Antipathie bei der Befragten Nr. 8, ebenso bei der Gesprächspartnerin Nr. 20 mit dem Unterschied, daß die Lieblingserzieherin ihre Mutter abgelehnt habe, aber die Mutter wiederum Sympathie für die Lieblingserzieherin empfunden habe; desgleichen bei der Befragten Nr. 6 aus der Gruppe 2. Sie kann sich allerdings nicht mehr an das Verhältnis zwischen ihrer Mutter und den Erzieherinnen und Erziehern erinnern.

Von keinerlei Kontakten berichten die Befragten Nr. 16, 19 und Nr. 28, während der Interviewpartner Nr. 30[104] sich an diesen Aspekt nicht erinnern kann. Nur im Falle des Gesprächspartners Nr. 21[105] habe ein „kooperatives", von gegenseitiger Sympathie geprägtes Verhältnis zwischen der Mutter und dem zuständigen Erzieher bestanden. Der Befragte selbst fühlte sich durch diese intensive Beziehung und den Austausch von Informationen über seine Entwicklung übergangen und erwähnt eine sehr konflikthafte Beziehung zu seiner Mutter in der damaligen Zeit. Mittlerweile verstehe er sich mit seiner Mutter und ihrem gegenwärtigen Ehemann nebst seiner Stiefschwester sehr gut.

Eine 3. Loyalitätsgruppe stellen die 4 ehemaligen Heimkinder mit fester Orientierung an den Eltern oder an einem Elternteil dar.[106] Die Kontaktwünsche zu den Eltern bzw. einem Elternteil sind bei ihnen ausgeprägter als bei den anderen Befragten mit anderer zentraler sozialer Orientierung. Bei allen 4 Befragten kommt es zu einer Verbesserung der Beziehung zumindest zu einem Elternteil während ihrer Unterbringung im Heim. Die Interviewpartner Nr. 1 und Nr. 10 erwähnen die Wiederannäherung an ihre jeweiligen Väter bei gleichzeitiger Verschlechterung ihrer Beziehung zu ihren Müttern während ihres Aufenthaltes im Heim. Beide sprechen auch von heute engen Beziehungen zu ihren Vätern, während im Falle des Befragten Nr. 1 die Mutter mittlerweile verstorben ist und beim Gesprächs-

---

104 Seine kumulative soziale Orientierung beinhaltet kein Elternteil.
105 Er orientierte sich überwiegend an einem Erzieherpaar und einer heimischen Peer-Group.
106 Das sind die Befragten Nr. 1, 10, 22 aus der Gruppe 1 und der Gesprächspartner Nr. 12 aus der Gruppe 2.

partner Nr. 10 ein distanziertes, eher konflikthaftes Verhältnis zu seiner Mutter im Vordergrund stehe.

Ähnlich ist die Situation beim Interviewpartner Nr. 12 aus der Gruppe 2. Während seines Aufenthaltes im untersuchten Heim sei es zu einer Verschlechterung der Beziehung zu seiner Mutter gekommen, und er nennt das beiderseitige „Auseinanderleben" als zentralen Grund hierfür, gleichzeitig habe sich aber das Verhältnis zu seinem Stiefvater verbessert; allerdings habe dieser im 11. Lebensjahr des Befragten Selbstmord verübt. Die Beziehung zu seiner Mutter und zu seinem 2. Stiefvater beschreibt er bis September 1991 als förderlich, seitdem hätten aber seine Mutter und sein 2. Stiefvater den Kontakt zu ihm abgebrochen.

Auch der Befragte Nr. 22 berichtet von einer Verbesserung der Beziehung zu seiner alleinstehenden Mutter während seiner Unterbringung im Heim, so daß er bereits nach 1,5 Jahren Heimaufenthalt wieder zu seiner Mutter und Halbschwester zurückkehren konnte. Bis heute unterhalte er eine gute Beziehung zu seiner Mutter.

Das bisher positive Gesamtbild bei diesen Befragten mit überwiegend eltern- bzw. elternteilorientierter sozialer Bindung setzt sich auch beim Verhältnis zwischen den beiden Bezugsgruppen: Eltern/Elternteil und Erzieher/Erzieherinnen fort. In 3 von 4 Fällen wird die Beziehung als durch gegenseitige Sympathie geprägt beschrieben; die Befragten Nr. 10 und Nr. 12 berichten von regelmäßigen persönlichen Begegnungen zwischen den beiden Parteien; der Interviewpartner Nr. 22 von wenigen Kontakten, aber seine Mutter habe Vertrauen in die Erzieherinnen und Erzieher gesetzt, was ihm geholfen habe, das alternative Erziehungsangebot vor allem in der Anfangsphase anzunehmen. Der Gesprächspartner Nr. 1 gibt an, sich nicht an das Verhältnis der beiden Bezugsgruppen erinnern zu können.

Die letzte Palette von Loyalitäten bilden die beiden Gesprächspartnerinnen Nr. 24 und Nr. 29. Bei ihnen ist es zu einem Wechsel von an sich festen zentralen Bezugspersonen im Laufe ihrer Kindheit gekommen. In beiden Fällen folgte die Neuorientierung nach dem Tod der Großmutter mütterlicherseits bzw. der Urgroßmutter mütterlicherseits bei der Befragten Nr. 29. zwischen dem 10. und 11. Lebensjahr der Befragten. Die erforderliche Neuorientierung führte zu einer verstärkten Annahme des alternativen Hilfeangebotes und zu einer intensiven Zuwendung zu den Erzieherinnen und Erziehern des untersuchten Heimes, die zu ihren neuen zentralen Bezugspersonen avancierten. Beide Interviewpartnerinnen berichten von sehr konstruktiven Beziehungen zu den erwachsenen Bezugspersonen des Heimes (darunter fällt auch der Kontakt zu Heimtherapeutinnen und bei der

Befragten Nr. 29 zusätzlich zum Heimleiter) und äußern sich sehr zufrieden über ihrer Unterbringung.

Kontaktwünsche zum Herkunftskontext äußert die Befragte Nr. 24. Sie berichtet von einer Verbesserung der Beziehung zu ihrer alleinstehenden Mutter und zu häufigeren Kontakten zu ihr. Ab ca. ihrem 16. Lebensjahr wechselte bei ihr die zentrale soziale Orientierung erneut, und es habe sich eine Wiederannäherung an ihre Mutter entwickelt. Über das Verhältnis ihrer Mutter gegenüber den Erziehern und Erzieherinnen des Heimes kann sie wenig sagen; sie erwähnt seltene Kontakte; ihre Mutter habe die Erzieher und Erzieherinnen des Heimes gemocht. Heute unterhalte sie zu ihrer Mutter eine distanzierte Beziehung; obwohl sie sie häufig treffe, vor allem wegen der lokalen Nähe und den Krankheiten der Mutter.

Bei der anderen Gesprächspartnerin mit sukzessiver sozialer Orientierung kommt es zu gegenteiligen Effekten: Kein Kontaktwunsch zur Mutter und Stiefeltern; wenig Begegnungen mit der Mutter während ihrer Unterbringung; Verschlechterung der Beziehung zur Mutter; heute sei der Kontakt zur Mutter und zu den Stiefeltern vollständig abgebrochen; ihren Vater kenne sie bis heute nicht.

Die einzige Befragte, bei der keine zuverlässigen Aussagen zu ihrer sozialen Orientierung gemacht werden können, die Interviewpartnerin Nr. 7, äußert einen Kontaktwunsch zur Mutter. Tatsächlich habe sich aber das Verhältnis zu ihr im Laufe ihrer Unterbringung bis heute kontinuierlich verschlechtert; heute bestünden kaum noch Kontakte zu ihr. An die Beziehung ihrer Mutter zu den Erzieherinnen und Erziehern könne sie sich nicht erinnern; sie gibt aber an, daß ihre Mutter das Erziehungspersonal nicht leiden konnte, weil diese der Mutter unterstellt hätten, daß sie ihre Tochter ablehne.

Es wird deutlich, daß die „Elternarbeit" des Heimes bei den Heimkindern mit fester sozialer Orientierung an den Eltern oder an einem Elternteil und bei denjenigen Befragten mit kumulativer sozialer Orientierung, die einen Elternteil oder die Eltern beinhalteten, am konstruktivsten verlaufen ist; es ist in den meisten Fällen zu einem produktiven Austausch zwischen den beiden Bezugsgruppen: Eltern/Elternteil und Erzieher/Erzieherinnen gekommen. Die davon betroffenen ehemaligen Heimkinder unterhalten heute mehrheitlich befriedigende Beziehungen zu ihren Herkunftsfamilien. Ihnen ist es offenbar am besten gelungen, im schwierigen Beziehungsdreieck den Bezug zu allen 3 Beziehungskonstellationen zu erhalten und damit im Gegensatz zu den erzieher- oder vielmehr erzieherinnenorientierten ehemaligen Heimkindern nicht aus dem Herkunftskontext herauszufallen.

Die Heimseite wiederum betreibt ihre „Elternarbeit" offensichtlich in Abhängigkeit von den zentralen sozialen Orientierungen der betreuten Heimkinder, denn Bezüge zum Herkunftskontext gibt es im vorliegenden Material kaum bei den Befragten, die nicht eltern- oder elternteilorientiert sind bzw. bei kumulativer Orientierung, wenn die Eltern oder Elternteile nicht dazugehören. Das betrifft knapp die Hälfte aller Befragten, nämlich 13 Interviewpartner und Interviewpartnerinnen. Im Überblick läßt sich sagen, daß unabhängig von der Beziehungsqualität die Mehrzahl der Befragen häufige persönliche Kontakte zu ihren Eltern oder zu einem Elternteil unterhielten, in einigen Fällen auch zu anderen Bezugspersonen wie Großmüttern, Tanten, Onkeln des Herkunftskontextes. An die genaue Anzahl der Treffen können sich die Interviewpartner und Interviewpartnerinnen in der Regel nicht erinnern; aber nach ihren ungefähren Angaben kann man bei mindestens einem persönlichen Treffen mit einem Angehörigen des Herkunftskontextes im Monat von hoher Kontakthäufigkeit sprechen.

Wenn man zum Vergleich im Gesamtüberblick die Ausführungen der Befragten zum Verhältnis und zur Kontakthäufigkeit bezogen auf die zuständigen Erzieher und Erzieherinnen und die Eltern bzw. Elternteile ansieht, so zeigt sich, daß es zumindest bei der Hälfte der Befragten kaum eine Beziehung und sehr wenig Kontakte zwischen diesen beiden Bezugsgruppen gegeben hat. Von den Befragten der Gruppe 1 geben 11 ehemalige Heimkinder an, daß es selten zu persönlichen Begegnungen zwischen ihren Eltern oder Elternteilen und Erziehern/Erzieherinnen während ihres im Durchschnitt 6jährigen Aufenthaltes im untersuchten Heim gekommen sei. 5 Gesprächspartner und Gesprächspartnerinnen[107] dieser Gruppe berichten von keinerlei Kontakten; lediglich in 4 Fällen werden regelmäßige Zusammenkünfte zwischen den Eltern oder einem Elternteil und den zuständigen Erziehern bzw. Erzieherinnen erwähnt.

6 Interviewpartner und Interviewpartnerinnen[108] können sich nicht an das Verhältnis ihrer Eltern oder Elternteile gegenüber den Erziehern und Erzieherinnen des Heimes erinnern.

In der Gruppe 2 ergibt sich eine andere Verteilung, die aber auf Grund der niedrigen Fallzahlen keine Interpretationen zuläßt. 3 Befragte[109] berichten von regelmäßigen Kontakten zwischen ihren Eltern oder Elternteilen und den Erzieherinnen und Erzieher des untersuchten Heimes, allerdings bei

---

107 Das sind die Befragten Nr. 9, 16, 19, 25, 28.
108 Es handelt sich um die ehemaligen Heimkinder Nr. 1, 5, 7, 11, 27, 30.
109 Befragte Nr. 4, 12 und Nr. 17.

der Interviewpartnerin Nr. 17 nur bis zu ihrem 12. Lebensjahr. Zu jener Zeit sei der Kontakt zu ihrem Vater auf Drängen des Heimes wegen wiederholter Mißhandlungen bei Wochenendbesuchen eingestellt worden. Die Befragte Nr. 6 spricht von seltenen Kontakten.

Folgende Tabellen zeigen noch einmal in der Übersicht das Verhältnis zwischen den Eltern bzw. Elternteilen und den Erzieherinnen und Erziehern des untersuchten Heimes.

Gruppe 1

Kontaktform der Befragten	Anzahl der Befragten
Regelmäßige Zusammenkünfte	4 Befragte
Wenig Kontakte	11 Befragte
Keine Kontakte	5 Befragte
Keine Erinnerung	6 Befragte
Gesamtzahl der Befragten	26 Befragte

Gruppe 2

Kontaktform der Befragten	Anzahl der Befragten
Regelmäßige Zusammenkünfte	2 Befragte
Regelmäßig bis Kontaktabbruch	1 Befragter
Wenig Kontakte	1 Befragte
Gesamtzahl der Befragten	4 Befragte

Zu der Frage nach den Sympathien und Antipathien zwischen Erziehern/Erzieherinnen und Eltern oder Elternteilen können sich 21 Befragte in Teilaspekten erinnern. In 3 Fällen[110] hätten sich die beiden Bezugsgruppen nicht gekannt. 4 Interviewpartnerinnen und Interviewpartner[111] aus der Gruppe 1 und die beiden Gesprächspartnerinnen Nr. 6 und Nr. 17 aus der Gruppe 2 können keine Angaben machen. Einschränkend muß aber hinzugefügt werden, daß die meisten Befragten sich nur an die Haltungen einer Bezugsgruppenseite - entweder Eltern/Elternteil oder Erzieher/Erzieherinnen - erinnern können.

Unter Berücksichtigung dieser Einschränkungen ergibt sich folgendes Gesamtbild: 8 ehemalige Heimkinder (7 aus der Polaritätsgruppe 1 und ein

---

110 Es handelt sich um die beiden Gesprächspartnerinnen Nr. 9 und Nr. 19 sowie den Interviewpartner Nr. 16 aus der Polaritätsgruppe 1.
111 Die Befragten Nr. 1, 15, 27, 30.

Befragter aus der Gruppe 2)[112] berichten von gegenseitiger Sympathie zwischen ihren Eltern oder Elternteilen und den Erzieherinnen und Erziehern. Die Motive für die wohlwollende Haltung ihrer Elternteile gegenüber den Erziehern und Erzieherinnen können nur die 3 Befragten Nr. 2, Nr. 18 und Nr. 22 aus der Gruppe 1 benennen. Einmal berichtet die Interviewpartnerin Nr. 2 von dem Vertrauen und der Dankbarkeit ihrer Mutter gegenüber den Bezugspersonen im Heim für deren Hilfe und Unterstützung. Für diese Mutter, alleinstehend, berufstätig mit mehreren Kindern, häufig mißhandelt von ihren Partnern, sei die Unterbringung ihrer Tochter im Heim eine Erleichterung und eine Sorge weniger gewesen.[113]

Vertrauen in die Kompetenzen der professionellen Beziehungsarbeiter und Beziehungsarbeiterinnen im Heim sei das zentrale Motiv für die Sympathie der Mutter des Befragten aus Interview Nr. 22 gegenüber den Erziehern und Erzieherinnen gewesen.

Die Gesprächspartnerin Nr. 18 berichtet vom Mitleid des Erziehungspersonals gegenüber ihrer an Multipler Sklerose leidenden Mutter als zentrales Motiv der Sympathie auf der Erzieher- und Erzieherinnenseite.

Von gegenseitiger Ablehnung sprechen die beiden Gesprächspartnerinnen Nr. 8 und Nr. 25 aus der Gruppe 1. Als Motive nennt die Befragte Nr. 8 den Konflikt mit der Mutter um die Haltung eines Haustieres im Heim auf der Erzieher- bzw. Erzieherinnenseite und unterschiedliche Erziehungsvorstellungen als Grund für die ablehnende Haltung ihrer Mutter. Desinteresse auf der Seite des Erziehungspersonals und die negativen Berichte der Befragten über das Leben im Heim bei Wochenendbesuchen, so die Interviewpartnerin Nr. 25, hätten einen Kontakt zwischen den Erzieherinnen, Erziehern und ihrer Mutter verhindert.

Eine weitere Variante: Nämlich Sympathie der Eltern oder eines Elternteiles bei gleichzeitiger Antipathie der Erzieher- und Erzieherinnenseite wird von weiteren 4 Befragten angesprochen.[114] Als Gründe nennen die Gesprächspartnerin Nr. 11 die „Kaltherzigkeit der Mutter"; die Befragte Nr. 20, die „nonverbalen Reaktionen"; die Interviewpartnerin Nr. 29 das Verhalten der Mutter im Erbschaftsstreit mit der Befragten und die Gesprächspartnerin Nr. 4 aus der Gruppe 2 „Verständnisprobleme" der Erzieherinnen und Erzieher.

---

112 Das sind die Befragten aus Interview Nr. 2, 3, 13, 14, 18, 21, 22 aus Gruppe 1 und Nr. 12 aus der Gruppe 2.
113 Diese Mutter ist zugleich auch die Mutter des Befragten Nr. 3, der ebenfalls die gegenseitige Sympathie erwähnt, sich aber nicht an die Motive erinnern könne.
114 Das sind die Interviewpartnerinnen Nr. 11, 20, 29 aus Gruppe 1 und Nr. 4 aus Gruppe 2.

Die Befragten Nr. 5 und Nr. 23 berichten von der Ablehnung ihrer Väter durch die Erzieherinnen und Erzieher; im Falle der Gesprächspartnerin Nr. 23 wegen dessen „Unehrlichkeit". 2 Interviewpartnerinnen und 1 Gesprächspartner erwähnen den umgekehrten Fall - die ablehnende Haltung ihrer Elternteile gegenüber dem Erziehungspersonal. Die Befragte Nr. 7 verweist auf die Kränkung ihrer Mutter durch die angebliche Unterstellung der Heimseite, ihre Mutter würde die Gesprächspartnerin ablehnen. Die Interviewpartnerin Nr. 26 kann sich nicht an die Motive ihres Vaters erinnern, während der Interviewpartner Nr. 28 die Selbstvorwürfe seines Vaters im Zusammenhang mit dem Tod seiner Mutter als Ablehnungsgrund nennt.

Der Gesprächspartner Nr. 10 führt an, daß seine Eltern den Erzieherinnen und Erziehern mit Sympathie gegenüber gestanden hätten, aber diese Zuneigung nur gegenüber dem Vater erwidert worden sei; die Mutter hätten seine Bezugspersonen im Heim nicht leiden können.

Interessant sind in diesem Zusammenhang die Ablehnungsgründe auf Seiten einiger Erzieherinnen und Erzieher des untersuchten Heimes bei den Befragten Nr. 8, 11, 23, 29 aus der Gruppe 1 und bei der Interviewpartnerin Nr. 4. Als Motive werden in diesen 5 Fällen genannt: „Die Kaltherzigkeit der Mutter"; „die Unehrlichkeit des Vaters"; „Verständnisprobleme"; „unterschiedliche Erziehungsvorstellungen"; „Konflikte mit der Mutter" um die Haltung eines Haustieres im Heim. Bestätigt wird an diesen Ablehnungsgründen der Erzieher- und Erzieherinnenseite noch einmal das Aufeinandertreffen von 2 vollkommen verschiedenen Lebenswelten und Erziehungsauffassungen (Mittelschicht - Unterschicht) und zum anderen die vordergründige Abgrenzung einiger erwachsener Bezugspersonen des untersuchten Heimes gegenüber dem Herkunftskontext der von ihnen betreuten Kinder und Jugendlichen. Formulierungen wie „Kaltherzigkeit" und „Unehrlichkeit" als Einschätzungen machen auch aggressive Übertragungen deutlich. Und selbst wenn das Herkunftsmilieu in dieser Weise mit Recht wahrgenommen wird, gibt es doch offenbar eine große Schwierigkeit auf Seiten einiger Erzieher und Erzieherinnen, offen, verständnisvoll und differenziert an die Aufarbeitung der Vorgeschichte und den Kontakt mit den Eltern bzw. den Elternteilen heranzugehen. Um Einfluß auf die Eltern ausüben zu können, muß es dieses Vertrauensverhältnis geben, was den Erziehern und Erzieherinnen mehr Geduld und Verständnis abverlangt als den Eltern oder Elternteilen.

Im Rahmen dieser Untersuchung führte ich auch ein Gespräch mit einer Mutter eines ehemaligen Heimkindes. Der Betroffene selber meldet sich nicht, ist auch nach einer persönlichen Ansprache nicht bereit gewesen, mir gegenüber über seine Entwicklungsgeschichte zu sprechen. Seine Mutter, bei der er im Herbst 1991 noch lebt, meldet sich dagegen auf meinen Brief hin, und es kam zu einem fast vierstündigen Interview über ihre Familiengeschichte und ihre Erfahrungen im Zusammenhang mit der Heimunterbringung ihres Sohnes im untersuchten Heim. An ihren Erfahrungen läßt sich explorieren, wie schwierig die Herstellung einer gemeinsamen Verständigungsbasis zwischen ihr und der Institution Heim gewesen ist. Wie das Interview mit der betreffenden Mutter deutlich macht, ist der Kontakt zwischen dem Heim und der Herkunftsfamilie leicht zu irritieren, insbesondere, wenn 3 Aspekte eine Rolle spielen. Sie werfen ein Licht auf die Schwierigkeiten des Kontaktes zwischen den Erziehern, Erzieherinnen auf der einen Seite und den Eltern oder Elternteilen auf der anderen Seite.

- Die Gründe und Ursachen für die Unterbringung sind der Mutter bereits im Vorfeld entweder nicht offen und ehrlich sowohl von den Vertreterinnen und Vertretern der Jugendhilfebehörden als auch dem Heimpersonal vermittelt worden oder die Mutter verdrängt bis heute ihre eigenen Anteile am Konflikt und auch die eigentlichen Motive für die Hilfemaßnahme. Ihre Äußerungen im Interview enthalten lediglich Vorwürfe und lassen eine Problemwahrnehmung ihrerseits nicht erkennen. „Ein Kind, was nur 4 Jahre im Heim gewesen ist, das hat ja einen Schaden genommen ... als wenn der sein ganzes Leben im Heim verbracht hat. Irgendwas kapiere ich dran nicht. Sehen Sie mal, und ich habe den Jungen mit den Worten vom Heim, vom Heimleiter (betont!) wiedergekriegt:'Wir können für den Sebastian[115] nichts mehr tun'. Also mit anderen Worten, die haben aus meinem wirklich naiven, kleinen, süßen Jungen, der er mal war - nur mit Schulschwierigkeiten haben die mir einen schwererziehbaren Jungen wiedergegeben. Und bei wem darf ich mich jetzt bedanken? Und wer hilft mir denn jetzt? Ich möchte hier in dieser Wohnung endlich 'mal alleine leben"[116]
Bis heute ist es der Mutter nicht möglich, die Beziehungen zwischen ihr und ihren Kindern zu verstehen und die wahrscheinlichen familialen Gründe, die die „Schulschwierigkeiten" ihres Sohnes damals vor der Heimeinweisung überlagerten, zu erkennen.
- Die schwierige Beziehung zwischen Eltern- oder Elternteilen auf der einen Seite und Erzieher und Erzieherinnen auf der anderen Seite. Die Äußerungen der Mutter zu ihrem Verhältnis zu den Erzieherinnen und Erziehern des untersuchten Heimes sind wie bei allen Themen des Interviews im ganzen verworren und belegen, daß sie selbst bis heute kein

---

115 Der Name ist geändert.
116 Transkription des Interviews mit einer Mutter eines ehemaligen Heimkindes des untersuchten Heimes, S. 9. Im folgenden Text mit TM abgekürzt.

eigenes Verhältnis zum Konflikt entwickelt hat und ihren Eigenanteil nicht wahrnimmt.
Auf der anderen Seite gibt es aber im Interviewmaterial auch Anzeichen für die Zurückhaltung der Heimseite, etwa wenn sie sich z. B. beklagt, daß sie über „irgendeine Messergeschichte " im Heim, bei dem ihr Sohn beteiligt gewesen sein soll, nur unvollständig und andeutungsweise informiert worden sei. Akteneinsicht und eine mündliche Aussprache seien ihr verwehrt worden.
Darüber hinaus bestehen bei ihr überzogene Erwartungen an die Möglichkeiten professioneller Heimerziehungsarbeit, die wiederum die Erzieherinnen und Erziehern nur durch das Eingeständnis der eigenen Möglichkeiten und Grenzen hätten entschärfen können.
- Die unterschiedlichen sozio-kulturellen Kontexte von Eltern bzw. Elternteilen und dem Erziehungspersonal im Heim können zu Verständigungsschwierigkeiten führen.

Im Gespräch mit der Mutter wird das vor allem an den unterschiedlichen Lebenseinstellungen und Erziehungsauffassungen deutlich: „Sehen sie mal, wie ich den Jungen da hingegeben habe, habe ich es auch unter dem Motto getan: 'Die Leute haben ja Erziehung gelernt'. Nicht? Jeder normale andere Bürger hat das ja nicht gelernt. Der macht das irgendwie. Sagen wir 'mal, so halbwegs, wie es die Eltern gemacht haben. Oder manche sind ja noch strenger; oder manche sind ein bißchen toleranter. Also, man macht so ein Mischmasch. ... Also habe ich doch vorausgesetzt, die haben 'Erzieher` gelernt oder sie sind noch dabei, es zu lernen. ... Bloß die verstehen ja unter 'helfen` schon was ganz anderes, als was ich darunter verstehe"(TM, ebenda, S. 20).
Oder an einer anderen Stelle des Interviews berichtet sie, daß die Erzieher weder schulisch noch moralisch bei ihrem Sohn etwas erreicht hätten „was haben die überhaupt gemacht in den ganzen 4 Jahren - das frage ich mich heute - oder das frage ich mich schon lange" (ebenda, S. 19). Und weiter:„Dann fiel mir auf, daß es keine Ordnung gab. Das wurde dann von den Erziehern gesagt: 'Auf Ordnung legen wir keinen Wert'. Ja, das Thema habe ich heute. Von Ordnung keine Spur. Der lebt wie ein Schwein" (ebenda, S. 4-5).
Wenn man einmal von der durchgängigen aggressiven Aufladung der Mutter gegenüber dem Heim absieht, wird deutlich, daß von der Erzieher- und Erzieherinnenseite das Bemühen um eine gemeinsame Verständigungsbasis auf der Grundlage von gegenseitigem Vertrauen, Offenheit, Beteiligung und Transparenz am ehesten gegenseitige Schuldzuweisungen abbauen und Lernprozesse befördern könnte.
Die Mutter selbst ist nicht bereit, sich mit dem Konflikt und ihrem Anteil an der problematischen Beziehung zu ihrem Sohn und den Ursachen für die Heimunterbringung auseinanderzusetzen. Sie ist 11 Jahre nach

der Entlassung ihres Sohnes aus dem untersuchten Heim nicht in der Lage, ein eigenes Verhältnis zum Konflikt herzustellen.

Prinzipiell müßte alles in allem bei zukünftigen Studien dieser Bereich der Heimerziehung stärker in das Blickfeld der Analyse gerückt werden. Intensivinterviews mit Eltern von ehemaligen Heimkindern erscheinen mir für diesen Zweck genauso sinnvoll zu sein wie auch mit den ehemaligen Lieblingserziehern und Lieblingserzieherinnen der Kinder und Jugendlichen. Damit könnte die Vielschichtigkeit der Interaktionsprozesse im Zusammenhang mit der Heimunterbringung noch differenzierter, als dies im Rahmen dieser Studie möglich war, analysiert werden.

Nach dem vorliegenden Material, das im ganzen gesehen zu dieser Thematik bezogen auf die Erfahrungen aller Befragter außer den erwähnten Zusammenhängen wenig eindeutige Aussagen zuläßt, ist allerdings ein Aspekt unmißverständlich belegt: Es gab allenfalls in der Hälfte der Fälle in Ansätzen eine tragfähige Beziehung zwischen den Eltern oder Elternteilen und den Erziehern/Erzieherinnen des untersuchten Heimes; mehrheitlich gab es noch nicht einmal einen kontinuierlichen Alltagskontakt. Auch wo Kontakte bestanden, blieben die Gespräche nach Angabe der Befragten oft auf vordergründige Themen beschränkt. Die Eltern als eine zentrale Sozialisationsinstanz in der frühen Kindheit der Heimkinder wurden nach den Angaben der Befragten nicht einbezogen in die Erziehungsarbeit im Heim, geschweige denn ihre Erziehungserfahrungen und -bedingungen für die eigenen Erziehungsversuche im Heim genutzt. Die Herkunftsfamilie kommt systematisch nicht in den Blick. Ihre aktuellen Wirkungen werden unterschätzt.

Ein Hauptproblem dieser „Beziehung" illustriert die Befragte aus Interview Nr. 25 aus der Gruppe 1 sehr treffend. Auf die Frage nach den Gründen für die Ablehnung ihrer Mutter durch die Erzieher und den nicht vorhandenen Bezug zwischen beiden antwortet sie: „Weil sie eben auch einfach nicht zusammengetroffen sind. Weil sie - weil kein Interesse bestand, ... daß die Eltern und die Erzieher sich zum Beispiel kennenlernen" (I. 25, PG1, S. 66). „Gleichgültigkeit" nennt sie als zentrales Motiv für das „Desinteresse" auf der Seite der Erzieher und Erzieherinnen. Bei der Mutter und auch anderen Eltern vermutet sie Schuldgefühle „oder ist ihnen vielleicht unangenehm, sich in irgendeiner Art oder in irgendeiner Weise ... rechtfertigen zu müssen" (ebenda, S. 67). Darüber hinaus habe ihre Mutter ihrerseits die Erzieher und Erzieherinnen nicht leiden können. Auf die Frage, woran sich denn die Antipathie der Mutter in der Beziehung zu den Erziehern und Erzieherinnen konkret entzündet habe, erwidert sie: „Nein, überhaupt nicht. Ich meine - die kannte sie ja gar nicht" (ebenda, S. 68). Aber die Befragte habe bei ihren Wochenendbesuchen eher über negative Erlebnisse aus dem

Heimalltag berichtet und dadurch seien bei der Mutter die negativen Einstellungen gegenüber den Vertreterinnen und Vertretern des Heimes entstanden.

Kapitel IV:
Der weitere Lebensweg der ehemaligen Heimkinder

Die schulische und berufliche Bewährung

In der Gruppe der erfolgreich eingestuften ehemaligen Absolventen und Absolventinnen des untersuchten Heimes verfügen bis auf den Interviewpartner Nr. 3 und die Gesprächspartnerin Nr. 11 alle über eine abgeschlossene Schulausbildung. Die folgende Tabelle gibt einen Überblick über die Schulabschlüsse aller Befragten aus der Gruppe 1:

Schulabschlüsse der Befragten aus der Polaritätsgruppe 1[117]

Schulabschlüsse	Männer	Frauen	Gesamt
Ohne Abschluß	1	1	2
Hauptschule, 9 Klassen	3	3	6
Hauptschule, 10 Klassen	1	2	3
Realschule	4	7	11
Abitur	2	1	3
Gesamtzahl Schulabschlüsse	11	13	25

2 Aspekte sind in diesem Zusammenhang besonders erwähnenswert. Zum einen die guten schulischen Ausbildungen der Befragten in dieser Gruppe und ihre Zufriedenheit mit der schulischen Förderung und Unterstützung durch die Erzieher und Erzieherinnen im Heim, sofern sie notwendig waren. Die Hälfte der Interviewten haben höhere oder weiterführende Bildungsabschlüsse der Realschule und drei haben das Abitur. Zum anderen sind die

---

117 Der Befragte Nr. 15 aus der Gruppe 1, der während der Heimzeit den erweiterten Hauptschulabschluß erreicht hatte, ist in der Tabelle mit seinem höchsten Schulabschluß aufgeführt; er hat mittlerweile über den Zweiten Bildungsweg das Abitur erlangt.
Das gleiche gilt auch für den Gesprächspartner Nr. 3, der in der Zwischenzeit über den Hauptschulabschluß verfügt.
Die Gesprächspartnerin Nr. 14 wird in der Tabelle nicht berücksichtigt, weil sie zum Erhebungszeitpunkt noch die Hauptschule besucht.

ehemaligen Mädchen gegenüber den Jungen zahlenmäßig bei allen Schulabschlüssen mit Ausnahme des Abiturs gleichwertig oder überlegen. 2 wesentliche Faktoren sind aber zu berücksichtigen, die eine Interpretation dieser Zahlen unter geschlechtsspezifischen Gesichtspunkten nur bedingt erlauben. Im gesamten Untersuchungszeitraum, zwischen 1978 und 1989, verließen 114 Männer und 73 Frauen das untersuchte Heim. Es gab also eine zahlenmäßige Unterlegenheit der ehemaligen Mädchen oder vielmehr ca. 20% mehr Jungen als Mädchen. Dieser Umstand würde dafür sprechen, daß die Mädchen eine genauso gute schulische Ausbildung wie ihre männlichen Mitbewohner erhalten haben. Aber am Gespräch teilgenommen haben 18 Frauen und nur 12 Männer, so daß die Frauen überrepräsentiert waren, und somit eine zuverlässige Interpretation hinsichtlich einer Gleichbehandlung und Gleichstellung von Mädchen und Jungen in schulischen Belangen durch die Erzieher und Erzieherinnen nicht möglich ist.

Bei der Frage der beruflichen Qualifikation liegen die ehemaligen Mädchen der Gruppe 1 ebenfalls gleichauf mit den ehemaligen männlichen Mitbewohnern, wie aus der folgenden Tabelle ersichtlich wird.

Berufsausbildungen der Befragten aus der Polaritätsgruppe 1[118]

Ausbildungsform	Männer	Frauen	Gesamt
Ohne Berufsausbildung	1	3	4
Geplante Berufsausbildung	2		2
In Berufsausbildung	2	3	5
Abbruch der Berufsausbildung[119]	2	2	4
Abgeschlossene Berufsausbildung	3	6	9
Freiwilliges Soziales Jahr	1		1
Noch Schülerin		1	1

In dieser Tabelle deutet sich bereits ein Trend an, der zu einer Verschiebung des bisherigen Bildes zugunsten der Männer führt. Beim Blick auf die weitere arbeitsmäßige Entwicklung der Befragten in dieser Gruppe lassen sich 5 verschiedene typische Varianten feststellen.

- Die traditionelle Variante, eine Berufsausbildung und anschließende Berufstätigkeit im Ausbildungsberuf. Diesen Weg gingen 4 Frauen und 2 Männer; zusammen 6 Befragte der Gruppe 1.[120]

---

118 Ein Sonderfall ist wiederum der Befragte Nr. 15 aus der ersten Gruppe, der sowohl über eine abgeschlossene Berufsausbildung und das Abitur verfügt und ab 1. 4. 1992 an einer technischen Fachhochschule Informatik studieren wollte.
119 Das sind die Befragten Nr. 9, 28, 29 und Nr. 30.

- 6 Gesprächspartner bzw. Gesprächspartnerinnen[121] - jeweils 3 Frauen und 3 Männer - berichten ungeachtet ihrer überwiegend guten Schulabschlüsse (zweimal Abitur; dreimal Realschulabschluß, einmal ohne Schulabschluß[122]) von großen Anlaufschwierigkeiten und begannen zum Teil erst nach jahrelanger beruflicher Orientierungslosigkeit und Phasen des Ausprobierens von Berufsbereichen eine Berufsausbildung oder befinden sich zum Zeitpunkt des Interviews noch in einer Berufsausbildung.
  Der Gesprächspartner Nr. 5 gibt an, die ersten 10 Jahre nach seinem Auszug aus dem Heim in der „Unterwelt" verbracht zu haben. Er habe von Raub und Dealen gelebt, zeitweise auch selbst Drogen genommen, bevor er im Rahmen seines 5jährigen Gefängnisaufenthaltes die Möglichkeit zu einer beruflichen Qualifikation genutzt habe. Heute lebe er im Rahmen der Legalität, bilde sich fort und möchte das Fachabitur für seinen Lehrberuf erlangen.
- 2 Frauen und 1 Mann gelangen[123] erst nach vielen Jahren beruflicher Perspektivlosigkeit ohne Berufsausbildung oder dem Abbruch von einer Berufsausbildung, dem häufigen Wechsel von Berufstätigkeit in Anlernberufen und Arbeitslosigkeit eine berufliche Festigung. Im Falle der Befragten Nr. 9[124] und Nr. 28 in einem ungelernten Berufsfeld, bei der Interviewpartnerin Nr. 25 nach der späten Absolvierung einer Berufsausbildung im Ausbildungsberuf.
- Betroffen von der 4. Variante beruflicher Entwicklungen sind ausschließlich Frauen. 3 von ihnen[125] haben keine Berufsausbildung. Die Interviewpartnerin Nr. 8 gibt an, eine Ausbildung in einem traditionellen Männerberuf abgeschlossen zu haben, sei aber wegen berufsbedingter Allergien in Anlernberufe gewechselt. Diese 4 Frauen „lösten" ihr Problem, die mangelnde berufliche Qualifikation, durch die Heirat mit

---

120 Es handelt sich um die Gesprächspartnerinnen Nr. 13, 23, 24, 26 und die beiden Interviewpartner Nr. 1 und Nr. 10.
121 Die Interviewpartner Nr. 5, 16, 21 und die Gesprächspartnerinnen Nr. 18, 19, 20.
122 Das Abitur haben die Gesprächspartnerin Nr. 19 und der Interviewpartner Nr. 16; über Realschulabschlüsse verfügen die beiden Interviewpartnerinnen Nr. 18 und Nr. 20; der Befragte Nr. 21 ist bisher ohne Schulabschluß. Er erwähnt aber im Gespräch, daß er nach Beendigung seiner Berufsausbildung zugleich den Hauptschulabschluß zuerkannt bekommen würde.
123 Das sind die beiden Gesprächspartnerinnen Nr. 9, 25 und der Interviewpartner Nr. 28.
124 Die Befragte aus Interview Nr. 9 gibt an, daß sie ihre Ausbildung aus gesundheitlichen Gründen abbrechen mußte. Sie arbeite seit ihrem Auszug aus dem untersuchten Heim kontinuierlich in verschiedenen Aushilfstätigkeiten, zuletzt seit 1987 beim gleichen Arbeitgeber. Sie ist aber mit ihrer beruflichen Situation nicht zufrieden und möchte ihr Tätigkeitsgebiet am liebsten durch eine nebenberufliche Ausbildung verändern.
125 Interviewpartnerinnen Nr. 2, 11, 29.

einem berufstätigen Partner, und mit Ausnahme der Befragten Nr. 2, der Gründung einer eigenen Familie mit Kindern, wobei 3 von ihnen zusätzlich stundenweise zum Unterhalt der Familie beitragen würden. Die 4. Befragte aus Interview Nr. 11 erwähnt, daß sie vor ihrer erneuten Heirat nach der Trennung von ihrem 1. Mann und Vater zweier Kinder vorrübergehend von Sozialhilfe gelebt habe.

- Unter die 5. Variante fallen 3 ehemalige Heimkinder[126], denen bisher die berufliche Eingliederung nicht gelungen ist. Den beiden Befragten Nr. 3 und Nr. 7 fehlen bisher die beruflichen Perspektiven; beide sind durch das Leiden an Epilepsie sehr eingeschränkt in der Wahl ihrer Berufsmöglichkeiten. Während der Gesprächspartner Nr. 3 erwähnt, bereits in Anlernberufen zeitweise tätig gewesen zu sein und über einen Lehrgang des Arbeitsamtes seinen Hauptschulabschluß nachgeholt zu haben, befindet sich die Interviewpartnerin Nr. 7 heute in einem Heim für Erwachsene und ist mit dieser Lebenslage nicht zufrieden. Sie hat darüber hinaus auch Entwicklungsrückstände, die eine berufliche Eingliederung erschweren.

Beim Befragten Nr. 30 wechselten sich nach dem Abbruch seiner Berufsausbildung Phasen der Arbeitslosigkeit mit Tätigkeiten in Anlernberufen ab. Er plane aber die Wiederaufnahme seiner unterbrochenen Berufsausbildung.

Atypisch ist dagegen der Fall des Befragten Nr. 15. Nach dem Erweiterten Hauptschulabschluß nahm er eine Berufsausbildung auf. Gleichzeitig besuchte er eine Abendschule, auf der er das Abitur erlangt hat. Ab dem Sommersemester 1992 wollte er ein Studium der Informatik beginnen.

Die Gesprächspartner Nr. 22 und Nr. 27 befinden sich nach ihrem Schulabschluß noch in der Phase der beruflichen Orientierung mit Hilfe eines Praktikums im einen Fall und durch die Teilnahme an einem Freiwilligen Sozialen Jahr im anderen Fall. Die Interviewpartnerin Nr. 14 besucht noch die Schule, möchte aber im Anschluß an ihren angestrebten Realschulabschluß eine Berufsausbildung aufnehmen.

Im Überblick betrachtet ist die schulische und berufliche Bewährung in dieser Gruppe sehr erfreulich, die berufliche Zufriedenheit hoch; die Frauen sind hinsichtlich ihrer beruflichen Situation nur dann geringfügig benachteiligt, wenn sie über keine Berufsausbildung verfügen.

Bei den 4 Befragten der Gruppe 2 ist die Ausgangslage bei der schulischen Ausbildung im Trend bereits etwas ungünstiger als bei der Gruppe 1. Die beiden Gesprächspartnerinnen Nr. 4 und Nr. 17 und der Interviewpartner Nr. 12 verfügen über den Hauptschulabschluß, die Befragte Nr. 6 über den

---

126 Das sind die Gesprächspartner Nr. 3 und Nr. 30 und die Gesprächspartnerin Nr. 7.

Erweiterten Hauptschulabschluß. Die Interviewpartnerin Nr. 17 berichtet, daß sie den Hauptschulabschluß über die Teilnahme an einem Lehrgang des Arbeitsamtes 1991 erworben habe und plane, eine weitere Fortbildung mit dem Ziel, auch den Erweiterten Hauptschulabschluß zu erlangen.

Große Unterschiede gibt es zur Gruppe 1 hinsichtlich der beruflichen Situation. Die Gesprächspartnerin Nr. 6 und der Gesprächspartner Nr. 12 erwähnen den Abbruch ihrer Ausbildungen, im Falle der Befragten Nr. 6 wegen Problemen in ihrer Ausbildung in einem sozialen Beruf. 1990 sei es ihr aber gelungen, eine Ausbildung in einem anderen Beruf aufzunehmen.

Der Interviewpartner Nr. 12 berichtet, daß er seinen Ausbildungsplatz durch eigene Schuld, dem wiederholten Schwänzen der Berufsschule, verloren habe. Daraufhin habe er 4 Jahre lang Drogen (Heroin) konsumiert und sei wegen seines gegenwärtigen Entzuges arbeitsunfähig. Als Motive für seine Flucht in die Droge nennt er neben dem beruflichen Mißerfolg auch Beziehungsprobleme mit seiner damaligen Freundin, die ihn verlassen habe. Darüber hinaus fehlen ihm heute berufliche und private Perspektiven. Er lebe gegenwärtig ohne Partnerin und der jahrelange enge Konkakt zur Mutter sei kurz vor dem Interview von ihr abgebrochen worden.

Ähnlich, aber doch insgesamt günstiger ist die weitere berufliche Entwicklung der Interviewpartnerin Nr. 4 verlaufen. Sie berichtet, nach anfänglicher Arbeitslosigkeit im Anschluß an ihren Hauptschulabschluß, von vielen Arbeitsplatzwechseln in verschiedenen Anlernberufen über einen Zeitraum von über 10 Jahren (ca. 6 verschiedene Anstellungen), unterbrochen durch Fortbildungen und Kurzlehrgänge des Arbeitsamtes und einer Fehlgeburt. Im Herbst 1991 sei sie in den ersten Monaten schwanger, plane aber trotzdem, an einer einjährigen Berufsausbildung des Arbeitsamtes ab November 1991 teilzunehmen. In all den Jahren sei sie darüber hinaus 10 Jahre lang, zuletzt bis 1990, von Heroin abhängig gewesen. Seitdem nehme sie keine Drogen mehr.

Die letzte Befragte in dieser Polaritätsgruppe 2, die Gesprächspartnerin Nr. 17, berichtet von 2jähriger Arbeitslosigkeit im Anschluß an ihre ohne Abschluß beendete Schulzeit. Mittlerweile habe sie einen Lehrgang des Arbeitsamtes mit dem Ziel, den Hauptschulabschluß zu erlangen, erfolgreich absolviert und sich bereits zum nächsten Lehrgang ab November 1991 angemeldet, um auch noch den Erweiterten Hauptschulabschluß zu erreichen. Berufliche Perspektiven habe sie noch nicht. Sie lebe bei ihrem Freund, erhalte neben der Unterstützung durch den Lebenspartner auch geringe finanzielle Zuwendungen durch das Arbeitsamt, und sie betreue gelegentlich Kinder, um ihren Lebensunterhalt zu sichern.

Alles in allem wird deutlich, daß alle ehemaligen Heimkinder dieser Polaritätsgruppe 2 in beruflicher Hinsicht nicht gefestigt sind, im Gegenteil die

Lebenslagen des Gesprächspartners Nr. 12 und der Interviewpartnerin Nr. 4 sind sehr schwierig, von massiven gesundheitlichen Problemen überlagert. Inwiefern die bevorstehende Geburt des 1. Kindes bei der Befragten Nr. 4 eine Belastung für ihre berufliche Entwicklung darstellen wird, kann noch nicht abgeschätzt werden.

Am ehesten scheinen die Interviewpartnerinnen Nr. 6 und Nr. 17 noch mit ihrer gegenwärtigen beruflichen Bewährung zurecht zu kommen, die Befragte Nr. 6, weil sie eine Berufsausbildung absolviert, und die Gesprächspartnerin Nr. 17, weil sie sich fortbildet und ihre Existenz durch die Unterstützung ihres Freundes gesichert ist.

Die folgenden Tabellen stellen noch einmal in der Übersicht die schulische und berufliche Situation der Befragten aus der Polaritätsgruppe 2 dar.

Schulausbildungen der Befragten aus der PG2

Schulform	Männer	Frauen	Gesamt
Hauptschule 9. Klasse	1	2	3
Hauptschule 10. Klasse		1	1

Berufsausbildungen der Befragten aus der PG2

Ausbildung	Männer	Frauen	Gesamt
Ohne Berufsausbildung		1	1
In Berufsausbildung		1^{127}	1
Abbruch der Berufsausbildung	1		1
Noch keine Berufsausbildung		1	1

8 ehemalige Heimkinder (4 Frauen und 4 Männer)[128], vor allem alle Befragte, die auf der Polaritätsskala als weniger erfolgreich eingestuft sind, beklagen mangelnde schulische Förderung und berufliche Orientierung durch Erzieher und Erzieherinnen des untersuchten Heimes. Die Interviews zeigen, daß dieser Bereich, der für die eigenständige weitere Entwicklung der ehemaligen Heimkinder sehr wichtig ist, von der Seite der Erzieher und Erzieherinnen bei knapp einem Drittel der Befragten nach deren Auffassung zu wenig gefördert worden ist. Deshalb scheint mir die Anregung der Befragten aus Interview Nr. 4 aus der Gruppe 2 sinnvoll zu sein, daß jedes Heimkind während seiner Unterbringung eine Berufsausbildung absolvieren

---

[127] Die Befragte Nr. 6, die im Herbst 1991 eine Berufsausbildung absolviert, hatte vor der Aufnahme dieser Ausbildung bereits eine Berufsausbildung abgebrochen.
[128] Es handelt sich um die Gesprächspartnerinnen Nr. 4, 6, 17 aus der Gruppe 2 und die Befragte Nr. 2 aus der Gruppe 1. Von den Männern sind das die Befragten Nr. 1, 5, 21 aus der Gruppe 1 und der Interviewpartner Nr. 12 aus der Gruppe 2.

soll. Diese Gesprächspartnerin, heute 31 Jahre alt, verfügt über 10jährige Berufspraxis in Anlernberufen und Aushilfstätigkeiten.

Die Aufenthaltsdauer, die Entlassung, die Entlassungsgründe und die weitere Entwicklung

Die durchschnittliche Aufenthaltsdauer der Befragten bezogen auf beide Polaritätsgruppen beträgt 6 Jahre. Sie ist damit relativ lang und ein Beleg dafür, daß die oft beklagte „Abschiebepraxis" im untersuchten Kinderheim in der Regel nicht gepflegt wurde. In der Übersicht ergibt sich folgendes Bild:

Durchschnittliche Aufenthaltsdauer im Heim

Gruppe 1	6,1 Jahre
Gruppe 2	7,8 Jahre
Zusammen	6,3 Jahre

Je länger die Unterbringungszeit, desto intensivere und dauerhaftere Beziehungen können zwischen Erziehern, Erzieherinnen und Heimkindern entwickelt werden. Allerdings läßt sich aus dem vorliegenden Material kein unmittelbarer Zusammenhang zwischen der Beziehungsqualität und der Aufenthaltsdauer nachweisen. Auch relativ kurz untergebrachte ehemalige Heimkinder unterhielten intensive und fruchtbare Beziehungen zu Erziehern, Erzieherinnen, Mitbewohnerinnen und Mitbewohnern. Aus entwicklungspsychologischen Gründen ist eine kontinuierliche Beziehung zu relevanten Bezugspersonen prinzipiell wirkungsvoller als viele kurze Beziehungserlebnisse.

Ähnlich verhält es sich bei der Frage nach einem Zusammenhang zwischen dem Lebensalter und dem Entlassungszeitpunkt, wie die folgenden Tabellen zum Entlassungsalter der Befragten verdeutlichen:

Durchschnittliches Entlassungsalter

Gruppe 1	16,2 Jahre
Gruppe 2	15,4 Jahre
Zusammen	16,1 Jahre

Entlassungsalterschwerpunkte Gruppe 1

Altersspektrum	Anzahl der davon Betroffenen
10. - 15. Lebensjahr	5 von 26 Befragten
16. - 17. Lebensjahr	12 von 26 Befragten
16 Jahre und älter	20 von 26 Befragten
18 Jahre und älter	8 von 26 Befragten
Die jüngste Befragte bei Entlassung	10 Jahre alt[129]
Der älteste Befragte bei Entlassung	21 Jahre alt[130]

Entlassungschwerpunkte Gruppe 2

Altersspektrum	Anzahl der davon Betroffenen
10. - 12. Lebensjahr	2 von 4 Befragten
18 Jahre und älter	2 von 4 Befragten
Der jüngste Befragte	10 Jahre alt[131]
Die älteste Befragte	20-21 Jahre alt[132]

Es fällt auf, daß die erfolgreichen ehemaligen Heimkinder bei ihrer Entlassung aus dem untersuchten Heim sich bereits im fortgeschrittenen Jugendlichenalter befanden oder junge Erwachsene waren. Im Kindesalter oder in der beginnenden Pubertät befanden sich nur 5 Befragte.[133]

In der Gruppe 2 dagegen gibt es 2 Befragte,[134] die bereits in ihrer vorpubertären Entwicklungsphase das Heim verließen, und 2 Gesprächspartnerinnen[135], die bereits volljährig waren und beide aus diesem Grunde das Heim verlassen mußten. Weitergehende Schlüsse sind nicht möglich, was auch daran liegt, daß sich erfreulicherweise nur 4 ehemalige Heimkinder in der Polaritätsgruppe 2 befinden. Man kann aber aus dem Gesamtzusammenhang des hohen durchschnittlichen Entlassungsalters schließen, daß es für

---

[129] Es handelt sich um die Befragte Nr. 23, die von einer Pflegefamilie aufgenommen worden ist.
[130] Das ist der Interviewpartner Nr. 10.
[131] Die Interviewpartnerin Nr. 6. Sie wurde ebenso wie die jüngste Entlassene aus der Gruppe 1 von einer Pflegefamilie aufgenommen.
[132] Die Gesprächspartnerin Nr. 17 kann sich nicht mehr genau an ihr Alter bei ihrer Entlassung erinnern. Deshalb habe ich bei der Berechnung des durchschnittlichen Entlassungsalters 20,5 Jahre als Entlassungsalter bei ihr zugrunde gelegt.
[133] Das sind die Gesprächspartnerinnen und Gesprächspartner Nr. 11 (14 Jahre), 14 (11 Jahre), 22 (13 Jahre), 23 (10 Jahre), 27 (11,5 Jahre).
[134] Die Interviewpartnerin Nr. 6 wurde von einer Pflegefamilie aufgenommen; der Interviewpartner Nr. 12 kehrte vorübergehend in seine Herkunftsfamilie zurück.
[135] Die Befragten Nr. 4 und Nr. 17.

die weitere Entwicklung der Betroffenen und die Wirksamkeit der Hilfemaßnahme im Sinne nachhaltiger Beeinflußung der Sozialisationsgeschichte in den meisten Fällen günstiger ist, wenn die betreuten Jugendlichen erst in ihrer nachpubertären Entwicklungsphase das Heim verlassen.

Bei der Entscheidung über den geeigneten Entlassungszeitpunkt sollten die Betroffenen wie beim Unterbringungsprozeß mit einbezogen werden. Im vorliegenden Material ist das in den meisten Fällen in allen Gruppen geschehen. In 11 Fällen aus der Gruppe 1 wollten die ehemaligen Heimkinder selbst das Heim verlassen; nur zweimal in Gruppe 1 und einmal in der Gruppe 2 kam es vor, daß sie das Heim gegen ihren Willen verlassen mußten, der bereits des öfteren erwähnte Befragte Nr. 28 wegen massiven Konflikten mit den Erziehern und Erzieherinnen, der Interviewpartner Nr. 30 wegen des Abbruches seiner Berufsausbildung bei gleichzeitiger Volljährigkeit und die Gesprächspartnerin Nr. 17 aus der Gruppe 2, weil sie zum Zeitpunkt der Entlassung nach über 14jährigem Aufenthalt fast 21 Jahre alt gewesen sei. In der Folgezeit verliefen die psycho-sozialen Entwicklungen und Krisen dieser 3 Betroffenen schwieriger als bei den meisten Befragten, die über den Entlassungszeitpunkt mitbestimmen konnten. Die Entlassungsgründe im einzelnen sind sehr unterschiedlich; wesentlich ist in diesem Zusammenhang lediglich die bereits erfolgte und gelungene Beteiligung und Verständigung mit den Betroffenen.

Ungewöhnliche Unterschiede hinsichtlich ihrer Wohnsituation in der Nachheimzeit gibt es zwischen den beiden Polaritätsgruppen nicht. Die vorherrschendste Variante des Übergangs vom Heim zu einer eigenen Wohnung und damit der vollständigen räumlichen Unabhängigkeit in die Selbständigkeit der Befragten ist bei denjenigen, die nicht zu einem Elternteil oder den Eltern zurückkehrten bzw. in einer Pflegefamilie untergebracht wurden, die Entlassung in eine Wohngemeinschaft. 11 Befragte (10 aus der Gruppe 1; 1 Gesprächspartnerin aus der Gruppe 2)[136] berichten von einer durchschnittlich 3jährigen Unterbringung in einer Wohngemeinschaft nach ihrer Entlassung aus dem Heim. 5 von ihnen sehen im Leben in der Wohngemeinschaft mehr Nachteile als Vorteile für ihre Lebenssituation in jener Zeit.[137] Als häufigste Gründe dafür werden das Nicht-Zurecht-Kommen mit der Alltagsorganisation, der Hang zum Faulenzen und die Berührung mit Drogen genannt.

---

136 Es handelt sich um die Befragten Nr. 2, 3, 8, 9, 15, 18, 20, 21, 28, 29 aus Gruppe 1 und die Interviewpartnerin Nr. 17 aus der Gruppe 2.
137 Das sind die Befragten Nr. 2, 8, 20, 21, 29 aus Gruppe 1.

Im Anschluß an ihren Aufenthalt in einer Wohngemeinschaft hätten die 3 Befragten Nr. 9, Nr. 15 und Nr. 18 eine eigene Wohnung bezogen, im Falle der Gesprächspartnerin Nr. 9 zusammen mit dem Freund.

3 Interviewpartner und Interviewpartnerinnen[138] erwähnen einen vorübergehenden Aufenthalt bei ihren Müttern, bevor sie eine eigene Wohnung zusammen mit ihren Lebenspartnern bzw. beim Befragten Nr. 21 mit seiner Freundin erhalten hätten. Der Gesprächspartner Nr. 3 ist zu seiner Mutter gezogen und lebt heute noch bei ihr.

Die restlichen Interviewpartner und Interviewpartnerinnen, die zunächst in einer Wohngemeinschaft gelebt haben, sind über weitere Zwischenstationen, z. B. das vorübergehende Leben bei einem Freund, in Gruppenunterkünften oder über häufige Wohnortwechsel wie im Falle des Befragten Nr. 28 zu einer eigenen Wohnung gekommen. 8 von den 11 Interviewpartnern und Interviewpartnerinnen, die in eine Wohngemeinschaft entlassen worden waren, geben an, heute in einer eigenen Wohnung in der Regel zusammen mit dem Lebenspartner bzw. der Lebenspartnerin zu leben. Zwei[139] von ihnen, jeweils aus der Gruppe 1 und Gruppe 2, leben heute in der Wohung ihrer Lebenspartner, und der Befragte Nr. 3 bei seiner Mutter.

Im ganzen sind 6 ehemalige Heimkinder[140] aus der Gruppe 1 und 1 Gesprächspartner (Nr. 12) aus der Gruppe 2, zu ihren Müttern in 5 Fällen bzw. der Befragte Nr. 1 zum Vater und die Interviewpartnerin Nr. 14 zu ihrer Mutter und ihrem Stiefvater entlassen worden. Die Befragten Nr. 1, Nr. 14 und Nr. 22 geben an, heute noch in ihrer Herkunftsfamilie zu leben; die Interviewpartnerin Nr. 25 und der Gesprächspartner Nr. 12 haben heute eigene Wohnungen, die Frau zusammen mit ihrem Ehemann; der Interviewpartner Nr. 27 lebt im Herbst 1991 in einem Kleinheim in Berlin und der Befragte Nr. 30 in einem Obdachlosenheim.

Nur wenige Gesprächspartner und Gesprächspartnerinnen, nämlich die Befragten Nr. 10, 13, 24 und Nr. 26 aus der Gruppe 1 und die Gesprächspartnerin Nr. 4 aus der Gruppe 2 haben gleich nach ihrer Unterbringung eine eigene Wohnung bezogen; vier[141] von ihnen zunächst alleine, die Befragte Nr. 13 gleich zusammen mit ihrem Ehemann. Heute leben alle 4 zusammen mit ihren Lebenspartnern bzw. Lebenspartnerinnen; die Befragte Nr. 26 hat ihre frühere eigene Wohnung noch als Zweitwohnung.

---

138 Das sind die Befragten Nr. 2, 20, 21.
139 Gesprächspartnerin Nr. 17 aus der Gruppe 2 und Interviewpartner Nr. 28 aus der Gruppe 1.
140 Die Befragten Nr. 1, 14, 22, 25, 27, 30.
141 Die Befragten Nr. 10, 24, 26 aus der Gruppe 1 und die Befragte Nr. 4 aus der Gruppe 2.

Die beiden Befragten Nr. 16 und Nr. 19 kamen über das betreute Einzelwohnen zu einer eigenen Wohnung und leben heute in einer eigenen Wohnung; die Frau zusammen mit ihrem Lebenspartner, und der Mann mit seiner Lebenspartnerin.

Jeweils 2 ehemalige Heimkinder wurden in ein anderes Heim und in Pflegefamilien entlassen, die 20jährige Interviewpartnerin Nr. 7 in ein Erwachsenenheim[142] im Bundesgebiet, wo sie im Herbst 1991 noch lebt, ohne berufliche Perspektiven und die Aussicht auf ein selbstbestimmtes Leben.

Die Befragte Nr. 11 wollte auf eigenen Wunsch in einem Heim im Bundesgebiet zusammen mit ihrer Schwester weiterleben. Nach 5jährigem Aufenthalt und häufigen Wohnort- und Wohnungswechseln lebt sie heute in einer eigenen Wohnung zusammen mit ihrem 2. Ehemann in Berlin.

Die Interviewpartnerin Nr. 6 aus der Gruppe 2 ist heute nach 8jährigem Aufenthalt in einer Pflegefamilie in einer Wohngemeinschaft untergekommen. Angebliche sexuelle Ambitionen ihres Pflegevaters habe sie zum Auszug und zum Kontaktabbruch bewogen.

Die Gesprächspartnerin Nr. 23 hat zunächst 6 Jahre bei einer Pflegefamilie als deren Pflegekind gelebt, einem Erzieherpaar des untersuchten Heimes, und sei dann über einen 3jährigen Wohngemeinschaftsaufenthalt und das Leben bei einer Freundin zu ihrer eigenen Wohnung gekommen.

Der Interviewpartner Nr. 5 schließlich berichtet von häufigen Wohnortwechseln. Nach seiner Entlassung aus dem untersuchten Heim habe er zunächst bei einem Freund gelebt, anschließend in 2 Wohngemeinschaften, bevor er seine erste eigene Wohnung bezogen habe. Nach seinem mehrjährigen Gefängnisaufenthalt habe er heute wieder eine eigene Wohnung.

Alles in allem sind häufige Wohnortwechsel Einzelfälle. 4 ehemalige Heimkinder, die Gesprächspartnerin Nr. 11 und die Gesprächspartner Nr. 5, Nr. 28 und Nr. 30 berichten davon. Der Interviewpartner Nr. 30 hat als einziger aller Befragten ernsthafte Wohnungsprobleme; er sei in seiner weiteren Entwicklung ein Jahr lang obdachlos gewesen und lebt zum Zeitpunkt des Interviews für einen befristeten Zeitraum im Obdachlosenheim, wo auch das Gespräch mit ihm stattfindet.

Hinsichtlich der beziehungsmäßigen Entwicklung berichten 14 von den 26 Befragten aus der Gruppe 1 und zwei[143] von den 4 Gesprächspartnern und Gesprächspartnerinnen aus der Gruppe 2 von bis heute wenigen, aber dauerhaften Beziehungsverhältnissen. 6 ehemalige Heimkinder[144] aus der

---

142 Im Herbst 1991 wurde die Einrichtung nach Niedersachsen verlegt; das Gespräch mit ihr findet aber noch in Süddeutschland statt.
143 Interviewpartnerinnen Nr. 6 und Nr. 17.
144 Das sind die Befragten Nr. 2, 8, 11, 19, 25, 29.

Gruppe 1 sind im Herbst 1991 verheiratet; drei[145] von ihnen haben eigene Kinder und die Interviewpartnerin Nr. 11 ist bereits in 2. Ehe verheiratet. Mehrjährige feste Beziehungen erwähnen die Befragten Nr. 9, 10, 16 und die Gesprächspartnerin Nr. 24, die darüber hinaus auch 1 Kind von ihrem Lebenspartner hat. Verlobt sind die beiden Interviewpartner Nr. 21 und Nr. 28. Für die Befragte Nr. 13 sei die Beziehung zu ihrem Ehemann zugleich die 1. Partnerschaft.

Auf der anderen Seite gibt es die eben genannten Befragten Nr. 10, 16 und Nr. 28 aus der Gruppe 1, die zusammen mit 3 anderen Absolventen und Absolventinnen (2 aus der Gruppe 1 und 1 Befragte aus der Gruppe 2),[146] darüber hinaus erwähnen, daß sie zeitweise viele, meist oberflächliche Kontakte zum anderen Geschlecht gehabt hätten. Einigen diente dieser Beziehungsaktivismus nach eigenen Angaben auch zur Überspielung des Alleinseins. Bis auf den Interviewpartner Nr. 5 würden sie heute seit mehren Jahren in festen Partnerschaften leben.

5 Männer [147]aus der Gruppe 1, der einzige Mann aus der Gruppe 2 und 2 Frauen[148] aus der Gruppe 1 leben zum Zeitpunkt der Befragung im Herbst 1991 in keiner festen Beziehung. Die Interviewpartner Nr. 22 und Nr. 27 sind noch zu jung (17 Jahre bzw. 18 Jahre alt); der Gesprächspartner Nr. 15, 22 Jahre alt, habe noch nie eine intime Beziehung gehabt, wünsche sich das aber schon lange, und der Befragte Nr. 30 spricht von mehrfachen Beziehungserfahrungen; seine letzte Partnerin habe ihn verlassen und einen anderen Mann geheiratet.

Die beiden Männer Nr. 1 aus der Polaritätsgruppe 1 und Nr. 12 aus der Gruppe 2 haben dagegen bis heute massive Beziehungsprobleme. Insbesondere der Befragte aus dem Interview Nr. 12, heute 24 Jahre alt, gibt an, daß wegen seines früheren Alkoholismus, seinem Drogenkonsum und seiner Spielsucht seine beiden bisherigen intensiven Beziehungen gescheitert wären. Seit 1987 habe er keine Lebenspartnerin mehr gehabt. Der Interviewpartner Nr. 1, 18 Jahre alt, hat mit hoher Wahrscheinlichkeit die von ihm traumatisch erlebte Trennung seiner Eltern in seinem 10. Lebensjahr noch nicht aufgearbeitet. Im Zuge des Streites um das Sorgerecht sei er damals per Gerichtsbeschluß für 1 Jahr im untersuchten Heim untergebracht worden. Die Vermutung liegt nahe, daß er aus der Angst heraus, erneut enttäuscht und psychisch verletzt zu werden, eine enge Beziehung zu einer Partnerin vermeidet. Er selbst gibt „Zeitmangel und die Priorität für Schule und Ausbildung" als Gründe für seine „Beziehungslosigkeit" an.

---

145 Die Interviewpartnerinnen Nr. 8, 11, 29.
146 Die Befragten Nr. 5, 21, aus Gruppe 1 und Nr. 4 aus Gruppe 2.
147 Es handelt sich um die Befragten Nr. 1, 15, 22, 27, 30.
148 Das sind die beiden Gesprächspartnerinnen Nr. 7 und Nr. 14.

Bei den beiden Frauen ist einmal das junge Alter von 14 Jahren bei der Interviewpartnerin Nr. 14 der Grund für eine noch nicht vorhandene Partnerschaft, während es mir bei der 21jährigen Gesprächspartnerin Nr. 7 nicht gelungen ist, nähere Informationen zu ihrem Beziehungsverhalten zu gewinnen.

Es fällt auf, daß lediglich 7 von den 29 erwachsenen Befragten heute nicht in einer festen Partnerschaft leben. Zwischen den beiden Polaritätsgruppen gibt es nur geringfügige Unterschiede bei den Beziehungsformen dergestalt, daß die festen Beziehungen der 3 Gesprächspartnerinnen der Gruppe 2 noch nicht so gefestigt sind; die Beziehungsdauer wird von allen dreien zwischen 1 und 2 Jahren angegeben. Die meisten Befragten, die in Partnerschaft leben, erzählen mir gegenüber ausführlich und offen über ihre gegenwärtigen Beziehungen. In reflektierter Weise, d. h unter Einbeziehung der eigenen Stärken und Schwächen und denen des Partners bzw. der Partnerin berichten nur die wenigsten. In der Gruppe 1 sind das die Interviewpartnerinnen Nr. 11, 23, 29 und die Gesprächspartner Nr. 16 und Nr. 28; in der Gruppe 2 die beiden Gesprächspartnerinnen Nr. 4 und Nr. 6.

2 Frauen und 3 Männer[149] aus der Gruppe 1 und 1 Frau aus der Gruppe 2 wollen keine näheren Angaben mir gegenüber zu ihrer Partnerschaft machen.

Sieben[150] der im ganzen 18 erfolgreich eingestuften ehemaligen Heimkinder und die Gesprächspartnerin Nr. 4 aus der Gruppe 2 räumen ein, daß ihre Sozialisationserfahrungen im Heim auch Einflüsse auf ihre heutigen Partnerschaften hätten, was zugleich für ihre Reflexivität spricht. Die Einflußkomponenten selber sind sehr unterschiedlich: Ein Befragter gibt an, er bevorzuge gebildete Frauen und benötige viele Freiräume in Beziehungen (Interview Nr. 5); dem Gesprächspartner aus Interview Nr. 10 falle die Rücksichtnahme auf seine Partnerin schwer; der bereits des öfteren angesprochene, früher überwiegend cliquenorientierte Befragte aus Interview Nr. 28 habe bis heute aus der Angst heraus, verletzt werden zu können, Probleme, seiner Partnerin gegenüber offen seine Gefühle zu zeigen, während die Auswirkungen der Unterbringung beim Befragten Nr. 16 eher positiv sind - den besseren Umgang mit Menschen und die Sensibilität für nonverbale Botschaften verdanke er dem Heimaufenthalt.

2 Frauen[151] führen ihr vorherrschendes Konfliktverhalten auf die Erfahrungen im Heim zurück. Die Interviewpartnerin Nr. 29 bewertet dagegen ih-

---

149 Die Interviewpartnerinnen Nr. 13, 18 aus der Gruppe 1 und Nr. 17 aus der Gruppe 2 und die Gesprächspartner Nr. 5, 10, 21 aus der Gruppe 1.
150 Es handelt sich um die Interviewpartnerinnen Nr. 20, 25 und Nr. 29 und die Interviewpartner Nr. 5, 10, 16, 28.
151 Das sind die Interviewpartnerinnen Nr. 20 und Nr. 25.

re Fähigkeit, mit Menschen umzugehen, und ihr Durchsetzungsvermögen als positives Erbe aus der Heimzeit. Erwähnenswert ist auch die erzieher- und erzieherinnenorientierte Befragte Nr. 4 aus der Gruppe 2, die 9 Jahre ihrer Kindheit im Berliner Heim verbracht hat. Sie beschreibt ihre Partnerschaft reflektiert, gibt an, daß vor allem die Gewährung von Freiräumen und die gegenseitige Rücksichtnahme in ihrer Beziehung, positive Folgen ihres Heimaufenthaltes seien.

Auffällig ist, daß die beiden Frauen Nr. 11 und Nr. 23 aus der Gruppe 1 zwar offen und reflektiert von ihren Partnerschaften berichten, d.h. die eigenen Anteile an den Beziehungsproblemen und die eigenen Verstrickungen in der Paardynamik erkennen, aber die Frage nach Einflüssen auf ihr Zusammenleben mit dem Partner durch die frühere Heimunterbringung verneinen. Die beiden Interviewpartnerinnen Nr. 9 und Nr. 24 geben an, die Frage nach den Einflüssen des Heimaufenthaltes auf die Beziehungsqualität in ihren Partnerschaften nicht beantworten zu können.

Zusammen gesehen ist den meisten ehemaligen Heimkindern aus beiden Polaritätsgruppen die beziehungsmäßige Entwicklung gelungen. Allerdings fällt schon auf, daß die Beziehungen der Befragten, die weniger erfolgreich eingestuft werden, sich schwieriger gestalteten oder bei bestehenden Kontakten problematischer sind. Der Mehrheit unter den Befragten ist der Übergang vom Leben im Heim zu einer eigenständigen Lebensführung gut gelungen. Den größten Unterschied zwischen ihrem Leben im Heim und der Nachheimzeit sehen die meisten Interviewpartner und Interviewpartnerinnen in beiden Polaritätsgruppen in ihrer neu gewonnenen Selbständigkeit, einem selbstbestimmten Leben, das im Gegensatz zu den Rahmenbedingungen im Heim mehr Freiräume zuließe. Diese Autonomie bewerten die Befragten sehr unterschiedlich: 7 Frauen[152] und 3 Männer[153] aus der Gruppe 1 und 1 Frau und 1 Mann[154] aus der Gruppe 2 empfanden ihre Unabhängigkeit als angenehm. Interessant ist, daß es sich, bezogen auf die Polaritätsgruppe 1, bei den Frauen in 5 Fällen[155] und bei allen 3 Männern um Befragte handelt, die auf der Polaritätsskala hohe Bewertungen erhalten haben: Ein Hinweis darauf, daß sie in ihrer Entwicklung soweit gefestigt gewesen sind, daß sie das Leben ohne die „einbindende Kultur" Heim erfolgreich weiterführen konnten. Im Gegenzug klagen 4 Männer[156] und

---

152 Das sind die Interviewpartnerinnen Nr. 8, 11, 18, 19, 24, 25, 26.
153 Es handelt sich um die Gesprächspartner Nr. 15, 22 und Nr. 28.
154 Das sind die Interviewpartnerin Nr. 6 und der Gesprächspartner Nr. 12.
155 Die befragten Frauen Nr. 8, 11, 18, 19 und Nr. 24 haben alle den Wert +4 und besser auf der Polaritätsskala erreicht. Das gleiche gilt auch für die 3 Männer mit angenehm empfundener Autonomie.
156 Das sind die Gesprächspartner Nr. 5, 10, 16, 30.

2 Frauen[157] aus der gleichen Gruppe und die Befragte Nr. 4 aus der Gruppe 2 über große Übergangsschwierigkeiten. Sie litten unter Einsamkeit, der ungewohnten Ruhe; taten sich schwer mit der Bewältigung alltagspraktischer Belange wie der Sicherung des Lebensunterhalts, der Geldeinteilung, dem Umgang mit Girokonten, mit Verträgen wie dem Mietvertrag oder der Haushaltsführung. Kurzum, die Neustrukturierung des Alltags ohne Aufsicht und den Rückhalt von erfahrenen erwachsenen Bezugspersonen fiel ihnen schwer. Die beiden Männer Nr. 3 und Nr. 21 aus der Gruppe 1 und die Interviewpartnerin Nr. 17 aus der Gruppe 2 erwähnen ebenfalls die neu gewonnene Selbständigkeit als den größten Unterschied zur Heimzeit, ohne ihn jedoch zu bewerten.

Neben dem „Alleinsein" werden von einzelnen Gesprächspartnern und Gesprächspartnerinnen als größte Unterschiede zwischen dem Heimalltag und der Zeit danach genannt: Die andere Struktur des Tagesablaufs; die besseren materiellen Bedingungen; das Fehlen von Geselligkeit; ein selbstbestimmter Tagesablauf; weniger soziale Kontakte; ein besseres Verhältnis zur Mutter; die Möglichkeit der Tierhaltung.

Mehrfachnennungen sind möglich, aber selten; zweiundzwanzigmal wurde die „neu gewonnene Selbstständigkeit" und damit am häufigsten als der wichtigste Unterschied zur Heimzeit genannt. Die anderen Nennungen[158] sind dagegen, wie die oben erwähnten Beispiele dokumentieren, auf den Einzelfall bezogen und sehr spezifisch.

Die legale Bewährung

Zeitweise straffällig waren von den 30 Gesprächspartnerinnen und Gesprächspartnern 4 Befragte (3 Männer und 1 Frau) aus der Gruppe der erfolgreich eingestuften ehemaligen Heimkinder und eine Frau aus der Gruppe 2. Einer der Gesprächspartner, der insgesamt 5 Jahre wegen schweren Diebstahls in 30 Fällen, Kreditbetrugs und Fahrens ohne Führerschein im Gefängnis verbracht habe, hatte dort die Chance zu einer Berufsausbildung genutzt. Die anderen Delikte sind bei der betroffenen Frau Drogenbesitz, Autodiebstahl und Fahren ohne Führerschein. Kleindiebstahl, Einbruch und Körperverletzung mit Todesfolge im 3. Fall und schwerer Raub mit Körperverletzung und Nichtbezahlung von Gerichtskosten in Höhe von

---

157 Die Befragten Nr. 2 und Nr. 29.
158 Sie kommen von den Befragten Nr. 1, 7, 9, 13, 14, 20, 23, 27.

800 DM beim vierten davon betroffenen Befragten. Die Gesprächspartnerin aus der Gruppe 2 wegen Heroinbesitzes.

Die Strafen reichten von 8 Monaten Haft auf 3 Jahre Bewährung beim schweren Raub über 4 Jahre Gefängnis für den schweren Diebstahl, Geldstrafen bis hin zu einem Tag Freizeitarbeit für den Fahrraddiebstahl und 600 DM Geldstrafe für den Rauschgiftbesitz bei der Befragten aus der Gruppe 2.

Diese 4 Befragten sind heute berufstätig, haben eigene Wohnungen und sind mit ihrem Leben alles in allem zufrieden.

Die legale Bewährung ist bei allen Befragten zum Erhebungszeitpunkt gelungen, zumal die 5 straffällig gewordenen Befragten (4 aus der Gruppe 1; 1 Interviewpartnerin aus der Gruppe 2) diese Phase ihrer Entwicklungsgeschichte offenbar verarbeitet haben und heute ein Leben unter legalen Bedingungen bevorzugen.

Heutige Kontakte zum untersuchten Heim

Eine Frage des Leitfadens diente auch der Ermittlung möglicherweise noch bestehender Kontakte einiger Befragter zum untersuchten Heim. Dabei zeigte sich: Es gibt einige Ehemalige, die auch heute noch viele Jahre nach ihrer Entlassung Bezüge zum Heim haben. Die Kontaktformen sind sehr verschieden und in der folgenden Tabelle genauer aufgelistet.

Kontaktformen zum untersuchten Heim im Herbst 1991 bezogen auf die ehemaligen Heimkinder der PG1

Kontaktformen	W	M
Regelmäßig, oft, intensiv zu ehemaligen Lieblingserziehern/-erzieherinnen und ehemaligen Mitbewohnern/innen	1	
Regelmäßig, oft, intensiv zu einem ehemaligen Lieblingserzieher bzw. einer Lieblingserzieherin		2
Regelmäßig zum Heim in größeren Abständen	1	
Regelmäßig telefonisch zu ehemaligen Gruppenerziehern bzw. Gruppenerzieherinnen	1	
Regelmäßiger brieflicher Kontakt zu einer Tochter eines ehemaligen Erziehers	1	
Sporadisch, aber intensiv zu ehemaligem Lieblingserzieher oder Lieblingserzieherin	1	
Sporadisch zu allen ehemaligen Gruppenerziehern oder Gruppenerzieherinnen		1
Sporadischer Besuch von Heimfesten	2	1
Sporadischer brieflicher Kontakt zu ehemaligen Gruppenerziehern bzw. Gruppenerzieherinnen	1	
Kontaktaufnahme zum Heim nach Erhalt des Briefes	1	1
Kein Kontakt zum untersuchten Heim	6	6
Zusammen	15	11

Die jüngste Befragte, die erst 14 Jahre alte Interviewpartnerin Nr. 14, habe nach Erhalt des Briefes mit der Bitte um ein Intensivinterview zu ihren Erfahrungen im Zusammenhang mit ihrem Heimaufenthalt versucht, den Kontakt mit ehemaligen Gruppenerziehern und Gruppenerzieherinnen telefonisch aufzunehmen, aber den entsprechenden Erzieher bzw. die Erzieherin immer wieder verpaßt, so daß sie darauf verzichtet habe. Darüber hinaus unterhalte sie bis heute eine Freundschaft zu einer im Herbst 1991 noch im untersuchten Heim untergebrachten Freundin, die sie bei ihrem eigenen Heimaufenthalt kennengelernt habe.

Die 1991 in Süddeutschland lebende Befragte Nr. 7 gibt an, zum Interviewzeitpunkt brieflichen Kontakt mit einer etwa gleichaltrigen Tochter eines ehemaligen Erziehers aus dem untersuchten Heim zu unterhalten. Der Interviewpartner Nr. 3 und die Gesprächspartnerin Nr. 29 erwähnen, daß sie sich bis heute regelmäßig in größeren Abständen mit ehemaligen Mitbewohnern und Mitbewoherinnen treffen würden bzw. im Falle des Befragten Nr. 3 mit einem ehemaligen Mitbewohner, der heute ebenfalls wie er bei seiner Mutter leben würde.

Die Interviewpartnerin Nr. 24 berichtet von einem regelmäßigen Kontakt zu einem ehemaligen Mitbewohner bis 1989, während der Gesprächspartner Nr. 21 nebenbei erwähnt, daß er sich im Anschluß an meinen Brief auf die Initiative der Befragten Nr. 18 hin mit ihr und einem weiteren ehemaligen Mitbewohner zu einem Austausch getroffen habe.

Die Situation bezogen auf die Gruppe 2 verdeutlicht wiederum eine Tabelle:

Kontaktformen zum untersuchten Heim im Herbst 1991 bezogen auf die ehemaligen Heimkinder der PG2

Kontaktformen	W	M
Regelmäßig, oft, intensiv zu einer ehemaligen Lieblingserzieherin	2	
Kein Kontakt zum untersuchten Heim heute	1	1
Zusammen	3	1

In der Gruppe 2 zeigen sich Gegensätze. Die beiden Interviewpartnerinnen Nr. 4 und Nr. 17 berichten von regelmäßigem, häufigem und intensivem Kontakt zu einer ehemaligen Lieblingserzieherin, während die Gesprächspartnerin Nr. 6 und der Gesprächspartner Nr. 12 keinen Bezug mehr zum untersuchten Heim haben.

Im ganzen hat die Hälfte aller Befragten zum Erhebungszeitpunkt im Herbst 1991 keinerlei persönliche Verbindungen mehr zum Heim, genauer gesagt zu ehemaligen Erziehern und Erzieherinnen. Die Verteilung ist in beiden Gruppen etwa gleich.[159]

Intensive Beziehungen zu ehemaligen Heimerziehern oder Heimerzieherinnen unterhalten bis heute 2 Frauen, 2 Männer aus der Gruppe 1 und

---

[159] Jeweils 6 Frauen und 6 Männer aus der Gruppe 1; 1 Frau und 1 Mann aus der Gruppe 2.

2 Frauen aus der Gruppe 2, zusammen 6 ehemalige Heimkinder.[160] 3 von ihnen, die Gesprächspartnerinnen Nr. 9 und Nr. 26 aus der Gruppe 1 und Nr. 4 aus der Gruppe 2, bezogen früher während ihrer Unterbringung ihre zentralen sozialen Orientierungen von diesen erwachsenen Bezugspersonen des untersuchten Heimes.

Die anderen Beziehungsformen sind eher lose und haben auf das heutige Leben der befragten Absolventen und Absolventinnen keinen nennenswerten Einfluß. Dagegen ist den 6 Ehemaligen mit nach wie vor bestehenden Kontakten zum Heim die Ablösung noch nicht vollständig gelungen; sie brauchen von Zeit zu Zeit den Schutz und die Orientierung durch ihre ehemaligen Bezugspersonen im Heim. Das hängt auch mit ihrer früheren sozialen Orientierung zusammen. 3 von ihnen standen den Erziehern und Erzieherinnen sehr nahe und unterhielten damals zu keinen weiteren erwachsenen Bezugspersonen eine intensive Beziehung. 3 gehören zu den Befragten mit kumulativer sozialer Orientierung, einmal zur Clique und Gruppe im Heim und zu einer außerheimischen Therapeutin beim Interviewpartner Nr. 30, zum anderen neben den Lieblingserziehern, Lieblingserzieherinnen auch zu Eltern von Schulfreunden, und die Interviewpartnerin Nr. 17 ist vor allem durch die außerheimische Peer-Group und einen Nachbarn des Kinderheimes geprägt worden. Allen gemeinsam ist der Bruch oder der nur sehr oberflächliche und seltene Bezug zu ihrem Herkunftskontext.

Die Interviewpartnerinnen Nr. 9 aus der Gruppe 1 und Nr. 17 aus der Gruppe 2 kennen ihre Eltern nicht; die Interviewpartnerin Nr. 4 aus der Gruppe 2 habe ihre Mutter noch nie gesehen, das Verhältnis zu ihrem Vater und ihrer Stiefmutter sei sehr angespannt und konfliktträchtig.

Auch bei den Männern mit intensiven Kontakten zu den ehemaligen Erziehern und Erzieherinnen heute ist die Situation nicht anderes: Über konflikthafte, wenig verständnisvolle Beziehungen zu seinen getrennt lebenden Eltern berichtet der Interviewpartner Nr. 16. Fast vollständig abgebrochen sei der Kontakt zu der Herkunftsfamilie beim Gesprächspartner Nr. 30. Die Interviewpartnerin Nr. 26, die den intensivsten Kontakt von allen Interviewten zu ihren ehemaligen Lieblingserziehern und -erzieherinnen hält, spricht zwar von einem intensiven Verhältnis mit vielen persönlichen Begegnungen zu ihrer Mutter, aber sie schätzt die Beziehung im ganzen als ambivalent und für sie weniger ergiebig ein. Zu ihrem Vater habe sie ein distanziertes Verhältnis.

Bedingt durch die angespannte Beziehung zum Herkunftskontext ist deshalb wenig verwunderlich, daß diese 6 ehemaligen Heimkinder den Be-

---

160 Das sind die Gesprächspartnerinnen Nr. 9, 26 aus der Gruppe 1 und Nr. 4, 17 aus der Gruppe 2. Bei den Männer sind davon betroffen die Interviewpartner Nr. 16 und Nr. 30 aus der Gruppe 1.

zug zu relevanten Bezugspersonen im Heim erhalten wollen. Er bietet ihnen auch noch heute, viele Jahre nach Beendigung ihres Aufenthaltes im untersuchten Heim, einen Halt in schwierigen Lebenssituationen.

Das gegenwärtige Verhältnis zur Herkunftsfamilie

Dieser Themenkomplex ist vor allem unter dem Aspekt einer möglichen Wiederannäherung der ehemaligen Heimkinder an ihre Herkunftsfamilien in den Leitfragenkatalog aufgenommen worden. Es galt herauszufinden, wie sich die Beziehungen zum Herkunftskontext entwickelt haben und ob das Heim einen Beitrag zu einer konstruktiven Beziehungsentwicklung zwischen den ehemaligen Heimkindern und ihren Herkunftsfamilien leisten konnte.

Einigen Befragten aus der Gruppe 1[161] ist es geglückt, eine reflektierte Einstellung gegenüber ihren Eltern oder Elternteilen zu entwickeln, wozu auch der Versuch gehört, die Situation der Eltern früher und heute zu verstehen, die Grenzen der elterlichen Handlungsspielräume und Möglichkeiten zu erkennen und günstigstenfalls eine Versöhnung mit ihnen zu suchen. So erwähnt z. B. die Interviewpartnerin Nr. 19 einen besseren Bezug zu ihrem Vater, zu dem sie zwischenzeitlich nach ihrer Hochzeit wieder den Kontakt aufgenommen habe, wobei sie reflektiert mit dieser Beziehung umgehen kann, d. h. sie weiß, was sie von ihren Vater erwarten kann und welche Erwartungen ihrerseits seine beziehungsmäßigen Möglichkeiten übersteigen.

Die Fähigkeit zur reflektierten Aufarbeitung der eigenen Vergangenheit bedeutet auch die Annahme der eigenen Entwicklungsgeschichte - eine wichtige Grundlage für die weitere Persönlichkeitsentwicklung, die auch zur Zufriedenheit mit der eigenen Lebensgeschichte führt. In der Gruppe 1 gibt es 2 ehemalige erzieher- und erzieherinnenorientierte Heimkinder, nämlich die Befragten Nr. 2 und Nr. 26. Die Gesprächspartnerin Nr. 2 spricht von einer guten Beziehung zu ihrer Mutter heute, während die Interviewpartnerin Nr. 26 den Bezug zur Mutter wieder aufgebaut habe. Diese Beziehung habe sich zwar gegenüber früher verbessert, dennoch würde sich der Kontakt zu ihrer Mutter schwierig gestalten. Diese beiden ehemaligen Heimkinder sind aber Ausnahmen, denn die anderen Befragten, die sich überwiegend an den Erziehern und Erzieherinnen des Heimes orientiert ha-

---

161 Es handelt sich um die Interviewpartnerinnen Nr. 19, 24, 26 und die Interviewpartner Nr. 10 und Nr. 16.

ben, berichten von brüchigen Beziehungen, oder es ist bereits zu einem intergenerationellen Bruch gekommen. Die meisten der ehemals (bezogen auf ihre zentrale soziale Orientierung) kumulativ eingestuften Gesprächspartner und Gesprächspartnerinnen haben heute einen guten Draht zu einem Elternteil, sofern diese Bezugspersonen auch während ihrer Unterbringung im untersuchten Heim eine wichtige Rolle für sie gespielt haben. Darüber hinaus berichten die Befragten Nr. 15 und Nr. 21 von einer Wiederannäherung an jeweils einen Elternteil, die sich durch eine gute, vertrauensvolle Beziehung im Falle des Befragten Nr. 15 zum Vater und im Falle des Gesprächspartners Nr. 21 zu seiner Mutter, dem Stiefvater und der jüngeren Halbschwester auszeichnet.

Von den ehemaligen eltern- oder elternteilorientierten Heimkindern erwähnen die Befragten Nr. 1, 10, 14 und Nr. 22 aus der Gruppe 1 eine sich während ihrer Unterbringung im Heim entwickelnde Verbesserung ihres Verhältnisses zu jeweils einem Elternteil (zweimal zum Vater; einmal zur Mutter und einmal zur Mutter und dem Stiefvater). Bis heute werden diese Beziehungen von ihnen als förderlich erlebt.

Von 8 ehemaligen Heimkindern (7 aus der Gruppe 1; 1 Befragte aus der Gruppe 2) ist ein Elternteil verstorben, fünfmal die Mutter und dreimal der Vater. Beim Interviewpartner Nr. 12 aus der Gruppe 2 ist der Stiefvater durch Selbstmord ums Leben gekommen. Im Überblick ergibt sich folgendes Bild:

Tabelle verstorbene Elternteile

Interview Nr.	Betroffener Elternteil	Todesursache, Lebensalter
Nr. 1, PG1	Tod der Mutter 1990	Leberzirrhose (45.LJ)
Nr. 3, PG1	Tod des Vaters 1988	Leberzirrhose
Nr. 15, PG1	Tod der Mutter 1986	Krebs (38.LJ)
Nr. 19, PG1	Tod der Mutter 1975	Leberzirrhose (43.LJ)
Nr. 20, PG1	Tod des Vaters 1974	Leberzirrhose (36.LJ)
Nr. 23, PG1	Tod der Mutter 1970	Geburt des 4. Kindes
Nr. 28, PG1	Tod der Mutter 1978	Folgen eines Autounfalls
Nr. 6, PG2	Tod des Vaters 1987	„Alkohol und Rauchen"
Nr. 12, PG2	Tod des 1. Stiefvaters 1978	Selbstmord (38.LJ)

An den Todesursachen fällt auf, daß die Folgen des weit verbreiteten Alkoholismus in den Herkunftsfamilien auch in 5 Fällen unmittelbar und im Falle des Befragten Nr. 28 mittelbar (der betrunkene Trinkgenosse des alkoholabhängigen Vaters habe den Unfall verursacht, bei dem die Mutter ums Leben gekommen sei) mit zum frühen Tod eines Elternteils beigetragen haben.

Über ein gutes Verhältnis zu beiden Elternteilen berichtet keiner der Befragten; der Kontakt zu Stiefelternteilen ist in der Regel nicht mehr vorhanden oder sehr konflikthaft mit seltenen Zusammenkünften verbunden. Auch in diesem Punkt gibt es im vorliegenden Material eine Ausnahme. Die Befragte aus Interview Nr. 14 aus der Gruppe 1 verstehe sich heute mit ihrem Stiefvater gut. Ursprünglich hätten Konflikte mit ihm zu ihrer kurzen Unterbringung im untersuchten Heim geführt.

Die Interviewpartnerin Nr. 23 aus der Gruppe 1, die im Anschluß an ihre Heimunterbringung 6 Jahre lang bei einer Pflegefamilie gelebt hatte, habe im Alter von 16 Jahren nach langwierigen und heftigen Konflikten diese Familie verlassen. Heute, in ihrem 24. Lebensjahr, verstehe sie sich gut mit den beiden Pflegeeltern; sie habe diese schwierige Phase ihrer Entwicklungsgeschichte aufgearbeitet und dabei auch ihre Anteile an der jahrelangen ungünstigen Entwicklung erkannt und daraufhin die Versöhnung mit den Pflegeeltern gesucht.

Zu keiner Aussöhnung ist es bisher bei der zweiten, ebenfalls im Anschluß an ihren Heimaufenthalt in einer Pflegefamilie untergebrachten, Gesprächspartnerin Nr. 6 aus der Gruppe 2 gekommen. Sie habe den Kontakt zu ihrer Pflegefamilie, insbesondere zu ihrem Pflegevater, seit geraumer Zeit abgebrochen.

Was über die Beziehung zu den Eltern, Eltern- und Stiefelternteilen von den befragten ehemaligen Heimkindern gesagt wird, trifft auch in den meisten Fällen für den Kontakt zu Geschwistern, Halbgeschwistern und Stiefgeschwistern zu. Nur wenige Befragte unterhalten heute intensive Beziehungen zu diesen Mitgliedern ihrer Herkunftsfamilien. Normalerweise ist der Kontakt selten, konflikthaft und oft besteht er gar nicht. Bei größeren Familien mit mehr als 3 Mitgliedern in einer Generation unterhalten die betreffenden Befragten zu einem Geschwisterteil oder Halbgeschwisterteil eine Beziehung, während der Bezug zu den anderen nicht vorhanden ist. Mehrere Befragte kennen nur einige wenige Geschwister, den anderen sind sie nur aus der Erinnerung an die frühe Kindheit bekannt. Eine Ausnahme ist in diesem Zusammenhang die Situation der Befragten Nr. 25 aus der Gruppe 1. Aus ihren Angaben kann man entnehmen, daß sie als einzige von allen 29 anderen sowohl zur Mutter als auch zu sämtlichen Brüdern und jüngeren Halbschwestern regelmäßige, intensive, gute und vertrauensvolle Beziehungen unterhält. Kontakte zu ihrem Vater gebe es zwar auch, aber selten, und die Beziehung sei angespannt. Der Zusammenhalt und die gegenseitige Unterstützung hinsichtlich der Herkunftsfamilie sei ihr schon zur Heimzeit die wichtigste Stütze ihrer Sozialisationsgeschichte gewesen. Mittlerweile ist sie verheiratet, und ihr Mann ist hinzugekommen. Auch zu dessen Eltern pflege sie einen guten Kontakt.

Die Großelterngeneration ist den meisten Befragten fremd; viele kennen die Großeltern, wenn überhaupt, dann nur aus gelegentlichen Begegnungen während ihrer frühen Kindheit. In 3 Fällen, den Sozialisationsgeschichten des Gesprächspartners Nr. 27, des Interviewpartners Nr. 28 und der Interviewpartnerin Nr. 29 aus der Gruppe 1, spielten zeitweise die Großmütter mütterlicherseits bzw. im Fall Nr. 29 die Urgroßmutter mütterlicherseits eine bedeutende Rolle für die Entwicklung der Befragten.

Im Gesamtüberblick überwiegen inter- und intragenerationelle Brüche oder vielmehr erhebliche Beeinträchtigungen hinsichtlich der Familienbezüge. Das Ergebnis stimmt wenig hoffnungsvoll. Nicht, weil es in den meisten Fällen problematische Beziehungsmuster und seltene Kontakte gibt, sondern weil bei den meisten Befragten die Klärung ihres Verhältnisses zu ihren Herkunftsfamilien nicht gelungen ist. Affektive Verstrickungen und Einstellungen sind nach wie vor stark. Besonders gegenüber denjenigen Elternteilen, die sie nicht kennen oder zu denen kaum ein Kontakt besteht, sind die Gefühle von Ablehnung und Haß besonders groß. Was bleibt, ist der Wunsch der meisten ehemaligen Heimkinder in beiden Gruppen, trotz aller destruktiven Vorerfahrungen und vieler Beziehungsabbrüche in den Herkunftsfamilien und des Verlusts des eigenen Bezuges zum Herkunftskontext, in einer „intakten Familie" aufgewachsen zu sein, wo beide Elternteile verständnisvoll miteinander umgegangen wären und ein harmonisches Zusammenleben in der Familie möglich gewesen wäre.

Kapitel V:
Das Selbstbild und das Selbstverständnis der Befragten

Die Informationen, Einschätzungen, Erfahrungen, Gedanken und Gefühle der ehemaligen Heimkinder zu den 10 Knotenpunkten ihrer Entwicklungsgeschichte bilden die Grundlage für diese Analyse. Sie haben die Funktion und den Stellenwert von Quellen, von authentischen Dokumenten zur Sozialisationsgeschichte. Innerhalb der vorgegebenen Fragestellungen des Interviewleitfadens bestimmten die Befragten selber die Extensität und Intensität ihrer Darstellungen zu den aufgeworfenen Themenstellungen. Die großen Schwankungen hinsichtlich der Interviewdauer von 2 bis 6 Stunden je Gespräch sind das äußerliche, sichtbare Zeichen für diesen Umstand. Der Hauptgrund für die Fokussierung auf die „Nutzer- und Nutzerinnenperspektive" im Zusammenhang mit der qualitativen Bewertung von Fremdunterbringungsprozessen leitet sich jedoch aus dem theoretischen Ansatz dieser Studie ab. Demnach besagt die zentrale These dieser Arbeit, daß der Erfolg oder Mißerfolg von Heimerziehung vom Verständnis der Betroffenen hinsichtlich ihrer eigenen Lebensgeschichte abhängig ist. In einem 2. Schritt geht es darum, im vorliegenden Material diejenigen Faktoren herauszuarbeiten, die in der Sozialisationsgeschichte der ehemaligen Heimkinder die Auseinandersetzung und die Entwicklung ihres Selbstbewußtseins, der Selbstreflexionsfähigkeit, des Selbstkonzepts, des Selbstwertgefühls, die Sinnstiftungsprozesse und die Bereitschaft zur Aufarbeitung ihrer eigenen Lebensgeschichte angeregt, gefördert oder erst ermöglicht haben. Gibt es überhaupt die Bereitschaft, sich mit der eigenen Kindheit auseinanderzusetzen? Wie sehen sich die Ehemaligen selbst, früher und heute; wie nehmen sie ihre soziale Umwelt wahr - bezogen auf ihre Lebensphase in der Herkunftsfamilie und vor allem hinsichtlich ihrer Lebensbezüge im Heim? Welchen Beitrag konnten die Erzieher und Erzieherinnen leisten? Wo hat die Hilfemaßnahme Heimerziehung versagt und welche Faktoren spielten dabei eine wichtige Rolle? Wie zufrieden bzw. unzufrieden sind die ehemaligen Heimkinder heute? Verfügen sie über Lebensperspektiven, Sinnstrukturen, Selbstwertgefühl und Selbstbewußtsein? Auf alle diese Fragen versuche ich, im Rahmen dieser katamnestischen Studie Antworten zu finden.

Der letzte Brennpunkt in der Entwicklungsgeschichte der ehemaligen Heimkinder bezieht sich auf die Entwicklung des Selbstkonzeptes und das Selbstverständnis der Befragten, ihre psycho-soziale Selbstverortung. Die qualitativ gemessenen subjektiven Aspekte zur Entwicklungsgeschichte der ehemaligen Heimkinder, verdeutlicht in den Polaritätsprofilen und in der Zuordnung der Befragten zu 2 Analysegruppen, bilden bereits wichtige Dimensionen ihrer Persönlichkeitsentwicklung und ihres Selbstkonzeptes ab. Das letzte Profilelement bezieht sich ausschließlich auf das Selbstverständnis der Befragten, die Art und Weise der Informationsaufbereitung, der Wahrnehmung eigener und fremder Kontexte, die den Umgang und den Bezug zur eigenen Biographie dokumentieren. Dieses Selbstverständnis ist selbst wiederum ein zentraler Bestandteil ihrer Persönlichkeitsstruktur.

Die meisten Befragten der Gruppe 1, 20 von 26 Interviewpartnern und Interviewpartnerinnen, können im Gespräch offen mit der Multidimensionalität ihres bisherigen Lebens umgehen. Sie sprechen differenziert über ihre zentralen Lebensphasen, über die Ambivalenzen des Fremdunterbringungsprozesses. Die Zusammenhänge sind für die Befragten und für mich als Außenstehenden gut nachvollziehbar. 6 Interviewpartner und Interviewpartnerinnen[162] haben Probleme, ihre Lebensgeschichte und die Rolle ihrer ehemaligen Bezugspersonen zu verstehen. Ihre Einschätzungen und Bewertungen sind affektiver; man spürt, daß die Auseinandersetzung mit diesen für sie wichtigen „einbindenden Kulturen" ihres bisherigen Lebens (noch) nicht stattgefunden hat und es ihnen daher nicht möglich ist, die gleiche nüchterne Distanz zu ihrer Sozialisationsgeschichte einzunehmen wie die Mehrheit ihrer ehemaligen Mitbewohner und Mitbewohnerinnen aus der Polaritätsgruppe 1.

Der Grad der Selbstreflexion bezogen auf die Rekonstruktion der eigenen Lebensgeschichte ist bei der großen Mehrheit hoch[163] und die meisten Beiträge zur Vorgeschichte reflektiert; die Wege und Stationen hin zur Heimunterbringung sind, auch für den Interviewer, nachvollziehbar. Fundierte Kenntnisse, die ein Gespür für problematische familiendynamische Zusammenhänge und Hintergründe in Ansätzen erkennen lassen, hatten dagegen nur wenige Befragte wie z. B. die Interviewpartnerin Nr. 11 oder der Gesprächspartner Nr. 16. Wiederum die meisten Befragten, nämlich 22 ehemalige Heimkinder[164] der Gruppe 1, können sich im Gespräch in ver-

---

162 Weniger offen mit der Vielschichtigkeit ihrer bisherigen Lebensgeschichte können die Befragten Nr. 3, 7, 9, 13, 26, 27 umgehen.
163 Ausnahmen hiervon sind die Befragten Nr. 3, 7, 9, 13, 27.
164 Dazu weniger in der Lage sind die Befragten Nr. 7, 9, 27, und der Interviewpartner Nr. 3 ist dazu nur bezogen auf seine Mutter in der Lage. Die Gesprächspartnerin Nr. 9 kennt ihre Eltern nicht, insofern ist sie in dieser Hinsicht ein Sonderfall.

schiedene Rollen eindenken und somit die Sichtweisen ihrer Eltern, ihrer Erzieher, Erzieherinnen und anderer für sie relevanter Bezugspersonen beschreiben. Ein gutes Beispiel hierfür liefert der Befragte Nr. 28 bei seinen Ausführungen über die Konflikte mit den Erziehern und Erzieherinnen. 18 Interviewpartnerinnen und Interviewpartner[165] äußern im Gespräch mir gegenüber ihre damaligen Gefühle und Empfindungen, während gut die Hälfte der Befragten[166] der Gruppe 1 darüber hinaus auch in der Lage ist, die Verhaltensweisen ihrer ehemaligen Eltern oder Elternteile heute zu verstehen. Verständnis für die Situation und das Verhalten früherer Erzieherinnen und Erzieher bringen von denjenigen Befragten, die während ihrer Unterbringung über eine distanzierte, konflikthafte oder als unbefriedigend empfundene Beziehung zu ihnen unterhalten haben, heute die Gesprächspartnerinnen und Gesprächspartner Nr. 23, 25 und Nr. 28 auf. Weniger verstehen können auch heute noch die Befragten Nr. 5, 9 und Nr. 20 das Verhalten ihrer ehemaligen erwachsenen Bezugspersonen im Heim. Die Bereitschaft, sich auf eine Auseinandersetzung mit der eigenen Lebensgeschichte einzulassen, ist bei allen Befragten dieser Gruppe mit Ausnahme von 3 Teilnehmerinnen und Teilnehmern[167] vorhanden.

Die meisten Gesprächspartner und Gesprächspartnerinnen in der Gruppe 1 erzählen offen, ausführlich und differenziert sowohl über positive als auch negative Erfahrungen; die Mehrheit unter ihnen stellt Fragen und kann über viele Ereignisse und Episoden ihres bisherigen Lebens berichten. Im ganzen 9 Befragte (8 aus der Gruppe 1 und 1 aus der Gruppe 2)[168] räumen eigene Anteile an der Entwicklung ein, die mit ihrer Aufnahme im untersuchten Heim endet. Sie stehen zu ihren Symptomen oder vielmehr „Verhaltensweisen" und sehen heute ein, daß sie auch eine „Mitschuld" an der schwierigen Familiensituation hatten. Sie geben zu, daß ihre Symptome wie

---

165 Die Befragten Nr. 1, 8, 10, 13, 14, 20, 27, 30 vermeiden es, über ihre Gefühle zu sprechen. Nur an wenigen Stellen der Interviews deuten sie die emotionale Betroffenheit an. Bei der Gesprächspartnerin Nr. 14 hängt ihre Zurückhaltung möglicherweise auch mit ihrem jungen Alter von 14 Jahren zusammen.
166 Es handelt sich um die Befragten Nr. 2, 8, 11, 14, 18, 19, 20, 21, 22, 24, 25, 26, 28, 30. Bei den Befragten Nr. 1 und Nr. 29 gibt es nur ein Teilverständnis bezogen auf den Vater oder auf die Stiefmutter im Fall der Interviewpartnerin Nr. 29, während die Gesprächspartnerin Nr. 9 ihre Eltern nicht kennt und die Interviewnerin Nr. 23, die sehr offen über ihre Gefühle sprechen kann, bereits als sehr kleines Kind in einem Kinderheim untergebracht worden ist.
167 Gemeint sind die Befragten Nr. 9, 13, 27.
168 Das sind die Interviewpartner und Interviewpartnerinnen Nr. 3, 14, 16, 19, 21, 22, 29, 30 aus der Gruppe 1 und die Gesprächspartnerin Nr. 6 aus der Gruppe 2. Die Befragte Nr. 29 spricht in bezug auf ihre 1. Heimunterbringung im Alter von 8 Jahren von einer „Verweigerungshaltung" ihrerseits, die ohne Heimunterbringung zur gegenseitigen „Aufreibung" zwischen ihr und ihrer Stiefmutter geführt hätte.

"Schule schwänzen"; „Aufsässigkeit"; „Verweigerungshaltungen" oder „Auseinanderleben" die familialen Konflikte verschärft hätten. Einige, wie z. B. die Befragten Nr. 2, 8 und Nr. 22, können heute in der rückblickenden Bewertung die Situation ihrer alleinstehenden überforderten Mütter verstehen, die zudem in der Regel auch für den Lebensunterhalt der Familie aufkommen mußten; insofern verzeihen einige Befragte ihren Elternteilen, daß sie der Heimunterbringung zugestimmt hatten.

Analog zu ihrer allgemein gut ausgeprägten Reflexionsfähigkeit kann die Mehrheit die Probleme in ihren Herkunftsfamilien beschreiben[169] und versteht es, die Zusammenhänge, die mit ihrer Unterbringung im Heim ihren vorläufigen Abschluß fanden, zu erklären; sie können Auskünfte geben, die offiziellen Einweisungsgründe ebenso wie ihre Symptome benennen.

Anders ist der Sachverhalt beim Aspekt zu den Hintergründen und den zentralen Problemen in den Herkunftsfamilien früher und heute. 7 Befragte[170], 5 Frauen und 2 Männer, sind imstande, in dieser Hinsicht sehr ausführliche und differenzierte Informationen, zum Teil mit fast familientherapeutischem Verständnis, beizusteuern. Die Gesprächspartnerin Nr. 11 ist seit 1989 in einer therapeutischen Behandlung und arbeitet dort ihre Familiengeschichte auf; die Interviewpartnerin Nr. 18 besticht insgesamt, trotz ihres jungen Lebensalters von 20 Jahren, durch ihre Reflexivität und Differenzierungsfähigkeit; der Befragte Nr. 16 und die Gesprächspartnerin Nr. 19 haben sich gründlich mit ihrer Herkunftsfamiliensituation auseinandergesetzt - heute unterhält die Interviewpartnerin Nr. 19 wieder Kontakt zu einem Elternteil (dem Vater). Beide nehmen eine reflektierte Grundhaltung gegenüber diesen Bezugspersonen ein, d. h., sie wissen was sie von der Beziehung zu diesem Elternteil erwarten können und wo die Grenzen für eine Verständigung und die Aufarbeitung der Familiengeschichte liegen. Der Gesprächspartner Nr. 15 gibt an, sich seit Jahren intensiv, bedingt durch den Kontakt zu einem Betreuer in seiner früheren Wohngemeinschaft, in der er mehrere Jahre im Anschluß an seinen Heimaufenthalt gelebt habe, mit seiner Herkunftsfamiliensituation auseinanderzusetzen. 1990 sei es zu einer Wiederaufnahme des jahrelang unterbrochenen Kontaktes zu seinem Vater gekommen. Die Mutter verstarb, als er noch im untersuchten Heim gewesen sei. Die Befragte Nr. 2, verheiratet, unterhält heute ebenfalls eine Beziehung zu ihrer Mutter, verstehe im nachhinein die schwierige Lebenssituation ihrer Mutter früher. Sie empfindet Mitleid mit ihr, obwohl sie ihr

---

169 Dazu sind die Befragten Nr. 7, 10, 13, 21, 27 weniger in der Lage, während dies den Interviewpartnern Nr. 5, 15 und der Gesprächspartnerin Nr. 25 nur in Teilaspekten möglich ist.
170 Die Interviewpartner und Interviewpartnerinnen Nr. 2, 11, 15, 16, 18, 19 und Nr. 24.

jahrelang während ihrer Lebensphase im Heim Vorwürfe gemacht hatte, weil sie und nicht ihr älterer Halbbruder, der Interviewpartner Nr. 3, im Heim untergebracht wurde (viele Jahre später erfüllte sich ihr Wunsch; er kam gleichermaßen in das untersuchte Heim). Ähnlich äußert sich auch die Interviewpartnerin Nr. 24. Sie erwähnt die Hilflosigkeit ihrer Mutter, deren nicht gelungene Beziehungen, ihre Strukturierung des Alltagslebens und deren massive Alkoholprobleme. Diese Faktoren hätten ihren Entschluß, im Heim weiterzuleben, begünstigt. Heute habe sie regelmäßige Kontakte zu ihrer kranken Mutter, unterstütze sie bei alltagspraktischen Belangen, wofür sie sich im Gegenzug auch einmal um die Betreuung ihrer eigenen Tochter kümmern würde. Die Befragte aus dem Interview Nr. 11 und der Interviewpartner Nr. 16 sind die einzigen von diesen 6 reflektierteren ehemaligen Heimkindern der Gruppe 1, die heute kaum Kontakte zu ihrer Herkunftsfamilie pflegen. Trotzdem sind sie in der Lage, Angaben zu ihrer Herkunftsfamilie und ihren Beziehungserfahrungen beizusteuern, die im Falle der Gesprächspartnerin Nr. 11 auf ein differenziertes Verständnis von Beziehungsproblemen hinweisen.

Alles in allem ist die Bereitschaft, die problematische Situation vor der Heimunterbringung und die eigene Rolle in diesem Zusammenhang zu sehen und sie anzunehmen, bei fast allen Befragten der Gruppe 1 vorhanden. Lediglich die ehemaligen Heimkinder Nr. 13 und Nr. 27 beschreiben die Verhältnisse in der Vorheimzeit so, daß sie selbst fast ausschließlich als „unbeteiligte Opfer" der Ereignisse erscheinen, die mit ihrer Heimunterbringung geendet hatten.

Ein alles in allem positives Bild ergibt in dieser Polaritätsgruppe 1 auch die Analyse der Grundeinstellung der Befragten gegenüber dem Sinn und Zweck ihrer Unterbringung im untersuchten Heim. 22 „Ehemalige"[171] billigen der Heimunterbringung einen großen Nutzen für ihre Persönlichkeitsentwicklung zu, sind mit der Hilfemaßnahme zufrieden und halten sie heute für einen sinnvollen Beitrag zur Stabilisierung und hilfreichen Förderung ihrer Entwicklung. Die Motive für ihre Zufriedenheit mit ihrem Aufenthalt im Heim leiten sich in erster Linie aus Gründen ab, die mit der Beziehungsqualität und den daraus resultierenden Gefühlen der Annahme, des Vertrauens, der „Geborgenheit" den Erziehern und Erzieherinnen gegenüber zusammenhängen. Aber auch die soziale Anerkennung, für einige auch der Zusammenhalt und die gegenseitige Solidarität in der Clique und/oder der Gruppe oder im Falle der selbstbewußten Einzelgänger, die Gewährung von Freiräumen für eigenständige Entwicklungsprozesse spielen eine wichtige Rolle.

---

171 Die vier Ausnahmen sind die Befragten Nr. 1, 5, 23, 25.

Der Befragte Nr. 1 sieht in der Unterbringung durchaus positive Beiträge zu seiner Entwicklung, obwohl der Aufenthalt für ihn im ganzen ein „notwendiges Übel" aus Mangel an Alternativen bis zur Klärung der Sorgerechtsfrage gewesen sei.

Der Interviewpartner Nr. 5 steht der Unterbringung im untersuchten Heim ambivalent gegenüber. Einerseits lobt er die Orientierungsfunktionen des Heimaufenthaltes, die erwachsenen Bezugspersonen, die für ihn „Leitbilder" gewesen wären, und nennt mehrere Gewinne für sein weiteres Leben, im wesentlichen die Förderung seiner Eigenständigkeit und seines Selbstvertrauens. Andererseits habe er sich aber unverstanden gefühlt, weil er zu wenig Anregung und Unterstützung bei seinen „Talenten" durch das Erziehungspersonal erhalten habe. Ihm habe „körperliche und tiefe Zuneigung" wie in dem unmittelbaren Vorgängerheim gefehlt. Wie die Gesprächspartnerin Nr. 25 gehört er zur ersten Generation von Heimkindern, die nach der Eröffnung des Heimes 1970 dort gelebt haben. In diesem Zusammenhang übt er heftige Kritik an einigen Erziehern und Erzieherinnen des untersuchten Heimes.[172]

Die Gesprächspartnerinnen Nr. 23 und Nr. 25 sind mit dieser Lebensphase ihrer Entwicklung nicht zufrieden. Während die Befragte Nr. 25 sich an den Lebensstilen und Persönlichkeitsprofilen der meisten Erzieher und Erzieherinnen in ihrer Gruppe sowie deren Umgang mit Konflikten und „schwierigen" Mitbewohnern und Mitbewohnerinnen störte und nur das Zusammenleben in der Gruppe positiv bewertet, sieht die Interviewpartnerin Nr. 23 im „Kampf der Heimkinder um Zuwendung" und Anerkennung durch die erwachsenen Bezugspersonen die größten Nachteile ihres Heimaufenthaltes. Sie verstehe diese Phase ihrer Entwicklung als Mahnung und Warnung, die eigenen Kinder nicht ins Heim zu geben.

Eine 3. Variante von Einschätzungsmaßstäben bezieht sich eher auf den Beitrag der Heimerziehung zum Aufbau ihrer Persönlichkeitsentwicklung im engeren Sinne, z. B. die Stärkung des Selbstvertrauens, der Selbstbehauptung und des Selbstbewußtseins beim Interviewpartner Nr. 16. Der Interviewpartner Nr. 15 erkennt in seiner Lebensphase im Heim einen Meilenstein seiner Entwicklung „was ich nicht missen möchte", ähnlich wie der Gesprächspartner Nr. 28, für den diese 4 Jahre Heimunterbringung das „Fundament" seines Lebens seien.

Bei den Beweggründen für die Einschätzung des Nutzens der Hilfemaßnahme überwiegen eindeutig persönlichkeitsbezogene Motive. Es wurden z. B. genannt: Selbstbestimmtes Aufwachsen durch die Gewährung von

---

172 Nähere Informationen hierzu sind im Kapitel über die Beziehung zu den Erzieherinnen und Erzieher enthalten.

Freiräumen; die Förderung einer grundsätzlich offenen und toleranten Haltung gegenüber Mitmenschen. Manche schätzen die Vertiefung ihrer Menschenkenntnisse durch das Zusammenleben mit 10 Leuten, die, wie es eine Gesprächspartnerin ausdrückt, alle eine „Macke" haben, denn alle „waren wirklich liebenswert. Jeder hatte seine Macke und dennoch hat man gesehen irgendwo, das ist dennoch ein ganz lieber Kerl, und man kann mit ihm Sachen unternehmen oder machen oder tun. Also, ich habe oft auch bei Gleichaltrigen gesessen und habe mit denen geredet, also auch gerade mit den Jungen, was ich so im nachhinein doch ziemlich erstaunlich finde, weil ich eigentlich überhaupt nicht so auf Jungen und Männer fixiert war, lange Zeit. Aber ich habe mich mit denen einfach gut unterhalten. Ich hatte auch immer so das Gefühl, wenn sie irgendwas hatten, dann sind sie auch gekommen und haben gesagt:'Wollen wir nicht 'mal einen Tee zusammen trinken?' Und dann haben sie halt erzählt und gemacht und getan" (I. 19, PG1, S. 61). Diese Interviewpartnerin, eine unter den Heimkindern anerkannte Einzelgängerin, betont zusammen mit ein paar anderen Befragten[173], die in ihren Gruppen Integrations- und Vorbildfunktionen innehatten, die gegenseitige Unterstützung unter den Mitbewohnern und Mitbewohnerinnen. Sie verkörperten die gruppeninternen Ansprechpartnerinnen oder Ansprechpartner für die Sorgen und Nöte der Heimkinder. Aber auch sportliche Leistungen, wie im Falle des Gesprächspartners Nr. 30 bzw. beim Interviewpartner Nr. 21, bezogen auf Lehrer/Lehrerinnenschaft und Mitschüler/Mitschülerinnen, garantierten diesem Personenkreis hohes soziales Ansehen in der Gruppe und/oder der Peer-Group und stärkten ihr Verantwortungsgefühl, was im folgenden Zitat besonders deutlich wird: „Ich befasse mich unheimlich viel mit Problemen; bei mir in der Gruppe war ich die Seelsorgerin. Alle Kinder kamen, wenn sie irgendwas hatten, wegen jedem Pup zu mir angerannt" (I. 18, PG1, S. 45).

Oft hervorgehoben wird der Anteil der Heimerziehung zum Aufbau von Selbstannahme, Selbstvertrauen, Selbständigkeit, neu gewonenem Lebensmut, von Durchsetzungsvermögen und dem Abbau von Egoismus. Einige wenige Mitglieder der Polaritätsgruppe 1[174] sahen sich durch die Heimeinweisung entlastet von „Elternpflichten", die sie in ihren Herkunftsfamilien überfordert hätten. Die Befragten Nr. 13, Nr. 25 und Nr. 28 verbinden mit ihrer Heimunterbringung die Basis ihrer schulischen und beruflichen Ausbildungen. Dem Gesprächspartner Nr. 16 habe der Aufenthalt die Aufarbeitung seiner Entwicklung in der Herkunftsfamilie ermöglicht; und manche fühlten sich schlicht „wohl"; „zu Hause"; „geborgen" im untersuchten Heim. In ungewöhnlich kurzer Zeit, innerhalb von nur ca. 1,7 Jahren, ist es im Falle des Befragten Nr. 22 gelungen, den Idealfall gelungener Heimer-

---

173 Das betrifft in erster Linie die Befragten Nr. 11, 18, 19 und Nr. 20, allesamt Frauen.
174 Das sind die Befragten Nr. 8, 16,18.

ziehungsarbeit tatsächlich zu realisieren: „Daß ich eine andere Persönlichkeit wurde, irgendwie geformt ... und das haben die dann auch irgendwie geschafft, ne, mich auf die richtige Bahn zu lenken ... wenn man Perspektiven hat, dann schafft man das viel eher, irgendwo was zu erreichen und auf der richtigen Bahn zu bleiben, als wenn man nun gar keine Perspektiven hat" (I. 22, PG1, S. 35). Im gleichen Atemzug nennt er auch eine weitere Komponente erfolgreicher Heimerziehung, nämlich einen persönlichkeitsspezifischen Faktor: Er habe Perspektiven, nicht unbedingt durch das Heim, „das liegt wahrscheinlich auch an dem Inneren jedes einzelnen Menschen, wie der so eingestellt ist" (ebenda, S. 35).

Andere Befragte aus dieser Gruppe betonen die Vermeidung der Selbstaufgabe, den „starken Willen", über den ein Heimkind verfügen sollte. Sonst drohe vor allem den eher cliquen- und gruppenorientierten Mitbewohnern und Mitbewohnerinnen der Abstieg in Alkoholismus, Drogenkonsum und Kriminalität. Die Befragte Nr. 25 berichtet von vielen ehemaligen Mitbewohnern und Mitbewohnerinnen, die sie nach Jahren wieder getroffen habe; sie wären „nichts geworden. Und wer weiß, wie es mir gegangen wäre, wenn ich nicht doch noch den Rückhalt von meiner Familie bekommen hätte und von meinem jetzigen Mann ... man hat, wenn man aus dem Heim kommt, find ich schon, Schwierigkeiten" (I. 25, PG1, S. 72). Man würde mit Leuten zusammen sein, und darauf weisen auch andere Interviewpartner und Interviewpartnerinnen hin, die einen ganz schön „runterziehen" könnten - „wenn man nicht so den Absprung schafft, kann man schon ganz schön tief sinken" (ebenda, S. 73).

Ungeachtet des Beitrages der Heimunterbringung zur persönlichen Orientierung, zur Entwicklung von Lebensperspektiven, Lebensmut, Zuversicht und intensiven Beziehungen bei den meisten Befragten der Gruppe 1 klagen auch einige, wie z. B. die Gesprächspartnerin Nr. 26, über eine bei ihr bis heute bestehende schwach ausgeprägte Selbstannahme. Obwohl sie im Gespräch darauf hinweist, daß sie während der Unterbringung intensive Beziehungen zu den ehemaligen Lieblingserziehern und Lieblingserzieherinnen hatte bzw. noch heute 8 Jahre nach ihrem Auszug aus dem untersuchten Heim unterhalte. Sie ist mit ihrer gesamten Entwicklungsgeschichte nicht einverstanden. Ihren Arbeitskollegen verschweige sie, daß sie selbst früher viele Jahre im Kinderheim gelebt habe. Die Angst vor sozialem Abstieg, wegen den angeblichen Vorurteilen breiter Bevölkerungskreise gegenüber Heimkindern, die Drogen nähmen, Alkoholiker seien und von der „Stütze" lebten, würde sie zu dieser Vorsicht bewegen. Sie gehört damit, zusammen mit 2 Männern aus der Gruppe 1,[175] zu denjenigen Befragten, die mit ihrer gesamten Entwicklungsgeschichte nicht einverstanden sind.

---

175 Die Interviewpartner Nr. 3 und Nr. 27.

Von weiteren 2 Frauen und 1 Mann aus dieser Gruppe[176] kann zu diesem Aspekt auf Grund der vorliegenden Informationen nichts Näheres gesagt werden.

Alle anderen Befragten der Polaritätsgruppe 1 sind im Gegensatz zu allen 4 ehemaligen Heimkindern der Polaritätsgruppe 2 mit ihrer Sozialisationsgeschichte insgesamt einverstanden und nehmen sie an.

Aus der bisherigen Analyse deutet sich an, daß auch hinsichtlich der Entwicklung des Selbstkonzeptes und des Selbstwertgefühls der Interviewpartner und Interviewpartnerinnen dieser Gruppe 1 der Gesamteindruck überwiegend positiv ist. Abgesehen von 4 Befragten (Nr. 1, 5, 23, 25) aus der Gruppe 1 und der Gesprächspartnerin Nr. 6 sowie des Interviewpartners Nr. 12 aus der Gruppe 2 berichten alle anderen ehemaligen Heimkinder aus beiden Gruppen von überwiegend positiven Auswirkungen ihres Heimaufenthaltes auf ihre weitere Entwicklung. Sie sind in der Lage, Gewinne für ihr weiters Leben zu nennen und schreiben der Heimunterbringung einen hohen Stellenwert in ihrer Sozialisationsgeschichte zu. Alle ehemaligen Heimkinder der Gruppe 1 mit Ausnahme der Befragten Nr. 7 haben keine Probleme, ihre eigenen Bedürfnisse zu benennen; die meisten können, soweit man dies im Rahmen ihrer Äußerungen im Interview beurteilen kann, ihre Wünsche sowohl bezogen auf ihren sozialen Kontext als auch in schulisch-beruflicher Hinsicht verdeutlichen. Insofern haben sie, bis auf den Interviewpartner Nr. 30, alle bedeutend bessere psycho-sozialen Rahmenbedingungen als ihre Eltern oder Elternteile in den Herkunftsfamilien.

Fast alle volljährigen Befragten (24 von 26 Befragten), mit Ausnahme des Interviewpartners Nr. 30, verfügen über Wohnraum[177], die materielle Basis ist zufriedenstellend; die meisten haben Berufsausbildungen und sind berufstätig oder (im Falle von einigen wenigen Befragten) sie leben in einer Ehe, in der der Ehepartner für den Lebensunterhalt der Familie aufkommt. Die Partner derjenigen Interviewten, die zum Zeitpunkt der Befragung eine feste Beziehung unterhalten, haben nach den Angaben der Interviewpartner und Interviewpartnerinnen keine Alkoholprobleme, sind nicht drogensüchtig, sondern werden als verständnisvoll beschrieben, berufstätig oder sich in Berufsausbildung befindend. Bis auf den festen Freund der Befragten aus dem Interview Nr. 20 handelt es sich bei den Partnern oder Partnerinnen der Polaritätsgruppe 1 nicht um ehemalige Heimkinder.

Einfühlsam und verständnisvoll scheinen die meisten Befragten dieser Gruppe gegenüber ihrem Lebenspartner bzw. Lebenspartnerin zu sein, sofern sie in einer festen Beziehung leben und sich mir gegenüber im Ge-

---

176 Die Befragten Nr. 7, 9, 30.
177 Die Interviewpartnerin Nr. 7 und der Gesprächspartner Nr. 27 leben noch in Heimen.

spräch zu diesem Verhältnis äußern. Das betrifft 14 Gesprächspartner und Gesprächspartnerinnen. Sie können eigene Wünsche dem Partner oder der Partnerin gegenüber äußern wie umgekehrt die Bedürfnisse und Wünsche des Partners bzw. der Partnerin akzeptieren und Kompromisse eingehen. Deutlich erkennbar sind diese Haltungen an der Art und Weise, wie sie ihre Partner und Partnerschaften beschreiben, und am Umgang mit dem Partner vor, während und nach dem Interview. Denn bei einigen Gesprächen sind die Freunde bzw. die Freundinnen ebenfalls zu Hause, halten sich aber die meiste Zeit in einem anderen Raum auf. Zumindest bin ich in der Lage, die Ausführungen der Befragten zu ihren Beziehungen mit dem Lebenspartner oder der Lebenspartnerin durch einen eigenen kurzen Eindruck zu ergänzen. 4 Frauen und 2 Männer[178] berichten mir gegenüber sehr offen von ihren Beziehungsproblemen und erwähnen sowohl positive und negative Aspekte sowie Gemeinsamkeiten ihrer Beziehungsgestaltung.

7 Befragte[179] leben zum Erhebungszeitpunkt in keiner Partnerschaft, 3 von ihnen (Interview Nr. 7, 14, 27) haben noch keine Beziehungserfahrungen. Der Gesprächspartner Nr. 15 berichtet von sehr intensiven Beziehungen zu Frauen, aber ohne die von ihm gewünschte sexuelle Begegnung. Inwiefern der Interviewpartner Nr. 3 seine Wünsche in seinen beiden Beziehungen deutlich machen kann und ob er verständnisvoll mit seinen Partnerinnen umgeht, kann an Hand seiner Ausführungen nicht eindeutig entschieden werden.

Von allen befragten ehemaligen Heimkindern sind im Herbst 1991 7 Gesprächspartnerinnen,[180] alle aus der Polaritätsgruppe 1, verheiratet, 4 von ihnen haben im Gegensatz zu den Befragten der Gruppe 2 eigene Kinder.[181] Die Befragte Nr. 8 befindet sich im Herbst 1991 in ihrer 3. Schwangerschaft hat somit bald wie die Befragte Nr. 11, 3 eigene Kinder im Alter bis zu 6 Jahren. Bei ihr sind alle beiden Kinder und das zukünftige 3. Kind von ihrem gegenwärtigen Ehemann, während bei der Interviewpartnerin Nr. 11 die beiden ersten Kinder aus der Beziehung zu ihrem ersten geschiedenen Mann stammen. Beide Gesprächspartnerinnen kommen aus Herkunftsfamilien mit mehreren Kindern; die Befragte Nr. 11 hat noch 2 ältere Schwestern; in der Familie der Interviewpartnerin Nr. 8 leben neben ihr noch 5 ältere Geschwister und Halbgeschwister.

Die Befragten Nr. 13 und Nr. 29 haben im Herbst 1991 jeweils 1 Kind, einmal im Säuglingsalter und im anderen Fall ein Junge im Alter von

---

178 Das sind die Gesprächspartnerinnen Nr. 11, 23, 25, 29 und die beiden Interviewpartner Nr. 16 und Nr. 28.
179 Das sind die Befragten Nr. 1, 7, 14, 15, 22, 27, 30.
180 Das sind die Interviewpartnerinnen Nr. 2, 8, 11, 13, 19, 25, 29.
181 Es handelt sich um die Gesprächspartnerinnen Nr. 8, 11, 13, und Nr. 29.

4 Jahren. Eine Einschätzung der Situation mit dem eigenen Kind ist im Falle der Gesprächspartnerin Nr. 13 noch nicht möglich, weil ihr Kind zum Interviewzeitpunkt gerade einmal wenige Monate alt ist. Verständnis und Einfühlungsvermögen als Grundhaltung ihren Kindern gegenüber nennen die Befragten Nr. 29 und seit 1989 auch die Gesprächspartnerin Nr. 11, der es gelungen sei, das intergenerationelle Muster der Ablehnung und Gewalt aus ihrer Herkunftsfamilie zu beenden und stattdessen eine vertrauensvolle Beziehung zu ihren Kindern, vor allem dem ältesten Sohn, aufzubauen. Vom Vorsatz her wollen alle 4 Mütter versuchen, ihre Kinder verständnisvoll und mit viel Zuwendung zu erziehen und sich damit gegenüber der Erziehungspraxis ihrer Eltern oder Elternteile abgrenzen. Ob dieser Vorsatz tatsächlich verwirklicht werden kann, darüber könnte nur eine erneute Befragung zu einem späteren Zeitpunkt Aufschluß geben.

Die Interviewpartnerin Nr. 24 lebt heute seit vielen Jahren in einer festen Partnerschaft und hat ein eigenes Kind. Auch sie bemühe sich, wie die verheirateten Mütter, verständnisvoll und zugewandt ihrem Sohn zu begegnen, wobei sie anmerkt, in übertriebener Weise auf intakte Familienverhältnisse zu achten, eine Folge ihrer eigenen Sozialisationsgeschichte, wie sie zugesteht.

Alles in allem stimmt das empirische Material zum Selbstverständnis der Befragten aus der Polaritätsgruppe 1 optimistisch. Bei fast allen ehemaligen Heimkindern dieser Gruppe konnte die Hilfemaßnahme Heimunterbringung entscheidende Anstöße geben, die zu einer befriedigenderen weiteren Entwicklung der Befragten beitrug. Mit Ausnahme der Interviewpartnerinnen Nr. 23 und Nr. 25 sind alle Befragten dieser Gruppe mit ihrem Heimaufenthalt im ganzen zufrieden und sehen mehr positive Auswirkungen auf ihre weitere Entwicklung als negative Folgen.

Entsprechend viele von ihnen (19 von 26 ehemaligen Heimkindern)[182] sind denn auch mit ihrem Leben heute überwiegend zufrieden. Die Hauptgründe dafür sehen sie in der durch die Sozialisationsphase im Heim geförderten konstruktiven Persönlichkeitsentwicklung, in ihrer Partnerschaft und in ihrer schulisch-beruflichen Situation. Stellvertretend für die meisten Gesprächspartner und Gesprächspartnerinnen in dieser Gruppe steht die Äußerung der Befragten Nr. 18: „Also eintauschen möchte ich mein Leben mit keinem. Weil die Erfahrungen, die ich gemacht habe, positiv und negativ sind, und das hat mich geformt und ich bin zufrieden damit. Ich weiß, daß ich auch auf eigenen Füßen stehen kann." (I. 18, PG1, S. 59).

---

182 Weniger zufrieden mit ihrem Leben heute äußern sich die Befragten Nr. 3, 7, 9, 24, 26, 27, 30.

Unzufrieden mit ihrer bisherigen Lebensgeschichte sind 7 Befragte in dieser Gruppe, zum einen die ehemals erzieher- und erzieherinnenorientierte Befragte Nr. 26. 4 Faktoren kommen in ihrem Fall zusammen, die sich gegenseitig verstärken und somit ihre Einschätzung begründen:

- Die Nichtannahme und das mangelnde Verständnis ihrer eigenen Entwicklungsgeschichte, ihre ungenügende Aufarbeitung früher Kindheitserlebnisse und Erfahrungen.
- Ihr schwieriges, ambivalentes Verhältnis zu ihrer Mutter, zu der sie viele Jahre keinerlei Kontakt gepflegt habe.
- Ihre komplizierten, konfliktträchtigen Beziehungserfahrungen in ihren Partnerschaften.
- Ihre beruflichen Belastungen; sie arbeitet in einer sozialen Einrichtung und fühle sich oft überfordert.

Sie ist diejenige Gesprächteilernehmerin, die auch zum Erhebungszeitpunkt von allen Befragten den intensivsten und regelmäßigsten Kontakt zu ihren ehemaligen Lieblingserziehern und Lieblingserzieherinnen des untersuchten Heimes unterhält. Diese Beziehungen seien ihr sehr wichtig und sie benötige sie zur Stabilisierung ihres labilen Selbstwertgefühls.

Anders gelagert sind die Gründe für den Hader mit dem Verlauf seiner Kindheit beim Interviewpartner Nr. 30. Er, heute 20 Jahre alt, lobt die soziale Anerkennung und sein Wohlgefühl in der Heimgruppe und Clique, aber sein Kernproblem sei die Beziehung zu seinen Eltern, insbesondere sein Verhältnis zu seinem Vater. Seit Jahren bestünden keine Verbindungen mehr zu seinen Eltern. Der sporadische, aber doch regelmäßige Kontakt zu seiner jüngeren Schwester sei seit deren Heirat im August 1991 ebenfalls abgebrochen. Darüber hinaus fehlen ihm die beruflichen Perspektiven; er ist ohne Berufsausbildung, lebe abwechselnd von Arbeitslosengeld und Gelegenheitsarbeiten. Interessant ist in diesem Zusammenhang, daß der Ursprung auch für seine berufliche und soziale Misere in der Familiendynamik verankert ist. Allein beim Verweis auf die soziale und berufliche Ausgangslage des Vaters springt dieser Sachverhalt ins Auge: Der Vater, studiert, gutsituiert, Mittelschichtmitglied, in leitender Position in einem großen Berliner Unternehmen und Besitzer eines Hauses; der Sohn, Hauptschüler mit wenig Interesse für die Schule, ohne Berufsausbildung, nach einem Jahr Obdachlosigkeit vorrübergehend für 2 Jahre in einem Obdachlosenheim untergebracht und im Anschuß an diese Unterbringung erneut von Obdachlosigkeit bedroht.

Der Gesprächspartner Nr. 27, 18 Jahre alt, kennt seine Symptome und versteht es, die Zusammenhänge zu erklären, die zu seiner Heimunterbringung geführt hatten. Mit seinen beiden Heimunterbringungen und seiner schulisch-beruflichen Situation ist er alles in allem zufrieden. Dennoch kann man seinen Ausführungen entnehmen, daß eine Auseinandersetzung mit der eigenen Entwicklungsgeschichte bisher in reflektierter und differenzierter Form, insbesondere bezogen auf die Bedeutung seiner Mutter, nicht stattgefunden hat. Das kommt auch in seinem Wunsch zum Ausdruck, die ersten 10,5 Jahre seines Lebens, als er noch bei seiner Mutter gelebt habe, aus seiner Biographie zu „streichen".

Die Unzufriedenheit der Gesprächspartnerin Nr. 9 mit ihrem Leben heute hängt mit ihren Problemen in der gegenwärtigen Beziehung und ihrem Mißmut über das Verhältnis zur Herkunftsfamilie zusammen, zum einen hinsichtlich ihrer Partnerschaft und zum anderen bezogen auf die Beziehung zu ihrem Zwillingsbruder. In beruflicher Hinsicht äußert sie mir gegenüber Veränderungswünsche. Ihre Eltern kenne sie bis heute nicht.

Die Gesprächspartnerin Nr. 7 leidet heute, trotz ihrer Zufriedenheit mit ihrem Aufenthalt im untersuchten Heim, unter Perspektivlosigkeit sowohl in privater als auch beruflicher Hinsicht. Mit ihrem Leben in einem Erwachsenenheim ist sie unzufrieden, weil sie diese Einrichtung als Bewahranstalt empfindet, deren verantwortliche Leitung wenig Interesse an einer konstruktiven Veränderung ihre Lebenslage zeige.

Nicht in der lebenspraktischen Unterstützung und in den Freiräumen für die eigene Entwicklung, sondern im Verständnis und im Rückhalt der Erzieher und Erzieherinnen sieht der Befragte Nr. 3 den großen Verdienst seines Heimaufenthaltes. „Ja, das Gemütliche, auch Verständnisvolle. Hab' ich viel von dort" (I. 3, PG1, S. 54). Kritik übt er an den Erziehungsmaßstäben im Heim insgesamt. Ihm hätten stärkere Orientierungen, klarere Strukturen, Regeln und einheitliche Erziehungshaltungen in der alltäglichen Erziehungspraxis im Heim gefehlt. Ein in seinem Fall verständliches Anliegen nach 14 Jahren Zusammenlebens mit seiner Mutter, die Probleme mit der Strukturierung des Alltags gehabt habe und er sehr oft, wegen ihrer Berufstätigkeit, alleine zu Hause gewesen sei. Trotzdem überwiegen bei ihm die positiven Aspekte, die durch die Unterbringung gesetzt werden konnten. Mit seinem Leben heute ist er nicht zufrieden, was vor allem am frühen Tod seines Vaters, den engen materiellen Rahmenbedingungen seiner Mutter, seiner neurologischen Krankheit und seiner beruflichen Orientierungslosigkeit liege. Auf Grund seines gesundheitlichen Leidens würden ihm nur wenig berufliche Möglichkeiten bleiben, so daß er bis heute noch keine realiserbare Berufsausbildung aufnehmen konnte.

Mit ihrem Leben heute unzufrieden zeigt sich auch die Befragte Nr. 24, die in einer sozialen Erinrichtung arbeitet. Sie ist mit ihrem Berufsfeld zufrieden; Probleme gebe es aber hinsichtlich ihrer Partnerschaft und der Beziehung zu ihrer kranken Mutter und ihrer jüngeren Schwester. Sie sieht in ihrer Schwester diejenige, die das intergenerationelle Muster ihrer Herkunftsfamilie: Alleinstehende Mutter ohne berufliche Ausbildung und Zukunftsperspektiven mit vielen Kindern von verschiedenen Männern weiter tradiert. Diese Schwester sei ebenfalls im untersuchten Heim untergebracht gewesen, habe heute im Alter von 22 Jahren 3 Kinder, wovon die älteste Tochter bei der Mutter lebe. Hier ist auch die Verbindung zu ihrer eigenen Lebensgeschichte, denn sie sei auch bis zu deren Tod bei der Großmutter aufgewachsen. Die Wahrscheinlichkeit, daß die älteste Tochter der Schwester das gleiche Schicksal wie die Befragte teilen wird, ist sehr groß. Die Mutter leide an Krebs und zwei weiteren chronischen psychosomatischen Krankheiten.

Die Motive für die Unzufriedenheit mit ihrem gegenwärtigen Leben kreisen bei diesen 7 Befragten, wie die Ausführungen zeigen, um die gleichen Themen wie bei den zufriedenen ehemaligen Heimkindern, allerdings diesmal in umgekehrter Richtung: Probleme in den gegenwärtigen Beziehungen, Mißmut über das Verhältnis zur Herkunftsfamilie und berufliche Aspekte. Dennoch ergibt das Gesamtbild der Polaritätsgruppe 1 alles in allem ein positives Ergebnis bezogen auf diesen letzten Analysepunkt.

Ein ganz anderer Eindruck drängt sich in der Polaritätsgruppe 2 auf. Alle 4 Mitglieder in dieser Gruppe können mit der Multidimensionalität ihres bisherigen Lebens nicht umgehen. Es fällt ihnen schwer, über ihre zentralen Lebensphasen und den Fremdunterbringungsprozeß zu sprechen. Der Grad der Selbstreflexionsfähigkeit überzeugt bei keinem der 4 Befragten dieser Gruppe. Ein differenzierter Umgang mit den Ambivalenzen des Fremdunterbringungsprozesses und den eigenen zentralen Lebensphasen ist bisher keinem der Interviewpartner und Interviewpartnerinnen gelungen. Viele Aspekte ihrer Sozialisationsgeschichte bleiben im Dunkeln, sind ihnen selbst unerklärlich, oder sie haben diese Zusammenhänge erfolgreich verdrängt. Das betrifft insbesondere den Bezug zu ihren Herkunftsfamilien. Die Interviewpartnerin Nr. 6 und der Gesprächspartner Nr. 12 sind allerdings in der Lage, sich in die Rollen ehemaliger Bezugspersonen einzudenken, wobei die Interviewpartnerin Nr. 6 die einzige ist, die mir gegenüber auch offen über ihre Gefühle und Empfindungen berichtet. Das Verhalten ihrer Eltern oder Elternteile früher sowie die Situation der Erzieherinnen und Erzieher im Heim können sie bis heute nicht verstehen. Sie haben nach wie vor große Probleme, in ihrem Leben zurecht zu kommen. Die Bereitschaft, entschlossen und ausführlich über positive und negative Erfahrungen zu berichten, findet sich allerdings bei den Gesprächspartnerinnen Nr. 4 und Nr. 6.

Unterschiedlicher ist das Ergebnis hinsichtlich ihrer Diskussionsbereitschaft. Nur der Interviewpartner Nr. 12 kennt die Probleme seiner Herkunftsfamilie und ist zusammen mit der Interviewpartnerin Nr. 6 in der

Lage, über die eigenen Symptome und die Zusammenhänge, die zur Unterbringung im Heim geführt hatten, zu sprechen. Dennoch bestehen bei beiden in dieser Hinsicht Unklarheiten und Ungereimtheiten.

Aufgeschlossen und ausführlich, sowohl positive als auch negative Erfahrungen berücksichtigend, erzählen alle 4 Gesprächspartner und Gesprächspartnerinnen; die Befragte Nr. 6 ist allerdings die einzige, die auch Fragen stellt und ihre Ausführungen mit vielen Berichten von Ereignissen und Episoden ihres bisherigen Lebens umrahmt. Sie schließt auch ausführliche Schilderungen von ihren Erlebnissen in einer Pflegefamilie ein, bei der sie im Anschluß an ihre Heimunterbringung 6 Jahre ihres Lebens verbracht habe. Zugleich ist sie auch die einzige dieser Gruppe, die, zusammen mit weiteren 8 Befragten der Polaritätsgruppe 1, eigene Anteile an den problematischen Entwicklungen in der Herkunftsfamilie vor der Heimunterbringung einräumt und diese Probleme auch annehmen kann.

Die Gesamteinschätzung ihres Aufenthaltes im untersuchten Heim wird von allen anderen mit Ausnahme der Interviewpartnerin Nr. 4 als wenig hilfreich und überwiegend negativ eingestuft. Der Unmut entzündet sich bei der Befragten Nr. 17 an den als unbefriedigend erlebten Beziehungen zu den Erziehern und Erzieherinnen im Heim und ihrem geringen „Interesse" an der Interviewpartnerin. Positive Erinnerungen verbindet sie allerdings mit den Freizeitaktivitäten und Gruppenerlebnissen. Im Schutz vor „Rauschgift und Obdachlosigkeit" sieht sie die Bedeutung ihrer Unterbringung.

Die enge Verbundenheit des Gesprächspartners Nr. 12 mit seiner Mutter und seine durchgängige Ablehnung der Heimunterbringung geben den Ausschlag für seine Einschätzung. Darüber hinaus gibt er den Erzieherinnen und Erziehern die Schuld für seine Unterbringung, denn wenn es keine Heime geben würde, wäre er nicht dort untergebracht worden und hätte in seiner Herkunftsfamilie weiterleben können. Obwohl er im Umgang mit Menschen, insbesondere in Konfliktsituationen, Gewinne für sein weiteres Leben sieht, überwiegen bei ihm die negativen Wirkungen der Hilfemaßnahme und er sieht in dieser Lebensphase eine „überwiegend verlorene Zeit".

Die Interviewpartnerinnen Nr. 4 und Nr. 6 erwähnen sehr intensive Beziehungen zu ihren Lieblingserziehern und Lieblingserzieherinnen bzw. im Falle der Gesprächspartnerin Nr. 6 zu einer Erzieherin. Durch diese innige Beziehung, die den Rang einer „Ersatzmutter" (zugewandt, vertrauenswürdig, viel Nähe) für die Interviewpartnerin eingenommen habe, habe sie sich zwar etwas wohler gefühlt, aber alles eingerechnet, hätte ihr Aufenthalt, vor allem im Zusammenhang mit Gruppenkonflikten, „viele negative Folgen" gehabt.

Mit ihrer Heimunterbringung zufrieden äußert sich lediglich die Gesprächspartnerin Nr. 4. Sie ist zugleich die einzige Befragte in dieser Gruppe, die sich durch die Heimunterbringung nicht abgeschoben fühlte, und sie lobt die offene Atmosphäre, mit Freiräumen für ihre eigene selbstbestimmte Entwicklung, wenngleich sie mit dem Zusammenleben in der Gruppe nicht zufrieden gewesen sei. Zusammen gesehen sei für sie der Aufenthalt im Heim dennoch eine Lebensphase der „Geborgenheit und Orientierung " gewesen.

Die Interviewpartnerin Nr. 17 steht ihrem Heimaufenthalt ambivalent gegenüber und hält die Entscheidung für die Fremdunterbringung trotz ihrer Unzufriedenheit mit vielen erwachsenen Bezugspersonen im Heim für sinnvoll; es sei ihr lieber gewesen als weiter bei ihrem „prügelnden Vater" zu leben und „sozial abzurutschen".

Die anderen beiden lehnen den Aufenthalt ab; von ihm seien keine nachhaltigen Impulse für ihre weitere Entwicklung ausgegangen, geschweige denn ein Beitrag zur Verbesserung ihrer Lebensbedingungen. Einverstanden mit der gesamten eigenen Lebensgeschichte zeigt sich keiner der Befragten aus der Gruppe 2.

Diese negativen Trends schlagen sich notgedrungen auch in der Entwicklung ihres Selbstwertgefühls und der Lebenszufriedenheit zum Erhebungszeitpunkt nieder. Zwar sind die beiden Interviewpartnerinnen Nr. 4 und Nr. 6 in der Lage, eigene Bedürfnisse zu benennen, sie in ihren jeweiligen sozialen und beruflichen Kontexten auch einzufordern und auch einfühlsam und verständnisvoll die Anliegen und Wünsche des Partners zu respektieren, auch fähig, die eigenen Wünsche in ihren Beziehungskontext einfließen zu lassen, aber über die Fähigkeit zum Verstehen der Situation anderer Bezugspersonen ihrer Sozialisationsgeschichte wie z. B. der Eltern, Eltern- oder Stiefelternteile, der Erzieher und Erzieherinnen verfügen sie nicht. Zu viele Affekte, zu viel Verdrängtes und Unterdrücktes und mangelhaft Aufgearbeitetes in ihren Lebensläufen verhindert bisher diesen Schritt. Hinsichtlich des Umganges mit den eigenen Bedürfnissen im Falle der Befragten Nr. 12 und Nr. 17 kann auf Grund des vorliegenden Materials nichts Näheres gesagt werden. Die Partnerschaften des Befragten Nr. 12 seien bisher an seinem Drogenkonsum und seiner Spielleidenschaft gescheitert. Seit 1987 lebe er in keiner festen Beziehung mehr. Die anderen Gesprächspartnerinnen dagegen unterhalten seit mehreren Jahren feste Partnerschaften. Während sich die Interviewpartnerin Nr. 17 zu ihrer Beziehung nicht äußert, beschreiben die beiden Gesprächspartnerinnen Nr. 4 und Nr. 6 ihre Partnerschaften mir gegenüber offen, ausführlich und benennen Probleme, aber auch Gemeinsamkeiten zwischen ihnen und ihren Partnern. Die Ausführungen der 31jährigen Gesprächspartnerin Nr. 4 lassen eine differenzierte Einschätzung der Beziehungsprobleme und Ressourcen beider Partner erkennen. Besonderen Wert würden beide auf die Gewährung von Freiräumen und gegenseitiger Rücksichtnahme legen. Ihr Lebenspartner sei ebenfalls in einem Kinderheim aufgewachsen und habe wie sie zeitweise Drogen genommen. Im Herbst 1991 seien sie beide nicht mehr drogenabhängig; er sei berufstätig und sie schwanger. Sie plane aber im Anschluß an ihren Mutterschutzurlaub eine Berufsausbildung.

Die Befragte Nr. 6 unterhält eine Beziehung zu einem Mann, der gleichwohl, wie sie, einige Jahre im Kinderheim gelebt habe. Im Interview berichtet sie ausführlich über ihre Probleme und die konstruktiven Veränderungen der sich schwierig gestaltenden Beziehung.

In Teilbereichen zufrieden mit ihrer heutigen Lebenssituation sind die Interviewpartnerinnen Nr. 4 und Nr. 17. Positiv empfindet die Befragte Nr. 17 ihre Partnerschaft, ihre schulischen Fortbildungen und das gute Verhältnis zu einem älteren Bruder und der jüngeren Schwester. Dagegen ist sie zum Erhebungszeitpunkt ohne die Hilfe ihres Freundes nicht in der Lage, ihren Lebensunterhalt zu bestreiten. Sonstige Bezüge zu ihrem Herkunftskontext bestünden keine mehr.

Der Interviewpartnerin Nr. 4 ist es bis zum Herbst 1991 gelungen, eine relative Stabilität in ihrem Leben zu erreichen; sie berichtet von ihrem gelungenen Versuch, eine sich über einen Zeitraum von 14 Jahren erstreckende Drogenabhängigkeit abzubauen und in all den Jahren immer in Anlernberufen berufstätig gewesen zu sein. Heute unterhalte sie eine befriedigende Beziehung und erwarte von diesem Partner ihr 1. Kind. Unzufrieden ist sie mit ihrer fehlenden beruflichen Ausbildung sowie mit ihrem konflikthaften Verhältnis zu ihrem Vater und ihrer Stiefmutter.

Die problematischen Beziehungen zu ihren Herkunftsfamilien sind auch wesentliche Gründe für die Unzufriedenheit mit ihrem bisherigen Leben bei den Befragten Nr. 6 und Nr. 12. Darüber hinaus spielen bei der Interviewpartnerin Nr. 6 die schwierige Beziehung zu ihrem ehemaligen Pflegevater, zu dem sie mittlerweile den Kontakt abgebrochen hat, das Verhältnis zu ihrer älteren Schwester und die Gestaltung ihrer Partnerschaft eine wichtige Rolle.

Die Unzufriedenheit gründet sich beim Gesprächspartner Nr. 12 neben seiner ebenfalls konflikthaften Beziehung zu seiner Mutter und seinem 2. Stiefvater auf seine gesundheitlichen Probleme im Zusammenhang mit dem Entzug von Drogen, den Verlust seiner Ausbildungsstelle durch eigenes Verschulden und zwei mißlungene Partnerschaften.

Alles in allem ist das Ergebnis hinsichtlich des Selbstverständnisses und der Entwicklung des Selbstkonzeptes in der Gruppe 1 überwiegend positiv, in der Gruppe 2 eher negativ. Es hat sich bestätigt, daß die erfolgreich eingestuften ehemaligen Heimkinder auch in diesem Knotenpunkt ihrer Entwicklungsgeschichte besser abschneiden als ihre ehemaligen Mitbewohner und Mitbewohnerinnen aus der anderen Polaritätsgruppe.

Kapitel VI:
Schlußbemerkungen - Ansatzpunkte für die Sozialarbeit

Entwicklungsprozesse sind immer und in jedem Lebensalter schwierige, zuweilen ausweglos erscheinende Lebensphasen. Das trifft insbesondere auf Heimkinder zu, die bereits in frühester Kindheit mit brüchigen, oft bereits seit mehreren Generationen bestehenden Beziehungsmustern und -problemen ihrer Herkunftsfamilien konfrontiert sind. Mit Hilfe der teilstrukturierten Konzipierung des Interviewleitfadens ist es gut gelungen, ein gutes Stück der Komplexität, d. h. der Vielschichtigkeit, Widersprüchlichkeit, aber auch der Aporien menschlicher Beziehungen im besonderen und von Sozialisationsprozessen einzufangen[183].

Die Analyse des Interviewmaterials führt zu dem Ergebnis, daß die Einschätzung des Erfolges von Heimunterbringung nicht vordergründig an Hand äußerer, relativ leicht einschätzbarer Gesichtspunkte wie Arbeitszeitordnungen, Organisationsstrukuren oder der Größe des Heimes entschieden werden kann. Es hat sich bestätigt, daß diejenigen ehemaligen Heimkinder, die ihre Sozialisationsgeschichte verstehen, differenziert berichten und mit dem Verlauf ihrer Entwicklung eher zufrieden sind, mit ihrem Leben heute alles in allem zurecht kommen und somit eine erfolgreiche Persönlichkeitsentwicklung hinter sich haben. In allen Gesprächen mit den ehemaligen Heimkindern zeichnet sich ab, daß die Antworten auf die Fragen nach den Faktoren einer erfolgreichen Persönlichkeitsentwicklung der Betroffenen

---

183 Obschon im Rahmen der vorliegenden Analyse viele Aspekte, Zusammenhänge und Wirkungsmechanismen bei Fremderziehungsprozessen aufgedeckt werden konnten, bleibt es weiteren Arbeiten überlassen, noch genauer als dies im Rahmen dieser Pilot-Studie möglich war, die vielschichtigen Beziehungsdynamiken zu entschlüsseln, die Seite der Erzieher und Erzieherinnen in die Analyse einzubeziehen, den Einfluß der Eltern und Elternteile sowie die Bedeutung des Verhältnisses zwischen den Erziehern, Erzieherinnen und den Eltern oder Elternteilen für die Persönlichkeitsentwicklung der betroffenen Heimkinder tiefgehend zu analysieren. Des weiteren ist es notwendig, Überlegungen anzustellen, wie die Eltern und Elternteile von im Heim untergebrachten Kindern und Jugendlichen in die Entwicklungsprozesse ihrer Kinder im Heim einbezogen werden können.

und damit auch der Bedeutung und dem Anteil der Heimerziehungsarbeit an ihrer Entwicklung sich auf die folgenden Zusammenhänge beziehen:
- Die Beziehungserfahrungen in der Herkunftsfamilie, vor allem zu den Eltern oder Elternteilen vor, während und nach der Heimunterbringung.
- Die Beteiligung oder vielmehr Nichtbeteiligung der Befragten und ihrer Angehörigen am Prozeß der Heimunterbringung.
- Die überwiegende soziale Orientierung der Befragten und ihre dadurch bedingten Zugehörigkeits- und Loyalitätsgefühle.
- Persönlichkeitsspezifische Eigenschaften der Betroffenen (z. B. ein „starker Wille").
- Die Beziehungserfahrungen in der Gruppe und den Peer-Groups.
- Die Beziehungserfahrungen zu den Erziehern und Erzieherinnen.
- Die Beziehungserfahrungen zu außerheimischen Bezugspersonen wie Schulfreunden, Schulfreundinnen, Lehrern, Lehrerinnen, Eltern von Schulfreunden oder Schulfreundinnen oder Beziehungen zu Verwandten.
- Das Beziehungs- und Erfahrungsfeld Schule als Sozialisationsagentur, z. B. ihr Beitrag zur Integration und Anerkennung des Befragten in der Klasse, bei Lehrern und Lehrerinnen und als existentielle Basis ihres weiteren nachheimischen Lebens.
- Erfahrungen im weiteren Verlauf ihrer nachheimischen Entwicklungen, insbesondere bezogen auf Partnerschaften, beruflich-existentielle Lagen und Kontexte sowie die Beziehungen zur Herkunftsfamilie.

Diese 9 Aspekte haben sich sowohl bei den lebensgeschichtlichen Rekonstruktionen als auch bei der qualitativen Bewertung des Interviewmaterials herauskristallisiert. Ich möchte sie die *9 Säulen erfolgreicher Heimsozialisation* nennen.

Neben den Beziehungserfahrungen erweisen sich Faktoren, die mit der sozialen Orientierung der ehemaligen Heimkinder zusammenhängen, wie Lebenseinstellungen, Normen und Werte, als überaus wichtig für ihre Persönlichkeitsentwicklung. Ihre Vermittlung erfolgte im Laufe ihrer Sozialisation durch Beziehungskontexte, im wesentlichen zu relevanten Bezugspersonen, z. B. Eltern, Geschwister, Peer-Group-Mitglieder und -Mitgliederinnen und anderen Bezugspersonen des Herkunftskontextes, Erzieher, Erzieherinnen, Lehrern, Lehrerinnen, Therapeuten, Therapeutinnen, Eltern von Schulfreunden und Schulfreundinnen.

Die Beantwortung der Frage, von welcher der 9 Säulen erfolgreicher Heimsozialisation die nachhaltigsten Wirkungen auf die Entwicklung der Heimkinder ausgegangen sind, läßt sich nur an Hand der konkreten Biographie ermitteln. Gerade die lebensgeschichtlichen Rekonstruktionen verdeutlichen, daß alle Säulen (bzw. die Grundlagen für die Bewältigung des nachheimischen Lebens während des Heimaufenthaltes mitgelegt werden) im pädagogischen Feld wirken, aber mit unterschiedlicher Intensität. Aus diesem Grunde ist eine Beachtung und Orientierung zukünftiger Heimerziehungspraxis an diesen Wirkungsfaktoren die beste Grundlage für die von den Praktikern noch weiter zu entwickelnden betroffenen- und ressourcenorientierten Heimerziehungskonzepte unter Einbeziehung des Herkunftskontextes der betreuten Kindern und Jugendlichen. In den Erziehungsprozessen, von denen die Gesprächspartner und -partnerinnen betroffen waren, lassen sich keine linearen, intentionalen Wirkungslinien nachweisen. Konzepte einer Input-Output-Kongruenz in der Erziehung, wie sie in vielen erzieherorientierten heimpädagogischen Konzepten vertreten werden, sind im vorliegenden Material wiederlegt worden. Die Sozialisationsprozesse der Interviewpartner und Interviewpartnerinnen sind ambivalent, hochgradig von bewußten und unbewußten Übertrags- und Gegenübertragungsprozessen aller Beteiligten beeinflußt. Das umfangreiche Material veranschaulicht, daß intergenerationelle Beziehungsmuster, Bindungen, Regeln, Geheimnisse und Verpflichtungen nur durch eine reflektierte, anamnestische Analyse aufgedeckt werden können, daß Entwicklungsverläufe großen Schwankungen ausgesetzt sind, Rückfälle, Abstürze, aber auch erneute Phasen konstruktiver Entwicklungen beinhalten. Die Sozialisationsprozesse der befragten ehemaligen Heimkinder waren besonders sensible Lebensphasen. Die Grundlagen für ihre Persönlichkeitsentwicklung sind in der Regel bereits lange vor der Heimunterbringung, in ihren Herkunftsfamilien gelegt worden. Diese Familien präsentieren sich in den Beschreibungen der Ehemaligen in ihrer großen Mehrheit als ein schwieriges Feld für psycho-soziale Entwicklungsprozesse. Zum Aufbau von Orientierungen, zuverlässigen Beziehungen mit Vertrauen und Geborgenheit als Grundpfeiler trägt dieser Herkunftskontext in der Regel nicht bei. Die meisten Befragten auch dieser Studie erlebten in ihrer frühen Kindheit häufige Beziehungsabbrüche, Alkoholismus, mangelhafte materielle Versorgung, Geschwisterrivalitäten, geringe psycho-soziale Zuwendung durch die erwachsenen Bezugspersonen. Als die wichtigsten Folgen dieser familialen Ausgangslagen erwiesen sich Unverständnis, Unsicherheit, Desintegration, erhebliche Beeinträchtigungen ihrer Persönlichkeitsentwicklung bis hin zu massiven Formen von Ablehnung (körperliche Mißhandlung) als zentrale Erfahrungen ihrer frühen Lebensgeschichte.

Wenn sie im Interview in der Lage sind, ihre Entwicklungsgeschichte zu verstehen, ihrem Leben einen Sinn abzugewinnen, sich mit ihrer gesamten Sozialisationsgeschichte einverstanden zeigen, dann kann diese Veränderung ihrer Persönlichkeitsentwicklung nur in den nachfolgenden Entwicklungsphasen im Anschluß an ihren Aufenthalt in der Herkunftsfamilie bewirkt worden sein. Die einbindende Kultur „Heimunterbringung" hat denn auch bei den meisten Befragten einen gewichtigen Anteil zur Bildung ihrer Sinnstiftungsprozesse, am Aufbau ihres Selbstbewußtseins, Selbstvertrauens, an der Entwicklung ihrer Beziehungsfähigkeit und nicht zuletzt an ihrer Integration in ein eigenständiges Leben beigetragen. Die Chance der Heimkinder, aus der oft intergenerationell tradierten Randstellung der Herkunftsfamilien herauszukommen, konnte nur mit Hilfe der Heimerziehung gelingen. Deshalb muß die Erziehung im Heim in erster Linie, wie Bettelheim immer betonte, an der Persönlichkeitsentwicklung der Heimkinder ansetzen und diese fördern. *Festhalten - loslassen - in der Nähe bleiben*, diese von Robert Kegan beschriebene Grundhaltung der einbindenden Kulturen auf jeder Entwicklungsstufe ist auch für den Heimerzieher und die Heimerzieherin empfehlenswert. Manche ehemalige Heimkinder profitierten vor allem von den Freiräumen, die ihnen im Heim gewährt wurden, weil sie ihnen die Möglichkeit eröffneten, die zu enge Bindung an einen Elternteil in der Vorheimzeit zu verarbeiten oder weil sie die Gefahr einer möglichen Wiederholung der traumatischen Erfahrungen durch eine erneute enge Beziehung zu einem Erzieher oder einer Erzieherin in Grenzen hielt. Deshalb empfanden vor allem die Einzelgänger und Einzelgängerinnen, die Mißhandlungserfahrungen in ihrer Herkunftsfamilie gemacht hatten, die eher distanzierte Beziehung zu ihren Erziehern und Erzieherinnen als sehr offen und hilfreich. Häufiger ist im vorliegenden Material das Gegenteil der Fall: Viele haben sich eine noch größere Nähe zu den Bezugspersonen im Heim gewünscht. Freilich ist immer zu berücksichtigen, daß die zentrale soziale Orientierung der vorgelagerte Faktor war, der letztendlich über die Beziehungsintensität entschied.

Die durch die Analyse aufgedeckten Faktoren und Zusammenhänge zu den Knotenpunkten der Entwicklungsgeschichte aller 30 Interviewpartner und Interviewpartnerinnen erlauben es, Prognosen zu stellen. Man kann diese Vorhersagen als idealtypische Konstellationen für gelungene Heimsozialisation auffassen. Je eher die folgenden Umstände in der Biographie eines Heimkindes eine wichtige Rolle gespielt haben, desto erfolgreicher war seine Sozialisationsgeschichte oder desto mehr wurde durch die Heimerziehungsarbeit Positives bewirkt.

- Es gibt einen reflektierten Umgang mit der eigenen Vorgeschichte, d. h. die ehemaligen Heimkinder haben eine Vorstellung oder machen sich Gedanken zu ihrem Leben in der Herkunftsfamilie vor ihrer Unterbringung. Dabei können sie sowohl positive als auch negative Aspekte benennen. Sie verfügen über ein Gespür für Ambivalenzen.
- Beim Prozeß der Unterbringung werden die davon betroffenen Kinder und ihre Eltern beteiligt, zumindest sind die Entscheidungswege und

Motive für die Einweisung ins Heim nachvollziehbar und sowohl die Eltern bzw. bei Alleinerziehenden ein Elternteil, als auch die unmittelbar Betroffenen stimmen der Unterbringung zu; bei dem betroffenen Kind überwiegen Gefühle der Erleichterung.
- Das Heimkind ist offen hinsichtlich seiner überwiegenden sozialen Orientierungen; seine Zugehörigkeits- und Loyalitätskonflikte sind gering. Es fühlt sich wohl in der Gruppe, ist integriert, wird von seinen Mitbewohnern und Mitbewohnerinnen sozial anerkannt oder ist ein geachteter Einzelgänger; gegenüber den Erziehern und Erzieherinnen gibt es eine vertrauensvolle Beziehung, so daß Gefühle des Angenommenseins, Verstandenseins und des Wohlgefühls vorherrschen und das betreffende Kind einen im ganzen positiven Gesamteindruck von der Institution Heim erhält.
- Das ehemalige Heimkind beschreibt seine Beziehungen zu den Erziehern und Erzieherinnen und seinen ehemaligen Mitbewohnern und Mitbewohnerinnen reflektiert; es erwähnt sowohl positive als auch negative Impulse, die sich aus diesen Beziehungen ergeben haben.
- Es gibt während der Unterbringung Zusammenarbeit oder zumindest regelmäßige Kontakte zwischen den Eltern bzw. Elternteilen und den zuständigen Erziehern bzw. Erzieherinnen.
- Das Heimkind unterhält auch während der Unterbringung soziale Kontakte zu außerheimischen Bezugspersonen.
- Der weitere Lebensweg der ehemaligen Heimkinder ermöglicht ihnen die Verfügung über eigenen Wohnraum, das Eingehen von festen Bindungen oder die Zufriedenheit mit mehreren Partnerschaften und eine berufliche Perspektive mit zufriedenstellenden Arbeitsmöglichkeiten.
- Die ehemaligen Heimkinder haben einen Schulabschluß und eine abgeschlossene Berufsausbildung.
- Die heutigen Beziehungen zur Herkunftsfamilie zeichnen sich durch eine reflektierte Grundeinstellung gegenüber den Eltern und anderen Familienmitgliedern aus (Verständnis oder verstandene Trennung statt konflikthafter Bindung).
- Die Befragten besitzen die Fähigkeit, die eigene Lebensgeschichte differenziert wahrzunehmen und zu schildern, d. h. die Zusammenhänge sind verständlich und transparent; positive und negative Lebenserfahrungen werden thematisiert.
- Es gibt die Bereitschaft zur Auseinandersetzung mit der eigenen Lebensgeschichte, ein Problembewußtsein, das auch die Fähigkeit beinhaltet, den eigenen Unterbringungsprozeß zu erklären und mit Aufgeschlossenheit über das eigene Leben zu berichten.
- Die ehemaligen Heimkinder haben eine überwiegend positive Einstellung und Einschätzung der Entwicklungsphasen im Heim, sie sehen in dieser Unterbringung einen Sinn für ihr Leben, können „Gewinne für

ihr Leben" benennen; sie sind mit ihrer gesamten Entwicklungsgeschichte einverstanden.
- Die Betroffenen besitzen ein positives Selbstwertgefühl als Erwachsene, vermögen die Wahrnehmungen und die Sichtweisen anderer relevanter Bezugspersonen zu verstehen; sie artikulieren eigene Bedürfnisse und Wünsche, sie können diese persönlichen Anliegen in ihrem sozialen und beruflichen Kontext auch einfordern.
- Es gibt verständnisvolle und einfühlsame Partnerschaften, die sich durch gegenseitige Achtung und Rücksichtnahme auszeichnen.
- Annahme und Verständnis sind die Grundhaltungen gegenüber den eigenen Kindern.

Diese Konstellationen lassen sich auch noch konkreter in proportionale Wahrscheinlichkeitsaussagen fassen:

Vorhersagen zu den Brennpunkten: Annahme, Beteiligung, Verhältnis zu den Eltern und dem Herkunftsmilieu:

- Je entlastender das Kind seine Heimeinweisung empfindet, desto größer ist seine Bereitschaft, sich auf das Beziehungsangebot des Heimes einzulassen.
- Je nachhaltiger das Augenmerk auf die innere Dynamik des Kindes und die gesamte Familienstruktur mit ihren funktionalen Interaktionsmustern gerichtet wird, desto besser kann eine den Interessen und Bedürfnissen des Kindes angemessene Unterbringungsstätte gefunden werden.
- Je umfangreicher und ernsthafter die Betroffenen selbst und deren Eltern oder Elternteil an dem Fremdunterbringungsprozeß beteiligt sind und je mehr sie damit einverstanden sind, desto größer ist die Bereitschaft der Betroffenen und deren Eltern, das Hilfeangebot anzunehmen; bzw. je mehr die Eltern oder ein Elternteil dagegen sind und nicht in die Entscheidung über die Fremdunterbringung einbezogen werden, desto schwieriger gestalten sich die Einwirkungsmöglichkeiten auf die Kinder, insbesondere bei eltern- oder elternteilorientierten Heimkindern.
- Je umfassender es den Vertretern der Heime gelingt, die Ressourcen des sozialen Ursprungskontextes der Kinder zu mobilisieren und zu stabilisieren, desto effektiver ist die Fremdunterbringung.
- Je besser der Zusammenhang von ambulanter Eltern- oder Elternteilarbeit und stationärer Arbeit am Kind gelingt, desto besser sind die Entwicklungschancen für das Kind .
- Je mehr sich das Kind abgeschoben fühlt, desto länger wird es dauern, bis das Beziehungsangebot des Heimes angenommen wird, bzw. bei

einigen Kindern wird eine ablehnende Grundhaltung immer erhalten bleiben.

Vorhersagen zu den Brennpunkten: Qualität der pädagogischen Beziehung:

- Je zufriedener die Erzieher und Erzieherinnen mit ihrer Arbeit sind, desto bessere Arbeit leisten sie.
- Je reflexiver die „Interaktionsarbeiter und Interaktionsarbeiterinnen" mit ihren eigenen Verstrickungen in Beziehungsszenerien umgehen, desto zielgerichteter und wirksamer ist ihre Arbeit mit den Heimkindern.
- Je mehr die Erzieher und Erzieherinnen über unbewußt und bewußt ablaufende psycho-dynamische Prozesse (z. B. Übertragungs- und Gegenübertragungsprozesse) und Beziehungen wissen und damit umzugehen verstehen, desto größer ist ihr Handlungsspielraum dem Kind gegenüber und auch das Wissen, daß die Kinder Grundsätzliches aus der Eltern (Elternteil)-Kind-Beziehung wiederbeleben.
- Je angenommer, verstandener und wohler sich das Kind im Heim fühlt, desto größer sind die Einflußmöglichkeiten der Erzieher- und Erzieherinnenseite auf seine Persönlichkeitsentwicklung.

Vorhersagen zum Selbstverständnis der Heimkinder:

- Je offener die soziale Orientierung der betreuten Heimkinder, desto geringer sind ihre Zugehörigkeits- und Loyalitätskonflikte und desto größer ist ihre Bereitschaft, die Beziehungsangebote im Heim anzunehmen.
- Je intensiver das Gefühl der Annahme durch die Erzieher und Erzieherinnen bei den Heimkindern ausgeprägt ist, desto vertrauensvoller gestaltet sich die Beziehung, und der Einfluß der Heimerziehung ist bedeutend dauerhafter und eindringlicher.
- Je besser die Beziehung zu wichtigen außerheimischen Bezugspersonen von den Heimkindern erlebt wird, desto größer sind die Chancen, ihnen andere Beziehungserfahrungen als in der Herkunftsfamilie und zu den Erziehern und Erzieherinnen im Heim zu vermitteln, was wiederum nachhaltigere Entwicklungsimpulse bewirkt.

- Je größer das Gefühl der Heimkinder ist, nur Spielball und Objekt der Jugendhilfe zu sein, desto geringer ist ihre Bereitschaft, eine vertrauensvolle Beziehung zu den Erziehern und Erzieherinnen einzugehen.
- Je angenommer, wohler und verstandener sich die Kinder und Jugendlichen im Heim fühlen, desto größer ist der Einfluß der Heimunterbringung auf ihr weiteres Leben.
- Je offener die ehemaligen Heimkinder mit der Ambivalenz des Fremdunterbringungsprozesses umgehen können, desto wirkungsvoller sind die Impulse, die durch den Aufenthalt im Heim bewirkt werden konnten.
- Je zufriedener die ehemaligen Heimkinder heute, im nachhinein, mit der Heimerziehung sind, desto wichtiger und positiver war diese Zeit für ihre Persönlichkeitsentwicklung.
- Je geringer die Problemannahme durch die Heimkinder ist, umso geringer wird der Sozialisationserfolg sein.
- Je instabiler das Selbstwertgefühl im nachhinein ist, desto weniger gelang es, im Heim eine Selbstveränderung zu bewirken. Das heißt, je geringer die Fähigkeit ausgebildet ist, eigene Wünsche und Bedürfnisse deutlich zu machen und sie einzufordern, desto wirkungsloser war der Fremdunterbringungsprozeß.
- Je selbstzufriedener, d. h. je nüchterner, genußfähiger und humorfähiger die ehemaligen Heimkinder ihre Lebensgeschichte heute erzählen, desto besser haben sie ihren Sozialisationsprozeß verarbeitet.
- Je spontaner und diskussionsfreudiger die ehemaligen Heimkinder sich heute zeigen, desto erfolgreicher waren die Maßnahmen (d. h. sie stellen Fragen und können berichten) der Heime.
- Je verzichtfähiger und selbstkritischer die Betroffenen mit ihrer Kindheit umgehen können, desto reflektierter haben sie diesen Lebensabschnitt aufgearbeitet.
- Je größer die Bereitschaft der Betroffenen ist, intensive und längerfristige Beziehungen einzugehen, desto besser haben sie sich mit ihren Beziehungserfahrungen nebst Ängsten aus der Kindheit auseinandergesetzt.

Anhang: Methoden und Material

Quantitativer Auswertungsplan

Interview Nr. ____
Datum, Ort, Dauer in Stunden

1. *Geschlecht.*
2. *Alter zum Zeitpunkt der Befragung.*
3. *Entlassungsjahr aus dem untersuchten Heim.*
4. *Aufenthaltsdauer.*
5. *Herkunftsfamiliensituation.*
6. *Familienform vor der Heimunterbringung.*
7. *Alter der Eltern bzw. der Stiefeltern.*
8. *Berufe und Berufstätigkeit der Eltern bzw. Stiefeltern oder Lebenspartnern von Elternteilen.*
9. *Schichtzugehörigkeit (Einkommenssituation).*
10. *Wohnverhältnisse vor der Unterbringung nach Einschätzung der Befragten.*
11. *Geschwister, Stiefgeschwister, Halbschwestern und Halbbrüder.*
12. *Probleme mit Krankheiten, Drogenabhängigkeit, Alkoholismus, Tablettenabhängigkeit in der Herkunftsfamilie bzw. bei den Stiefeltern oder Lebenspartnern von Elternteilen.*
13. *Trennungen in der Herkunftsfamilie und Trennungsgründe.*
14. *Einweisungsgründe.*
15. *Unterbringungsalter.*
16. *Zahl der Heimaufenthalte vor und nach der Unterbringung im untersuchten Heim.*
17. *Andere Hilfeformen, wie z. B. Pflegefamilienunterbringung.*
18. *Dauer der Unterbringung im untersuchten Heim.*
19. *Altersbedingte Stellung des Befragten in der Gruppe, wenn bekannt.*
20. *Zentrale soziale Orientierung während der Heimunterbringung.*
21. *Zimmergröße während der Unterbringung, sofern bekannt.*
22. *Anzahl und Intensität der Kontakte zu Angehörigen während des Aufenthalts.*
23. *Entlassungsalter.*

24. *Entlassungsgrund.*
25. *Entlassungsinitiator (Wer wollte Entlassung am ehesten?)*
26. *Wohnung nach der Entlassung.*
27. *Schulbildung des Befragten.*
28. *Berufsausbildung des Befragten.*
29. *Berufstätigkeit des Befragten zum Zeitpunkt der Befragung.*
30. *Straffälligkeit des Befragten.*
31. *Familienstand des Befragten.*
32. *Eigene Kinder.*
33. *Häufigkeit und Art der Kontakte zur Herkunftsfamilie, zu Geschwistern, Stiefgeschwistern, Halbgeschwistern und sonstigen Bezugspersonen des Herkunftskontextes heute.*
34. *Zufriedenheit mit der Heimerziehung im untersuchten Heim heute, mit der Herkunftsfamilie heute, der schulischen und beruflichen Ausbildung heute, der beruflichen Situation heute und mit dem Leben insgesamt und die Gründe hierfür.*

Qualitativer Auswertungsplan

1) Indikatoren zum Grad der Reflexivität gegenüber der Vorgeschichte.

- Der Befragte[184] kann detaillierte Angaben zu seiner Familie und seinen Geschwistern machen.[185]
- Der Befragte kennt die Gründe und Anlässe für seine Heimunterbringung.
- Der Befragte versteht, warum er ins Heim kam.
- Der Befragte zeigt Verständnis für die Situation seiner Eltern, seiner Mutter, seines Vaters oder sonstigen erwachsenen Bezugsperson seines Herkunftskontextes.
- Der Befragte weiß, daß seine Symptome/Verhaltensweisen auch als Druckmittel für seine Interessen eingesetzt werden können und hatte sie auch eingesetzt.

---

184 Aus Gründen der Übersichtlichkeit benutze ich die Wendung „der Befragte", die sich sowohl auf die befragten Frauen als auch auf die männlichen Gesprächspartner bezieht.
185 Die Beantwortung der Fragen ist jeweils nur biplor möglich, d. h. die Aussagen können nur mit „ja" oder „nein" bestätigt werden.

- Der Befragte kann offen über seine affektiven Reaktionen im Zusammenhang mit seiner Familie reden.

2) Indikatoren zum Unterbringungsprozeß

- Der Befragte ist zwar traurig über die Heimeinweisung, aber das Gefühl der Erleichterung überwiegt (er fühlte sich nicht abgeschoben).
- Der Befragte ist heute froh, im Heim aufgewachsen zu sein, weil er damit bessere Entwicklungschancen gehabt habe.
- Der Befragte wurde gefragt, ob er ins Heime wolle.
- Die Unterbringung hing von der Zustimmung des Betroffenen ab.
- Der Befragte wollte selbst ins Heim.
- Die Eltern waren bei der Entscheidung über die Heimunterbringung beteiligt.
- Die Eltern stimmten der Unterbringung zu.
- Die leibliche Mutter war bei der Entscheidung über die Heimunterbringung beteiligt.
- Der leibliche Vater war bei der Entscheidung über die Heimunterbringung beteiligt.
- Andere Personen, nämlich .... waren bei der Entscheidung über die Heimunterbringung beteiligt.
- Die leibliche Mutter, bzw. Vater oder beide stimmte/n der Unterbringung zu.
- Andere Personen des Herkunftskontextes, nämlich .... stimmten der Unterbringung zu.
- Der Befragte hat das Heim vorher besichtigt.
- Der Befragte hat das Heim vorher besichtigt und kann sich noch daran erinnern.
- Der Befragte kann sich an den ersten Tag im Heim erinnern.
- Der Befragte weiß, wie lange er im untersuchten Heim untergebracht war.
- Der Befragte weiß die genauen Aufnahme- und Entlassungsdaten.

3) Indikatoren zur Annahme des alternativen Erziehungsangebotes.

- Der Befragte fühlte sich von den Erziehern angenommen.
- Der Befragte fühlte sich von den Erziehern verstanden.
- Der Befragte fühlte sich im Heim insgesamt wohl.
- Der Befragte fühlte sich in der Gruppe wohl.
- Der Befragte fühlte sich in der gruppenübergreifenden Clique wohl.
- Der Befragte war in die Gruppe integriert.
- Der Befragte war in die Clique integriert.

- Der Befragte war ein Einzelgänger, wurde aber dennoch von der Gruppe bzw. Clique geachtet (Raum für Bemerkungen).
- Der Befragte hatte auch während seines Aufenthaltes im Heim einen sehr intensiven/häufigen Kontakt zu einem an ihm interessierten Elternteil bzw. zu seinen Eltern. Dennoch ist die Beziehung zu den Erziehern und Erzieherinnen sehr eng und vertrauensvoll (kaum Zugehörigkeits- und Loyalitätskonflikte).
- Die Zugehörigkeit ist eindeutig (bitte angeben) auf Seiten der leiblichen Mutter/dem leiblichen Vater/beiden Eltern, der Lieblingserzieherin/dem Lieblingserzieher.
- Die Eltern bzw. der für ihn relevante Elternteil und Erzieher und Erzieherinnen sind für den Befragten gleichermaßen wichtige, seiner Entwicklung förderliche erwachsene Bezugspersonen (es gibt Zusammenarbeit zwischen Eltern, Elternteilen und Erziehern sowie Erzieherinnen).

4) Indikatoren zur Qualität der pädagogischen Beziehung.

- Dem Befragten war ein gutes Verhältnis zu den Erziehern und Erzieherinnen sehr wichtig. Sie waren für ihn Ersatzeltern (Eltern-Übertragung).
- Der Befragte konnte jederzeit zu den Erziehern und Erzieherinnen kommen und sie nahmen sich Zeit für das Anliegen des Befragten (positive Gegenübertragung). Die Erzieher und Erzieherinnen wurden vom Befragten als konsequent und gerecht erlebt.
- Die Erzieher und Erzieherinnen hatten Verständnis für die Situation des Befragten.
- Der Befragte hatte auch privaten Kontakt zunm Erziehungspersonal und deren Familienangehörigen. (Teil einer positven Eltern-Gegenübertragung).

5) Indikatoren zum Verhältnis zwischen Erziehern/Erzieherinnen und den Eltern oder Elternteilen.

- Die Erzieher und Erzieherinnen kannten die Eltern oder Elternteile.
- Die Erzieher/Erzieherinnen und die Eltern/Elternteile hatten regelmäßige persönliche Gespräche.
- Die Erzieher/Erzieherinnen und Eltern/Elternteile hatten häufige persönliche (nichttelefonische) Kontakte.
- Die Treffen zwischen den Erziehern und Erzieherinnnen und den Eltern oder Elternteilen fanden auch gelegentlich bei den Eltern oder einem relevanten Elternteil zu Hause statt.

- Die Befragten wünschten sich gemeinsame Unternehmungen.
- Die Erzieher/Erzieherinnen und ein Elternteil hatten regelmäßige persönliche Gespräche. Dieser Elternteil war ....
- Die Erzieher/Erzieherinnen und ein Elternteil hatten häufige persönliche (nichttelefonische) Kontakte. Dieser Elternteil war ....
- Die Eltern mochten die Erzieher und Erzieherinnen.
- Ein Elternteil, nämlich .... mochte die Erzieher oder Erzieherinnen.
- Die Erzieher und Erzieherinnen mochten die Eltern oder Elternteile.
- Die Erzieher/Erzieherinnen mochten ein Elternteil, nämlich ...

6) Indikatoren zu anderen wichtigen Bezugspersonen.

- Der Befragte hatte enge Freundschaften zu Schulfreunden/-freundinnen. Wenn ja eher zu Jungen oder zu Mädchen oder zu beiden Geschlechtern.
- Der Befragte hatte intensiven Kontakt zu Nichtheimjugendlichen. Wenn ja, eher zu Jungen oder zu Mädchen oder zu beiden Geschlechtern.
- Der Befragte unterhielt intensive Beziehungen zu Erwachsenen, die nicht im Zusammenhang mit dem Heim standen (z. B. Eltern von Schulfreunden/Schulfreundinnen; Eltern der Freundin/des Freundes; Großeltern, Verwandte, Patenschaften). Das waren .....
- Der Befragte hatte einen guten Draht zu Heimtherapeuten/-therapeutinnen.
- Der Befragte hatte ein gutes Verhältnis zu nichtpädagogischen Mitarbeitern und Mitarbeiterinnen des Heimes.

7) Indikatoren zur schulischen und beruflichen Unterstützung.

- Der Befragte fühlte sich in schulischen Belangen von den Erziehern und Erzieherinnen sehr unterstützt.
- Die Erzieher und Erzieherinnen halfen dem Befragten bei der Suche nach einem Ausbildungsplatz.
- Die Erzieher und Erzieherinnen berieten den Befragten bei der Suche nach einem Ausbildungsplatz.
- Der Befragte brauchte keine Hilfe in schulischen und beruflichen Angelegenheiten.
- Die Erzieher und Erzieherinnen animierten den Befragten zu schulischen Leistungen.
- Die Erzieher und Erzieherinnen billigten dem Befragten bei guten schulischen Leitungen Vergünstigungen wie z. B. längere Ausgehzeiten; Über-

nachtsmöglichkeiten bei Schulfreunden/-freundinnen; Zusammenlegung von täglichen Pflichten auf 2 Tage die Woche zu.

8) Indikatoren zum weiteren Lebensweg der Befragten.

- Der Befragte kann über negative und positive Erfahrungen und Erlebnisse nach seiner Entlassung aus dem Heim berichten.
- Der Befragte kann negative Entwicklungen in seiner Nach-Heim-Zeit wie z. B. Drogenkonsum, kriminelle Aktivitäten, Gefängnisaufenthalte selbstkritisch würdigen und heute eine andere Sichtweise einnehmen.
- Der Befragte kann alltägliche Probleme, die ihn unmittelbar nach der Entlassung sehr belastet haben, heute gut bewältigen.
- Der Befragte kann Beziehungen eingehen und lebt in einer festen Partnerschaft.
- Der Befragte kann über die Beziehung zu seinem Lebenspartner/-partnerin sowohl Positives wie Negatives berichten.
- Der Befragte hat eigene Kinder und bemüht sich, die eigenen Kindheitserfahrungen nicht an seine eigenen Kinder weiterzugeben.

9) Indikatoren zum gegenwärtigen Verhältnis zur Herkunftsfamilie.

- Der Befragte hat regelmäßige Kontakte zu beiden leiblichen Eltern.
- Der Befragte hat regelmäßige Kontakte zu einem leiblichen Elternteil und einem Stiefelternteil.
- Der Befragte hat regelmäßige Kontakte zu einem leiblichen Elternteil.
- Der Befragte spricht mit seinen Eltern bzw. Restelternteil über seine Kindheit und auch über den Heimaufenthalt.
- Der Befragte spricht mit seinen Schwiegereltern, sofern er verheiratet ist, über seine Kindheit und den Heimaufenthalt.
- Der Befragte spricht mit seinen Geschwistern über seine Kindheit und auch über den Heimaufenthalt.
- Der Befragte kann die Situation seiner Eltern heute verstehen und hat sie möglicherweise akzeptiert.
- Der Befragte kennt seine Geschwister und Halbgeschwister.
- Der Befragte sieht seine Geschwister regelmäßig in größeren Abständen und versteht sich gut mit ihnen.
- Der Befragte sieht seine Halbgeschwister regelmäßig in größeren Abständen und versteht sich gut mit ihnen.
- Dem Befragten ist das Gespräch mit seinen Geschwistern sehr wichtig.

10) Indikatoren zum Selbstvertändnis.

a) Der Grad der Selbstreflexion:

- Der Befragte kann offen mit der Multidimensionalität seines bisherigen Lebens umgehen. Er spricht differenziert über seine zentralen Lebensphasen, über die Ambivalenz des Fremdunterbringungsprozesses. Die Zusammenhänge sind für ihn und für den Interviewer als Außenstehenden gut nachvollziehbar.
- Der Befragte kann sich in verschiedene Rollen eindenken und die Sichtweisen damaliger Bezugspersonen, insbesondere der Eltern, benennen.
- Der Befragte kann über seine Gefühle sprechen und seine damaligen Gefühle und Empfindungen beschreiben.
- Der Befragte kann das Handeln und Verhalten seiner Eltern bzw. von Elternteilen heute verstehen.
- Der Befragte kann die Situation und das Verhalten seiner früheren Erzieher und Erzieherinnen heute verstehen.
- Der Befragte kann im Gepräch darüber berichten, wie er seine Symptome bzw. „Verhaltensauffälligkeiten" bewußt einsetzte, um seine eigenen Ziele zu erreichen.

b) Der Grad der Diskussionsbereitschaft:

- Der Befragte kennt die Probleme seiner Herkunftsfamilie.
- Der Befragte kennt seine Symptome und kann die Zusammenhänge, die zur Heimunterbringung geführt haben, erklären.
- Der Befragte steht zu seinen Symptomen und akzeptiert sie. (Problemannahme).
- Der Befragte stellt Fragen und kann über viele Ereignisse und Episoden seines bisherigen Lebens berichten.
- Der Befragte ist aufgeschlossen und erzählt ausführlich über sowohl positive als auch negative Erfahrungen.

c) Das Vorhandensein von Sinnstrukturen:

- Der Befragte ist mit der Heimunterbringung zum Zeitpunkt der Befragung insgesamt zufrieden (die positive Einschätzung überwiegt). Begründung.
- Der Befragte kann über bestimmte Ereignisse und Erfahrungen seines Lebens humorvoll erzählen.
- Der Befragte hält die Heimunterbringung heute für sinnvoll (Begründung).

- Der Befragte ist mit seiner gesamten Entwicklungsgeschichte einverstanden. (er sieht einen positiven Sinn darin.).

d) Die Entwicklung des Selbstkonzeptes und des Selbstwertgefühls:

- Der Befragte gibt an, daß der Aufenthalt im Heim positive Auswirkungen auf seine weitere Entwicklung hatte.
- Der Befragte nennt Gewinne für sein weiteres Leben durch die Heimunterbringung und billigt der Unterbringung insgesamt einen hohen Stellenwert zu.
- Der Befragte verneint, daß die Heimunterbrinung keinen Einfluß auf seine Persönlichkeitsentwicklung gehabt habe.
- Der Befragte kann seine eigenen Bedürfnisse benennen.
- Der Befragte kann seine eigenen Bedürfnisse artikulieren und sie in seinem sozialen Kontext heute auch einfordern.
- Der Befragte besitzt die Fähigkeit, seine eigenen Wünsche in beruflich-schulischer Hinsicht deutlich zu machen.
- Der Befragte besitzt die Fähigkeit, seine eigenen Wünsche in seine Beziehung einfließen zu lassen.
- Der Befragte ist in seiner Partnerschaft einfühlsam und verständisvoll, kann auch die Bedürfnisse und Wünsche seiner Partnerin/seines Partners akzeptieren und ist zu Kompromissen bereit.
- Der Befragte kann mit seinen Kindern einfühlsam und verständnisvoll umgehen.
- Der Befragte ist mit seinem Leben insgesamt zufrieden (Begründung).

Fragebogen für Erzieherinnen und Erzieher zum Verständnis und zu Erfahrungen im Beruf[186]

Ich möchte Sie um Ihre Unterstützung für eine Studie zu Wirkungen von Heimunterbringung bitten. Das Ziel ist, Absolventen Ihres Kinderheimes zu befragen, wie diese ehemaligen Betroffenen von Heimunterbringung ihren Aufenthalt in ....[187] erlebt haben und ob er für ihr weiteres Leben eine neue Perspektive eröffnete.

Als zentrale Bezugspersonen für die Kinder und Jugendlichen im Heim sind mir Ihre pädagogischen Erfahrungen sehr wichtig. Um die Aussagen der „Ehemaligen" über die Zeit im Heim besser verstehen und einschätzen zu können, bin ich auf Ihre Mitarbeit angewiesen.

Ihre Angaben sind streng anonym und werden nach dem Abschluß der Untersuchung vernichtet. Selbstverständlich werden sie weder Ihrem Arbeitgeber, Kollegen noch Senats- oder Bezirksstellen weitergegeben.

Die Untersuchung wird wissenschaftlich von Prof. Dr. Reinhart Wolff, Fachhochschule für Sozialarbeit und Sozialpädagogik Berlin, Karl-Schrader-Str. 6, 1000 Berlin 30, Tel. 2105-288, geleitet. Herr Prof. Wolff steht für Rückfragen zur Verfügung.

Wenn es Sie interessiert, sind Herr Prof. Dr. Wolff und ich gerne bereit, die Ergebnisse mit Ihnen zu besprechen. Bitte füllen Sie in diesem Fall den Rückmeldebogen aus und schicken sie ihn im beiliegenden Freiumschlag an die Fachhochschule.

Zunächst Fragen zu Ihrer Berufswahl:
Auf die Frage, was für ihn das Faszinierende am Erzieherberuf sei, antwortete ein Kollege: „Weil ich der gleiche bleiben will". Daraufhin hakte der Interviewer nach: „Wie meinen Sie das?" „Ja", sagte der Erzieher, „weil ich im Beruf einigermaßen der gleiche bleiben will, muß ich mich ständig verändern. - Und das geht besonders gut in sozialpädagogischen Arbeitsfeldern".
Sicher ist jedenfalls, der Erzieherberuf ist eine anspruchsvolle Tätigkeit. Wenn Sie zurückdenken, welche Motive haben Sie bewogen, diesen Beruf zu ergreifen? Nennen Sie bitte das, was Ihnen spontan dazu einfällt.

---

186 Die hier abgedruckte Fassung enthält alle Fragen des verschickten Fragebogens. Allerdings kann aus Platzgründen dieser Originalbogen mit seinem übersichtlichen Layout und dadurch bedingten Gesamtumfanges von 20 Seiten nicht abgedruckt werden.
187 An dieser Stelle wird der Name des untersuchten Heimes genannt. Im weiteren Text wird der Name der Einrichtung mit in Anführungszeichen gesetzten Pünktchen wiedergegeben.

Hier ist eine Reihe von Motiven zur Berufwahl. Bitte kreuzen Sie die Aussagen an, die auf Sie zutreffen.
Ich bin gern mit Kindern und Jugendlichen zusammen.
Ich wollte einen Beruf, der mich persönlich herausfordert.
Ich wünschte mir einen Beruf, bei dem es auf kollegiale Zusammenarbeit ankommt.
Ich hatte keine andere Wahl.
In meinem Wunschberuf war keine Ausbildungsstelle frei.
Es lag in meiner Familie.
Ich habe diesen Beruf gewählt, weil gerade eine Ausbildungsstelle frei war.
In diesem Beruf kann ich relativ selbstbestimmt und selbständig arbeiten.
Ich weiß heute nich mehr, warum ich Erzieherin oder Erzieher werden wollte.
Mir ist wichtig, materiell ein gutes Auskommen zu haben.
Ich finde die ungewöhnlichen Arbeitszeiten im Heim reizvoll.

Wann haben Sie sich entschlossen, Erzieherin oder Erzieher zu werden?
Nach meinem Schulabschluß.
Nachdem ich eine Lehre in einem anderen Beruf abgeschlosssen hatte.
Nach mehrjähriger Berufstätigkeit in einem anderen Beruf.
Nach Abschluß meiner Erzieherausbildung, aus..............
Nach meinem Sozialpädagogik/Sozialarbeiterstudium, weil ....
Nach ....

Was ist für Sie heute der zentrale Grund, im Heim zu arbeiten?

Seit wann arbeiten Sie in „............"?

Der pädagogische Alltag ist sehr vielseitig und anstrengend. Trotzdem hätte ich gerne von Ihnen eine Gesamteinschätzung darüber, wie sehr Ihnen die Arbeit in .... gefällt?
Ich bin mit meiner Tätigkeit in .... (bitte ankreuzen!) sehr zufrieden, zufrieden, selten zufrieden, gar nicht zufrieden.
Was spielt bei dieser Einschätzung eine wesentliche Rolle?

Stimmen Sie der These zu: Je länger ein Erzieher im Kinderheim tätig ist, desto weniger ist er in der Lage, effektive Erziehungsarbeit zu leisten? (bitte nennen Sie Ihre Gründe)

Sie sind möglicherweise schon viele Jahre im Heimbereich tätig. Was glauben Sie, ist auf Grund Ihrer Erfahrung für ältere Erzieherinnen und Erzieher notwendig, damit sie auch weiterhin eine gute Erziehungsarbeit leisten können.

Was halten Sie von folgenden Vorschlägen und Maßnahmen für ältere Kollegen? (Bitte kreuzen Sie an, ob Sie die Maßnahmen für „sinnvoll" oder für „nicht sinnvoll" halten)
Alle 5 Jahre sollte für ältere Erzieherinnen und Erzieher die Möglichkeit bestehen, ein bezahltes Regenerationsjahr zu nehmen.
Erzieherinnen und Erzieher mit mehrjährigen beruflichen Erfahrungen im Heimbereich, sollten die Möglichkeit haben, als Berater bei öffentlichen Institutionen (z. B. bei Jugendämtern oder Wohlfahrtsverbänden o.ä.) zu arbeiten.
Älteren Kolleginnen und Kollegen solle der berufliche Ausstieg, z. B. durch bezahlte Umschulungsangebote ermöglicht werden.
Langjährig tätige Erzieherinnen und Erzieher müßten die Chance haben, sich als Therapeuten weiterbilden zu können.

Es gibt sehr unterschiedliche Auffassungen darüber, was man Erfolg von Heimerziehung nennen könnte. Sie verfügen über zum Teil langjährige praktische Erfahrungen in dieser Hinsicht. Wenn Sie den Erfolg einschätzen würden, woran würden Sie den Erfolg von Heimerziehung in erster Linie festmachen?

Hängt nach Ihren Erfahrungen, der Erfolg von Heimerziehung mit der Dauer der Berufstätigkeit zusammen? (ja oder nein)

Woran machen die meisten Eltern der in Ihrer Gruppe untergebrachten Kinder und Jugendlichen den Erfolg von Heimunterbringung fest?

Glauben Sie, daß die meisten Eltern Ihre Einschätzung teilen? (ja oder nein)
Wenn Sie Ihre Einschätzung nicht teilen, woran könnte das liegen?

Erleben Sie im Kontakt mit den Eltern öfter ähnliche Einstellungen auf Verhaltensänderungen ihrer Kinder nach längerem Aufenthalt im Heim?

Wann ist für Sie persönlich Heimunterbringung erfolglos?

Gibt es nach Ihren Erfahrungen Unterschiede zwischen Jungen und Mädchen?
Wenn ja, Heimerziehung scheiterte bei den von mir bisher betreuten Mädchen hauptsächlich an ...
Heimerziehung scheiterte bei den von mir bisher betreuten Jungen hauptsächlich an ...

Welche der folgenden Symptome waren bisher die häufigsten Gründe für das Scheitern der Kinder und Jugendlichen in Ihrer Gruppe? Bitte tragen Sie für das häufigste Symptom die Zahl 1; für das zweithäufigste Symptom die Zahl 2

und für das dritthäufigste Symptom die Zahl 3 in die entsprechenden Klammern ein.[188]
Häufiges Weglaufen und Untertauchen
Sexuelle Gefährdung infolge von Wahllosigkeit und mangelnde Distanz bei der Partnersuche.
Häufiges Trebegehen; Aufenthalt in Kreisen von Prostitutierten.
Schwierige Schulsituation.
Probleme mit Alkohol oder Drogen.
Aggressives Verhalten oder ständige Unruhe gegenüber anderen Kindern in der Gruppe.
Suizidversuche.
Homosexuelle Bestrebungen.
Distanz in der Beziehung zu uns Erzieherinnen konnte nicht abgebaut werden.
Mangelnde Bereitschaft, von uns etwas anzunehmen.
Häufig aggressive Ausbrüche gegenüber uns Erzieherinnen oder Erziehern.
Kriminelle Aktivitäten, zum Beispiel Diebstähle oder Körperverletzung.
Alle genannten Symptome treffen nicht zu.
Die drei häufigsten Symptome für das Scheitern in meiner Gruppe waren bei Mädchen bzw. Jungen ...

Unter Pädagogen gibt es verschiedene Positionen darüber, was eine erfolgreiche Erzieherin oder Erzieher ist. Zum Beispiel zeichnet sich für Bruno Bettelheim eine gute Erzieherin bzw. ein guter Erzieher durch Einfühlsamkeit und hohe fachliche Ansprüche aus. Andererseits hat jeder seinen eigenen Wertmaßstab. Formulieren Sie bitte ganz spontan, was für Sie erfolgreiche Heimerziehungsarbeit ist.

Hier sind Äußerungen, die andere Berufskolleginnen oder Berufskollegen über erfolgreiche und gute Heimerzieherinnen oder Heimerzieher gemacht haben. Überlegen Sie bitte, ob Sie den Statements zustimmen. Bitte markieren Sie und tragen Sie Ihre Position[189] *in die entsprechende Rubrik ein!*
Ein guter Erzieher stellt sich auf die Interessen und Bedürfnisse der Kinder und Jugendlichen ein.
Einem guten Erzieher macht die Arbeit Spaß, und er fühlt sich wohl.
Ein guter Erzieher versteht sich als helfender Freund und Kamerad der Kinder und Jugendlichen.
Ein guter Erzieher ist ein Vorbild für die Kinder und Jugendlichen in der Gruppe.
Ein guter Erzieher versteht sich als Elternersatz.

---

188 Die Angaben wurden im verschickten Fragebogen jeweils für Mädchen und Jungen getrennt vorgegeben, was hier aus Platzgründen nicht getan wird. Die Antwortvorgaben und die Reihenfolge sind für beide Geschlechter gleich.
189 *Zur Auswahl stehen die Positionen: „trifft vollständig zu", „trifft teilweise zu", „trifft kaum zu" und „trifft gar nicht zu".*

Ein guter Erzieher bemüht sich, die Probleme seiner Kinder und Jugendlichen wissenschaftlich zu verstehen.
Ein guter Erzieher versucht, die Eltern seiner Kinder und Jugendlichen in der Gruppe zu verstehen.
Ein guter Erzieher ist gewerkschaftlich organisiert.
Ein guter Erzieher muß leistungsgerecht bezahlt werden.
Ein guter Erzieher muß eine Autorität sein und konsequent durchgreifen.
Ein guter Erzieher gibt Strukturen vor und kontrolliert die Einhaltung von Regeln und Vereinbarungen.
Ein guter Erzieher bleibt auch dann verständnisvoll, wenn gegen Regeln und Abmachungen verstoßen wird.
Ein guter Erzieher läßt neu Aufgenomme in den ersten Monaten gewähren, wie sie es wollen.
Ein guter Erzieher nimmt die Kinder und Jugendlichen an, wie sie sind, und versucht spät, neue Akzente zu setzen.

Erzieherinnen und Erzieher finden, daß unterschiedliche Dinge in ihrer Arbeit wichtig sind. Hier ist eine Liste mit Meinungsäußerungen darüber. Wie sehen Sie es? Was ist das Wichtigste in Ihrer Arbeit? Bitte bilden Sie eine Rangfolge von 1 (am wichtigsten) bis 12 (am wenigsten wichtig). Tragen Sie die entsprechenden Zahlen in die Klammern ein.
Die häufige Reflexion meiner Arbeitszusammenhänge, insbesondere der bewußte Umgang mit meinen eigenen Gefühlen bei der Arbeit mit den Kindern und Jugendlichen.
Offenheit im Umgang mit Problemen und Konflikten ist mir wichtig und möglich, weil das Kollegium mich dabei unterstützt.
Die Zuneigung der von mir betreuten Kinder und Jugendlichen.
Die extremen Beziehungsangebote der Kinder und Jugendlichen anzunehmen und nicht zu unterdrücken. Das trifft insbesondere auf folgende Varianten zu[190]: Häufige Aggressionsausbrüche, übermäßiges Anlehungsbedürfnis, heftige und lang andauernde Depressionen, autistisches Verhalten.
Die Auseinandersetzung mit meinen eigenen Ängsten und Aggressionen im Heimalltag ist mir wichtig.
Die Mitbestimmung der von mir betreuten Kinder und Jugendlichen.
Eine einigermaßen geregelte Arbeitszeit zu haben.
Die Abstimmung und der Informationsaustausch mit den anderen Kollegen.
Die Beteiligung der Eltern am Erziehungsprozeß im Heim.

---

190 Bei den folgenden Varianten muß jeweils „ja" oder „nein" angekreuzt werden.

Der gute Kontakt zum therapeutischen Personal. Das gilt insbesondere für die Zusammenarbeit mit[191] der Psychagogin, der Kunstpädagogin, der Psychologin, dem Verhaltenstherapeuten, der Gestalttherapeutin.
Das konstruktive Verhältnis zur Heimleitung.
Der gute Kontakt zum Jugendamt.

Es folgen einige Thesen über Erziehungsziele. Bitte wählen Sie die Aussage, die Ihnen am wichtigsten ist.
Die Vemittlung von sozialen Einstellungen und Fähigkeiten, die unsere Gesellschaft von den Heimkindern als „angemessen" erwartet, um als Erwachsene im beruflichen, sozialen und im gesetzlichen Rahmen einigermaßen zurecht zu kommen.
Die Entwicklung einer tragfähigen Beziehung, um auf dieser Grundlage die bisherigen Sozialisationserfahrungen der Kinder aufzuarbeiten und ihrer weiteren Entwicklung eine andere Perspektive geben zu können.
Klarheit zu gewinnen über meine Rolle und Bedeutung im komplexen Zusammenhang der Fremdunterbringung. Nur auf dieser Grundlage kann ich den Sinn meiner Arbeit verstehen und mich immer wieder neu motivieren.
Die Veränderung der Symptome und des Sozial- und Bindungsverhaltens der betreuten Kinder.
An der Zukunft der Kinder und Jugendlichen orientierte Erziehungsarbeit mit dem Schwerpunkt auf der schulischen und beruflichen Förderung.

Welche pädagogischen Zielvorstellungen sind Ihnen zur Zeit wichtig?

Gibt es dabei Unterschiede zwischen Mädchen und Jungen?
Haben Sie diese Ziele zusammen im Team oder mit den Kindern und ihren Eltern entwickelt? [192]
Lob und Strafe sind wirkungsvolle Erziehungsmittel. Nennen Sie bitte jeweils 2 der von Ihnen in der letzten Woche am häufigsten verwendeten „Mittel"[193].
Wenn Sie Ihre bisherige Berufspraxis überblicken: Gibt es Erziehungsmittel, die Sie unabhängig von den jeweiligen Kindern und Jugendlichen in Ihrer Gruppe häufiger verwenden?
Wenn Sie mit „ja" geantwortet haben, welche der folgenden Erziehungsmittel gehören zu häufig verwendeten Mittel. Bitte tragen Sie für das am häufigsten

---

191 Es folgen mehrere im Heim tätige Therapeutinnen und Therapeuten mit verschiedenen fachlichen Schwerpunkten und Ansätzen. Der Befragte hat die Möglichkeit durch ankreuzen von „ja" oder „nein" sein Interesse an einer Zuammenarbeit zu bekunden.
192 Es folgen die drei Antwortvarianten „im Team", „mit den Kindern", „mit den Eltern", die jeweils mit „ja" oder „nein" beantwortet werden müssen.
193 Bei der Beantwortung dieser Frage erfolgt wieder eine Trennung nach Mädchen und Jungen.

verwendete Lob die Zahl 1; für das zweithäufigste Lob die Zahl 2 und für das dritthäufigste Lob die Zahl 3 in die entsprechenden Klammern ein.[194]
Mädchen (bzw. Jungen) lobe ich durch
Längere und häufigere Ausgangszeiten.
Mehr Taschengeld.
Übertragen von verantwortungsvollen Aufgaben.
Verbale Zustimmung.
Körperliche Zuwendung, z. B. in Arm nehmen.
Häufigere Aufmerksamkeit, z. B. häufigeres Spielen mit dem betreffenden Mädchen (bzw. Jungen).
Mehr persönliche Zuwendung, z. B. längere und vertrautere Gespräche.
Mehr Freizeitaktivitäten und Unterhaltungsangebote.
Andere Belohnungen?...

Bei Strafen tragen Sie bitte ein: Für die häufigste Strafeform die Zahl 1; für die zweithäufigste Strafeform die Zahl 2 und für die dritthäufigste Strafeform die Zahl 3.[195]
Mädchen (bzw. Jungen) lobe ich durch
Darüber reden.
Hartes Durchgreifen.
Fernsehverbot.
Ausgehverbot.
Das Gewährenlassen und Akzeptieren des Regelverstoßes.
Den Versuch, die Motive für das problematische Verhalten zu ergründen.
Taschengeldentzug.
Verbale Mißbilligung, zum Beispiel Schimpfen.
Persönliche Nichtbeachtung für eine Weile.
Verständnisvolles Problematisieren.
Strafarbeiten.
Mehr persönliche Zuwendung.
Drohung mit der Verlegung in eine andere Gruppe.
Drohung mit der Verlegung in ein anderes Heim.

Es folgen jetzt Fragen zur Arbeitsorganisation, zum Arbeitsklima und zur Organisationsstruktur in Ihrem Heim.
Wieviele Kinder (nach Mädchen und Jungen unterschieden) betreuen Sie gegenwärtig in Ihre Gruppe?

---

194 Wie bei der „Symptomfrage" wurde hier im verschickten Fragebogen erneut zwischen Mädchen und Jungen unterschieden, was aus Platzgründen hier nicht wiederholt werden kann. Die Antwortvorgaben und die Reihenfolge sind für beide Geschlechter gleich.
195 Analog zur Frage nach den Lobformen wird auch hier dasselbe Verfahren gewählt.

Wieviele Kolleginnen und Kollegen sind mit Ihnen in der Gruppe tätig?

Welche Arbeitszeitregelung gilt in Ihrer Gruppe? Bitte kreuzen Sie an, und tragen Sie die Zeiten ein.
Schichtdienst: 3 Schichten a 8 Stunden in wöchentlichem Wechsel
Abgeänderter Schichtdienst ...
Blockdienst ...

Sind Sie mit dieser Arbeitszeitregelung zufrieden („ja" oder „nein")
Ich würde eine andere Dienstplanregelung vorziehen („ja" oder „nein")
Wenn ja, welche?
Wie beurteilen Sie nachfolgende Aussagen zum sozialen Klima und zu den Formen und Wegen des Informationsaustausches in Ihrem Heim?[196]
Die Heimleitung achtet darauf, daß die Mitarbeiter über ihre Tätigkeit ein Feedback erhalten.
Das Planungs- und Leitungsteam achtet darauf, daß die Mitarbeiter über ihre Tätigkeit ein Feedback erhalten.
Die Rechte, Pflichten und die Organisationsformen der einzelnen Interessengruppen, Heimleitung, Planungs- und Leitungsteam, Erzieher, Therapeuten, Psychologen, Eltern, Behörden, sind klar festgelegt.
In „................." herrscht ein allgemein entspanntes und offenes Klima.
Die Zusammenarbeit zwischen den Mitarbeitern ist so angelegt, daß Konflikte auch in außergewöhnlichen Situationen offen diskutiert und ausgetragen werden können.
Während meiner Tätigkeit habe ich ein Gefühl des „Mitgetragen-Werdens" und fühle mich von meinen Mitarbeitern unterstützt.
Die Vorgesetzten sind darauf bedacht, ihren Mitarbeitern Raum zum Wahrnehmen von Eigenverantwortung zu geben.
An meinem Arbeitsort fühle ich mich „fair" behandelt und komme mir nicht „ausgenutzt" vor.

Mit welchen Personen reden Sie am häufigsten über Ihre Arbeit?[197]
Mit Kollegen.
Mit meinem Lebenspartner.
Mit Freunden und Bekannten.

Die Sozialpädagogin Kristin Ahrens und der Sozialpädagoge Wilfried Schwarz berichten von ihrem alltäglichen Frust in einer Jugendwohngemeinschaft:
„Trotz erklärbarer Hintergründe zuckte ich in entsprechenden Momenten zusammen, jagten mir Peter, Matthias und die anderen Angst und Wut zugleich

---

196 Zur Auswahl stehen die Einschätzungen: „trifft vollständig zu", „trifft teilweise zu", „trifft kaum zu" und „trifft gar nicht zu".
197 Die folgenden Antworten müssen mit „ja" oder „nein" beantwortet werden.

ein. Mein Inneres pendelte zwischen: Bloß-nicht-anmerken-Lassen, wie tief ich mich getroffen fühlte, und einem resignativen Rückzug, als geplagter Sozialarbeiter, der eben alles auszuhalten hat und mit eingezogenem Kopf über sich ergehen lassen muß. Dann auch wieder Rachegelüste, die eingesteckten Schläge wieder auszuteilen; die scheinbare Überlegenheit als Pädagoge auszunutzen - das laß ich mir doch nicht gefallen!". Kennen Sie auch solche Gefühle? („ja" oder „nein")
Wenn ja - wenn man einmal von der anders gelagerten Situation von Jugendwohngemeinschaften absieht, berühren die beiden Autoren doch die Frage nach dem Umgang mit den eigenen Gefühlen im Erziehungsalltag. Wie gehen Sie in der Regel um mit:
Ihren eigenen Aggressionen?
Gefühlen der Ohnmacht?

Und nun noch einige Fragen zum Unterbringungsprozeß. Wie ist das mit der Entscheidung über die Aufnahme eines Kindes. Entscheiden Sie, welche Kinder in Ihre Gruppe aufgenommen werden? Kreuzen Sie bitte an bzw. ergänzen Sie die Aussagen!
Ja, ich entscheide
Ja, ich entscheide zusammen mit
Nein, ich entscheide nicht, sondern es entscheiden ...

Erfahrene Erzieherinnen und Erzieher weisen darauf hin, daß man mit verschiedenen Kindern oder Jugendlichen als Erzieherin oder Erzieher immer mehr oder weniger gut kann, d. h. nicht alle Kinder „liegen" allen Erziehern. Wenn Sie sich selbst fragen, welche Kinder und Jugendliche passen eher zu Ihnen, was würden Sie sagen?
Ich kann gut mit Mädchen, die ...
Ich kann gut mit Jungen, die ...
Ich kann weniger gut mit Mädchen, die ...
Ich kann weniger gut mit Jungen, die ...

In meiner Gruppe überwiegen Kinder und Jugendliche mit folgenden „Symptomen":[198]

In Untersuchungen wird darauf hingewiesen, daß die Vorerfahrungen von Heimkindern auch für ihr „abweichendes Verhalten" und ihre Entwicklung im Heim bedeutsam sind. Wie sehen Sie das?

---

198 Bei der Beantwortung der Frage wird auch hier zwischen Mädchen und Jungen unterschieden.

Wenn Sie sich Ihre beruflichen Erfahrungen vergegenwärtigen, wer ist bei der Entscheidung über die Fremdunterbringung beteiligt? Was würden Sie sagen, ist in der Regel der Fall?
Es werden miteinbezogen (bitte markieren Sie!)[199]
Sie selber
Die Kinder
Die Eltern
Die Heimleitung
Das Jugendamt
Die Heimpsychologen und andere therapeutische Mitarbeiter des Heimes
Sonstige, bitte angeben!

In Ihrem Heim wird viel Wert auf die Elternarbeit gelegt. Teilen Sie diese Wertschätzung. Bitte markieren Sie, wie wichtig Ihnen die Elternarbeit ist.
Unbedingt notwendig
Notwendig
Sinnvoll
Nicht notwendig
Vollkommen überflüssig

Worin besteht eine qualifizierte Elternarbeit für Sie ganz konkret?

Hatten Sie in den letzten 3 Monaten persönliche Gespräche mit Eltern von Kindern oder Jugendlichen aus Ihrer Gruppe?
Ja, zu ... Eltern (Tragen Sie die Anzahl der Eltern ein)

Nein, bitte weiter mit der nächsten Frage.
Wenn Sie Kontakt hatten - von wem ging die Initiative aus? (Bitte kreuzen Sie an!)
Von beiden Elternteilen
Von der Mutter
Vom Vater
Von Verwandten des Kindes
Von Ihnen
Von Sonstigen ...

Warum kamen diese Treffen zustande?

---

[199] Die Befragten haben die Wahl zwischen den 4 Antwortvarianten: „vollständig", „teilweise", „kaum", „gar nicht".

Wie erleben Sie den Kontakt mit den Eltern in den meisten Fällen? (Bitte kreuzen Sie an!)
Als wichtig und entspannend: Abbau von gegenseitigen Konflikten, Vorurteilen und Rivalitäten
Als eher belastend: Großer Arbeitsaufwand und wenig Bereitschaft zur Zusammenarbeit
bei den Eltern[200]
bei mir selber
Als in der Regel überflüssig und wenig hilfreich. *Woran liegt das?*

Gibt es in Ihrer Einrichtung einen Pädagogen oder einen anderen Mitarbeiter, der ausschließlich für die Kontakte mit den Eltern und für die konzeptionelle Entwicklung der Elternarbeit zuständig ist? („ja" oder „nein")
Wenn nein; Wer nimmt die Elternkontakte wahr?

Werden Erfahrungen mit Eltern besprochen in [201]
Ihrer Gruppe
im Planungs- und Leitungsteam
mit den therapeutischen Mitarbeitern
mit dem Heimleiter
weder noch

Wie oft finden diese Besprechungen statt?[202]
Regelmäßig
Nur in besonderen Fällen
Gar nicht

Es geht weiter mit Fragen zur Zusammenarbeit, Supervision und Fortbildung. In Ihrem Heim arbeiten sehr viele Kollegen mit unterschiedlichen Ausbildungen. Ihre pädagogische Arbeit wird durch therapeutische Angebote und Bemühungen ergänzt. Arbeiten Sie mit den therapeutisch ausgebildeten Kollegen zusammen? (Bitte kreuzen Sie die Antwort an, die für Ihre Arbeitspraxis zutrifft!)
Ja, durch regelmäßige Besprechung der Entwicklung jedes Kindes in meiner Gruppe.
Ja, aber nur in besonderen Fällen: Bei Kindern oder Jugendlichen, bei denen ich und meine Kollegen in der Gruppe keinen Rat mehr wissen.
Nur bei der Aufnahme und der Entlassung von Kindern und Jugendlichen kommt es zu gemeinsamen Besprechungen.
Das therapeutische Angebot hat begleitenden Charakter, so daß eine Zusammenarbeit mit Therapeuten nicht notwendig ist.

---

200 Bei dieser und der nächsten Antwort müssen die Befragten „ja" oder „nein" ankreuzen.
201 Die folgenden Antwortvorgaben müssen mit „ja" oder „nein" beantwortet werden.
202 Die Beantwortung ist wie bei der Frage zuvor zu handhaben.

In Ihrem Heim arbeiten eine Psychagogin, eine Gestalttherapeutin, eine Psychologin, ein Kunstpädagoge und ein Verhaltenstherapeut. Zu wem gehen Sie am ehesten bei folgenden Problemlagen? Bitte benennen Sie den jeweiligen Therapeuten:[203]
Probleme mit aggressiven Kindern oder Jugendlichen.
Probleme mit depressiven Kindern oder Jugendlichen.
Probleme mit autistischen Kindern oder Jugendlichen.
Probleme mit extrem anlehnungsbedürftigen Kindern oder Jugendlichen.

Nehmen Sie regelmäßig an Supervisionssitzungen teil? (Bitte kreuzen Sie an!)
Ja.
Nein, weil es in unserem Heim keine regelmäßigen Supervisionsangebote gibt.
Nein, das brauche ich nicht.
Nein, weil ...

Wenn Sie Supervisionsangebote wahrnehmen. Ist diese Form der Fortbildung hilfreich, um Ihre Arbeit befriedigender zu gestalten? (Bitte antworten Sie mit „ja" oder „nein"!)
Woran liegt das?

Wünschen Sie sich berufspraktische Fortbildungsmöglichkeiten?
Wenn ja, welche Themen sollten in erster Linie bei diesen Veranstaltungen intensiv behandelt werden?

Von welchen Fortbildungsträgern sollten diese Weiterbildungen angeboten werden. Bitte kreuzen Sie an!
Von therapeutischen Mitarbeitern des Heimes.
Von privaten sozialpädagogischen Fortbildungseinrichtungen.
Von tiefenpsychologisch orientierten Instituten.
Von Dozenten der FHSS.[204]
Von familientherapeutisch orientierten Einrichtungen.
Von freiberuflich tätigen Supervisoren und Beratern.
Von ...

Wenn Sie Ihre Tätigkeit in Ihrem Heim überblicken: Mit wievielen Kindern und Jugendlichen, die einmal in Ihrer Gruppe waren, haben Sie heute noch Kontakt? Tragen Sie bitte die Anzahl der Betroffenen in die Klammern ein.[205]

---

203 Der Befragte hat bei jeder Antwortvorgabe die Möglichkeit, entweder den entsprechenden Therapeuten einzutragen oder das Kästchen „zu keinem Therapeuten" anzukreuzen.
204 Gemeint ist die mittlerweile in „Alice-Salomon-Fachhochschule Berlin" umbenannte Fachhochschule für Sozialarbeit und Sozialpädagogik in Berlin.
205 Auch bei dieser Frage wird wieder zwischen Mädchen und Jungen unterschieden.

Notieren Sie bitte bei den folgenden Fragen einige Stichworte:
Von wem geht die Initiative aus?
Wo finden diese Kontakte statt?
Wie sehen diese Kontake aus?
Warum gibt es noch heute Treffen?

Nun noch etwas ganz anderes: Nehmen wir an, Sie hätten die außergewöhnliche Gabe, Menschen in Tiere verzaubern zu können. In welche Tiere würden Sie die Eltern der Heimkinder verzaubern?
Und nun stellen Sie sich den umgekehrten Fall vor: In welche Tiere würden die Eltern Sie wohl gerne verwandeln wollen?

Zum Schluß noch Fragen zu Ihrer Person.
Geschlecht
Familienstand
Alleinstehend
Nichtverheiratet in fester Partnerschaft
Verheiratet
Getrennt lebend
Geschieden
Geschieden wieder verheiratet
Verwitwet

Haben Sie selbst Kinder?
Wenn ja, bitte machen Sie die folgenden Angaben zu Ihren Kindern:[206]
Ihr Alter in Jahren

Welche berufliche(n) Ausbildung(en) haben Sie abgeschlossen, bzw. in welcher Ausbildung befinden Sie sich? (Bitte kreuzen Sie an!)
Erzieherin bzw. Erzieher
Sozialpädagogin bzw. Sozialpädagoge
Sozialarbeiterin bzw. Sozialarbeiter
Andere Berufsausbildung. Wenn ja welche?

Vielen Dank für Ihre Mühe!

---

[206] Im Folgenden sollen die Befragten die Anzahl, das Geschlecht und das Alter der eigenen Kinder eintragen.

Literaturverzeichnis

Bibliographie zu Wirkungen, Folgen, Erfolg, Ergebnissen, Entwicklungen der Kinder und Jugendlichen und zur Evaluation von Heimunterbringung

Ackenhausen, Anne; Peter Gerull; Martina Kohler; Lisa Weil (1991): Verselbständigungsmaßnahmen in der Heimerziehung - Konzeptionelle Überlegungen zur Praxis im Jugendhof Porta Westfalica. In: Unsere Jugend, H. 1 (Jg. 43), S. 31-37.
Allgemeiner Fürsorgeerziehungstag (Hg.) (1966): Sicherung des Erziehungserfolgs nach Beendigung der Heimerziehung - Bericht über die Tagung des Allgemeinen Fürsorgeerziehungstages in Saarbrücken vom 11.-13. 5. 1966. Hannover, Neue Schriftenreihe, H. 18.
Amrein, Christine (1989): Ich kann nicht mehr- Belastungsmomente im erzieherischen Verhältnis mit verhaltensschwierigen Kindern und Jugendlichen. In: Vierteljahresschrift für Heilpädagogik und ihre Nachbargebiete; H. 2 (Jg. 58), S. 210-212.
Andriessens, Elsa (1984): Kindern rechtzeitig helfen. Unterbringungen erfolgen oft zu spät. In: Unsere Jugend, H. 9 (Jg. 36), S. 354-364.
Angenent, H. L. W. (1984): Die Erziehung im Zusammenhang mit dem Fortlaufen von Jugendlichen aus Fürsorgeheimen. In: Heilpädagogische Forschung, H. 2 (Jg. 15), S. 112-116.
Appenheimer, Peter F. (1992): Erzieherin und Kind/Jugendlicher in der Heimerziehung. In: Jugendhilfe, H. 3 (Jg. 30), S. 116-119.
Arbeiterwohlfahrt (Hg.) (1986): Entwicklung und aktueller Stand des Stellenwertes der Heimerziehung im System der Erziehungshilfen. In: Theorie und Praxis der sozialen Arbeit, H. 12 (Jg. 37), S. 427-431.
- (Hg.) (1982): Leistungen der Jugendhilfe für junge Erwachsene zur Heimunterbringung und Nachbetreuung. In: Theorie und Praxis der sozialen Arbeit, H. 12 (Jg. 33), S. 437.
Arbeitsgemeinschaft für Erziehungshilfe e.V. (AFET) (1988): Mädchen sind schwieriger - Mädchenspezifische Pädagogik in der Heimerziehung. In: Theorie und Praxis der sozialen Arbeit, H. 7 (Jg. 39), S. 252-261.
- (Hg.) (1987): Berufsausbildung - Erziehung zur Selbständigkeit - Existenzsicherung - Hilft die Jugendhilfe? - Bericht über die Fachtagung der Arbeitsgemeinschaft für Erziehungshilfe und des Landeswohlfahrtsverbandes Hessen von 17.-19. 9. 1986 in Wabern. Hannover, Neue Schriftenreihe, H. 40.

- (Hg.) (1985c): Entscheidungsfindung in der Erziehungshilfe. Bericht über die Arbeitstagung der Arbeitsgemeinschaft für Erziehungshilfe vom 8. - 10. 11. 1983 in Königsstein. Hannover, Eigenverlag.
- (Hg.) (1985b): Gestaltung, Begleitung und Bewertung von Erziehungsprozessen. Auswirkung der Erziehungsplanung auf die Erzieherwirklichkeit. Bericht über die Arbeitstagung der Arbeitsgemeinschaft für Erziehungshilfe vom 8. - 10. 10. 1984 in Frankfurt. Hannover, Eigenverlag.
- (Hg.) (1985a): Hilfen zur Verselbständigung - aktuelle Anforderungen an die Erziehungshilfe für ältere Jugendliche und junge Erwachsene. Bericht über die Beiratssitzung der Arbeitsgemeinschaft für Erziehungshilfe e.V. in Tübingen vom 28. - 31. 5. 1985. Hannover, Neue Schriftenreihe, Heft 38/86.

Arbeitsgemeinschaft Töchterheime (Hg.) (1978): Zur Lage der Heimerziehung weiblicher Jugendlicher in der deutschsprachigen Schweiz. Situationsbericht. Zürich, Verein für Schweizerisches Heimwesen.

Arbeitsgruppe Affektive Erziehung im Heim (Hg.) (1987): Affektive Erziehung im Heim. Handeln im Spannungsfeld zwischen Pädagogik und Justiz. Beispiele und Erwägungen zum Thema Sexualität im Heim. Zürich, Verein für Schweizerisches Heimwesen.

Asam, Uta; Wolfgang Karaß; Paul Probst (1979): Beurteilung des Krankenhausaufenthaltes durch ehemalige kinder- und jugendpsychiatirische Patienten. In: Praxis der Kinderpsychologie und Kinderpsychiatrie, H. 2 (Jg. 28), S. 56-59.

Asmußen, Maria; Christian Clemes u.a. (1981): Heilpädagogische Heimerziehung. Erfahrungen und Reflexionen aus der Praxis. Berlin, Marhold.

Athenstädt, Irmgard (1981): Zur Vorbereitung der Heimentlassung von Kindern und deren Integration in die Familie sowie in andere Kollektive - Anregungen aus Untersuchungsergebnissen. In: Jugendwohl, H. 11 (Jg. 62), S. 289-300.

Augustin, Gunther; Hartmut Brocke (1981): Arbeit im Erziehungsheim. Ein Praxisberater für Heimerzieher. Weinheim und Basel, Beltz-Verlag.

Aust, Patricia H. (1981): Using the Life Story Book in Treatment of Children in Placement. In: Child Welfare, N. 8 (Vol. LX[1981]), P. 535-560.

Baas, Gudrun (1986): Auswirkungen von Langzeitunterbringungen im Erziehungsheim. Untersuchung zu Selbstbild und Lebensbewältigung ehemaliger Heimkinder. Frankfurt a. M., (Dissertation).

Bach, Winfried (1979): Bedingungen des Erfolges und Mißerfolges von Heimkindern in Kinderheimen. Eine empirische Untersuchung zur Erfassung von Anforderungen der Umwelt, von emotionalen Beeinträchtigungen als Indiz für mangelnde Kompetenz und von kompetenten und inkompetenten Verhaltensweisen. Osnabrück, Universität FB 1 Erziehung und Sozialisation, (Dissertation).

Bader, Hubert; Werner Eitle (1986): Jugend- und Heimerzieher, ein Beruf oder nur Durchgangsstation? - Eine Standortbeschreibung in Baden-Württemberg. In: Jugendwohl, H. 3 (Jg. 67), S. 101-109.

Bahnmüller, Rose (1979): Hatte ich ein Glück, daß ich zu Euch kam! In: Unsere Jugend, H. 12 (Jg. 31), S. 566-567.
- (1978b): Sie halten viel von dem Kinderheim, in dem sie waren. Gegenbeispiele zu dem Schlagwort 'Heime machen Kinder kaputt '. In: Unsere Jugend, H. 8 (Jg. 30), S. 360-361.
- (1978a): An die Adresse meiner Großen aus dem Kinderheim. In: Unsere Jugend, H. 4 (Jg. 30), S. 175-177.
Baier, Herwig (1973): Einstellungen bei Heimerziehern gegenüber Zöglingen. Resultate einer empirischen Untersuchung. In: Unsere Jugend, H. 2 (Jg. 25), S. 51-56.
Barasch, Rüdiger B. u.a. (1970): Jugendliche als Objekte der Heimerziehung. In: Deutsche Jugend, H. 4 (Jg. 18), S. 165-177.
Barr, Brian W.; Esther M. Bean; Joni Tomlinson-Cifarelli (1986): Staff cared: The Status and Opinions of Former Students. In: Journal of Child Care, N. 6 (Vol. 2), P. 49-63.
Barth, Richard P. (1986): Emancipation Services for Adolescents in Foster Care. In: Social Work, N. 3 (Vol. 31), P. 165-171.
Barth, Richard P.; Marianne Berry (1987): Outcomes of Child Welfare Services under Permanency Planning. In: Social Service Review, N. 1 (Vol. 61), P. 71-90.
Barthe, Hans-Jürgen (1985): Gruppenprozesse in der Teamsupervision - konstruktive und destruktive Effekte. In: Praxis der Kinderpsychologie und Kinderpsychiatrie, H. 4 (Jg. 34), S. 142-148.
Baßiere, Norbert; Georg Weber (1978): Handlungsorientierung und Stigmatisierung bei Heimerziehern. Ergebnisse aus einer empirischen Studie. In: Neue Praxis, H. 2 (Jg. 8), S. 158-177.
Bäuerle, W. (1983): Zur Frage der Fremdunterbringung von Kindern und Jugendlichen. In: Frommann, Anne; G. Haag (Hg.): Jugendhilfe und Sozialarbeit, Frankfurt/M., Internationale Gesellschaft für Heimerziehung (IGfH).
Baumgarten, Heinz Hermann (1987): Überlegungen zur Erziehung in stationären Einrichtungen (Heimerziehung). In: Vierteljahresschrift für Heilpädagogik und ihre Nachbargebiete, H. 1 (Jg. 56), S. 92-94.
- (1981): Pädagogischer Optimismus im Heim. In: Jugendwohl, H. 3 (Jg. 62), S. 108-109.
- (1980): Geschlossene Unterbringung - ein notwendiges Übel, aber auch eine Chance für besonders schwierige Jugendliche. In: Vierteljahresschrift für Heilpädagogik und ihre Nachbargebiete, H. 1 (Jg. 49), S. 41-43.
Baumhoff, Dieter (1982): Projekträume. Geschichte und Alltag eines sozialpädagogischen Mädchenkollektivs. Frankfurt/M., Campus- Verlag.
Bayer, Richard (1983): Fünf Jahre Familientherapie im Heim - Ein Erfahrungsbericht. In: Sozialpädagogik, H. 5 (Jg. 25), S. 222-226.
Becker, Stephan (1993): Die Weiterentwicklung der Psychoanalytischen Pädagogik zur Psychoanalytischen Sozialarbeit. In: Psychosozial, H. 1 (Jg. 16), S. 109-112.

Behncke, Burghard (1978): Ich-Defizite und Ich-Hilfen bei drei verwahrlosten Kindern. In: Praxis der Kinderpsychologie und Kinderpsychiatrie, H. 4 (Jg. 27), S. 125-135.

Beiderwieden, Jens; Eberhard Windaus; Reinhart Wolff (1986): Jenseits der Gewalt - Hilfen für mißhandelte Kinder. Basel/Frankfurt a. M., Stroemfeld/Roter Stern, 1986.

Benkmann, Karl-Heinz; Jürgen Ostermann (1980): Bericht über eine Erkundungsstudie zum Verhalten von Heimerziehern. In: Zeitschrift für Heilpädagogik und ihre Nachbargebiete, H. 8 (Jg. 31), S. 557-560.

Berendt, Ernst (ohne Jahrgang, Zeitraum liegt zwischen 1912-1914): Ziel und Erfolge der Anstaltserziehung. In: Thimm (Hg.): Die Anstaltserziehung mit besonderer Berücksichtigung der Magdalenenstifte, Frauenheime und Versorgungshäuser, Band VII. Kaierwerth am Rhein, Verlag der Diakonischen Anstalt.

Berger, Margarete (1979): Indikation und Katamnesen bei Heimunterbringung. In: Zeitschrift für Kinder- und Jugendpsychiatrie, H. 2 (Jg. 7), S. 122-138.

Berridge, David (1983): Staff movement in community homes - some grounds for optimisn. In: Social Work Today, H. 35 (Vol. 14), P. 7-10.

Besharov, Douglas J. (1985): Right versus Rights: The Dilemma of Child Protection. In: Public Welfare, N. 2 (Vol. 43), P. 19-27.

Beste, Hilary M.; Rebecca G. Rechardson (1981): Developing a Life Story Book Program for Foster Children. In: Child Welfare, N. 8 (Vol. LX), P. 529-534.

Bethge, Helo (1984): Vier Jahre in einer Wohngruppe. Erfahrungen einer Erzieherin. In: Sozialpädagogik, H. 2 (Jg. 26), S. 71-74.

Bethge, Helo; Michael Kultus (1986): Nachbetreuung heimentlassener Jugendlicher. In: Sozialpädagogik, H. 2 (Jg. 28), S. 83-91.

Bettelheim, Bruno (1978): Der Weg aus dem Labyrinth. Leben lernen als Therapie. Mit einem Nachwort von Günter Ammon. Frankfurt/Main, Ullstein-Verlag.

– (1973): So können sie nicht leben. Die Rehabilitierung emotional gestörter Kinder. Stuttgart, Klett-Verlag (Reihe: Konzepte der Humanwissenschaft).

– (1971): Liebe allein genügt nicht. Die Erziehung emotional gestörter Kinder. Stuttgart, Klett-Verlag.

Bieback-Diel, Liselotte (1983b): Nachbetreuung heimentlassener junger Erwachsener. In: Theorie und Praxis der sozialen Arbeit, H. 5 (Jg. 24), S. 164-170.

– (1983a): Die berufliche und soziale Situation heimentlassener Jugendlicher und junger Erwachsener - Auswertung einer schriftlichen Befragung in 29 Heimen der Bundesrepublik. In: Institut für Sozialarbeit und Sozialpädagogik: Heimerziehung - und was dann? Zur Problematik heimentlassener junger Erwachsener. Frankfurt/Main, Eigenverlag ((ISS-Materialen Bd. 20), S. 56-205.

Bieback-Diel, Liselotte; Hubertus Lauer; Ruth Schlegel-Brocke; Ulrich Keuerleber; Norbert Moosburger u.a. (1983): Heimerziehung - und was dann? Zur rechtlichen, beruflichen und sozialen Situation heimentlassener junger Erwachsener. Frankfurt/Main, Eigenverlag (ISS-Materialen, Band 20).

Bieniussa, Peter (1987b): Heimerziehung - Orientierung an der Familie oder Entwicklung eigener Kompetenzen? Zur Identität der Heimerziehung heute. In: Jugendwohl, H. 8/9 (Jg. 68), S. 363-369.
- (1987a): Familien-Alltag-Katastrophe. Die Selbstwertregulation in Familien. In: Neue Praxis, H. 2 (Jg. 17), S. 137-151.
- (1986): Heimliche Regeln pädagogischen Handelns. Die Regulation des Selbstwertgefühls im Alltag der Heimerziehung. Weinheim/Basel, Beltz (Dissertation).
Bier-Fleiter, Claudia (1985): Schwangerschaftserleben bei Heimmüttern. In: Neue Praxis, H. 6 (Jg. 15), S. 535-538.
Bilitza, Klaus (1991): Zur Psychoanlyse der Abwehr archaischer Ängste und Impulse durch soziale Organisationen. In: Gruppenpsychotherapie und Gruppendynamik, H. 1 (Jg. 27), S. 27-36.
Birtsch, Vera (1994): Handlungsmöglichkeiten der Jugendhilfe in Grenzsituationen mit Kindern und Jugendlichen. In: Jugendhilfe, H. 5 (Jg. 32), S. 259-267.
- (1989): Macht und Ohnmacht der ErzieherInnen. Bericht über eine IGfH-Tagung vom 10.-12. 4. 1989 in Hiddenhausen. In: Sozialpädagogik, H. 6 (Jg. 31), S. 305-308.
- (1984): Mädchen in der Heimerziehung - besonders benachteiligt und zunehmend eingeschränkt. In: Theorie und Praxis der sozialen Arbeit, H. 1 (Jg. 35), S. 15-21.
- (1983): Wenn ihr uns nicht einschließt, schließen wir uns nicht aus! Ergebnisse einer Alternative zur geschlossenen Unterbringung Jugendlicher. Hg. Institut für Sozialarbeit und Sozialpädagogik, Frankfurt a. Main, Materialen Nr. 25.
- (1982b): Alternativprojekte zur geschlossenen Heimerziehung: gegenwärtiger Stand in der Frage der Indikation. In: Theorie und Praxis der sozialen Arbeit, H. 12 (Jg. 33), S. 426-434.
- (1982a): Grenzen und Perspektiven von Elternarbeit in der Heimerziehung. In: Internationale Gesellschaft für Heimerziehung (Hg.): Materialien zur Heimerziehung. Frankfurt a. Main, H. 2, S. 8-9.
Birtsch, Vera; Michael Eberstaller; Egon Halbleib (1980): Außenwohngruppen-Heimerziehung außerhalb des Heims. Eine Untersuchung der pädagogischen Intentionen und Strukurbedingungen der Sophienpflege, ihre Wirkung auf die pädagogische Leistungsfähigkeit und die Lebenssituation der Kinder und Mitarbeiter. Hg. Institut für Sozialarbeit und Sozialpädagogik, Frankfurt a. Main, ISS-Materialien, Bd. 11.
Birtsch, Vera; Ursula Harsch; Christa Sonnenfeld (1981): Erste Erfahrungen der Alternativprojekte zur geschlossenen Unterbringung. In: Theorie und Praxis der sozialen Arbeit, H. 8 (Jg. 32), S. 287-294.
Bittner, Wolfgang (1985b): Hinter den Mauern des Schweigens - Ein Zuhause zum Weglaufen. In: Sozialmagazin, H. 10 (Jg. 10), S. 32-35.
- (1985a): Weg vom Fenster. Im Heim gibts kein Zuhause. Reinbek bei Hamburg, Rowohlt.

Blandow, Jürgen (1991): Entwicklung der Heimerziehung in der früheren BRD. In: Jugendhilfe, H. 3 (Jg. 29), S. 114-120.

Blandow, Jürgen; Klaus Münstermann (1986): Heimerziehung - Dichtung und Wahrheit - Erwiderung auf die Report-Sendung vom 25. 2. 1986. In: Materialien zur Heimerziehung, H. 1, S. 1-5.

Blandow-Wechsung, Steffi (1978): Heimerziehung und Devianz. Eine Untersuchung pragmatischer Devianztheorie und Sympathie von Erziehern in ihren Auswirkungen auf Heimkinder. München, Minerva (Dissertation).

Blum-Maurice, Renate (1980): Möglichkeiten und Grenzen eines Modellheimes - Das therapeutisch-pädagogische Jugendheim 'Haus Sommerberg'. In: Neue Praxis, H. 1 (Jg. 10), S. 94-109.

Boehlen, Marie (1983): Das Jugenderziehungsheim als Faktor der sozialen Integration. Bern/Stuttgart, Haupt.

Boie, Detlef; Gabi Viesel (1989): Probleme in der Eltern-Kind-Beziehung nach der Heimeinweisung. In: Unsere Jugend, H. 3 (Jg. 41), S. 105-107.

Boll, Fritz (1980): Kinder im Heim - Kinder ohne Zukunft? Anmerkungen zur 15. Bundestagung Heim- und Heilpädagogik. In: Jugendwohl, H. 2 (Jg. 61), S. 53-58.

Bonderer, Eduard (1983): Kinder im Heim - Kinder ohne Heimat? - zur Beziehungs- und Bindungslosigkeit von Heimkindern. In: Schweizer Heimwesen, H. 1 (Jg. 54), S. 12-19.

– (1979): Heimeintritt oder Heimversorgung. Integrationshilfe oder Separationsverfügung. Empirische und kritische Hinweise zu einer pädagogischen Schwellensituation. Berlin, Marhold.

Bonstedt, Christoph (1971): Perspektiven eines von der Erziehungshilfe Betroffenen. In: Neue Praxis, H. 1 (Jg. 2), S. 48-55.

Booth, Tim; Ken Simons; Wendy Booth (1989): Moving out: Insiders' Views of relocation. In: British-Journal-of-Social-Work, N. 5 (Vol. 19), P. 369-385.

Borchert, Alice (1961): Kritisches zur Durchführung öffentlicher Erziehung - eine Studie an 21 Einzelschicksalen. Hg. Allgemeiner Fürsorgeerziehungstag, Hannover, Neue Schriftenreihe, Heft 15.

Börsch, Bettina; Marie-Luise Conen (1990): Arbeit mit Familien von Heimkindern (Rezension von Jörg Kasper Roth). In: Familiendynamik, H. 1 (Jg. 8), S. 170.

– (1987): Arbeit mit Familien von Heimkindern. Dortmund, Verlag Modernes Lernen.

Böseke, Harry (1981): Wer ist denn hier im Abseits? Jugendliche schreiben über: Heim, Knast, Drogen, Behinderung. Weinheim/Basel, Beltz.

Bosselmann, Rainer; Matthias Martin (1979): Psychodrama mit Kindern und Jugendlichen im Heim. In: Praxis der Kinderpsychologie, H. 8 (Jg. 28), S. 272-276.

Bossong, M.; K. Sturzebecher (1979): Intern oder extern kontrollierte Heimjugendliche? Entwicklung eines Fragebogens zur Erfassung eines Persönlichkeitsmerkmals. In: Praxis der Kinderpsychologie und Kinderpsychiatrie, H. 5 (Jg. 28), S. 192-194.

Böttcher, Hans (1984): Zum erzieherischen Verhältnis im Spannungsfeld der Generationen. In: Jugendschutz, H. 5 (Jg. 29), S. 162-168.

Braunmühl, Ekkehard von (1981): Wie Alfred F. vom Erziehungsopfer zum politischen Gefangenen wurde. In: Vorgänge, H. 5 (Jg. 20), S. 90-100.

Brenner, Dieter (1986): Die Umstrukturierung des Käthe-Kollwitz-Kinderheimes zum Wohngruppenverbund. In: Theorie und Praxis der sozialen Arbeit, H. 5 (Jg. 37), S. 185-188.

Breyer, Günter (1981): Probleme der Persönlichkeitsentwicklung des Kindes im Heim. Erkenntnisse und Schlußfolgerungen aus der analytischen Arbeit eines Heimjugendfürsorgers. In: Jugendhilfe, H. 3 (Jg. 19), S. 75-78.

Brönneke, Michael (1988): Familientherapie in der Heimerziehung: Bedingungen, Chancen und Notwendigkeiten. In: Praxis der Kinderpsychologie und Kinderpsychiatrie, H. 6 (Jg. 37), S. 220-226.

Brook, Robert M.; Philip Knapp (1976): Effects of residential evaluation and rehabilitation placement on children's state- trait-anxiety. In: Journal of Clinical Psychology, N. 1 (Vol. 32), P. 57-59.

Brosch, Peter (1971): Fürsorgeerziehung - Heimterror und Gegenwehr. Frankfurt a. Main, Fischer (Reihe Informationen zur Zeit).

Brunner, Reinhard (1985): Über Versagung, optimale Versagung und Erziehung. In: Praxis der Kinderpsychologie und Kinderpsychiatrie, H. 2 (Jg. 34), S. 63-69.

Buckert, Friedhelm; August Huber (1986): Eltern als Partner in der Heimerziehung. In: Blätter der Wohlfahrtspflege, H. 1 (Jg. 133), S. 31-37.

Bullens, Hendrik (1989): Heimerziehung und Erwachsenwerden heute. Nachbetreuung als Aufgabe einer entwicklungsorientierten Jugendhilfe. Weinheim, Deutscher Studienverlag.

Bundesministerium für Jugend und Familie, Frauen und Gesundheit (1991): Hinweise zur Heimerziehung. In: Jugendhilfe, H. 1 (Jg. 29), S. 36-43.

Burkowski, Ursula (1993): Es gibt kein Zurück. Nach bitteren Jahren in Kinderheimen der DDR findet Ursula Burkowski in West-Berlin ein neues Zuhause. Hier erlebt sie den Fall der Mauer. Doch für sie gibt es kein Zurück ... Bergisch Gladbach, Bastei/Lübbe (Reihe: Erfahrungen).

– (1992b): Draußen! Nach Jahren unsäglichen Leidens in Heimen der ehemaligen DDR wird Ursula Burkowski endlich mit ihrem kleinen Sohn Timo in die Welt entlassen. Doch das junge Mädchen muß schnell erkennen, wie gnadenlos Freiheit sein kann ... Bergisch Gladbach, Bastei/Lübbe (Reihe: Erfahrungen).

– (1992a): Weinen in der Dunkelheit. Als sich ihre Mutter aus Ostberlin in den Westen absetzt, wird die zweijährige Ursula Burkowski in die Anstalt Königsheide gesteckt, ein Vorzeigeheim der DDR. - Eine Zeit unfaßbarer Grausamkeiten beginnt ... Berglisch Gladbach, Bastei/Lübbe (Reihe: Erfahrungen).

Burmeister, Eva (1967): Vom Kinde aus gesehen - Casework mit Kindern. Hg. Schweizerische Vereinigung Sozialarbeitender Bern, H. 12.

– (1964): Geborgenheit für das Heimkind. Ein praktischer Ratgeber für Sozialpädagogen. Berlin/Frankfurt/Main, Verlag Annedore Leber.

Büttner, Christian; Aurel Ende (unter Mitarbeit von Donata Elschenbroich) (1990): Trennungen: Kindliche Rettungsversuche bei Vernachlässigungen, Scheidungen und Tod. Jahrbuch der Kindheit Bd. 7. Weinheim/Basel, Beltz (Reihe Pädagogik).

Caldwell, Bettye M. (1983): What is Quality Child Care?. Paper presented at the Annual Meeting of the National Association for the Education of Young Children. Atlanta, GA, November 3-6.

Carspecken, Ferdinand (1983): Die Mehrdeutigkeit des Begriffs 'Heimerziehung'- Eine Quelle von Mißverständnissen oder falschen Erwartungen. In: Zentralblatt für Jugendrecht und Jugendwohlfahrt, H. 12 (Jg. 70), S. 576-581.

Christ, Hans; Hermann Figiel (1982): Heimerziehung im Spannungsfeld zwischen Isolation und Integration am Beispiel von 'Haus Sommerberg'. In: Theorie und Praxis der Sozialen Arbeit, H. 11 (Jg. 33), S. 419-426.

Cierpka, Manfred (1986): Zur Funktion der Grenze in Familien. In: Familiendynamik, H. 4 (Jg. 11), S. 307-324.

Cobus-Schwertner, Inge (1984): Von der Jugendhilfe in die Psychiatrie. Eine Untersuchung über den Beitrag sozialpädagogischer Institutionen zur Entstehung psychiatrischer Karrieren bei Jugendlichen. München, Juventa (DJI-Forschungsberichte).

Cohen, Neil A. (1986): Quality of care for youths in group homes. In: Child Welfare, H. 5 (Jg. 65), S. 481-495.

Colton, Matthew (1988): Foster and Residential Care Practices Compared. In: British Journal of Social Work, N. 1 (Vol. 18), P. 25-42.

Conen, Marie-Luise (Hg.) (1992): Familienorientierung als Grundhaltung in der stationären Erziehungshilfe. Dortmund, Borgmann Publishing.

– (1990): Elternarbeit in der Heimerziehung. Eine empirische Studie zur Praxis der Eltern- und Familienarbeit in Einrichtungen der Erziehungshilfe. Hg. Internationale Gesellschaft für Heimerziehung (IGfH), Frankfurt a. Main, Eigenverlag (Dissertation).

Conen, Marie-Luise (Hg.); Bettina Börsch (1987): Arbeit mit Familien von Heimkindern. Dortmund, Verlag Modernes Lernen. (Rezension: In: Familiendynamik, H. 2 (Jg. 15), S. 170-171.

Conen, Marie-Luise; Gerd Mager (Hg.) (1983): Mädchen flüchten aus der Familie. Abweichendes Verhalten als Ausdruck gesellschaftlicher und psychischer Konflikte bei weiblichen Jugendlichen. München, Minerva.

Corbet, Hildegard; Kay Palmer (1986): Short-Term Residential Therapy for the Family. In: Australian and New Zealand Journal of Family Therapy, N. 4 (Vol. 7), P. 203-207.

Cox, Martha J.; Roger D. Cox (1984): Foster care and Public Policy. In: Journal of Familiy Issues, N. 2 (Vol. 5), P. 182-199.

Curry, John F. (1991): Outcome Research on Residential Treatment: Implications and Suggested Directions. American Journal of Orthopsychiatry, N. 3 (Vol. 61), P. 348-357.

Czepluch, Martin (1984): Reserven aufgespürt - Was ein Erfahrungsaustausch zur Führung des Lebensweges von Kindern und Jugendlichen erbrachte. In: Jugendhilfe, H. 5 (Jg. 22), S. 132-134.

Dähn, Rolf (1982): Hören Sie, Homes, Sie sind ein hoffnungsloser Fall. In: Sozialmagazin, H. 2 (Jg. 7), S. 16-18.

Dalferth, Matthias: (1982): Erziehung im Jugendheim. Bausteine zur Veränderung der Praxis. Weinheim u.a., Beltz.

Dalferth, Matthias (1988): Selbständigkeitserziehung und Subjektzentrierung in der Heimerziehung. In: Jugendwohl, H. 8/9 (Jg. 69), S. 362-369.

Dalichow, Rolf-Günther (1968): Gefällt es dir im Heim? Das Heim im Urteil der Jugendlichen. In: Unsere Jugend, H. 5 (Jg. 20), S. 195-205.

Degner, Friedrich (1984): Heimerziehung zwischen pädagogischem Anliegen und Tarifrecht. In: AFET-Mitglieder-Rundbrief, H. 2 (ohne Jg.), S. 26-27.

Dennis-Small, Lucretia (1986): Life Skills for Adolescents Project. Final Report. September 1, 1985 through August 31, 1986. Hg. Texas State Dept. of Human Services, Office of Strategic Management, Research, and Development, Austin.

Diakonisches Werk der Evangelischen Kirche in Württemberg e. V. (Hg.) (1979): Geschichten von jungen Menschen. Mit Beiträgen von J. Fröhlich, G. Häußermann, S. Hörrmann. Stuttgart, Eigenverlag, (vgl. auch Albrecht Müller-Schöll 1980).

Die Grünen in Westfalen-Lippe (1985): Auslaufmodell Heim. In: Sozialmagazin, H. 10 (Jg. 10), S. 35-36.

Dietl, Franz (1981): Heimerziehung im Abseits? Kritische Bestandsaufnahme. In: Caritas, H. 1 (Jg. 82), S. 91-97.

Doelling, Jenny L.; James H. Johnson (1991): Predicting Success in Foster Placement: The Contribution of Parent-Child Temperament Characteristics. In: American Journal of Orthopsychiatry, N. 4 (Vol. 61), P. 585-593.

- (1989): Foster Placement Evaluation Scale: Preliminary Findings. In: Social Casework, N. 2 (Vol. 70), P. 96-100.

Dowen, Bärbel von (1980): Außenwohngruppen - Familienwohngruppen - Wohngemeinschaften. Auswertung einer Fragebogenaktion bei der Arbeiterwohlfahrt. In: Theorie und Praxis der sozialen Arbeit, H. 10 (Jg. 31), S. 397-400.

Duehrrsen, Annemarie (1972): Heimkinder und Pflegekinder in ihrer Entwicklung. Eine vergleichende Untersuchung an 150 Kindern in Elternhaus, Heim und Pflegefamilie. Göttingen, Vandenhoeck und Ruprecht.

Dümmler, A von; Görgen, W (1982): Der Umgang einer normalen Institution mit schwierigen Jugendlichen. Oder: Wie ein normales Heimkind eine schwierige Institution verarbeitet. In: Psychologie und Gesellschaftskritik Bd. 22/23 (Jg. 6), S. 5-21.

Dunde, Siegfried Rudolf (1987): Von der Störung zur Veränderungschance. Wandlungen der Beratung in der Jugendhilfe. In: Recht der Jugend und des Bildungswesens, H. 4 (Jg. 35), S. 418-424.

Eckensberger, Dietlind (1973): Sozialisationsbedingungen der öffentlichen Erziehung. Frankfurt a. Main, Surkamp.
Edelstein, Susan (1981): When Foster Children Leave: Helping Foster Parents to Grieve. In: Child Welfare, N. 7 (Vol. LX), P. 467-473.
Eigenmann, Joseph (Hg.) (1988): Aggressionen im Kinder- und Jugendheim. Eine Form zwischenmenschlicher Beziehung. Luzern, Verlag der Schweizerischen Zentralstelle für Heilpädagogik (Schriftenreihe des Schweizerischen Verbandes für erziehungsschwierige Kinder und Jugendliche, Bd. 1).
Eisenblätter, Wolfgang (1984): Dem Kind den vertrauten Lebenskreis möglichst erhalten. In: Jugendhilfe, H. 4 (Jg. 22), S. 90-93.
– (1977): Untersuchungsergebnisse zur Entwicklung von Kindern und Jugendlichen nach ihrer Heimentlassung. In: Jugendhilfe, H. 11 (Jg. 15), S. 317-323 (ehemalige DDR).
Eisikovits, Zvi; Edna Guttmann (1987): Doing Competent Residential Child and Youth Care Work: The Normative and Experiential Dimensions. In: Children and Youth Services Review, N. 4 (Vol. 9), P. 271-290.
Eitle, Werner (1991): Haus Dorothee- 25 Jahre Kleinheimgeschichte. In: Jugendwohl, H. 3 (Jg. 72), S. 138-140.
Ekstein, Rudolf (1988): Die innere Heimreform - Konsequenzen für die Beziehungsarbeit in der Institution. In: Information zur Bildung und Fortbildung für Erzieher und Sozialarbeiter, H. 2 (ohne Jg.), S. 2-8.
Elger, Wolfgang (1987): Erziehungshilfen im Wandel. Untersuchung über Zielgruppen, Bestand und Wirkung ausgewählter Erziehungshilfen des Jugendamtes der Stadt Kassel. Münster, Votum.
– (1986): Die Situation heimentlassener Jugendlicher und junger Erwachsener. In: Neue Praxis, H. 1 (Jg. 16), S. 82-84.
– (1984): Die Situation heimentlassener Jugendlicher und junger Erwachsener - Ergebnisse einer Untersuchung des Instituts für Soziale Arbeit e.V., Münster. Hg. Arbeitsgemeinschaft der Spitzenverbände der Freien Wohlfahrtspflege des Landes Nordrhein-Westfalen, Düsseldorf, Eigenverlag.
Elisser, R.; Ch. Fiedler; A. Schade; B. Weisensel (1981): Pädagogisches Handeln im Alltag. In: Sozialpädagogik, H. 5 (Jg. 23), S. 252-255.
Engelhardt, Lothar (1985): Problemskizze bestimmter Interaktionsstile in Erziehungsprozessen. In: Theorie und Praxis der sozialen Arbeit, H. 1 (Jg. 36), S. 23-30.
Erich, Theresia (1993): Siegfried Bernfeld, ein früher Vertreter der Psychoanalytischen Pädagogik. In: Psychosozial, H. 1 (Jg. 16), S. 94-102.
Erl, Willi; Albrecht Müller-Schöllt; Manfred Priepke; Bernhard Kraak (Hg.) (1982): Handlungsfeld - Heimerziehung. Tübingen, Katzmann.
Esser, Johannes (1982): Die Funktion der Anthropologie für die Sozialpädagogik. In: Jugendschutz, H. 3 (Jg. 27), S. 82-87.
Evangelischer Gemeindedienst, Diakonie (Hg.) (1980): Heimerziehung: Vorteil, Nachteil, Vorurteil. Ergebnisse einer wissenschaftlichen Untersuchung. Düsseldorf, Eigenverlag.

Evangelisches Kinder- und Jugendheim Tempelhof bei Crailsheim (Hg.) (1969): Heimerziehung bereitet zur Meisterung des Lebens vor. Crailsheim (126. Jahresbericht).

Falck, Hans S. (1988): Social Work: The Membership Perspective. New York, Springer Publishing.

Fanshel, David; Stephan J. Finch; John F. Grundy (1989): Modes of Exit from Foster Family Care and Adjustment at Time of Departure of Children with Unstable Life Histories. In: Child Welfare, N. 4 (Vol. 68), P. 391-402.

Farber, Barry A. (Hg.) (1983): Stress and Burnout in the Human Service Professions. New York, Pergamon Press (Pergamon General Psychology Series 117).

Faupel, Reinhold; Luise Hartwig; Rainer Kröger; Rosa Wagner (1985): Lebensperspektiven. Bericht aus einer Alternative zur geschlossenen Unterbringung. In: Sozialpädagogik, H. 5 (Jg. 27), S. 250-252.

Federn, Ernst (1993): Zur Geschichte der Psychoanlytischen Pädagogik. In: Psychosozial, H. 1 (Jg. 16), S. 70-77.

Feidel-Mertz, Hildegard (1988): Beispiel einer anderen Heimerziehung: 60 Jahre Immenhof. In: Theorie und Praxis der sozialen Arbeit, H. 1 (Jg. 39), S. 29-31.

Feigelfeld, Hans (1987): Beziehungsweise Heimkind. In: Information zur Bildung und Fortbildung für Erzieher und Sozialarbeiter, Nr. 2 (ohne Jg.), S. 38-43.

Fein, Edith; Linda J. Davies; Gerrie Knight (1979): Placement Stability in Foster Care. In: Social Work, N. 2 (Vol. 24), P. 156-157.

Feld, Edmund (1981): Überlegungen zur Vorbereitung junger Volljähriger auf die Entlassung aus der Heimerziehung. In: Jugendwohl, H. 12 (Jg. 62), S. 467-473.

Ferguson, Cecile; James Ward (1987): Meeting the educational Needs of institutionalized Children with severe developmental Disabilities: A Review on two Commonwealth Programs. In: Australia and New Zealand Journal of Developmental Disabilities, N. 1 (Vol. 13), P. 39-51

Fesel, Verena (1985): Heimerziehung für Mädchen einst und jetzt. In: Recht der Jugend und des Bildungswesens, H. 5 (Jg. 33), S. 360-367.

Fesel, Verena; J. Quitmann (1981): Öffentliche Erziehungshilfen und familiale Lebenswelt - Modelle lebensweltbezogener Erziehungshilfen und deren Relevanz für eine aktive Gestaltung sozialer Lebensbedingungen. In: Neue Praxis, Sonderheft 6 (Jg. 11), S. 174-185.

Figdor, Helmuth (1990): Sorgepflicht, Besuchsrecht ... aber was hilft dem Kind? - Überlegungen im Anschluß an eine psychoanalytische Untersuchung von Scheidungskindern. In: C. Büttner/A. Ende (Hg.): Trennungen: Kindliche Rettungsversuche bei Vernachlässigungen, Scheidungen und Tod. Weinheim/Basel, Beltz (Jahrbuch der Kindheit Bd. 7, Reihe Pädagogik), S. 11-32.

Finder, Joe (1982):'Techniken'. In: Sozialmagazin, H. 10 (Jg. 7), S. 48-49.

Fink, Ronald; Jörg Schoch (1987): Berufswahlmotive von Heimerziehern. In: Vierteljahresschrift für Heilpädagogik und ihre Nachbargebiete, H. 1 (Jg. 56), S. 61-71.

Fisher, David James (1993): Ein letztes Gespräch mit Bruno Bettelheim. In: Psychosozial, H. 1 (Jg. 16), S. 34-44.

Flosdorf, Peter (1988): Kinder und Jugendliche in den Heimen. In: Flosdorf, Peter (Hg.): Theorie und Praxis stationärer Erziehungshilfe, Band 1, Konzepte in Heimen der Jugendhilfe. Freiburg im Breisgau, Lambertus (Freiburger Sozialpädagogische Beiträge, Band 19), S. 89-143.

– (1987): Beziehungen gestalten - institutionelle und methodische Überlegungen zum beruflichen Handeln in der Heimerziehung. In: Junge Welt, H. 4 (ohne Jg.), S. 162-166.

– (1981b): Beziehungsgestaltung in der Institution Heim. Referat beim Landeskongress katholischer Heimerzieher am 11. 11. 1980 in München. In: Pädagogischer Rundbrief, H. 6/7 (Jg. 31), S. 1-12.

– (1981a): Müssen Kinder ins Heim? - Indikation Heimerziehung?. In: Jugendwohl, H. 2 (Jg. 62), S. 47-51.

Fooken, Enno (1985): Überlegungen zum Thema - Wahrscheinlichkeit und Unwahrscheinlichkeit in der Pädagogik. In: Oldenburger Institut für Sonderpädagogik (Hg.): Sonderpädagogische Theorie und Praxis, Heidelberg, Edition Schindele, S. 103-110.

Frank, Doris; Walter Hirz (1987): Umgang mit HIV-Antikörper positiven Kindern in Pflegefamilien und Heimen. In: Vierteljahresschrift für Heilpädagogik und ihre Nachbargebiete, H. 4 (Jg. 56), S. 639-641.

Frankenstein, Karl (1964): Persönlichkeitswandel durch Fürsorge, Erziehung und Therapie. München/Berlin, Urban und Schwarzenberg.

Franta, Herbert (1986): Der Erzieher vor der Sinnproblematik des Jugendlichen. Psychopädagogische Perspektiven einer Zeiterscheinung (Vortrag). In: Sozialpädagogik, H. 2 (Jg. 28), S. 54-63.

Frei, Andreas (1985): Wie wirkt sich systemisches Denken auf das Heim und die Arbeit des Erziehers aus?. In: Sozialarbeit, H. 11 (Jg. 17), S. 2-9.

Freigang, Werner (Hg.) (1986b): Mädchen in Einrichtungen der Jugendhilfe. Opladen, Leske und Budrich (Reihe Alltag und Biographie von Mädchen, Bd. 15).

– (1986a): Verlegen und Abschieben. Zur Erziehungspraxis im Heim. Weinheim, Juventa (Dissertation).

Freud, Anna (1987): Anstaltskinder. Berichte aus den Kriegskinderheimen 'Hampstead Nurseries' 1943-1945. In Zusammenarbeit mit Dorothy Burlingham. Frankfurt a. Main, Fischer.

Freud, Anna; Dorothy Burlingham (1982): Heimatlose Kinder. Zur Anwendung psychoanalytischen Wissens auf die Kinderheimerziehung. Frankfurt a. Main, Fischer.

Freyberg, Wolfram (1984): Geschlossene Unterbringung im Rahmen öffentlicher Erziehung. Praktische Erfahrungen mit zwei 'teilgeschlossenen' Gruppen in einem Erziehungsheim. In: Sozialpädagogik, H. 1 (Jg. 26), S. 19-23.

Friedl, Ingrid (1986): Rezension zu C. Swientek: Das trostlose Leben der Karin P. Geschichte einer Pennerin. In: Sozialwissenschaftliche Literatur Rundschau, H. 12 (Jg. 9), S. 75-76.

Friedrich, Leonard (1979): Heimerziehung als Quelle pädagogischer Erkenntnis. In: Unsere Jugend, H. 10 (Jg. 31), S. 459-466.

Frischenschläger, Ulrich (1984): Indikation Heimerziehung. Zur Zusammenarbeit zwischen Jugendämtern und Heimen in der Jugendhilfe. In: Sozialpädagogik, H. 1 (Jg. 26), S. 13-18.

Frischenschläger, Ulrich; Wolfgang Mayr (1982): Erzieherpersönlichkeit und Handlungskompetenz im Alltag sozialpädagogischer Arbeitsfelder, Tübingen (Dissertation).

Froh, Lidwina (1977): Die Grenzen biographischen Wissens über das Heimkind. In: Pädagogischer Rundbrief, H. 4/5 (Jg. 27), S. 1-11.

Fromman, Anne (1983): Stellvertretung. In: Helfende Hände, H. 2 (ohne Jg.), S. 3-6. und in: Sozialpädagogik, H. 1 (Jg. 25), S. 7-11.

– (1971): Das Kind zwischen Heim, Elternhaus und Verwaltung. Hg. Internationale Gesellschaft für Heimerziehung. Frankfurt a. Main, Selbstverlag.

Frühauf, Theo (1981): 'Ich war jetzt der böse Verbrecher ...'- eine Heimkarriere. In: Demokratische Erziehung, H. 3 (Jg. 7), S. 194-197.

Fuchs-Kamp, Adelheid (1929): Lebensschicksal und Persönlichkeit ehemaliger Fürsorgezöglinge. Berlin, Springer (Dissertation in Köln 1928).

Furter, Elisabeth u.a. (1988): Das Ansehen des Heimerziehers im projektiven Selbstbild. In: Vierteljahresschrift für Heilpädagogik und ihre Nachbargebiete, H. 2 (Jg. 57), S. 171-182.

Gaertner, A.; E. Garstick; R. Tutusya (1978): Warten auf einen Heimplatz. Wie ein Kind zur Sache wird. In: Sozialmagazin, H. 7 (Jg. 3), S. 30-35.

Gaskin, Graham (Interviewter); Maggie Fogarty (Interviewer) (1983): I can't ever see me leading a normal life. In: Social Work Today, N. 17 (Vol. 14), P. 4-6.

Gerber, Uwe (1974): Holt die Kinder aus den Heimen. Alternativen zur Heimunterbringung. (Referate, Arbeitspapiere und Resolutionen einer Tagung der Evangelischen Akademie Loccum vom 13.-15. 11. 1972). Berlin, Marhold Verlagsbuchhandlung.

Gerlicher, Karl (1986): Gedanken zur Entwicklung und Erziehung. In: Unsere Jugend, H. 4 (Jg. 38), S. 174-178.

Gernert, Wolfgang (1990): Die Heimerziehung nach der Jugendhilfe-Rechtsreform. In: Jugendwohl, H. 1 (Jg. 71), S. 4-12.

– (1989): Was ist Erfolg in der Jugendhilfe? In: Jugendwohl, H. 5 (Jg. 70), S. 206-213.

Gerull, Peter (1992): "Erfahrungen mit familienorientierter Außenwohngruppenarbeit in der Heimerziehung". In: "Unsere Jugend, Jg.44, H.5, S.204-206".

Göbel, Sabine; Johann Zauner (1990): Kreative Eigenleistungen des Kindes als beschützende Faktoren. Entwicklung - Prognose - Therapie. In: C. Büttner/A. Ende (Hg.): Trennungen: Kindliche Rettungsversuche bei Vernachlässigungen, Scheidungen und Tod. Weinheim/Basel, Beltz (Jahrbuch der Kindheit Bd. 7, Reihe Pädagogik), S. 109-120.

Gollnick, Hubertus (1977): Erfolg oder Mißerfolg der öffentlichen Erziehung, Ergebnisse vorliegender Untersuchungen, Konsequenzen für die Praxis. Diskussionsbeitrag aus der Sicht eines Heimes der öffentlichen Erziehung. In:

Arbeitsgemeinschaft für Erziehungshilfe (Hg.), Hannover, Mitglieder-Rundbrief, H. 2, S. 22-29.
- (1976): Erfolg oder Mißerfolg der öffentlichen Erziehung, Ergebnisse vorliegender Untersuchungen, Konsequenzen für die Praxis. Diskussionsbeitrag aus der Sicht eines Heimes der öffentlichen Erziehung. In: Praxis der Kinderpsychologie, H. 7 (Jg. 25), S. 264-272.
Gossett, John T (1983): To find a way. The outcome of hospital treatment of disturbed adolescents. New York, Brunner/Mazel.
Gothe, Lothar; Rainer Krippe (1970): Auschuß. Protokolle und Berichte aus der Arbeit mit entflohenen Fürsorgezöglingen. Köln/Berlin, Kiepenheuer und Witsch.
Graf, Erich Otto (Hg.) (1993a): Heimerziehung unter der Lupe - Beiträge zur Wirkungsanalyse. Luzern, Verlag der Schweizer Zentralsstelle für Heilpädagogik.
- (1988): Das Erziehungsheim und seine Wirkung. Untersuchungen zu Rollenstruktur und Kommunikationssystem einer Arbeitserziehungsanstalt. Luzern, Verlag der Schweizer Zentralstelle für Heilpädagogik.
- (1987): Plazierungskarrieren von Jugendlichen in Erziehungsheimen. In: Vierteljahresschrift für Heilpädagogik und ihre Nachbargebiete, H. 1 (Jg. 56), S. 47-60.
Gräßlein, Hans Martin (1981b): Familienpädagogische Wochenenden vom Heim aus. In: Unsere Jugend, H. 3 (Jg. 33), S. 115-119.
- (1981a): Störungen im Heimalltag aus der Sicht von Kindern und Erziehern: Ergebnisse von Befragungen in vier mehrgruppigen westfälischen Kinderheimen. In: Materialen zur Heimerziehung, H. 2 (ohne Jg.), S. 4-9.
- (1978): 'Er muß noch vor Weihnachten weg' - oder: Das paßt in keinen Fragebogen. In: Unsere Jugend, H. 12 (Jg. 30), S. 530-532.
Graupner, Siegfried (1988): Wie erfolgt und entwickelt sich die Integration heimentlassener Jugendlicher? Bewährtes und Nachdenkenswertes. In: Jugendhilfe, H. 12 (Jg. 26), S. 321-328.
- (1980): Wie die Heime die Beziehungen zwischen den Kindern und Eltern fördern können. In: Jugendhilfe, H. 3 (Jg. 18), S. 65-72.
- (1969): Welchen Weg gingen 224 Kinder nach ihrer Heimentlassung? In: Jugendhilfe, H. 4 (Jg. 7), S. 111-116.
Gröss, Johann (1989): Das Heim als eine 'Ersatzumwelt' im Gesellschaftssystem der Jugend- und Familienhilfe. In: Erziehung und Unterricht, H. 4 (Jg. 139), S. 34-42.
Gschwind, Ulrich (1983): Normal. In: Zeitschrift für öffentliche Fürsorge, H. 4 (Jg. 80), S. 53-55.
Günder, Richard (1991): Elternarbeit innerhalb der Heimerziehung als Familientherapie. In: Unsere Jugend, H. 3 (Jg. 43), S. 132-139.
- (1989): Elternarbeit innerhalb der Heimerziehung als aktive Trennungs- und Trauerbewältigung. In: Unsere Jugend, H. 3 (Jg. 41), S. 124-129.

- (1989): Aufgabenfelder der Heimerziehung - planmäßige Entwicklungsförderung - Elternarbeit. Frankfurt a. Main, Eigenverlag des Deutschen Vereins für öffentliche und private Fürsorge.
- (1981): Teamarbeit in der Heimerziehung. In: Sozialpädagogik, H. 1 (Jg. 23), S. 2-9.

Guterman, Neil B.; Betty J. Blythe (1986): Note on Policy and Practice: Toward Ecologically Based Intervention in Residential Treatment for Children. In: Social Service Review, N. 4 (Vol. 60), P. 633-643.

Güthoff, Friedhelm (1990): Mut zur Vielfalt (Dokumentation). Hamburger Pflegekinderkongreß. Münster, Votum.

Haeberlin, Urs (1981): Der Mensch in der Heilpädagogik. In: Vierteljahresschrift für Heilpädagogik und ihre Nachbargebiete, H. 1 (Jg. 50), S. 33-42.

Häflinger, Toni (1986): Die grundlegenden Bedingungen erfolgreicher Einzelbeziehungen des Sozialpädagogen nach Carl R. Rogers. Bezogen auf Erfahrungen in einem Jugendwohnheim; mit Fallbeispielen. In: Katholische Stiftungsfachhochschule München (Hg.): Schriftenreihe für Studium, Praxis und Fortbildung in den Arbeitsfeldern der Sozialarbeit/Sozialpädagogik, Bd. 3. Bad Heilbrunn, Klinkhardt.

Hagedorn, Bernd-Olaf (1985): Das mobile Heim. In: Sozialmagazin, H. 11 (Jg. 10), S. 21-25.

Hämfler, Thorsten (1987): Das Erziehungsheim - eine 'totale Institution'?. Eine Auseinandersetzung mit der Anwendbarkeit dieses Begriffs auf die Sozialisationsleitungen von Heimerziehung. Diplomarbeit an der Alice-Salomon-Fachhochschule Berlin.

Hammer, Eckart (1991b): Wege zu einer reflektierten Jungenerziehung. In: Unsere Jugend, H. 7 (Jg. 43), S. 281-284.

- (1991a): Zehn Thesen zur Erziehung von Jungen in der Jugendhilfe. In: Unsere Jugend, H. 7 (Jg. 43), S. 278-280.

Hanke, Barbara; Hannes Obersteiner; Sabine Sammer; Bernhard Stadler (1992): Zum Selbstverständnis von Diplom-Psychologen in Heimen der Jugendhilfe. In: Jugendwohl, H. 11 (Jg. 73), S. 520-527.

Hannemann, Franz (1991): Ein Besuch im 'Haus Sozialer Integration e.V' - Gegenwart und Zukunft eines Kinderheimes im Land Brandenburg. In: Jugendhilfe, H. 2 (Jg. 29), S. 80-84.

Hanselmann, Paul G.; Benedikt Weber (1986): Kinder in fremder Erziehung. Heime, Pflegefamilien, Alternativen - ein Kompaß für die Praxis. Weinheim/Basel, Beltz.

Harasek, Ute (1986): Stellenwert eines Erziehungsplanes für den Erfolg der Heimerziehung. In: Jugendamt Wien (Hg.): Informationen zur Bildung und Fortbildung für Erzieher und Sozialarbeiter. Wien, H. 2, S. 19-26.

Harsch, Ursula; Christa Sonnenfeld (1985): Zur Situation von Mädchen in der Heimerziehung. In: Sozialpädagogik, H. 6 (Jg. 27), S. 287-290.

Hartl, Fritz (1986): Stellenwert eines Erziehungsplans für den Erfolg der Heimerziehung. In: Jugendamt Wien (Hg.): Informationen zur Bildung und Fortbildung für Erzieher und Sozialarbeiter. Wien, H. 2, S. 9-18.

Hartmann, Ingo (1979): Zur psychoanalytischen Identitätstherapie mit Jugendlichen. In: Theorie und Praxis der sozialen Arbeit, H. 11 (Jg. 30), S. 428-434.
Hartmann, Raoul (1978): Heim, Knast - und dann? Bericht aus einem Jugendwohnkollektiv. Frankfurt a. Main, Campus.
Hassenstein, Bernhard und Helma (1978): Was Kindern zusteht. München, Piper.
Haug, Jürgen (1992): Public relation im Heim. In: Jugendwohl, H. 2 (Jg. 73), S. 92.
Haus Tornow (Hg.) (1991): Kinderheim mit Heimschule. In: Jugendhilfe, H. 4 (Jg. 29), S. 182-185.
Hawkins, Robert-P.; William-Clark Luster (1982): Family Based Treatment: A Minimally Restrictive Alternative with Special Promise. Paper Presented at the Annual Convention of the American Psychological Association (90Th, Washington, DC, August 23-27, 1982), 13 Pages.
Healy, Joseph M.; Janet E. Malley; Abigail J. Stewart (1991): Children and Their Fathers After Parental Separation. In: American Journal of Orthopsychiatry, N. 4 (Vol. 61), P. 531-543.
Hebborn-Brass, Ursula (1989): Ein Durchschnittskind aus einem heilpädagogischen Heim. In: Jugendwohl, H. 1 (Jg. 70), S. 18-25.
- (1987): Wissenschaftliche Begleitforschung im Heim. In: Jugendwohl, H. 2 (Jg. 68), S. 76-77.
Hebborn-Brass, Ursula; Maria Ippen (1989): Kooperation der Eltern und Behandlungserfolg nach stationärer Langzeitintervention. In: Jugendwohl, H. 10 (Jg. 70), S. 430-439.
Hebborn-Brass, Ursula; Wolfgang Rickert: (1988): Familienkonstellationen und Dissozialität - Ergebnisse einer Untersuchung an der Klientel einer heilpädagogisch-psychotherapeutischen Einrichtung der Jugendhilfe. In: Vierteljahresschrift für Heilpädagogik und ihre Nachbargebiete, H. 2 (Jg. 57), S. 160-170.
Heibach, Horst (1979): Zur Bedeutung des Erziehers im Erziehungsprozeß. In: Die Heimstatt, H. 1/2 (ohne Jg.), S. 60-77.
Heiduk, Gernot (1989): Zielstrebige Planung und Führung des Erziehungsprozesses in der Gruppe. Wie die Erzieher eines Kinderheimes engagiert Fortschritte erreichten. In: Jugendhilfe, H. 11 (Jg. 27), S. 305-312.
Heiligenmann, Ursula (1989): Einzelfallstudien in der erziehungswissenschaftlichen Forschung. In: Zeitschrift für internationale erziehungs- und sozialwissenschaftliche Forschung, H. 1 (Jg. 6), S. 175-192.
Heiliger, Anita (1991): Das KJHG aus mädchenpolitischer Sicht. In: Sozialmagazin, H. 5 (Jg. 16), S. 40-44.
- (1978): Elternarbeit an Institutionen. Berichte, Probleme, Perspektiven. München, Deutsches Jugendinstitut.
Heime - Strafe für 'grundlose Schläge'. (1984). In: Sozialmagazin, H. 2 (Jg. 9), S. 9 (ohne Verfasser).
Heimerzieher ist kein Beruf wie jeder andere! (1990). Stellungnahme zur Arbeitszeitregelung in Einrichtungen der stationären Jugendhilfe. In: Sozialpädagogik, H. 3 (Jg. 32), S. 146-149 (ohne Verfasser).

Heimerziehung (1980): Die Entlassung ins Leere. In: Sozialmagazin, H. 7/8 (Jg. 5), S. 10-11 (ohne Verfasser).
Heimerziehung (1985): Ein lohnender Lebensort?. In: Sozial Extra, H. 11 (Jg. 9), S. 10 (ohne Verfasser).
Heimerziehung (1980): Realismus oder Reaktion?. In: Sozialmagazin, H. 7/8 (Jg. 5), S. 8-10 (ohne Verfasser).
Heimler, Adolf (1981): Möglichkeiten und Grenzen der Erziehungshilfen - Vom Umgang mit erziehungsschwierigen Kindern. In: Jugendwohl, H. 11 (Jg. 62), S. 429-434.
Heimlich, Roswitha (1990): Familienhintergrund bei Heimunterbringung. In: Unsere Jugend, H. 8 (Jg. 42), S. 328-329.
Heine, Judith (1994): Zur Situation der heilpädagogischen Praxis. In: Sozialpädagogik, H. 2 (Jg. 36), S. 61-71.
Heiner, Maja (1988): Selbstevaluation in der sozialen Arbeit. Fallbeispiele zur Dokumentation und Reflexion beruflichen Handelns. Freiburg im Breigau, Lambertus.
Heins-Rueß, Eva-Maria.; Axel Reinke (1981): Heimerziehung in der Lebenswelt der Kinder. In: Eltern, Kinder und Erzieher, H. 11 (Jg. 3), S. 57-75.
Heiserer, Helmut (1987): Erfahrungen in 10 Jahren heilpädagogischer Heimerziehung. In: Jugendwohl, H. 8/9 (Jg. 68), S. 377-384.
Heiserer, Helmut; Georg Rötzer (Hg.) (1987): Versuch einer Zwischenbilanz heilpädagogischer Heimerziehung.- Erhebung über die im Heilpädagogischen Kinderheim St. Vincent Regensburg betreuten Kinder und Jugendliche, die bis zum 1. 8. 1983 austraten. In: Jahrbuch des Deutschen Caritasverbandes e. V., Freiburg im Breisgau, S. 316-326.
Heitkamp, Hermann (1984): Sozialarbeit im Praxisfeld Heimerziehung. Zu Pädagogisch-therapeut., rechtl. und verwaltungsbedingten Aspekten des Alltagshandelns. Frankfurt a. Main, Diesterweg.
- (1983): Therapeutisches Handeln im Heim. In: Jugendwohl, H. 1 (Jg. 64), S. 9-14.
Hekele, Kurt (1988): Ein Zauberwort wird entzaubert. Psychosoziale Diagnose in der Heimerziehung: Stigmatisierung anstatt Hilfe?. In: Sozial Extra, H. 11/12 (Jg. 12), S. 20-24.
- (1987): Abgrenzung - mobile Betreuung - betreutes Wohnen - Nachbetreuung. Hg. Arbeitsgemeinschaft für Erziehungshilfe (AFET). Hannover, Neue Schriftenreihe, Nr. 2 (ohne Jg.), S. 30-35.
Helinski, Raimund (1986): Kann Heimerziehung in ihrer bestehenden Form Hilfen zur Verselbständigung heimentlassener Jugendlicher bieten?. Diplomarbeit an der Alice-Salomon-Fachhochschule Berlin.
Heller, Max; Wilhelm Wild: Der Übertritt aus der Wohngruppe in die eigene Wohnung. In: Vierteljahresschrift für Heilpädagogik und ihre Nachbargebiete, H. 2 (Jg. 57), S. 141-142.
Hemmer, Kurt; Anni Lustig (1976): Wahrnehmungssysteme und erzieherisches Handeln. In: Praxis der Kinderpsychologie und Kinderpsychiatrie, H. 5 (Jg. 25), S. 182-190.

Herr, Karl-Heinz; Günther Kaufmann (1988): Schrottplatz geschlossene Unterbringung. Die Entsorgung ist überfällig. In: Sozial Extra, H. 11/12 (Jg. 12), S. 8-11.

Herriger, Norbert (1991): Was heißt hier schon normal ... Devianzurteile und Normalisierung im pädagogischen Alltag. In: Sozialmagazin, H. 4 (Jg. 16), S. 38-45.

Herzka, Heinz Stefan (1990): Erziehung zur seelischen Gesundheit. In: C. Büttner/A. Ende (Hg.): Trennungen: Kindliche Rettungsversuche bei Vernachlässigungen, Scheidungen und Tod. Weinheim/Basel, Beltz (Jahrbuch der Kindheit Bd. 7, Reihe Pädagogik), S. 121-132.

Heun, Hans-Dieter (1984): Pflegekinder im Heim - Eine Untersuchung über Anzahl, Ursachen und Auswirkungen abgebrochener Pflegeverhältnisse von Minderjährigen in hessichen Kinder- und Jugendheimen. München, DJI-Verlag.

- (1981b): Elternarbeit in Kinder- und Jugendheimen. In: Unsere Jugend, H. 3 (Jg. 33), S. 108-109.

- (1981a): Elternarbeit in Kinder- und Jugendheimen. In: Unsere Jugend, H. 3 (Jg. 33), S. 100-107.

- (1980): Elternarbeit im Heim. Beiträge aus der Arbeit des Diakonischen Werkes in Hessen und Nassau. Hg. Diakonisches Werk Hessen und Nassau. Darmstadt, 1980.

Hewing, Udo (1990): Kleine Kinder im Heim. In: Jugendwohl, H. 8/9 (Jg. 71), S. 385-393.

High, Helen (1982): The Consequences of Severe Early Deprivation as They Emerged in the Psychotherapy of a Girl in Foster Care. In: Journal-of-Child-Psychotherapy, N. 1 (Vol. 8), P. 37-55.

Hilliger, Andreas (1983): Normprobleme im Heimalltag. In: Soziale Arbeit, H. 7/8 (Jg. 32), S. 428-441.

Himmelfarb, Cynthia (1976): Index of Agency Effectivness. In: Social Work, N. 2 (Vol. 21), P. 152.

Hirschfeld, Erich (1988): Die inneren Ressourcen der Heimerziehung qualitativ und ganzheitlich nutzen. 10 Thesen zur Heimerziehung. In: Unsere Jugend, H. 4 (Jg. 40), S. 145-153.

Hodges, Vanessa G.; Neil B. Guterman; Betty J. Blythe; Denise E. Bronson (1989): Intensive aftercare services for children. In: Social casework, N. 7 (Vol. 70), P. 397-404.

Hoehne, Gerd; Stefanie Pahl (1981): Probleme der Tätigkeitsgestaltung im Prozess der Umerziehung. In: Jugendhilfe, H. 10 (Jg. 19), S. 283-287.

Hofer, Hans-Peter u. a. (1987): Das Baseler Aufnahmeheim - Pädagogisches Konzept. In: Vierteljahrsschrift für Heilpädagogik und ihre Nachbargebiete, H. 1 (Jg. 56), S. 15-28.

Hofstetter, Irene (1985): Wirken zwischen Organisation und Erziehung - 'Fürigen-Kurs' 1985 des SVE. In: Schweizer Heimwesen, H. 12 (Jg. 56), S. 677-682.

- (1983): Es wird eine bestimmte Art von Erziehungsheimen gebraucht. In: Schweizer Heimwesen, H. 10 (Jg. 54), S. 476-477.

Högemann, Elisabet; Dietlinde Ziemann (1981): Praxisbericht: Außenwohngruppe des Mädchenheimes Schloß Wollershausen. In: Jugendwohl, H. 7 (Jg. 62), S. 280-284.

Hold, Charlotte (1986): Der Stellenwert eines Erziehungsplanes für den Erfolg der Heimerziehung. In: Informationen zur Bildung und Fortbildung für Erzieher und Sozialarbeiter, H. 2 (ohne Jg.), S. 1-8.

Holländer, Antje; Ursula Hebborn-Brass (1992): Familiale Entwicklungsbedingungen von autistischen Kindern vor Heimaufnahme: Ein Vergleich mit Familien von hyyperkinetisch, emotional und dissozial gestörten Kindern. In: Praxis der Kinderpsychologie und Kinderpsychiatrie, H. 2 (Jg.41), S. 40-46.

- (1991): Langzeitförderung eines autistischen Jungen im Heim - Fallbeschreibung mit Katamnese. In: Unsere Jugend, H. 5 (Jg. 43), S. 192-198.

- (1988): Entwicklungs- und Verhaltensprobleme von Kindern eines heilpädagogisch-psychotherapeutischen Kinderheimes: Erste Ergebnisse einer mehrdimensionalen diagnostischen Klassifikation. In: Praxis der Kinderpsychologie und Kinderpsychiatrie, H. 6 (Jg. 37), S. 212-220.

Holzner, Michael (1978): Treibjagd. Die Geschichte des Benjamin Holberg. Reinbek bei Hamburg, Rowohlt.

Homes, Alexander Markus (Hg.) (1984): Heimerziehung- Lebenshilfe oder Beugehaft? Frankfurt a. Main, Fischer.

- (1983): Pädagogisch legitimiert. Rummelsberger-Anstalten. In: Sozialmagazin, H. 3 (Jg. 8), S. 41.

- (1982b): Die Kinder von Rummelsberg. In: Sozialmagazin, H. 12 (Jg. 7), S. 60-61.

- (1982a): Prügel vom lieben Gott. Eine Heimbiographie. Bensheim, Päd. extra.

Homes, Alexander Markus; E. Jennewein (1980): Heimerziehung: Ich habe geschlagen. In: Päd extra Sozialarbeit, H. 4 (Jg. 4), S. 10-11.

Hoppe, Günter (1987): Das Kindeswohl im Spannungsfeld unterschiedlicher pädagogischer Hilfeformen und der rechtlichen Gegebenheiten. In: Sozialpädagogik, H. 1 (Jg. 29), S. 2-13.

Hromatka, Anita (1979): 'Ich fühlte mich sehr einsam - trotz der vielen Menschen'. Elf Jahre Heimerziehung - Bericht eines betroffenen Mädchens. In: Unsere Jugend, H. 10 (Jg. 31), S. 470-471.

Huebner, Peter (1985): Katamnestische Erhebungen über ehemalige Probanten des Hauses Kieferngrund II. Eine Sondierungsstudie über die Entwicklung von jugendlichen Absolventen der öffentlichen Erziehung nach Abschluß der Vollzeitschulpflicht. (Dissertation an der FU Berlin).

Hülsemann, Wilfried (1970): Die 'große Familie' und ihre Kinder. In: Deutsche Jugend, H. 4 (Jg. 18), S. 183-189.

Huppertz, Norbert; Werner Nickolai (1974): Erfolg in der Heimerziehung. Mit einem Beleg aus erster Hand. In: Unsere Jugend, H. 10 (Jg. 26), S. 435-442.

Institut für Soziale Arbeit (Hg.) (1984): Kinder und Jugendliche aus Ein- und Elternteilfamilien in Heim- und Pflegefamilien. Münster, Eigenpublikation.

Internationale Gesellschaft für Heimerziehung (IGfH) (1987): Malmöer Erklärung. In: Vierteljahresschrift für Heilpädagogik und ihre Nachbargebiete, H. 1 (Jg. 56), S. 97-100.
Internationale Vereinigung von Erziehern gefährdeter Jugend e. V. (Hg.) (1979): Heimerziehung und Bildungschancen - Freiburg im Breisgau, 17.-21. 4. 1979. Freiburg im Breisgau, Selbstverlag.
Jackson, Nancy; Leonore Olsen; Carol Schafer; William M. Holmes (1986): Evaluating the Treatment of Emotionally Disturbed Adolescents. In: Social Work, N. 3 (Vol. 31), P. 182-186.
Jacob, Ursula; Peter Dörthe: 'Und wenn die Kinder nicht wollen ...?'. Freizeitpädagogik im Kinderheim. Weinheim/Basel, Beltz.
– (1975/76): Wahrnehmungen, Analysen und einige Resultate der Arbeit eines TPS in einem Kinderheim. Lernen im Projekt. Diplomarbeit an der Pädagogischen Hochschule Berlin/West.
Jahnke, Guenther (1980): Vorbild und Vorbildverhalten Jugendlicher. In: Jugendwohl, H. 6 (Jg. 61), S. 237-244.
Jandl, Karoline (1978): Chancengerechtigkeit für Heimkinder. Eine Untersuchung als Beitrag zur Innovation des Bezugsystems Heim und Schule. Wien/München, Jugend und Volk.
Jänicke, Alfred (1988): SOS-Kinderdorf. Wie unter einer Käseglocke. Ein Erfahrungsausschnitt aus einem SOS-Kinderdorf. In: Sozialmagazin, H. 11 (Jg. 13), S. 32-25.
Jantzen, Ronald (1987): Die Zeit ist reif - Wir befinden uns in einem 'typischen' Kinderheim im Jahre 1987. In: Unsere Jugend, H. 12 (Jg. 39), S. 513-517.
Jeske, Werner (1980): Kommentierter Lebenslauf eines Jungen aus der Heimerziehung. In: Archiv für angewandte Sozialpädagogik, H. 3 (Jg. 11), S. 215-226.
Jittler, Wolfgang (1991): Pädagogische Arbeit in einem Musikstudio (II) - Erste Erfahrungen. In: Unsere Jugend, H. 6 (Jg. 43), S. 260-264.
– (1990): Pädagogische Arbeit in einem Musikstudio - Überlegungen zu einer zeitgemäßen Freizeitpädagogik in der Kinder- und Jugendhilfe. In: Unsere Jugend, H. 6 (Jg. 42), S. 250-255.
Jonas, Benjamin (1977): Die Heimerziehung aufgrund eines Follow-up ehemaliger Zoeglinge in Israel. In: Soziale Arbeit, H. 11 (Jg. 26), S. 489-497 und H. 12, S. 537-549.
– (1976): Anpassungsschwierige Kinder. Erfolge und Probleme der Heimerziehung. München/Wien/Berlin, Urban und Schwarzenberg.
Jugendhof Odenthal (1980): Ein prinzipieller Kampf um Michael. In: Sozialmagazin, H. 5 (Jg. 5), S. 58-59.
Junge, Hubertus (1978): Prügelknabe Heimerziehung. In: Jugendwohl, H. 2 (Jg. 20), S. 41-42.
Kahl, Günter (Hg.); Peter Alheit; Peter Brückner; Gerhard Mauz (1982): Kein Thema- Geschichten aus zehn beschädigten Jahren. Weinheim, Beltz.
Kairies, Peter (1991): Das Kinder- und Jugendhilfegesetz - Überlegungen, Anmerkungen. In: Soziale Arbeit, H. 2 (Jg. 40), S. 50-54.

Kalcher, Jürgen (1982): Veränderungsdynamik im Heimmilieu. In: Materialien zur Heimerziehung, H. 2 (ohne Jg.), S. 5-7.

Kälvesten, Anna-Lisa (1970/71): Das Heim SKA, Schweden - Ein Modell für sozialpädagogische Arbeit. In: Archiv für soziale Arbeit, H. 1 (Jg. 1/2), S. 61-71.

Kapitzke, Uwe (1991): Unsere Aufgaben sind heute breiter und vielfältiger geworden (Erfahrungsbericht über ein Heim in Wismar, [Anm. W. Gehres]). In: Jugendhilfe, H. 4 (Jg. 29), S. 186-187.

Kaufhold, Roland (1993c): Rudolf Ekstein:'...und meine Arbeit geht weiter'. In: Psychosozial, H. 1 (Jg. 16), S. 45-53.

− (1993b): Zur Geschichte und Aktualität der Psychoanalytischen Pädagogik. Interviews mit Ernst Federn und Rodolf Ekstein. In: Psychosozial, H. 1 (Jg. 16), S. 9-19.

− (1993a): Editorial. In: Psychosozial, H. 1 (Jg. 16), S. 5-7.

Kehrer, Siegfried (1988): Die Entwicklung von Kindern und Jugendlichen in einem heilpädagogischen Kleinstheim als Ersatz zur Familienerziehung anhand von Fallbeispielen. Diplomarbeit an der Alice-Salomon-Fachhochschule Berlin.

Keller, Elisabeth (1986): Die Spuren von Ulrike. Zum Abschied eines Gruppenmitgliedes. In: Sozialpädagogik, H. 3 (Jg. 28), S. 139-141.

Kemser, Johannes (1983): Nähe und Distanz in der Fremderziehung. In: Soziale Arbeit, H. 7/8 (Jg. 32), S. 422-428.

Kersten, Joachim (1986): Gut und (Ge)schlecht: Zur institutionellen Verfestigung abweichenden Verhaltens bei Jungen und Mädchen. In: Kriminologisches Journal, H. 4 (Jg. 18), S. 241-257.

− (1982): Auf den ersten Blick ein braves Mädchen ... Eine biographische Skizze. In: H. Schüler-Springorum (Hg.): Mehrfach auffällig. Untersuchungen zur Jugendkriminalität. München, Juventa (Juventa-Materialien 58), S. 168-182.

Kesting, Angelika und Stefan (1980): Zur Situation von Heimen der öffentlichen Erziehung in der Bundesrepublik. Eine empirische Untersuchung über Erziehungsheime. Köln, Pahl Rugenstein (Pahl Rugenstein Hochschulschriften, Bd. 48).

Kettner, Alfred (1986): Haben Heimkinder ein Daheim?. In: Jugendwohl, H. 3 (Jg. 67), S. 117-120.

Kiehn, Erich (1994): Vorbild oder 'nur Fachkraft'? Die Persönlichkeit des Erziehers in Einrichtungen der Jugendhilfe. In: Jugendhilfe, H. 2 (Jg. 32), S. 81-85.

− (1991): Sozialpädagogisch betreutes Jugendwohnen. In: Jugendhilfe, H. 2 (Jg. 29), S. 50-59.

− (1987c): Ist das Verlegen und Abschieben Erziehungspraxis im Heim? In: Jugendwohl, H. 8/9 (Jg. 68), S. 370-377.

− (1987b): Verselbständigung im Mädchenheim - was heißt das in der Praxis. In: Jugendwohl, H. 5 (Jg. 68), S. 219-224.

− (1987a): Aktuell: Was erwarten junge Menschen, Eltern und Jugendämter von der Heimerziehung? In: Junge Welt, H. 3 (Jg. 68), S. 125-130.

- (1985): Aktuell: Heimverwaltung, Erzieher und Heimbewohner. In: Jugendwohl, H. 10 (Jg. 66), S. 361-367.
- (1984b): Zehn Jahre sozialpädagogische Jugendwohngruppenarbeit. Erfahrungen, Erfolge und Mißerfolge, Hoffnungen. In: Jugendwohl, H. 5 (Jg. 65), S. 185-191.
- (1984a): Zehn Jahre sozialpädagogische Jugendwohngruppenarbeit. Erfahrungen, Erfolge und Mißerfolge, Hoffnungen. In: Jugendwohl, H. 5 (Jg. 65), S. 185-191.
- (1983): Aktuell: Beurteilung und Erfolg der Erziehung im Heim. In: Jugendwohl, H. 3 (Jg. 64), S. 97-106.
- (1981): Aktuell: Erziehung auf dem Lande ... einfach frei und menschlich. In: Jugendwohl H. 5 (Jg. 62), S. 193-196.
- (1978): Aktuell: Der ständige Wechsel der Erzieher macht einen kaputt. In: Jugendwohl, H. 2 (Jg. 59), S. 68-70.
- (1977): Was kritisieren junge Menschen im Heim an sich selbst? In: Jugendwohl, H. 9 (Jg. 58), S. 323-326.
- (1976b): Der junge Mensch als Mittelpunkt der Organisation eines Heimes. In: Jugendwohl, H. 11 (Jg. 57), S. 414-418.
- (1976a): Was gefällt jungen Menschen im Heim? In: Jugendwohl, H. 9 (Jg. 57), S. 314-319.

Kieper, Mariannne (1980): Lebenswelten 'verwahrloster' Mädchen. Autobiographische Berichte und ihre Interpretation. München, Juventa (Juventa-Materialen, Bd. 48, Dissertation).
- (1979): Ein biographisches Interview als Zugang zum Lebenslauf eines Heimmädchens. In: D. Baacke/T. Schulze (Hg.): Aus Geschichte lernen. Zur Einübung pädagogischen Verstehens. Münschen, Juventa, S. 226-262.
- (1978): Selbstbilder und Umweltinterpretationen 'verwahrloster' Mädchen. In: Kriminologisches Journal, H. 4 (Jg. 10), S. 292-304.

Kirgan, Doris A (1983): Meeting Children's Needs through Placement: The Placement Evaluation Programm. In: Child Welfare, N. 2 (Vol. 62), P. 157-166.

Kirschner, L. (1992): Renzension zu Ursula Hebborn-Brass: Verhaltensgestörte Kinder im Heim. Eine empirische Längsschnittuntersuchung zu Indikation und Erfolg. In: Jugendhilfe, H. 4 (Jg. 30), S. 186-188.

Klaus, Theo (1986): Psychologen im Heim. Eine Bestandsaufnahme. In: Sozialpädagogik, H. 2 (Jg. 28), S. 77-83.

Klein, Ferdinand (1986): Heilpädagogisches Handeln in der Sozialarbeit. In: Sozialpädagogik, H. 6 (Jg. 28), S. 258-267.

Kleinschnittger, Josef; Rainer Bosselmann (1980): Analytische Familientherapie im Heim - Reflexionen erster Erfahrungen. In: Psychosozial, H. 2 (Jg. 3), S. 104-112.

Klemp, Clementine; Peter F. Appenheimer (1994): Elternarbeit in der familienersetzenden Erziehung. In: Jugendhilfe, H. 2 (Jg. 32), S. 76-80.

Klenk, Jürgen (1988): Es war einmal ein Heilerziehungspfleger - Weiterbildung für Erzieher. In: Sozialpädagogik, H. 5 (Jg. 30), S. 257-259.

Klosinski, G. (1990): Kinder zwischen Eltern, Institutionen und Behörden - wie eine Kinderschutzmaßnahme zum psychischen Kindesmißbrauch führen kann. In: J. Martinius/R. Frank (Hg.): Vernachlässigung, Mißhandlung und Mißbrauch von Kindern: Erkennen, Bewußtmachen, Helfen. Bern/Stuttgart/Toronto, Huber, S. 95-100.

Kluge, Christiane (1990): Mädchen in Einrichtungen der Jugendhilfe. In: Unsere Jugend, H. 3 (Jg. 42), S. 94-102.

Kluge, Christiane; Friedhelm Peters (1988): Zum Beispiel Hamburg. Wie weit kann sich Heimerziehung verändern?. In: Sozial Extra, H. 11/12 (Jg. 12), S. 16-20.

Kluge, Karl-Josef (1984b): Entwicklung im Heim - Band 4: Freund oder Feind? Über Erzieher und Jugendliche im Viersener Heim. München, Minerva.

– (1984a): Heimerziehung muß nicht 'beugen'! In: Jugendwohl, H. 3 (Jg. 65), S. 99-105.

– (1982): Heimerziehung - ohne Chance? Zur Lage der Heimerziehung in Vergangenheit und Zukunft - eine Zwischenbilanz für Praktiker. Heidelberg, Schindele (Schriftenreihe Mensch und Verhaltensauffälligkeit, Bd. 20).

Kluge, Karl-J.; Hans-Joachim Kornblum (1984c): Entwicklung im Heim. Ob Unterricht noch weiterhilft? Wege und Chancen für Unterricht mit Schülern in besonderen Problemlagen. München, Minerva.

– (1984b): Entwicklung im Heim. Teil V.: Was Erzieher zu leisten vermögen. Berichte aus dem Heimalltag. München, Minerva (Berichte zur Erziehungstherapie und Eingliederungshilfe).

– (1984a): Entwicklung im Heim. Teil 1: Einmal aus der Bahn - Immer aus der Bahn? Gedanken und Ideen zur Weiterentwicklung moderner Heimerziehung. München, Minerva (Berichte zur Erziehungstherapie und Eingliederungshilfe, Bd. 26).

Kluge, Karl J.; J. Marcinkowski (1974): Psycho-soziales Verhalten heranwachsender 'Verwahrloster' sowie heimerzieherische Möglichkeiten und Grenzen ihrer Refunktionalisierung. In: Praxis der Kinderpsychologie und Kinderpsychiatirie, H. 8 (Jg. 23), S. 308-318.

Klüppelberg U. (1982): Kinderhäuser zwischen Anspruch und Wirklichkeit - eine empirische Untersuchung. Hg. Interessengemeinschaft von Kinderkleinstheimen in Westfalen-Lippe, Balve-Beckum, Eigenpublikation.

Klüwer, Karl (1971): Heimerziehung im Wandel der Gesellschaft - Erziehungsziel, Methodik, Heimstrukturen. In: Gruppenpsychotherapie und Gruppendynamik, H. 1 (Jg. 5), S. 96-113.

Knab, Eckhard (1983): Heimerziehung - ein differenziertes Leistungsangebot. Beiträge zur Theorie und Praxis öffentlicher Erziehung im Heim für Verhaltensgestörte. Frankfurt a. Main, Lang (Europaeische Hochschulschriften, Reihe 11, Pädagogik, Bd. 155).

Knam, Erwin (1986): Notwendigkeiten einer positiven Jugendhilfe für junge Menschen im Heim. In: Jugendwohl, H. 2 (Jg. 67), S. 51-58.

Knöll, Harry (1967): Störungen der Libidoentwicklung im Bereich der genitalen Entwicklungsstufe und der Objektliebe bei Heimkindern. In: Praxis der Kinderpsychologie, H. 4 (Jg. 16), S. 133-143.

Knutson, Harald Victor (1982): Zum Problem der Aufnahme von Drogenkonsumenten im offenen Beobachtungs- und Erziehungsheim für schwierige männliche Jugendliche. In: Vierteljahresschrift für Heilpädagogik und ihre Nachbargebiete, H. 3 (Jg. 51), S. 197-204.

Koenig, Claudia; Mariele Pelster (1978): Reform im Ghetto. Die Geschichte eines Mädchenheims. Eine Fallstudie. Weinheim/Basel, Beltz.

Koettgen, Charlotte; Dieter Kretzer; Stephan Richter (1990): Aus dem Rahmen fallen. Kinder und Jugendliche zwischen Erziehung und Psychiatrie. Bonn, Psychiatrie-Verlag.

Köhler, Margret (1981): 'Ich bleibe hier, weil es mir Spaß macht'. In: Sozialmagazin, H. 9 (Jg. 6), S. 26-29.

Kommission für Unterbringungsfragen des Senators für Schulwesen, Jugend und Sport Berlin (Hg.) (1982): Heimerziehung im Gesamtzusammenhang der Erziehungshilfe in Berlin - Bestandsaufnahme und Empfehlungen.

Konermann, Clemens (1983): Kinder und Jugendliche im Heim - woher kommen sie? Wie lange bleiben sie? Wohin gehen sie? In: Caritas in Nordrhein-Westfalen, H. 4/5 (ohne Jg.), S. 261-268.

Konopka, Gisela (1971): Heime, Lückenbüßer oder Lebenschance. Soziale Gruppenarbeit in offenen und geschlossenen Einrichtungen. Wiesbaden, Haus Schwalbach.

Korte, Rainer (1978): Die Lebensbewährung unserer Ehemaligen (Entlassjahrgänge 1970 bis 1974). Zweiter Bericht des Jugendheimes Eduardstift Helenenberg bei Trier über die Lebensbewährung ehemaliger Heimjungen. In: Jugendwohl, H. 5 (Jg. 59), S. 198-207.

- (1973): Die Lebensbewährung unserer Ehemaligen. In: Vierteljahresschrift für Heilpädagogik und ihre Nachbargebiete, H. 4 (Jg. 42), S. 379-390.

- (1972): Die ersten Tage im Heim. In: Unsere Jugend, H. 11 (Jg. 24), S. 503-511.

- (1971): Schwarze Schafe im Heim. In: Unsere Jugend, H. 10 (Jg. 23), S. 458-463.

Korte, Werner (1984b): Das elende Gefühl der Ohnmacht. In: Extra Sozialarbeit, H. 1 (Jg. 8), S. 37-42.

- (1984a): Ein Heim finden und dann weg von zu Hause.- Joerg J. gehört zu den Jugendlichen, die auf eigene Initiative in ein Heim eingewiesen wurden. Werner Korte fragte ihn nach seinen Erfahrungen in den ersten Tagen im Heim. In: Extra Sozialarbeit, H. 1 (Jg. 8), S. 40-42.

Kraft, Karsten (1989): Anpassung-Beteiligung-Selbstkontrolle. Heimerziehung in sozialintegrativer und therapeutischer Relevanz. Weinheim, Deutscher Studien Verlag (Dissertation).

Krampen, Günther (1983): Erfolgskontrolle als Bestandteil der Tätigkeit von Heimpsychologen. In: E. Knab (Hg.): Heimerziehung - ein differenziertes Leistungsangebot. Beiträge zur Theorie und Praxis öffentlicher Erziehung im

Heim für Verhaltensgestörte. Frankfurt a. Main/Bern, P. Lang (Reihe Europäische Hochschulschriften, R. 11, Bd. 155), S. 127-138.

Krampen, Günther (1982): Optimierung psychologischer Praxis in der Heimerziehung durch Forschung. In: Psychologie in Erziehung und Unterricht, H. 4 (Jg. 29), S. 229-238.

Krause, Hans-Ullrich (1992): Fremdunterbringung in der ehemaligen DDR. In: Jugendhilfe, H. 1 (Jg. 30), S. 24-27.

– (1991): Kommt am Ende der Ruf nach den geschlossenen Einrichtungen? In: Jugendhilfe, H. 5 (Jg. 29), S. 230-232.

Kris, Ernst (1976): Neutralisierung und Sublimierung. Beobachtungen an Kleinkindern. In: Psyche, H. 8 (Jg. 30), S. 744-762.

Krüger, Ralf; Gerhard Zimmermann: Die Erziehungshilfen nach dem KJHG im Spannungsfeld zwischen Jugendamt und freien Trägern. In: Soziale Arbeit, H. 8 (Jg. 40), S. 259-266.

Krumenacker, Franz-Josef (1993): Menschlichkeit als Methode. Bruno Bettelheims humanistisches Psychoanalyse-Verständnis im Spiegel seiner Kritik an der amerikanischen Analyse. In: Psychosozial, H. 1 (Jg. 16) S. 20-28.

Kruse, Andreas (1988): Die langfristige Entwicklung ehemaliger Heimkinder. In: Jugendwohl, H. 4 (Jg. 69), S. 157-165 und H. 5, S. 207-215.

Kunz, Dieter; Mechtild Kremp; Helmut Kampe (1985): Darstellung des Selbstkonzeptes Drogenabhängiger in ihren Lebensläufen. In: Praxis der Kinderpsychologie und Kinderpsychiatrie, H. 6 (Jg. 34), S. 219-224.

Künzel, Eberhard (1971): Möglichkeiten und Grenzen therapeutischer Heimerziehung. In: Gruppenpsychotherapie und Gruppendynamik, H. 2 (Jg. 5), S. 221-226.

Kupffer, Heinrich (1984): Probleme der 'Fremdplacierung' von auffälligen Kindern und Jugendlichen unter gesellschaftlichem Aspekt. In: Vierteljahresschrift für Heilpädagogik und ihre Nachbargebiete, H. 4 (Jg. 53), S. 363-374.

– (1982): Kinder im Heim. In: Kindheit, H. 4 (Jg. 4), S. 337-347.

Kupko, Stephan (1983): Heimerziehung auf hoher See - Sozialtherapeutischer Segeltörn mit dem Jugendschiff 'Outlaw'. In: Theorie und Praxis der sozialen Arbeit, H. 12 (Jg. 34), S. 428-432.

L'hoest, Ekaterina (1979): Zu Konzepten und Strukturen der Heimerziehung von Kindern und Jugendlichen unter besonderer Berücksichtigung eigener Erfahrungen als Heimerzieherin. Diplomarbeit am Fachbereich Erziehungswissenschaft der FU Berlin.

Lachmund, Michael (1973/74): Bedingungen und Möglichkeiten der Veränderung in der Fürsorgeerziehung in Heimen - dargestellt am Beispiel eines West-Berliner Kinderheimes. Diplom-Arbeit an der Pädagogischen Hochschule Berlin.

Lademann, Bodo Gerd (1972): Heimerziehung morgen. Gedanken darüber, was erreichbar ist. In: Hamburger Lehrer-Zeitung, H. 10 (Jg. 25), S. 337-346.

Lahti, Janet (1982): A Follow-Up-Study of Foster Children in Permanent Placements. In: Social Service Review, N. 4 (Vol. 56), P. 556-571.

Landenberger, Georg; Rainer Trost (1988): Lebenserfahrungen im Erziehungsheim. Identität und Kultur im instituionellen Alltag. Frankfurt a. Main, Brandes und Apsel (Dissertation).

Landesgesellschaft des Diakonischen Werkes Württemberg (Hg.) (1980): Geschichten von jungen Menschen. Eine Art Lesebuch für Christen und andere Mitbürger, denen das Schicksal nicht nur der eigenen, sondern auch fremder Kinder nicht gleichgültig ist. Stuttgart, Diakonie in Württemberg, Heft 2.

Landeswohlfahrtsverband Hessen (Hg.) (1986): Handreichungen für die Erziehung zur Selbständigkeit. Kassel, Selbstverlag (Loseblattsammlung).

Landeswohlfahrtsverband Württemberg-Hohenzollern; Landesjugendamt (Hg.) (1983b): Mädchenerziehung in Heimen. Tagungsbericht. Stuttgart, Eigenpublikation.

– (Hg.) (1983a): Angebote zur Verselbständigung jugendlicher Heimentlassener. Tagungsbericht. Stuttgart, Eigenpublikation.

Landschaftsverband Rheinland (1984): Spezielle Probleme der Mädchenerziehung. Tagungsbericht. Köln, Eigenpublikation.

Latsch, Ulrich (1982): Die Problematik der Heimerziehung - Warum scheitern so viele Heimentlassene am Leben? In: Sozial, H. 4 (Jg. 33), S. 31-34.

Laubsch, Landolf (1971): Heimerziehung im Urteil der Betroffenen. Bericht über eine Jugendlichen-Befragung. In: Unsere Jugend, H. 5 (Jg. 23), S. 221-227.

Lawder, Elizabeth A.; John E, Poulin; Roberta G. Andrews (1986): A Study of 185 Foster Children 5 Years after Placement. In: Child Welfare, N. 3 (Vol. 65), P. 241-251.

Lenfers, Robert (1981): Das Heim als gestaltete und formende Umwelt. In: Jugendwohl, H. 11 (Jg. 62), S. 411-412.

Letulle, Leslie J. (1979): Family therapy in residential treatment for children. In: Social Work, N. 1 (Vol. 24), P. 49-51.

Liebertz, Klaus (1990): Gesundheitliche Entwicklung von 'High-risk' Kindern. In: C. Büttner/A. Ende (Hg.): Trennungen: Kindliche Rettungsversuche bei Vernachlässigungen, Scheidungen und Tod. Weinheim/Basel, Beltz (Jahrbuch der Kindheit Bd. 7, Reihe Pädagogik), S. 85-94.

Liegel, Wolfgang (1992): Der organisierte Verrat - ein Strukturfehler in der Heimerziehung?. In: Unsere Jugend, H. 7 (Jg. 44), S. 295-302.

Liegel, Wolfgang; Reiner Opladen (1991): Erlebnispädagogik. In: Jugendhilfe, H. 2 (Jg. 29), S. 67-74.

Liening, Hubert (1978): Planung und Planbarkeit von Erziehung im Heim. Zu: Reinhold Weinschenk, Der Erziehungsplan für das Heimkind. In: Jugendwohl, H. 5 (Jg. 30), S. 194-200.

Lietz, Rudolf; Hans-Joachim Nagengast (1989): Überlegungen zu Form und Inhalt der Pädagogik im Heim. In: Jugendwohl, H. 6 (Jg. 70), S. 256-263.

Lindsey, Duncan (1991): Factors Affecting the Foster Care Placement Decision: An Analysis of Family Experiences and Satisfaction. American Journal of Orthopsychiatry, N. 2 (Vol. 61), P. 272-281.

– (1982): Achievements for children in foster care. In: Social Work, N. 6 (Vol. 27), P. 491-498.

Linke, Jürgen (1983): Familienbeziehungsarbeit in der Heimerziehung. In: Sozialpädagogik, H. 4 (Jg. 25), S. 173-181.

Lochmann, Rainer (1991): Falldiskussionen und Hilfeplan. In: Jugendhilfe, H. 3 (Jg. 29), S. 133-137.

Loddenkemper, Hermann (1978): Emotionales Lernen im Heim. In: Sozialpädagogische Blätter, H. 4 (ohne Jg.), S. 117-119.

Loosli, Karl Albert (1924): Anstaltsleben. Betrachtungen und Gedanken eines ehemaligen Anstaltszöglings. Bern, (Pestalozzi-Fellenberg-Haus).

Löpmann, Johannes (1972): Mehr Erziehung zur Selbständigkeit im Heim. In: Unsere Jugend, H. 5 (Jg. 24), S. 213-215.

Ludi, Nikolaus (1986): Affektive Erziehung im Heim - Handeln im Spannungsfeld zwischen Pädagogik und Justiz. In: Schweizer Heimwesen, H. 3 (Jg. 57), S. 125-131.

Lukasz-Aden, Gudrun; Elisabeht Spindlerk (1983): Ich muß mögen, aber ich mag nicht mehr ...- über die Grenzen von Heimerziehung am Beispiel des Mädchens Andrea B., 17 Jahre alt. In: Sozialmagazin, H. 9 (Jg. 8), S. 12-19.

Lüken, Wilfried (1992): Die psychiatrische Nachbetreuung im Heim. In: Unsere Jugend, H. 5 (Jg. 44), S. 198-202.

Maelicke, Bernd (1984): Zur Effizienz der sozialen Arbeit. In: Theorie und Praxis der sozialen Arbeit, H. 4 (Jg. 35), S. 130-131.

Mahoney, Kathryn; Michael J. Mahoney (1974): Psychoanlytic Guidelines for Child Placement. In: Social Work, N. 6 (Vol. 19), S. 688-696.

Maier, Henry W. (1987): How Children and Adolescents Conceive Their World Beyond The Group Care Setting. In: Child and Youth Services, N. 2 (Vol. 9), P. 87-107.

Mailick Seltzer, Marsha; Leonard M. Bloksberg (1987): Permancy Planning and Its Effects on Foster Children: A Review of the Literature. In: Social Work, N. 1 (Vol. 32), S. 65-68.

Maltusch, Christa (1983): Das Heim und seine Bewohner - persönliche Erfahrungen und Konsequenzen. In: Caritas in Nordrhein-Westfalen, H. 4/5 (ohne Jg.), S. 252-256.

Maluccio, Anthony N. (1987): Effects of Permanency Planning on Foster Children: A Responce. In: Social Work, N. 6 (Vol. 32), P. 546-548.

Mangold, Ruth (1981): Das Kind braucht Geborgenheit. Stuttgart, Huber.

Mannschatz, Eberhard; Friedel Spohr (1983): Ergebnisse der Heimerziehung im Spiegel von Kindermeinungen. In: Jugendhilfe, H. 2 (Jg. 21), S. 33-38.

Mannschatz, Eberhard (1987): Zukunftsorientierte Anforderungen und Bedingungen in der Lebensumwelt der Kinder. Konsequenzen für die Heimerziehung. In: Jugendhilfe, H. 1/2 (Jg. 25), S. 10-16.

Marmon, Edith (1978): Heimkinder haben es schwer, ihre 'Identität' zu finden. Bericht über die Tagung der Internationalen Vereinigung von Erziehern gefährdeter Jugend in Freiburg. In: Unsere Jugend, H. 7 (Jg. 30), S. 315-316.

Marmon, Edith und Joachim (1981): Elternarbeit im Mädchenheim - Bericht aus dem Mädchenheim des Sozialdienstes katholischer Frauen e. V. in Aachen. In: Unsere Jugend, H. 3 (Jg. 33), S. 119-121.

Martikke, Hans-Joachim (1971): Jugend in der Fürsorgeerziehung. Katamnestische Untersuchung eines Geburtsjahrganges als Beitrag zur Sonderpädagogik der Verhaltensgestörten. Berlin, Marhold-Verlagsbuchhandlung.
- (1970): Die Lebensbewährung der ehemaligen schleswigholsteinischen Fürsorgezöglinge des Geburtsjahrganges 1932. In: Heilpädagogische Forschung, H. 2 (Jg. 2), S. 161-179.

Martin, Claude; Francis Morel (1982): Das sprechende Ohr von Vitry. In: Sozialmagazin, H. 10 (Jg. 7), S. 34-36 und S. 45-47.

Martin, Klaus Rainer (1985): Das Selbstverständnis des Heilpädagogen - und die Ziele des Berufsverbandes BSH. In: Sozialpädagogik, H. 1 (Jg. 27), S. 24-30.

McDonald, Thomas; Alice Leiberman; John Poertner; Helaine Hornby (1989): Child Welfare Standards for Success. In: Children and Youth Services Review, N. 4 (Vol. 11), P. 319-330.

McGehee, Charles L. (1991): Heisenberg-Prinzip und der Umgang mit Kindesmißhandlung. In: Sozial extra, H. 3 (Jg. 15), S. 18-19.

Mehringer, Andreas (1985): Verlassene Kinder. Ungeborgenheit im frühen Kindesalter ist nur schwer aufzuholen. Erfahrungen eines Heimleiters mit seelisch verkümmerten (deprivierten) Kleinkindern. München/Basel, Reinhardt.
- (1982b): Heimkinder. Gesammelte Aufsätze zur Geschichte und zur Gegenwart der Heimerziehung. München/Basel, Reinhardt.
- (1982a): Im Heim kann es Kindern und Erziehern nur gemeinsam gut gehen. In: Unsere Jugend, H. 2 (Jg. 34), S. 77-79.
- (1981): Beziehungslose, beziehungsgestörte Kinder im Heim - wie helfen wir ihnen? Referat beim Landeskongress katholischer Heimerzieher am 11. 11. 1980 in München. In: Pädagogischer Rundbrief, H. 4/5 (Jg. 31), S. 1-15.
- (1980b): Heimkinder haben kaum eine Chance. In: Unsere Jugend, H. 6 (Jg. 32), S. 268-269.
- (1980a): Zuwendung - das wichtigste Therapeutikum. In: Unsere Jugend, H. 2 (Jg. 32), S. 51-65.
- (1967): Feinde einer guten Heimerziehung. In: Neue Sammlung, H. 5 (Jg. 7), S. 478-485.

Meier, H. U. (1983): Die Frage des 'Zuhauseseins' ist nachher ein zentrales Thema-. Lassen sich 'Erfolg' und 'Mißerfolg' in der Heimerziehung messen? In: Schweizer Heimwesen, H. 8 (Jg. 54), S. 392-396.

Meier, Martin (1985): Als Pädagogen müssen wir Anwälte der Hoffnung sein-. In: Schweitzer Heimwesen, H. 3 (Jg. 65), S. 105-108.
- (1983): Persönlichkeitsbildung im Heim. In: Schweizer Heimwesen, H. 11 (Jg. 54), S. 531-533.

Meier, Rainer; Hiltruf Wegehaupt (1984): Die kleine Alternative. In: Sozialmagazin, H. 10 (Jg. 9), S. 10-13.

Meinhof, Ulrike Marie (1971): Bambule. Fürsorge - Sorge für wen? Nachwort Klaus Wagenbach. Berlin, Verlag Klaus Wagenbach (Politik 24).

- (1966): Heimkinder in der Bundesrepublik. Aufgehoben oder abgeschoben? In: Frankfurter Hefte, H. 9 (Jg. 21), S. 616-626.

Meinhold, Elisabeth (1986): Zur Situation junger Erwachsener nach der Heimentlassung. Diplomarbeit am Fachbereich Erziehungswissenschaft der FU Berlin.

Mendell, Ron; James Kincaid (1987): Developing an Activity Program that perpetuates developmental Skills. In: Activities - Adaptation and Aging, N. 4 (Vol. 9), P. 79-84.

Merchel, Joachim (1989): Was muß Heimerziehung künftig leisten? Pädagogische Herausforderungen für die Heimerziehung. In: Unsere Jugend, H. 10 (Jg. 41), S. 404-410.

- (1986): Heimerziehung als 'stationäre Einrichtung? In: Sozialpädagogik, H. 3 (Jg. 28), S. 110-115.

- (1985): Ansatzpunkte für eine Kooperation von Heimerziehung und Schule. In: Sozialpädagogik, H. 1 (Jg. 27), S. 9-15.

- (1984): Fremdunterbringung und Heimerziehung in Dänemark. In: Blätter der Wohlfahrtspflege, H. 1 (Jg. 131), S. 22-25.

Merchel, Joachim; Marianne Thirok (1988): Verschiebebahnhof Jugendhilfe?- zwischen Heimen und Pflegefamilien; Lebenswechsel von Kindern und Jugendlichen; Dokumentation der DRWV-Tagung am 16. 3. 1988 in Essen. Hg. Deutschen Paritätischen Wohlfahrtsverbandes, Landesverband Nordrhein-Westfalen e. V. Wuppertal, Selbstverlag.

Mertel, Maria (1975): Können sich Heimkinder identifizieren? In: Unsere Jugend, H. 8 (Jg. 27), S. 345-351.

Meston, John (1988): Preparing Young People in Canada for Emancipation from Child Welfare Care. In: Child Welfare, N. 6 (Vol. 67), P. 625-634.

Meyer-Dettum; Klaus und Rudolph Bauer (1977): Musterstücke und Widersprüche - Zur Analyse der Entwicklungsprozesse in der Heimerziehung. In: Neue Praxis, H. 3 (Jg. 7), S. 194-212.

Miller, Katherine; Edith Fein (1984): Questions on the Report of the Oregon Child Welfare Study. In: Social Service Review, N. 1 (Vol. 58), P. 151-152 (siehe auch Janet Lahti).

Millham, Spencer; Roger Bullock (1987): A holistic Approach to the Evaluation of Residential Institutions. Special Issue: Qualitative Research and Evaluation in Group Care. In: Child and Youth Services, N. 3/4 (Vol. 8), P. 5-18.

Mordock, John B. (1988): The School-Psychologist Working in Residential and Day Treatment Centers. In: School-Psychology Review, N. 3 (Vol. 17), P. 421-428.

Mueller, Karl-Heinz (1991): Die Heimschule als Lebensfeld des Heimkindes - Erfordernisse an seine Erzieher und Lehrer. In: Unsere Jugend, H. 5 (Jg. 43), S. 189-191.

Müller, Burkhard (1994): Wer war Siegfried Bernfeld?. In: Sozialmagazin, H. 1 (Jg. 19), S. 25-27.

- (1984): Kraft zum Handeln. Was bedeutet der Anspruch, daß zum sozialpädagogischen Handeln auch Liebe gehöre?. In: Neue Praxis, H. 2 (Jg. 14), S. 114-124.

Müller, Burkhard; Christan Niemeyer u.a. (1986): Sozialpädagogische Kasuistik. Analysen und Arbeitsmaterial zu einem Fall. Bielefeld, Kritische Texte.

Müller, Burkhard; Hans-Georg Trescher (1994): Analyse und Praxis. Eine Einführung in Siegfried Bernfelds Sozialpädagogik. In: Sozialmagazin, H. 1 (Jg. 19), S. 18-24.

Müller, Esther (1982): Weibliche Verwahrlosung und Heimerziehung. Zürich, Lizentiatsarbeit am Pädagogischen Institut der Universität Zürich.

Müller, Heinz Peter (1983): Zur Situation heimaustretender Jugendlicher. In: Schweizer Heimwesen, H. 4 (Jg. 54), S. 169-181.

Müller, Klaus Dieter (1984): Diagnose und Indikation für Heimerziehung im Spiegel von Heimakten. In: Jugendwohl, H. 2 (Jg. 65), S. 54-63.

- (1982): Wie sie wurden - was sie sind. Lebensschicksale nach öffentlicher Erziehung. In: Junge Welt, H. 11 (Jg. 63), S. 433-436.

- (1980b): Minderjährige Mütter im Heim. In: Unsere Jugend, H. 12 (Jg. 32), S. 546-551.

- (1980a): Lebensbewährung nach Heimerziehung - Ergebnisse einer privaten 'nachgehenden Fürsorge'. In: Unsere Jugend, H. 8 (Jg. 32), S. 342-348.

Müller-Kohlenberg, H.; Peter Göritz; H. B. Groeneveld-Berneking (1986): Alternativen zur geschlossenen Unterbringung. Welche Faktoren beeinflußen den Erfolg?. In: Sozialpädagogik, H. 5 (Jg. 28), S. 219-226.

Müller-Schöll, Albrecht (1990): Zur Geschichte und gegenwärtigen Bedeutung der Heimerziehung. In: Sozialpädagogik, H. 1 (Jg. 32), S. 2-9.

- (1988): Heimkinder - zum Scheitern verurteilt?. In: Diakonie, H. 4 (Jg. 14), S. 247-248.

- (1981): Am Rande vermerkt - zum Beitrag 'Pädagogisches Handeln im Alltag'. In: Sozialpädagogik, H. 5 (Jg. 23), S. 255-256.

- (1980): Geschichten von jungen Menschen. In: Sozialpädagogik, H. 3 (Jg. 22), S. 150-151.

Müller-Schöll, Albrecht; Manfred Priepke (1984): Heimerziehung im Zeitalter der Wende. In: Diakonie, H. 4 (Jg. 10), S. 211-213.

Münder, Johannes (1981): 'Wohl des Kindes 'in vormundschaftsgerichtlichen und familiengerichtlichen Entscheidungen. In: Recht der Jugend und des Bildungswesens, H. 2 (Jg. 29), S. 82-96.

Münstermann, Klaus (1987): Zum Auftrag christlicher Heimerziehung in unserer Zeit. In: Sozialpädagogik, H. 4 (Jg. 29), S. 150-155.

- (1986b) : Heimerziehung in der Zerreißprobe - wo bleibt das Kind?. In: Sozialpädagogik, H. 3 (Jg. 28), S. 135-138.

- (1986a): Thesen zur Zukunftsperspektive und zur Differenzierung der Heimerziehung. In: Sozialpädagogik, H. 3 (Jg. 28), S. 106-109.

- (1979): Ohne institutionalisierte Sozialisation geht es nicht! Zur Funktion der Heimerziehung im Jugendhilfeangebot. In: Sozialpädagogik, H. 1 (Jg. 21), S. 30-34.

Münstermann, Klaus; Rainer Kröger; Gottfried Schmidt; Christian Schrapper (1989): Ein Gespräch auf dem Buchenhof: Auf die Pädagogik kommt es an ... In: Sozialpädagogik, H. 1 (Jg. 31), S. 13-31.

Muss, Barbara (1977): Gestörte Sozialisation - psychoanalytische Grundlagen therapeutischer Heimerziehung. München, Juventa.

Mutschler, Elisabeth (1979): Die Evaluation sozialpädagogischer/sozialer Praxis: Zur Effektivität helfender Beziehungen. In: Archiv für Wissenschaft und Praxis der sozialen Arbeit, H. 2 (Jg. 10), S. 81-95.

Nachbetreuung (1980) - eine notwendige Ergänzung zur Heimerziehung. In: Sozialpädagogik, H. 5 (Jg. 22), S. 249-251.

Nagy, M. (1983): Theorie und Praxis der Eltern-Erziehung im Kinderheim. Hg. TU Braunschweig FB 9, Abt. Sozialarbeitswissenschaft des Seminars für Soziologie und Sozialarbeitswissenschaft Braunschweig, Studien zur Erziehungs- und Sozialarbeitswissenschaft, Bd. 8.

Nater-Künzler, Heinz (1982): Hoffnung für Heimkinder - wie Kontaktfamilien und Patenschaften helfen können. Stuttgart u.a., Haupt.

Neises, Gerd (1960): Das Heimkind in der Lebensbewährung. Hg. Deutscher Paritätischer Wohlfahrtsverband. Frankfurt a. Main, Band 23.

Nelson, Roberta R.; Janice L. Condrin (1987): A Vocational Readiness and Independent Living Skills Program for Psychiatrically impaired Adolescents. Special Issue: Evaluation and Treatment of Adolescents and Children. In: Occupational Therapy in Mental Health, N. 2 (Vol. 7), P. 23-38.

Nelson, Ronald H.; O. Johnsen-Lawrence (1975): Asking the Children. In: Child-Care-Quasterly, N. 4 (Vol. 4), P. 273-276.

Niederberger, Josef Martin; Thomas Zeindl (1989): Karrieren fremdplazierter Kinder. Erste Daten aus eine schweizerischen Studie. In: Vierteljahresschrift für Heilpädagogik und ihre Nachbargebiete, H. 1 (Jg. 58), S. 46-62.

Nielson, Gary; Leon Harrington; William H. Sach; Susan Latham (1985): A developmental study of aggression and self-destruction in adolescents who received residential treatment. In: International Journal of Offender Therapy and Comparative Criminology, N. 3 (Vol. 29), P. 211-226.

Niemeyer, Christian (1981): Warum Frank bei Familie M nicht ankam - Hypothesen zu einem Brief. In: Unsere Jugend, H. 12 (Jg. 33), S. 542-550.

Niemeyer, Günter (1986): Grundlagen der Arbeit im Lebensraum evangelisches Erziehungsheim. In: Sozialpädagogik, H. 3 (Jg. 28), S. 116-118.

Niemietz, Hans-Georg (1983): Heimerziehung - und was dann? Zur Problematik heimentlassener junger Erwachsener. In: Unsere Jugend, H. 9 (Jg. 35), S. 381-387.

Nikulski, Gudrun (1980): Nachbetreuung - Bestandteil jeder guten Heimerziehung. In: Unsere Jugend, H. 8 (Jg. 32), S. 340-342.

North, Jay; Mary Mallabar; Richard Desrochers (1988): Vocational Preparation and Employability Development. In: Child Welfare, N. 6 (Vol. 67), P. 537-586.

Nothacker, Gerhard (1994): Rechtliche und tatsächliche Problemlagen bei der Unterbringung kleiner Kinder. In: Jugendwohl, H. 2 (Jg. 75), S. 54-67.

Obersteiner, Hannes (1994b): Betreutes Gruppenwohnen. Erfahrungen und Überlegungen. In: Jugendwohl, H. 5 (Jg. 75), S. 226-235.
- (1994a): Elternarbeit im Heim - Als pädagogische und präventive Maßnahme zur Verhinderung von Verhaltensstörungen. In: Jugendwohl, H. 3 (Jg. 75), S. 137-142.
Ollinger, Klaus (1980): Was wurde aus 80 Jugendlichen? - Beispiel einer Bilanz der Heimerziehung. In: Unsere Jugend, H. 8 (Jg. 32), S. 348-354.
Opp, Hubert; Werner Baumhauer (1982): Auf der Suche nach institutionellen Alternativen: Die heilpädagogische Übergangsgruppe. In: Vierteljahresschrift für Heilpädagogik und ihre Nachbargebiete, H. 3 (Jg. 51), S. 205-210.
Otto, Bernd (1992): Grenzen der Milieutherapie Bruno Bettelheims. In: Unsere Jugend, H. 8 (Jg. 44), S. 343-348.
- (1987): Bruno Bettelheims milieutherapeutischer Ansatz - Die Orthogenic School der Universität Chicago - ein Modell für Kinderpsychiatrie und Heimerziehung?. In: Zeitschrift für Kinderpsychologie und Kinderpsychiatrie, H. 4 (Jg. 36), S. 144-148.
Paulus, Peter (1984): Selbstverwirklichung und retrospektiv perzipierte elterliche Erziehung. In: Psychologie in Erziehung und Unterricht, H. 3 (Jg. 31), S. 171-177.
Pechstein, Johannes (1972): Das junge Kind im Heim und Krippe. In: Kleinkindererziehung, Bd. 3 (ohne Jg.), S. 7-39.
Petermann, Franz (1990): Die Bedeutung von empirischer Praxisforschung für die Entwicklung der Heimerziehung. In: Jugendwohl, H. 5 (Jg. 71), S. 227-234.
Peters, Helge (1991): Warum sind Arten abweichenden Verhaltens Themen? In: Kriminologisches Journal, H. 3 (Jg. 23), S. 162-172.
Peters, Joachim (1981): Systematische Förderung von Selbstsicherheit und Selbstbehauptung bei Heimkindern. Ein Praxisbericht. In: Praxis der Kinderpsychologie, H. 5 (Jg. 30), S. 182-185.
Piecha, Walter (1959): Die Lebensbewährung der als 'unerziehbar' entlassenen Fürsorgezöglinge. Göttingen, Schwartz.
Piersma, Harry L. (1985): 'Mom and dad': Views on the Relationship between direct-Care staff and Therapists in Residential, adolescent Treatment Facilities. In: Adolescence, N. 80 (Vol. 20), P. 975-979.
Planungsgruppe PETRA (1988): Was leistet Heimerziehung? - Ergebnisse einer empirischen Untersuchung. Hg. Internationale Gesellschaft für Heimerziehung (IGfH), Frankfurt a. Main, Selbstverlag.
Plemper, Burkhard (1986): 'Alter, da mußt du durch'. - Heimjugendliche im Medien-Streß. In: Sozialmagazin, H. 6 (Jg. 11), S. 33-39.
Podgornik, Rolf (1992): Wir stellen vor Zurück zur Pädagogik im Heim oder: Der Ausstieg aus dem Tarifvertrag als sinnvolle Alternative für die Pädagogik im Heim. In: Unsere Jugend, H. 1 (Jg. 44), S. 19-29.
- (1988): Heimerziehung. Hilfe und Geborgenheit auf Zeit. Konzeption und deren Bewährung im Städtischen Heim für Heil- und Sonderpädagogik in Dortmund anläßlich des 25jährigen Bestehens. In: Unsere Jugend, H. 12 (Jg. 40), S. 515-529.

- (1980): Liebe und Geborgenheit im Schichtdienst? Nochmal: Tarifrecht und Arbeitszeitordnung in der Heimerziehung. In: Unsere Jugend, H. 3 (Jg. 32), S. 105-109.
- (1976): Vom Kinderheim zum Heilpädagogischen Heim. Die Entwicklung des Heimes für Heil- und Sonderpädagogik in Dortmund als Beispiel. In: Unsere Jugend, H. 12 (Jg. 28), S. 543-551.

Pongratz, Lieselotte; Hans Odo Hübner (1959): Lebensbewältigung nach öffentlicher Erziehung. Eine Hamburger Untersuchung über das Schicksal aus der Fürsorge-Erziehung und der Freiwilligen Erziehungshilfe entlassener Jugendlicher. Darmstadt/Neuwied/Berlin, Lucherhand.

Poppe, Hanns Georg (1991): Sand im Getriebe. Zur Problematik der alternden Institution. In: Gruppenpsychotherapie und Gruppendynamik, H. 1 (Jg. 27), S. 37-46.

Preissing, C. u.a. (1985): Mädchen in Erziehungseinrichtungen: Erziehung zur Unauffälligkeit. Leverkusen, Leske + Budrich (Reihe: Alltag und Biographie von Mädchen, Bd. 10).

Price-Barrett, Susan (1985): Quality Assurance Monitoring in Children's Residential Care: Changing Paradigms. In: Quality Review Bulletin, N. 8 (Vol. 11), P. 242-245.

Proch, Kathleen; Jeanne Howard (1986): Parental Visiting of Children in Foster Care. In: Social Work, N. 3 (Vol. 31), P. 178-181.

Proch, Kathleen; A. Merlin Taber (1985): Placement Disruption: A Review of Research. In: Child-and-Youth-Services-Review, N. 4 (Vol. 7), P. 309-320.

Pühl, Harald (1984): Das Erzieher-Team und die Kinder. In: Unsere Jugend, H. 7 (Jg. 36), S. 274-276.

Quinton, David (1987): The consequences of care: Adult outcomes from institutional rearing. Special Issue: Residential Provision. In: Maladjustment and Therapeutic Education, N. 1 (Vol. 5), P. 18-29.

Raider, Melvyn C. (1987): A Service Delivery-Focused Approach to Evaluation of Group Work Intervention in Residential Agencies. In: Residential Treatment for Children and Youth, N. 4 (Vol. 4), P. 83-92.

Raingruber, Siegfried (1983): Immer noch: Fürsorgeerziehung als letzter Versuch. In: Unsere Jugend, H. 7 (Jg. 35), S. 298-300.

Raithel, M.; H. Wollensack (1980b): Ehemalige SOS-Kinderdorfkinder heute. Eine katamnestische Untersuchung zur Lebensbewährung. In: Unsere Jugend, H. 11 (Jg. 32), S. 485-492.
- (1980a): Ehemalige Kinderdorfkinder heute. Eine katamnestische Untersuchung zur Lebensbewährung. Innsbruck/München, SOS-Kinderdorf-Verlag (Dissertation).

Ransen, David L. (1981): Long-Term Effects of Two Interventions with the Aged: An ecological Analysis. In: Journal of Applied Developmental Psychology, N. 1 (Vol. 2), P. 13-27.

Rauchfleich, Udo (1990): Abwehr- und Kompensationsmechanismen - Schutz vor oder Auslöser von psychopathologischen Entwicklungen? In: C. Büttner/A. Ende (Hg.): Trennungen: Kindliche Rettungsversuche bei Vernachlässigungen, Scheidungen und Tod. Weinheim/Basel, Beltz (Jahrbuch der Kindheit Bd. 7, Reihe Pädagogik), S. 95-107.

Rauschenbach, Thomas (1986): Bezahlte Nächstenliebe. Zur Struktur sozialpädagogischen Handelns. In: Sozialpädagogik, H. 5 (Jg. 28), S. 206-218.

Redl, Fritz (1979): Kinder, die hassen. Auflösung und Zusammenbruch der Selbstkontrolle. München/Zürich, Piper.

Reich, Günter (1984): Der Einfluß der Herkunftsfamilie auf die Tätigkeit von Therapeuten und Beratern. In: Praxis der Kinderpsychologie und Kinderpsychiatrie, H. 2 (Jg. 33), S. 61-69.

Reiff, Ferdinand (1987): Praxisbericht: Elternarbeit in heilpädagogischen Heimen zwischen Verselbständigung und Familienbindung. In: Jugendwohl, H. 5 (Jg. 68), S. 225-232.

Reinhard, Maria (1979): Monolog einer Frau. Selbstdarstellung einer Frau, die ihr Kind mißhandelte. Nach einem Originalprotokoll von Karlheinz Knuth. In: Sozialmagazin, H. 11 (Jg. 4), S. 16-17.

Reith, Peter (1985): Elternarbeit in der Heimerziehung. In: Sozialpädagogik, H. 5 (Jg. 27), S. 214-219.

Reyer, Juergen (1976): Sozialwaisen und Ersatzerzieher. Kinder im Spannungsfeld zwischen familialer und öffentlicher Sozialisation. Rheinstetten, Schindele.

Richter, Clemens (1980): Die Volljährigkeitsgeschädigten. In: Sozialmagazin, H. 6 (Jg. 5), S. 60-62.

Rickert, Wolfgang (1987): Behandlungsvorerfahrungen der Kinder eines heilpädagogisch-psychotherapeutischen Heimes in ihren Herkunftsfamilien. Aus dem heilpädagogisch-psychotherapeutischen Kinderheim 'Die gute Hand', Kürten-Biesfeld. In: Unsere Jugend, H. 6 (Jg. 39), S. 232-236.

Rickert, Wolfgang; Ursula Hebborn-Brass (1989): Vergleichende Untersuchung der Vorgeschichte der Heimaufnahme von Jungen und Mädchen. In: Vierteljahresschrift für Heilpädagogik und ihre Nachbargebiete, H. 3 (Jg. 58), S. 307-319.

Ritter-Bern, Wolf (1926): Der Drahtzaun. Aufzeichnungen des Fürsorgezöglings Günther Rodegast. Hamburg-Bergedorf, Fackelreiter-Verlag.

Rodewald, Rainer (1983): Zur Qualität der Bedürfnis- und Realitätsorientierung von Heimerziehung - dargestellt an Verselbständigungsproblemen Jugendlicher. Diplomarbeit am Fachbereich Erziehungswissensschaft der FU Berlin.

Rooney, Ronald (1981): Forster Care: Core Problems and Intervention Strategies. In: Children and Youth Services Review, N. 1/2 (Vol. 3), P. 143-159.

Röper, Friedrich Franz (1977): Das verwaiste Kind in Anstalt und Heim - ein Beitrag zur historischen Entwicklung der Fremderziehung. Göttingen, Vandenhoeck und Ruprecht, (Rezension in AFET-Mitglieder-Rundbrief, 1977, H. 4, S. 77).

Rosenthal, Kenneth (1987): Rituals of undoing in abused and neglected Children. Special Issue: The Foster Care Dilemma. In: Child-and-Adolescent-Social-Work-Journal, N. 3/4 (Vol. 4), P. 226-236.

Ross, Danforth R.; C. Janice Reif; C. John Farie (1987): An Administrative Intercase Review System That Works. In: Child Welfare, N. 5 (Vol. 66), P. 467-475.

Rößler, Jochen (1989): 40 Jahre evangelische Heimerziehung in der Bundesrepublik Deutschland. In: Sozialpädagogik, H. 4 (Jg. 31), S. 199-203.

– (1971): Institutionelle und individuelle Bedingungen sozialpädagogischen Handelns im Erziehungsheim. In: Theorie und Praxis der sozialen Arbeit, H. 10 (Jg. 24), S. 373-392.

Roth, Jörg Kaspar (1990): Kinder mit mehreren Eltern?. In: Familiendynamik, H. 2 (Jg. 15), S. 96-112.

Roth, Juergen (1973): Heimkinder. Ein Untersuchungsbericht über Säuglings- und Kinderheime in der BRD. Köln, Kiepenheuer und Witsch.

Rothe, Wenja (1985): Some Consequences of frequent Changes of Environment in Early Childhood. In: International-Journal-of-Rehabilitation-Research, N. 2 (Vol. 8), P. 196-199.

Rothmann, Jack (1989): Client Self-Determination: Untangling the Knot. In: Social Service Review, N. 4 (Vol. 63), P. 598-612.

Royl, Wolfgang (Hg.) (1981): Wie Kinder innere Sicherheit entwickeln. Hg. Deutscher Kinderschutzbund. Neubiberg bei München, Selbstverlag.

Rumpf, Joachim (1991): Praxisbericht: Zusammenarbeit von Heim und Heimschule. In: Jugendwohl, H. 1 (Jg. 72), S. 32-37.

Ruoff, Bernd A. (1988): Junge Menschen im Spannungsfeld zwischen ihren Bedürfnissen und ihren Lebenswirklichkeiten. In: Sozialpädagogik, H. 2 (Jg. 30), S. 54-66.

Rüscher, Kristina (1977): Unterlassene Hilfeleitung?. In: Päd extra Sozialarbeit, H. 11 (Jg. 1), S. 8.

Ryder, Robert G.; Suzanne Bartle (1991): Boundaries as Distance Regulators in Personal Relationships. In: Family Process, N. 12 (Vol. 30), P. 393-406.

Ryser, W. (1981): Überwindung der Integrationsschwierigkeiten - aber wie? Nachfürsorge als integrierter Bestandteil der Heimerziehung. In: Schweizer Heimwesen, H. 3 (Jg. 52), S. 83-91.

Rzepnicki, Tina L. (1987): Recidivism of Foster Children Returned to Their Own Homes: A Review and New Directions for Research. In: Social Service Review, N. 1 (Vol. 61), P. 56-70.

Sachs, Elke (1987): Rollenkonflikte und ihre Auswirkungen auf die Erziehungsarbeit mit Heranwachsenden. Diplomarbeit an der Alice-Salomon-Fachhochschule Berlin.

Salomon, Merja (1980): Psychozoziale Deprivation der Heimkinder - Folge institutioneller Erziehung? - Eine Literaturanalyse zur Problematik der Heimunterbringung der Kleinkinder. Diplomarbeit am Fachbereich Erziehungswissenschaft der FU Berlin.

Sanders, Jacquelyn (1993): Bruno Bettelheim und sein Verständnis. Die Orthogenic School in den neunziger Jahren. In: Psychosozial, H. 1 (Jg. 16), S. 29-33.

- (1990): Rezension zu C. E. Schaefer/A. J. Swanson: Children in Residential Care: Critical Issues in Treatment. In: Social Service Review, N. 1 (Vol. 64), P. 153-155.
Schade, Angela (1982): Erziehen in einer Atmosphäre der 'guten Gerüche'. In: Unsere Jugend, H. 3 (Jg. 34), S. 100-105.
Schaefer, Charles E. (ed.); Arthur J. Swanson (1988): Children in Residential Care: Critical Issues in Treatment. New York, Van Nostrand Reinhold.
Schaefer, Charles (1976): Follow-up Survey by Mail. In: Social Work, N. 4 (Vol. 21), P. 327-328.
Schäfer, Gerd E. (1991): Erziehung an den Grenzen - Bruno Bettelheim. In: Neue Praxis, H. 3 (Jg. 21), S. 187-200.
- (1989): Der überraschte Pädagoge. Unstetige Prozesse in der Erziehung. In: Neue Sammlung, H. 1 (Jg. 29), S. 36-48.
- (1983): Verlorenes Ich - Verlorenes Objekt. Zerstörungsprozesse im pädagogischen Handeln. Wiesbaden, Akademische Verlagsanstalt (Reihe Theorie und Soziale Praxis, Bd. 12).
Schaffner, Gerhard (1983): Lektüre nicht einfach, aber lohnend und anregend - das Jugenderziehungsheim als Faktor der sozialen Integration. In: Schweizer Heimwesen, H. 9 (Jg. 54), S. 425-437.
Schauder, Thomas (1994b): Über die Notwendigkeit von Elternarbeit im Rahmen Heilpädagogischer Heimerziehung (2). In: Jugendwohl, H. 6 (Jg. 75), S. 263-270.
- (1994a): Über die Notwendigkeit von Elternarbeit im Rahmen Heilpädagogischer Heimerziehung (1). In: Jugendwohl, H. 5 (Jg. 75), S. 221-225.
Scherpner, Martin, Paul Schmidle (Hg.) (1980b): Kinder im Heim - Kinder ohne Zukunft? Fragen, Antworten, Perspektiven. Freiburg im Breisgau, Lambertus.
- (1980a): Die Bedeutung besonders problembeladener junger Menschen im Rahmen der öffentlichen Erziehung - ein Beitrag zur Diskussion um die geschlossene Unterbringung im Rahmen der Heimerziehung. In: Jugendwohl, H. 2 (Jg. 61), S. 59-63.
- (1978): Erziehungshilfen für pschisch kranke Kinder und Jugendliche in Einrichtungen der Jugendhilfe. - Historische Schlaglichter. In: AFET-Mitglieder-Rundbrief, H. 1 (ohne Jg.), S. 9-11.
- (1976): Verschieden ausgebildete pädagogische Mitarbeiter im Heim. In: Unsere Jugend, H. 5 (Jg. 28), S. 194-197.
Scherpner, Martin; Werner Munkwitz (1976): Die Misere eines Heimes. Bericht über eine 'letzte Station' In: Sozialpädagogik, H. 6 (Jg. 18), S. 270-276.
Scheuber, Walter (1983): Heimerziehung und Heimerziehungserfolg. Eine Längsschnittuntersuchung und Kasuistik zur Darstellung der Entwicklung von Heimkindern. Tübingen, (Dissertation).
Schlotmann, Hans-Otto (1990): Kleine Kinder - wieder - im Heim. Anmerkungen zu einer aktuellen Diskussion. In: Jugendwohl, H. 8/9 (Jg. 71), S. 393-394.
Schmid, Franz (1989): Den Menschen in die Mitte! In: Sozialpädagogik, H. 6 (Jg. 31), S. 300-302.

Schmid, Peter (1985): Grundsätze, Sichtweisen und Akzente heilpädagogischer Arbeit. In: Sozialpädagogik, H. 2 (Jg. 27), S. 75-81.

Schmid, Ulrich (1981): Über Begegnungen mit Eltern - Bericht über Elternarbeit im Osterhof/Klosterreichenbach. In: Unsere Jugend, H. 3 (Jg. 33), S. 110-115.

Schmidle, Paul; Hubertus Junge (Hg.) (1985): Zukunft der Heimerziehung. Freiburg im Breisgau, Lambertus.

– (Hg.) (1980): Kinder im Heim- Kinder ohne Zukunft? Fragen, Antworten, Perspektiven. Freiburg im Breigau, Lambertus (Freiburger Sozialpädagogische Beiträge, Bd. 14).

– (1969): Wachsen - Lernen - Reifen. Beiträge zur Heimerziehung. Freiburg im Breigau, Lambertus (Freiburger sozialpädagogische Beiträge, Bd. 9).

Schmidt, Barbara (1982): Grenzen und Möglichkeiten pädagogisch-therapeutischer Arbeit mit Kindern und Jugendlichen Unterschiedliche Versuche im Vergleich. Berlin, LZ-Verlag.

Schmidt, Jochen (1982): Die Umwelt von Gruppen: Institutionen als Verhaltenssteuerung. In: Gruppenpychotherapie und Gruppendynamik, H. 4 (Jg. 17), S. 298-308.

Schmidt, Josef (1983): Erziehung im Heim - Erziehung zur Selbständigkeit - Nachbetreuung. In: Junge Welt, H. 7 (Jg. 64), S. 273-282.

Schmidt, Norbert (1988): Leitfaden zur Entscheidungsfindung bei außerfamiliärer Unterbringung. In: Zeitschrift für das Fürsorgewesen, H. 3 (Jg. 40), S. 199-201.

Schmidt, Roswitha (Hg.); Marita Menzebach; Dagmar Haase; Prodosh Aich (1976): Die haben ja alle einen Tripper. In: Sozialmagazin, H. 2 (Jg. 1), S. 25-32.

Schmidt-Thimme, Dorothea (1981): Was aus Emanuel geworden ist -. Fortsetzung des Artikels 'Emanuel', Unsere Jugend, Heft 8/1970. In: Unsere Jugend, H. 12 (Jg. 33), S. 534-542.

– (1970): Emanuel. In: Unsere Jugend, H. 8 (Jg. 22), S. 353-356.

Schmidt-Traub, Sigrun (1975): Rollenkonflikte der Heimerzieher. Weinheim/ Basel, Beltz (Dissertation).

Schneider, Barry H.; Barbara M. Byrne (1987): The Popularity of Aggressive Children in a Treatment Center: Identification with the Aggressor?. In: Revue Canadienne de Psycho -Education, N. 2 (Vol. 16), P. 119-129.

Schnellhammer, Edi (1977): Merkmale des Forschungsfeldes Heimerziehung und ihre Bedeutung für die sozialpädagogische Feldforschung. In: Vierteljahresschrift für Heilpädagogik und ihre Nachbargebiete, H. 1 (Jg. 46), S. 15-29.

Schoch, Hans Jürgen (1978): Kindern gerecht werden. Zur Konzeption und Arbeit eines evangelischen Erziehungsheimes. In: Sozialpädagogik, H. 1 (Jg. 20), S. 5-11.

Schoch, Hans P (1980): Die pädagogischen Chancen im Tagesablauf eines Heimes. In: Pädagogischer Rundbrief, H. 1/2 (Jg. 30), S. 1-10.

Schoch, Jörg (1989c): Heimerziehung als Durchgangsberuf. Eine theoretische und empirische Studie zur Personalfluktuation in der Heimerziehung. Weinheim, Juventa (Dissertation).

– (1989b): Warum wollen sie ins Heim? Warum arbeiten sie im Heim? Berufswahl- und Berufsmotive von ausgebildeten Heimerziehern?. In: Soziale Arbeit, H. 5 (Jg. 38), S. 175-181.

– (1989a): Aufwachsen ohne Eltern: Verdingkinder, Heimkinder, Pflegekinder, Windenkinder; zur außerfamiliären Erziehung in der deutschsprachigen Schweiz. Zürich, Chronos.

Schopping, Lucien (1987): Systemtherapeutische Supervision im Kinder- und Jugendheim. Konstanz, Verlag Hartung-Gorre (zugleich Dissertation, Zürich 1987).

Schorr, L. (1983): Maßnahmen zur Verselbständigung von Jugendlichen aus Heimen. - Beitrag zu einer Umfrage der Bundesarbeitsgemeinschaft der Landesjugendämter. Hg. Landesjugendamt Saarland, Rundbrief Nr. 1.

Schröder, Jörg-Achim (1991): Zur Dialektik von Anspruch und Wirklichkeit der Heimerziehung. In: Unsere Jugend, H. 4 (Jg. 43), S. 178-181.

Schulz, Marietta (1991): Kinderzirkus 'Firlefanz'- ein erlebnisorientierter Ansatz. In: Jugendwohl, H. 7 (Jg. 72), S. 367-370.

Schumacher, Johannes (1986): Darum verlassen wir die Heimerziehung. In: Sozialpädagogik, H. 3 (Jg. 28), S. 144-146.

Schüpp, Dieter (1980): Das Selbstbild neurotisch-dissozialer Jugendlicher und seine Veränderung durch therapeutisch-pädagogische Erziehung - Ein empirischer Beitrag zur Therapieforschung. In: Psychiatrische Praxis, H. 2 (Jg. 7), S. 81-89.

– (1979): Bewußtseinsbildung in der Heimerziehung - Die Erfahrungsgruppe - Ein psychoanalytisch-sozialpädagogisches Bildungsprojekt. In: Theorie und Praxis der sozialen Arbeit, H. 5 (Jg. 30), S. 183-189.

– (1978): Verwahrlosung und Lebensbewährung. Analyse der Wirksamkeit therapeutisch-pädagogischer Heimerziehung bei neurotisch-dissozialen Jugendlichen. Essen, (Dissertation).

Schüpp, Dieter; Herman Buyken; Bärbel van Dawen (1982): Wirkungsanalyse von Heimerziehung und wissenschaftliche Begleitung außenfürsorgerischer Erziehungshilfen. Ergebnisse der Wirkungsanalyse von Heimerziehung und der wissenschaftlichen Begleitung der nachgehenden Intensivbetreuung im 'Haus Sommerberg'. Hg. Bundesverband der Arbeiterwohlfahrt e.V. Bonn.

Schütz, Harald; Uwe-Jörg Jopt (1988): Ein Kind soll ins Heim: Anmerkungen zur Allianz zwischen Recht und Psychologie aus der Sicht beider Disziplinen. In: Zentralblatt für Jugendrecht, H. 8 (Jg. 75), S. 349-357.

Schwarz, Wilfried; Kirstin Ahrens (1983): Unser wir - Erlebnisbericht vom Leben und Arbeiten in einer Jugendwohngemeinschaft. Hg. Koordinierungsstelle für Wohngemeinschaften Jugend und Sozialarbeit e.V. Berlin, Eigenverlag.

Schwarzer, Uwe (1989): Änderung des Heimgesetzes. Regierungsentwurf löst die zentralen Probleme im Heim nicht. In: Diakonie, Rubrik: 'Im Blickpunkt', Nr. 4 (Jg. 15), S. III-IV.

Schweitzer, Helmut (Hg.); Karl H. Mühlenbrink (1976): Entwicklungsarbeit im sozialpädagogischen Feld. Bd. 1: Über die Schwierigkeit soziale Institutionen zu verändern. Frankfurt a. Main/New York, Campus (Reihe Campus-Studium kritische Sozialwissenschaft).

Schweitzer, Jochen (1984): Systemische Jugendpsychiatrie. - Zum Umgang mit der gemeinsamen Homöostase von Familie und psychiatrischer Einrichtung. In: Familiendynamik, H. 2 (Jg. 9), S. 96-107.

Schwerdtfeger, Hans; Marga Raithel; Heinz Wollensack (1981): Ehemalige oesterreichische Kinderdorfkinder heute. Eine katamnestische Untersuchung zur Lebensbewährung. Innsbruck, SOS-Kinderdorf-Verlag.

Seeligmann, Marlie (1985): Die Heimerziehung - Erziehung zur Unselbständigkeit? Zum Verselbständigungsprozeß von Jugendlichen in Heimen. Diplomarbeit am Fachbereich Erziehungswissenschaft der FU Berlin.

Seichter, Angelika; Hans Podswadowski; Hans Leschinsky; Reinhard Krause (1980): Heimerziehung zur Selbständigkeit - Unsere Erfahrungen mit Ein-Zimmer-Wohnungen außerhalb des Heimes nach einem Jahr. (Erzieher im Haus Tegeler See). In: Neuer Rundbrief, H. 1 (Jg. 11), S. 44-51.

Seidl, Fredrick W. (1977): Conflict and Conflict Resolution in Residential Treatment. In: Child Care Quarterly, N. 4 (Vol. 6), P. 269-278.

Seltzer, Marsha Mailick; Leonard M. Bloksberg (1987): Permanency Planning and Its Effects on Foster Children: A Review of the Literature. In: Social Work, N. 1 (Vol. 32), P. 65-68.

Sengling, Dieter (1987): Was ist Erfolg in der Sozialarbeit?. In: Sozialpädagogik, H. 4 (Jg. 29), S. 165-172.

Sengling, Dieter (Hg.); Christian Schrapper (1988): Die Idee der Bildbarkeit. 100 Jahre sozialpädagogische Praxis in der Heilerziehungsanstalt Kalmenhof. Weinheim/München, Juventa.

Sentker, Brigitte (1982): Wir Alternativler machen es uns manchmal zu leicht. - Erfahrungen einer Erzieherin in einer Kinder- und Jugendwohngruppe. In: Extra Sozialarbeit, H. 11 (Jg. 6), S. 39-45.

Sevecke, Ingrid; Reinhard Schäfer u.a. (1989): Erstes Echo zum Gespräch auf dem Buchhof. In: Sozialpädagogik, H. 1 (Jg. 31), S. 35-37.

Siebenschön, Leona (1983): Wieviel Recht hat ein Kind. Die Geschichte einer Heimeinweisung: Mario, ein Fall in den Akten der Ämter, ein Schicksal im Vollzug der Behörden, verhandelt und verloren. In: Extra Sozialarbeit, H. 1 (Jg. 7), S. 40-41.

Siebert, Erda (1978): Trennungstrauma und Identitätssuche im Kinderheim. In: Dynamische Psychiatrie, H. 4 (Jg. 11), S. 357-366.

Siebler, Manfred (1988): Erfolg in der Schutzhilfe. In: Jugendwohl, H. 10 (Jg. 69), S. 453-457.

Siegprinzson, Hans-Henning (1982): Ein ganz gewöhnlicher Junge, kriminell. In: Sozialmagazin, H. 4 (Jg. 7), S. 14-21; H. 5, S. 8-11; H. 6, S. 8-11; H. 7/8, S. 20-23; H. 9, S. 42-44.
Siegrist, Rudolf (1980): Praxisbericht: Erziehung im Mädchenheim. Tübingen, Katzmann (Reihe Sozialpädagogische Arbeitsbücher).
Small, Richard; Kevin Kennedy; Barbra Bender (1991): Critical Issues for Practice in Resedential Treatment: The View from Within. In: American Journal of Orthopsychiatry, N. 3 (Vol. 61), P. 327-338.
Spaeth, Alfred (1939): Erfolge der öffentlichen Erziehung. Untersuchungen über die Lebensbewährung Jugendlicher nach Abschluß der Heimerziehung. Leipzig, Lühe.
Späth, Karl (1992): Der Hilfeplan im Spannungsfeld zwischen Bevormundung und Einbeziehung von Kindern, Jugendlichen und Eltern. So wie bisher kann es nicht weitergehen! In: Unsere Jugend, H. 4 (Jg. 44), S. 149-155.
- (1989): Die Sache mit dem barmherzigen Samariter. Heimerziehung und Samaritertum. In: Sozialpädagogik, H. 3 (Jg. 31), S. 143-146.
- (1986): Menschenbilder im Handlungskontext der Jugendhilfe. In: Sozialpädagogik, H. 6 (Jg. 28), S. 283-290.
- (1988): Heime auf dem Prüfstand oder Was leistet Heimerziehung? In: Unsere Jugend, H. 5 (Jg. 40), S. 185-188.
- (1983): Werden die Kinder und Jugendlichen in den Heimen wirklich immer schwieriger? In: Unsere Jugend, H. 10 (Jg. 35), S. 410-416.
- (1980): Heimerziehung - Erziehung zur Unselbständigkeit durch Überversorgung?. In: Unsere Jugend, H. 3 (Jg. 32), S. 127-130.
- (1978): Heillose Verwahrung. In: Sozialmagazin, H. 9 (Jg. 3), S. 12-16.
Specht, Friedrich (1989): Fremdplazierung und Selbstbestimmung. In: Praxis der Kinderpsychologie und Kinderpsychiatrie, H. 6 (Jg. 38), S. 190-194.
Spiegel (1989): 'Wir sind doch hier kein Zoo'. Spiegel-Report über Erziehung in offenen und geschlossenen Kinder-und Jugendheimen. In: Der Spiegel, Nr. 36 (Jg. 43), 4. 9. 1989, S. 52-66.
- (1969): Prügel für Picos. In: Der Spiegel, Nr. 47 (Jg. 27), 17. 11. 1969.
Stahlmann, Martin (1993): Die berufliche Sozialisation in der Heimerziehung. Erziehende im Spannungsfeld von Grenzsituationen, Leitbildern und Berufsbiographie. Bern/Stuttgart/Wien, Haupt (Reihe Beiträge zur Heil- und Sonderpädagogik - Erziehung Unterricht Diagnostik Therapie).
St. Katharina-Werk Basel (Hg.) (1984): Konzept des Therapieheimes Sonnenblick. Luzern, Verlag der Schweizerischen Zentralstelle für Heilpädagogik.
Starker, Angela M.; Rudolf Lietz; Hans Joachim Nagengast (1986): Das Heimkind zwischen Familie und Institutionen. In: Jugendwohl, H. 3 (Jg. 67), S. 121-124.
Stegbauer, Heinrich (1979): 50 (Fünfzig) Jahre Heimerziehung aus der Sicht eines nahestehenden Beobachters .In: Erziehung und Unterricht, H. 2, Beilage Heilpädagogik (ohne Jg.), S. 11-22.
Stegmeier, Pit (1982): Heimliche Hiebe. In: Päd extra Sozialarbeit, H. 9 (Jg. 6), S. 47-49.

Stein, Theodore J.; Eileen D. (1976): Behavioral techniques in foster care. In: Social Work, N. 1 (Vol. 21), P. 34-39.
Stein, Theodore J.; Eileen D. Gambrill; Kermit T. Wiltse (1987): Contracts and Outcome in Foster Care. In: Social Work, N. 2 (Vol. 22), P. 148-149.
Stein-Hilbers, M. (1979): Zur Kontrolle abweichenden Verhaltens von Mädchen in der Heimerziehung. In: Neue Praxis, H. 3 (Jg. 9), S. 283-295.
Steinmeyer, Fritz-Joachim (1981): Mitarbeiter im Heim: Menschen zwischen Einstellungen und Erwartungen. In: Diakonie, H. 4 (Jg. 7), S. 195-200.
Stewes, Roswitha (1981): Wohin geht der Weg des Kindes? - Bericht über Elternarbeit im Kinderheim St.Josef in Kempen4/Krefeld. In: Unsere Jugend, H. 3 (Jg. 33), S. 110-114.
Stierlin, Helm (1982): Die Ent-Bindung von der Familie. Ein Gespräch mit Helm Stierlin. In: Psychologie heute, H. 4 (Jg. 9), S. 22-27.
Stock, Werner (1980): Heimerziehung - vertane Chance?. In: Theorie und Praxis der sozialen Arbeit, H. 3 (Jg. 31), S. 106-113.
Swientek, Christine (1985): Das trostlose Leben der Karin P. Geschichte einer Pennerin. Reinbek, Rowohlt.
- (1982): Kritik an der Heimerziehung - kritische Literatur 1976-1981; Meinungen aus der Praxis. Hg. Evangelischer Erziehungsverbund e. V. (EREV). Hannover, EREV-Schriften.
Taber, Merlin A.; John P. Poertner (1981): Modeling Service Delivery as a System of Tranitions: The Case of Foster Care. In: Evaluation Review, N. 4 (Vol. 5), P. 549-566.
Tanner, Hannes (1993): Die Genese des Untersuchungskonzeptes. Ein Weg vom Nekrolog zum Dialog und ein Spiegel der Schwierigkeit wissenschaftlicher Erfassung von Erziehungseffekten. In: E. O. Graf (Hg.): Heimerziehung unter der Lupe. Beiträge zur Wirkungsanalyse. Luzern, Schweizerische Zentralstelle für Heilpädagogik (SZH).
- (1987b): Persönlichkeitsmerkmale von besonders erziehungsschwierigen Jugendlichen bei ihrem Eintritt in den Maßnahmevollzug. In: Vierteljahresschrift für Heilpädagogik und ihre Nachbargebiete, H. 4 (Jg. 56), S. 559-579.
- (1987a): Konzept der Untersuchungen über Wirkungen des Maßnahmenvollzuges bei besonders schwierigen Jugendlichen in Erziehungsheimen. In: Vierteljahresschrift für Heilpädagogik und ihre Nachbargebiete, H. 1 (Jg. 56), S. 29-46.
Tari, Andor J.; Ann Lee Fenn (1988): Toward a Comprehensive Evaluation of the Deinstitutionalization Prozess: A Position Paper. In: Mental Retardation and Learning Disability Bulletin, N. 1 (Vol. 16), P. 1-6.
Thiersch, Hans (1994): Geschlossene Unterbringung. In: Jugendhilfe, H. 5 (Jg. 32), S. 268-278.
- (1972): Entwicklungspostulate für die Jugendhilfe. Über die Entstehung von Dissozialität und ihre Konsequenzen für die Heimerziehung. In: Sozialpädagogik, H. 5 (Jg. 14), S. 200-208.
Thimm, Karlheinz (1994): Erzieherverhalten - Methodische Hilfen zum sozialpädagogischen Verstehen Jugendlicher in Heim und WG. Kennenlernen -

Fallgespräch - Entwicklungskompaß - Betreuungsplanung (1. Teil). In: Unsere Jugend, H. 1 (Jg. 46), S. 5-21.
- (1991): Kiffen in Einrichtungen der Erziehungshilfe. In: Unsere Jugend, H. 7 (Jg. 43), S. 285-297.
- (1989): Exemplarische Anmerkungen zur Arbeit in pädagogischen Teams. In: Theorie und Praxis der sozialen Arbeit, H. 12 (Jg. 40), S. 467-474.
Thomas, Alexander (1979): Vaterlose Erziehung in Kinderdörfern. Auswirkungen auf die psychosoziale Entwicklung des Kindes. Innsbruck/München, SOS-Kinderdorf-Verlag.
Timberlake, Elizabeth M.; Elwood R. Hamlin (1982): The Sibling Group: A Neglected Dimension of Placement. In: Child Welfare, N. 8 (Vol. 61), P. 545-552.
Topel, Wilhelm (1988): Mit Heimkindern im Gespräch. In: Jugendhilfe, H. 4 (Jg. 26), S. 85-89.
Tophoven, Klaus (1990): Heimerziehung - Problem und Alternative. In: Neue Praxis, H. 2 (Jg. 20), S. 177-180.
Torbohm, Rolf (1980): Nicht mehr zuständig - Die Not heimentlassener junger Erwachsener. In: Unsere Jugend, H. 8 (Jg. 32), S. 338-340.
Toscan, Walter (1989): Möglichkeiten und Grenzen der Heimerziehung bei suchtgefährdeten Jugendlichen. In: Vierteljahresschrift für Heilpädagogik und ihre Nachbargebiete, H. 3 (Jg. 58), S. 327-330.
Toseland, Ronald W. (1990): Long-Term-Effectiveness of Peer-Led and Professionally Led Support Groups for Caregivers. In: Social Service Review, N. 2 (Vol. 64), P. 308-327.
Trauernicht, Gitta (ISA) (Hg.); Michaela Bettinghausen; Cornelia Claus-Divaris; Loren Knoch; Gerd Kronenberger; Georg Sander, Georg; Hanne Zwerger (alle LWV) (1987): Mädchen in öffentlicher Erziehung - Eine Untersuchung zur Situation von Mädchen in Freiwilliger Erziehungshilfe und Fürsorgeerziehung. Hg. Institut für soziale Arbeit e. V. und Landeswohlfahrtsverband Hessen. Münster, Votum.
Trede, Wolfgang (1994): Drogengefährdete und drogenkonsumierende Jugendliche in Einrichtungen der Erziehungshilfe. In: Jugendhilfe, H. 2 (Jg. 32), S. 86-91.
Trennheuser, Wolfgang (1980): Zum Dilemma der Heimerziehung und des Heimerziehers. Psychologisch-pädagogische Gedanken nach einer Reise durch niedersächsische Erziehungsheime. In: AFET-Mitglieder-Rundbrief, Nr. 2 (ohne Jg.), S. 34-29.
Trost, Friedrich (1989): Das Kind in der Heimerziehung. In: Unsere Jugend, H. 10 (Jg. 31), S. 444-456.
Tschuschke, Volker (1989): Wirksamkeit und Erfolg in der Gruppenpsychotherapie. In: Gruppenpsychotherapie und Gruppendynamik, H. 1 (Jg. 25), S. 60-78.
Tucher, Waltraud von (1982): Auf das langsame Umgewöhnen kommt es an. In: Unsere Jugend, H. 10 (Jg. 34), S. 452-457.

Tuckermann, Albrecht (1981): Down-Kind Andreas - der Weg eines Heimkindes. München, Reinhardt.
Ulbrich, Thomas (1982): Ein Heim feiert sein Jubiläum. 75 Jahre Kinderheim Sonnenhof. In: Sozialpädagogik, H. 1 (Jg. 24), S. 20-23.
Ulrich, Heinrich-Hermann (1982): Geheime Miterzieher. In: Sondernummer zur Zeitschrift Diakonie zum Thema: Familie/Familienhilfe.
Utz, Klaus (1992): Kooperative Familienberatung in einem sozialen Brennpunkt. In: Jugendwohl, H. 1 (Jg. 73), S. 30-38.
Vankova, Iva (1978): Einige Forderungen an die Persönlichkeit des Erziehers im Kinderheim. In: Unsere Jugend, H. 11 (Jg. 30), S. 490-496.
Verband katholischer Einrichtungen der Heim- und Heilpädagogik e. V. (1992): Praxisforschung in der Jugendhilfe. In: Jugendwohl, H. 2 (Jg. 73), S. 81-84.
– (1991): Stellungnahmen - Zur Situation der Mitarbeiter/-innen in der Heimerziehung. In: Jugendwohl, H. 2 (Jg. 72), S. 80-92.
Verein für Jugendfürsorge Basel (Hg.) (1984): Materialien zur Heimerziehung Jugendlicher aus den Jahren 1933-1984. Festschrift zum 80. Geburtstag von Ernst Müller. Zürich, Verlag für Schweizerisches Heimwesen.
Verelendung der Heimerziehung. (Ohne Verfasser)(1984). In: Sozialmagazin, H. 3 (Jg. 9), S. 6.
Verhofstadt-Deneve, Leni (1980): Adoleszenzkrisen und soziale Integration im frühen Erwachsenenalter. In: Praxis der Kinderpsychologie und Kinderpsychiatrie, H. 8 (Jg. 29), S. 278-285.
Vogel, Hans-Christoph; Rainer Zimmermann (1986): Nachbetreuung der Volljährigen. In: Unsere Jugend, H. 3 (Jg. 38), S. 95-102.
Vogelreuther, Jörg (1986): Der Erzieher in einer stationären Einrichtung.- Über die Entwicklung und Notwendigkeit professionalisierter Erziehung und die damit verbundene Motivation eines Erziehers in einer stat. Einrichtung auf der Grundlage von Lohnarbeit unter Einbezug struktureller Veränderungsmöglichkeiten zur Verbesserung seiner Arbeitssituation. Diplomarbeit an der Alice-Salomon-Fachhochschule Berlin.
Wanderman, Abraham; Rudolf H. Moos (1981): Assessing and Evaluating Residential Environments: A sheltered Living Environments Example. In: Environment and Behavior, N. 4 (Vol. 13), P. 481-508.
Ward, Darryl E.; Jane Hamilton; Edith Fein; Anthony Maluccio (1982): Planning for Permanency Planning in Foster Care. In: Children and Youth Services Review, N. 3 (Vol. 4), P. 223-237.
Warum und wozu denn noch Heime? (ohne Verfasser) (1983). In: Schweizer Heimwesen, H. 4 (Jg. 54), S. 215-217.
Wasmund, William C.; James M. Brannon (1987): Integrating affective change: A Re-Evaluation of self concept and peer group treatment. In: Residential Treatment for Children and Youth, N. 4 (Vol. 4), P. 93-101.
Wasserman, Renate; Hartwig Laak (1987): Das Spannungsfeld Herkunftsfamilie - Pflegeeltern/Heimerzieher. In: Sozialpädagogik, H. 1 (Jg. 29), S. 42-44.

Weckmann, Gerd; Reinhold Gerhard (1989): Den ganzen Menschen sehen. Modell einer ganzheitlichen Erziehung. In: Sozialpädagogik, H. 5 (Jg. 31), S. 264-267.
Wedekind, Erhard (1986): Beziehungsarbeit. Zur Sozialpsychologie pädagogischer und therapeutischer Institutionen. Frankfurt a. Main, Brandes und Apsel (Dissertation).
– (1977): Heimalltag - Momentaufnahme aus der Praxis. In: Päd extra Sozialarbeit, H. 1 (Jg. 1), S. 16-17.
Weinheimer, Edeltraud (1991): Supervision in der Heimerziehung. In: Sozialpädagogik, H. 3 (Jg. 33), S. 144-149.
Wells, Kathleen (1991b): Placement of Emotionally Disturbed Children in Residential Treatment: A Review of Placement Criteria. In: American Journal of Orthopsychiatry, N. 3 (Vol. 61), P. 339-347.
– (1991a): Long-Term Residential Treatment for Children: Introduction. In: American Journal of Orthopsychiatry, N. 3 (Vol. 61), P. 324-326.
Wendels, Claudia (1991/1990): Erziehung durch Ersatzeltern aus pädagogischer Sicht. In: Jugendhilfe, H. 2 (Jg. 29), S. 60-66 und in Unsere Jugend, H. 7 (Jg. 42), S. 279-285.
Wendt, Peter; Sonja Schulz; Christiane Stein (1989): Lebenspläne Jugendlicher in Heimen und Ansprüche an die Tätigkeit der Erzieher. In: Jugendhilfe, H. 7/8 (Jg. 27), S. 205-214.
Wendt, Wolf Rainer (1984): Heimerziehung in ökologischer Perspektive. Für den Unterhalt des Lebens sorgen. In: Unsere Jugend, H. 2 (Jg. 36), S. 60-64.
– (1979): Tüchtigkeit und Selbständigkeit - Lebenspraktische Erziehung im Heim. In: Blätter der Wohlfahrtspflege, H. 6 (Jg. 126), S. 145-148.
Werner, Michael (1994): Schwanger und nun? Mutter mit Kind im Heim. Die Arbeit des Jugendhilfeverbunds Wittenberg. In: Jugendhilfe, H. 1 (Jg. 32), S. 49-51.
Werner, Wolfgang (1972): Vom Waisenhaus ins Zuchthaus. Ein Sozialbericht. Nachwort von Martin Walser. Frankfurt a. Main, Suhrkamp.
Wertz, Peter (1989b): 'Ach, wie gut, daß niemand weiß' ... Bericht über ein personenzentriertes Fortbildungsseminar über Unabhängigkeit und Abhängigkeit in helfenden Beziehungen. In: Sozialpädagogik, H. 5 (Jg. 31), S. 226-235.
– u.a. (1989a): Sexualität im Heim. In: Sozialpädagogik, H. 3 (Jg. 31), S. 152-156.
Werz, Eva; Michael Kultus (1982): Nach 18 Jahren Heimerziehung Sozialhilfeempfänger? Ein Plädoyer für eine sinnvolle Nachbetreuung heimentlassener Jugendlicher. In: Sozialpädagogik, H. 2 (Jg. 24), S. 50-56.
Westphal, Jutta (1986): Und keiner wollte ihn haben. Geschichte einer Adoption. Frankfurt a. Main, Ullstein.
Whittaker, James K. (1975): Comment on Nelson and Schaefer. In: Child Care Quarterly, N. 4 (Vol. 4), P. 284.
– (1974): Evaluating Residential Treatment. In: Child Care Querterly, N. 3 (Vol. 3), P. 195-196.

Wiegmann, Brigitte (1990): Zielorientierte Arbeitsweisen in der Heimerziehung - am Beipiel einer Wohngruppe. In: Sozialpädagogik, H. 2 (Jg. 32), S. 62-77.

Wiesse, Jörg (1993): Die Bedeutung der Gegenübertragung bei psychotischen Kindern in der Arbeit von Rudolf Ekstein. In: Psychosozial, H. 1 (Jg. 16), S. 54-56.

Wilden, Engelbert (1986): Außenwohngruppen beim Marie-Juchacz-Heim in Vöhl/Edersee. - Lohnende Lebensgemeinschaften für Pädagogen und Heimjugendliche. In: Theorie und Praxis der sozialen Arbeit, H. 5 (Jg. 37), S. 189-193.

Winkler, Michael (1989): Zwischen Affirmation und Negation: Heimerziehung auf der Suche nach der eigenen Legitimität. In: Sozialwissenschaftliche Literatur Rundschau, H. 19 (Jg. 12), S. 7-21.

– (1987): Rezension zu E. Wedekind: Beziehungsarbeit. Zur Sozialpsychologie pädagogischer und therapeutischer Institutionen. In: Sozialwissenschaftliche Literatur Rundschau, H. 14 (Jg. 10), S. 59-61.

Wirz, Wolf (1958): Erziehung in der Anstalt. Beitrag zur Frage der psych. und sozi. Grundlagen der Anstaltserziehung schwererziehbarer Knaben und Jugendlicher. Frauenfeld, Huber & Co.

Wiszniewsky, Alois (1992): Christliche Erziehung als Gegenstand der Jugendpastoral im Heim. In: Jugendwohl, H. 2 (Jg. 73), S. 85-91.

Wolf, Ferdinand (Hg.); Liselotte Tuerkmen-Barta; Franz Gruenauf; Fritz Hartl; Martina Kral (1987): Die Rolle der Beziehung in der Sozialpädagogik (Heftthema). In: Information zur Bildung und Fortbildung für Erzieher und Sozialarbeiter, H. 2 (ohne Jg.), S. 1-56.

Wolf, Klaus (1991): Keine geschlossene Unterbringung in der Hamburger Heimerziehung: Praxis und Konsequenzen. In: Unsere Jugend, H. 7 (Jg. 43), S. 298-307.

Wolffersdorff, Christian von (1989): Rezension zu G. Landenberger/R. Trost: Lebenserfahrungen im Erziehungsheim - Identität und Kultur im institutionellen Alltag. In: Sozialwissenschaftliche Literatur Rundschau, H. 19 (Jg. 12), S. 116-117.

Wolffersdorff-Ehlert, Christian von; Vera Sprau-Kuhlen; Joachim Kersten (1990): Geschlossene Unterbringung in Heimen. Kapitulation der Jugendhilfe? München, Deutsches Jugendinstitut.

Wolters, Jörg-Michael (1989): AIDS und institutionelle Erziehung. In: Vierteljahresschrift für Heilpädagogik und ihre Nachbargebiete, H. 4 (Jg. 58), S. 347-353.

Wortmann, Raoul (1978): Heim, Knast - und dann?. Bericht aus einem Jugendwohnkollektiv. Frankfurt/New York, Campus.

Wurr, Rüdiger; Henning Trabandt; Wolf G. Lauchstaedt (1984): Kriterienwandel bei der Heimeinweisung. Eine Analyse von Jugendamtakten. In: Neue Praxis, H. 3 (Jg. 14), S. 250-257.

Wynne, Lyman C. (1985): Die Epigenese von Beziehungssystemen: ein Modell zum Verständnis familiärer Entwicklung. In: Familiendynamik, H. 2 (Jg. 10), S. 112-146.

Zastrozny, Wolfgang (1986): Heimjugendliche '85 - Keine Kehrtwende. In: Sozial Extra, H. 10 (Jg. 10), S. 10-11.
Ziethen, Ulrich (1988): Betroffen-beteiligt-verantwortlich im Heimalltag. Erfahrungen aus einem heilpädagogischen Kinderheim. Weinheim, Deutscher Studien-Verlag (Dissertation).
Zillken, Anna; Gertrud Weingarten (1953): Gibt es unerziehbare Minderjährige? - Untersuchung über Lebensschicksale schulentlassener Mädchen. Hg. Allgemeiner Fürsorgeerziehungstag. Hannover, Neue Schriftenreihe, H. 5.
Zobus, Ulrich (1978): Zum Prozeß des Herauswachsens aus einer Einrichtung der Heimerziehung in die Selbständigkeit. Erfahrungen und Überlegungen aus dem SOS-Kinderdorf 'Sauerland' in Lüdenscheid. In: Unsere Jugend, H. 8 (Jg. 30), S. 338-344.
Zöllner, Martin (1983): Erzieher und Zögling - das Erleben von Grenzen zwischen Ohnmacht und Reifung. In: Schweizer Heimwesen, H. 9 (Jg. 54), S. 429-436.
Zöpfl, Helmut (1980): Orientierung am Kind - Erziehung als Lebenshilfe. In: Caritas, H. 1 (Jg. 81), S. 98-105.
Zürrer, Uli (1978): Supervision: Erfahrungsbericht aus der Heimerziehung. In: Vierteljahresschrift für Heilpädagogik und ihre Nachbargebiete, H. 1 (Jg. 67), S. 32-39.

Weitere verwendete Literatur

Argelander, Hermann (1970): Das Erstinterview in der Psychotherapie. Darmstadt, Wissenschaftliche Buchgesellschaft.
Boszormenyi-Nagy, Ivan; Geraldine M. Spark (1981): Unsichtbare Bindungen. Die Dynamik familiärer Systeme. Stuttgart, Klett-Cotta (amerik. Originalausgabe 1973).
Bräutigam, Walter; Wolfgang Senf; Hans Kordy (1990): Wirkfaktoren psychoanalytischer Therapien aus der Sicht des Heidelberger Katamneseprojektes. In: H. Lang (Hg.): Wirkfaktoren der Psychotherapie. Berlin, Heidelberg, New York, London, Paris, Tokyo, Hong Kong, Springer-Verlag.
Cecchin, Gianfranco (1988): Zum gegenwärtigen Stand von Hypothetisieren, Zikularität und Neutraliät: Eine Einladung zur Neugier. In: Familiendynamik, H. 3 (Jg. 13), S. 191-203.
Eckstaedt, Anita; Rolf Klüwer (1980): Zeit allein heilt keine Wunden - Psychoanalytische Erstgespräche mit Kindern und Eltern. Frankfurt a. Main, Surkamp.
Fausto-Sterling, Anne (1988): Gefangene des Geschlechts? - Was biologische Theorien über Mann und Frau sagen. München/Zürich, Piper.

Filipp, Sigrun-Heide (1980): Entwicklung von Selbstkonzepten. In: Zeitschrift für Entwicklungspsychologie und Pädagogische Psychologie, H. 2 (Bd. XII), S. 105-125.

Friedrichs, Jürgen (1982): Methoden empirischer Sozialforschung. Opladen, Westdeutscher Verlag.

Garz, Detlef; Klaus Kraimer (1991): Qualitativ-empirische Sozialforschung im Aufbruch. In: D. Garz/K. Kraimer (Hg.): Qualitativ-empirische Sozialforschung - Konzepte, Methoden, Analysen. Opladen, Westdeutscher Verlag, S. 1-33.

Graf, Erich Otto (1993d): Der institutionelle Hintergrund erzieherischen Handelns und die Bedeutung seiner gruppalen Momente. Eine Bilanz institutionsanalytischer Vorhaben. In: E. O. Graf (Hg.): Heimerziehung unter der Lupe. Beiträge zur Wirkungsanalyse. Luzern, Schweizerische Zentralstelle für Heilpädagogik (SZH), S. 175-195.

– (1993c): Insassenorganisation als normative Systeme. In: E. O. Graf (Hg.): Heimerziehung unter der Lupe. Beiträge zur Wirkungsanalyse. Luzern, Schweizerische Zentralstelle für Heilpädagogik (SZH), S. 155-173.

– (1993b): Institutionelle Einflüsse auf die Funktionsweise von Erziehungsheimen. In: E. O. Graf (Hg.): Heimerziehung unter der Lupe. Beiträge zur Wirkungsanalyse. Luzern, Schweizerische Zentralstelle für Heilpädagogik (SZH), S. 133-153.

– (1990): Forschung in der Sozialpädagogik: Ihre Objekte sind Subjekte. Luzern, Schweizerische Zentralstelle für Heilpädagogik (SZH) (Dissertation).

Grande, T.; U. Porsch; G. Rudolf (1988): Muster therapeutischer Zusammenarbeit und ihre Beziehung zum Therapieergebnis. In: Zeitschrift für Psychosomatische Medinzin, H. 2 (Jg. 34), S. 76-100.

Greenson, Ralph R. (1973): Technik und Praxis der Psychoanalyse - Band 1. Stuttgart, Klett.

Handbuch der Sozialisationsforschung. Hg. Klaus Hurrelmann; Dieter Ulich. Weinheim/Basel, Beltz.

Haupert, Bernhard; Klaus Kraimer (1991): 'Ich bin ein Bauernbub'. Zur Analyse lebensgeschichtlicher Interviews in der Sozialarbeit/Sozialpädagogik. In: Archiv für Wissenschaft und Praxis der sozialen Arbeit, H. 3 (Jg. 22), S. 193-202.

Hurrelmann, Klaus (1988): Gelingende und mißlingende Sozialisation im Lebenslauf. In: Ansgar Weymann (Hg.): Handlungsspielräume im Lebenslauf. Untersuchungen zur Individualisierung von Lebensläufen in der Moderne. Stuttgart, Enke (Reihe: Der Mensch als soziales und personales Wesen, Bd. 9).

Imber-Black, Evan (1990): Familien und größere Systeme - Im Gestrüpp der Institutionen. Heidelberg, Auer.

Kegan, Robert (1986): Die Entwicklungsstufen des Selbst: Fortschritte und Krisen im menschlichen Leben. München, Kindt-Verlag.

König, Rene 1973): Die Beobachtung. In: R. König (Hg.): Handbuch der empirischen Sozialforschung, Band 2 Grundlegende Methoden und Techniken, Erster Teil. Stuttgart, Enke-Verlag, 3. Auflage, S. 1-66.
Lamnek, Siegfried (1989): Qualitative Sozialforschung - Band 2 Methoden und Techniken. München/Weinheim, Psychologie Verlags Union.
- (1988): Qualitative Sozialforschung - Band 1 Methodologie. München/Weinheim, Psychologie Verlags Union.
Lisch, Ralf; Jürgen Kriz(1978): Grundlagen und Modelle der Inhaltsanalyse - Bestandsaufnahme und Kritik. Reinbek bei Hamburg, Rowohlt.
Mayntz, Renate; Kurt Holmt; Peter Hübner (1974): Einführung in die Methoden der empirischen Soziologie. Opladen, Westdeutscher Verlag.
Mayring, Philipp (1990): Einführung in die qualitative Sozialforschung - Eine Anleitung zum qualitativen Denken. München, Psychologie Verlags Union.
McGoldrick, Monica; Randy Gerson (1990): Genogramme in der Familienberatung. Aus dem Amerikanischen übersetzt von Irmela Erckenbrecht. Bern/Stuttgart/Toronto, Verlag Hans Huber (Reihe: Huber-Psychologie-Praxis).
Meuser, Michael, Ulrike Nagel: (1991): ExperInneninterviews - vielfach erprobt, wenig bedacht. - Ein Beitrag zur qualitativen Methodendiskussion. In: D. Garz/K. Kraimer (Hg.): Qualitativ-empirische Sozialforschung - Konzepte, Methoden, Analysen. Opladen, Westdeutscher Verlag, S. 441-471.
Neues Handbuch der Sozialisationsforschung (1991). Hg. Klaus Hurrelmann; Dieter Ulich, Weinheim, Basel, Beltz (4. völlig neubearbeitete Auflage).
Penn, Peggy (1983): Zirkuläres Fragen. In: Familiendynamik, H. 3 (Jg. 8), S. 199-220.
Popitz, Heinrich (1983): Die Erfahrung der ersten Negation - zur Ontogenese des Selbstbewußtseins. In: M. Baethge/ W. Eßbach (Hg.): Soziologie: Entdeckungen im Alltäglichen. Hans Paul Bahrdt. Festschrift. Frankfurt/M., Campus, S. 17-32.
Porsch, U.; G. Rudolf; T. Grande (1988): Formen der therapeutischen Arbeitsbeziehung. In: Zeitschrift für Psychosomatische Medizin, H. 2 (Jg. 34), S. 50-75.
Roedel, Bernd (1990): Praxis der Genogrammarbeit - Die Kunst des banalen Fragens. Dortmund, Verlag Modernes Lernen.
Rudolf, G.; T. Grande; U. Porsch (1988b): Die initiale Patient-Therapeut-Beziehung als Prädikator des Behandlungsverlaufs. In: Zeitschrift für Psychosomatische Medizin, H. 2 (Jg. 34), S. 32-49.
- (1988a) Die Berliner Psychotherapiestudie („Indikationsentscheidung und Therapierealisierung in unterschiedlichen psychotherapeutischen Praxisfeldern"). In: Zeitschrift für Psychosomatische Medizin, H. 2 (Jg. 34), S. 2-18.
Rudolf, G.; C. von Essen; U. Porsch; T. Grande (1988): Psychotherapeutische Institutionen und ihre Patienten. In: Zeitschrift für Psychosomatische Medizin, H. 2 (Jg. 34), S. 19-31.
Scheuch, Erwin K. (1973b): Entwicklungsrichtungen bei der Analyse sozialwissenschaftlicher Daten. In: R. König (Hg.): Handbuch der empirischen Sozial-

forschung, Band 1 Geschichte und Grundprobleme der empirischen Sozialforschung. Stuttgart, Enke, 3. Auflage, S. 161-237.
- (1973a): Das Interview in der Sozialforschung. In: R. König (Hg.): Handbuch der empirischen Sozialforschung, Band 2 Grundlegende Methoden und Techniken, Erster Teil. Stuttgart, Enke, 3. Auflage, S. 66-190.

Simon, Fritz B.; Gunthard Weber (1989b): Alles klar - keiner weiß Bescheid. Über die Unmöglichkeit, eindeutig zu kommunizieren. In: Familiendynamik, H. 3 (Jg. 14), S. 259-262.
- (1989a): Horch, was kommt von drinnen raus ...?! Über das Umgehen von und mit Gefühlen. In: Familiendynamik, H. 1 (Jg. 14), S. 57-64.
- (1988): Konjunktivitis - Über die Entzündung des Möglichkeitssinns und die Erfindung bekömmlicherer Wirklichkeiten. In: Familiendynamik, H. 4 (Jg. 13), S. 364-372.

Spitz, Rene A (1985): Vom Säugling zum Kleinkind: Naturgeschichte der Mutter-Kind-Beziehungen im ersten Lebensjahr. Stuttgart, Klett-Cotta (8. Auflage, Erstauflage 1965).

Tomm, Karl (1989): Das systemische Interview als Intervention: Teil III. Lineale, zirkuläre oder reflexive Fragen?. In: System Familie, Jg. 2, S. 21-40.
- (1988b): Das systemische Interview als Intervention: Teil II. Reflexive Fragen als Mittel zur Selbstheilung. In: System Familie, Jg. 1, S. 220-243.
- (1988a): Das systemische Interview als Intervention: Teil 1. Strategisches Vorgehen als vierte Richtlinie für den Therapeuten. In: System Familie, Jg. 1, S. 145-159.

Tornai, Christian; Wilfried Bos (1989): Angewandte Inhaltsanalyse in Empirischer Pädagogik und Psychologie. Münster/New York, Waxmann.

Wellenreuther, Martin (1982): Grundkurs: Empirische Forschungsmethoden. Für Pädagogen, Psychologen, Soziologen. Königstein/Ts., Athenäum.

Wiedemann, Peter Michael (1985): Deutungsmusteranalyse. In: G. Juettemann (Hg.): Qualitative Forschung in der Psychologie. Weinheim, Beltz, S. 212-226.

Witzel, Andreas (1985): Das problemzentrierte Interview. In: G. Juettemann (Hg.): Qualitative Forschung in der Psychologie. Weinheim, Beltz, S. 227-255.
- (1982): Verfahren der qualitativen Sozialforschung - Überblick und Alternativen. Frankfurt a. Main/New York, Campus.

Wolf, Klaus (Hg.) (1993): Entwicklungen in der Heimerziehung. Münster, Votum.

Zerssen, D. v.; H-J. Möller; U. Baumann; G. Bühringer (1986): Evaluative Psychotherapieforschung in der Bundesrepublik Deutschland und West-Berlin. In: Psychotherapie und medizinische Psychologie, Jg.36, S. 8-17."

MIX
Papier aus verantwortungsvollen Quellen
Paper from responsible sources
FSC® C105338

If you have any concerns about our products,
you can contact us on
ProductSafety@springernature.com

In case Publisher is established outside the EU,
the EU authorized representative is:
Springer Nature Customer Service Center GmbH
Europaplatz 3, 69115 Heidelberg, Germany

Printed by Libri Plureos GmbH
in Hamburg, Germany